科学版精品课程立体化教材·管理学系列

市场调研与预测

主　编　吕筱萍
副主编　王浦生

科学出版社
北　京

内 容 简 介

本书分为上、下两篇。上篇为市场调研，具体包括市场调研的基本概述、市场调研方案的设计、原始资料和二手资料收集的方法与技术、市场调研资料的整理分析及调研报告的撰写，此外还特别增设了调研数据处理软件运用和市场调研应用两个专题内容。下篇为市场预测，具体包括调研预测类型和原理与步骤、定性预测方法、时序预测方法、回归预测方法，以及市场预测综合分析和市场预测软件应用介绍等相关内容。为便于教学，本书还为各章配有本章导读、本章主要内容、案例、本章小结和思考练习题等栏目，注重系统性和实用性，以期提高学生将市场调研与预测理论及方法应用于实践的能力。

本书适合大学财经类专业本科教学，也可作为财经类高职院校以及各类经营管理人员学习的参考用书。

图书在版编目(CIP)数据

市场调研与预测/吕筱萍主编．—北京：科学出版社，2015.1
科学版精品课程立体化教材·管理学系列
ISBN 978-7-03-043102-8

Ⅰ.①市… Ⅱ.①吕… Ⅲ.①市场调研-高等学校-教材②市场预测-高等学校-教材 Ⅳ.①F713.5

中国版本图书馆 CIP 数据核字（2015）第 016053 号

责任编辑：张 宁 江 薇/责任校对：张怡君
责任印制：徐晓晨/封面设计：蓝正设计

科 学 出 版 社 出版
北京东黄城根北街 16 号
邮政编码：100717
http://www.sciencep.com

涿州市般润文化传播有限公司 印刷

科学出版社发行 各地新华书店经销

*

2015 年 1 月第 一 版 开本：787×1092 1/16
2021 年 1 月第六次印刷 印张：17 3/4
字数：420 000

定价：48.00 元

（如有印装质量问题，我社负责调换）

序 言

在全球市场一体化、消费需求个性化、产品周期短期化、电子商务普及化的今天，我们的企业正面临着前所未有的市场环境与竞争压力。对市场的深度研究、对未来需求的准确预测已成为企业制胜的前提。由此，企业对未来的经营管理人才也提出了更高的要求，他们不仅要掌握市场调研与市场预测的专业知识，更重要的是要有将理论应用于实践从而研究和把握市场未来发展趋势的特殊能力。此外，信息技术及其应用的快速发展，极大地促进了市场预测学科的发展与普及应用。基于上述思考，本书在构思与撰写过程中突出了以下特点：

一是注重市场调研知识应用的系统性。市场调研活动是一个由调研方案设计、调研方案实施和调研资料分析三阶段组成的系统工程。一般教材更多地对市场调研涉及的理论与方法进行介绍，这种体系往往造成学生只是掌握了相关的理论与方法，在实践中却不知如何应用。本书着重以市场调研的上述三个阶段（流程）为线索，依次介绍各阶段所涉及的相关理论、方法与技术。

二是注重市场预测理论与方法的实效性。市场预测涉及的方法非常多，但一本书的容量是有限的；同时，大量的预测实践表明：较简单的模型常常等同于甚至优于复杂的模型。因此，本书的一个重要原则是：凡是实用的预测方法及应用一定讲细、讲透，并通过实例加以说明。鉴于此，本书删去了一些非常著名的、计算繁复或者数据量大但实用性较差的方法，而把重点放在对较为实用的市场调研预测法、平滑预测法、回归预测法等内容的介绍上。

三是注重对本学科知识的综合运用能力的培养。不论是市场调研还是市场预测，其最大特点之一是实践性强，因而，本学科学习的难点不仅在于方法本身，更在于如何将相关理论知识综合应用于实践。为此，本书在市场调研与市场预测内容结束后，分别单列一节，专门介绍一个综合案例，使学生通过对综合案例的学习，对将相关知识融会贯通地用于解决实际问题有一个感性认识。同时，本书还专设第 7 章市场调研专题应用，分别介绍如何应用调研预测理论与方法开展消费者需求研究、新产品开发测试、广告效果衡量和品牌形象研究等，以期为企业的营销决策调研应用提供参考。

四是注重信息技术在本学科中的应用。本学科涉及大量的数据计算、处理与分析等问题，信息技术的发展为本学科的应用提供了有效的技术支持，相应的应用软件也层出不穷。为此，本书在第 8 章特别安排了调研数据处理与分析，在第 14 章阐述了市场预测的软件应用等，以期通过学习，使学生了解和掌握运用信息技术及相关软件解决本学科中较为复杂的数据处理、数据分析等问题的技能。

本书由上篇市场调研、下篇市场预测两大部分组成。为便于教学，本书为各章配有本章导读、本章主要内容、案例、本章小结和思考练习题等栏目。本书适合大学财经类专业本科教学，其中第 8 章调研数据处理与分析和第 14 章市场预测的软件应用等内容，各院校可根据总课时数和实验教学条件自行选择；本书也可作为财经类高职院校以及各类经营管理人员学习的参考用书。

本书由吕筱萍、王浦生等编著。各章的撰写分工是：王浦生，第 1 章、第 4 章、第 6 章、第 9 章；吕筱萍，第 2 章、第 3 章、第 5 章、第 10 章、第 13 章；楼天阳，第 7 章、第 8 章；郭晓宇，第 11 章、第 12 章、第 14 章。

在本书的撰写过程中，借鉴和吸收了国内外众多学者的研究成果，谨向他们致以诚挚的谢意！本书的出版得到了浙江工商大学工商管理学院和科学出版社的大力支持，向他们表示衷心的感谢！

浙江工商大学　吕筱萍

2014 年 12 月

目　录

第1章

市场调研概述

本章导读

市场调研是企业营销活动的一项重要职能，在企业的生产经营过程中具有基础性地位和作用。经过多年的发展，市场调研日益成为一个具有发展潜力的产业。随着经济全球化进程的加快，有关市场调研的理论和实践在全球范围内得到了广泛传播和推广，各种专业性的市场调查服务公司遍布全球各地，对全球经济和企业的快速发展做出了有益贡献。

【本章主要内容】

- 市场调研与现代市场经济
- 市场调研的作用、类型和程序
- 市场调研的基本内容

1.1 市场调研与现代市场经济

1.1.1 市场调研的兴起和发展

1. 国外市场调研活动的产生和发展

20世纪以来，随着商品经济的进一步发展，市场竞争日益激烈。为了掌握市场信息，以取得竞争中的有利地位，一些大企业纷纷成立市场调研组织，对市场从事系统的研究。1911年，美国当时最大的出版商柯蒂斯出版公司聘请佩林担任商业调研部经理，先后对农具销售、纺织品销售渠道进行了系统的调研。佩林还亲自调查访问了美国100个大城市的所有主要百货商店，系统地收集了第一手资料，撰写了专著《销售机会》，其中，有美国各大城市的人口地图，分地区的人口密度、收入水平和有关资料，提出了不少有创见的市场调研理论和方法。此后他又对实地调研技术做出了一系列贡献，因而被推崇为市场调研学科的先驱。与此同时，美国的一些垄断企业和公司，也开始重视市场调研工作，建立了相应的市场调研组织，如杜邦公司、通用汽车公司、通用电气公司、美国橡胶公司、西尔斯百货公司等，都先后进行市场调研，根据市场调研的结果，调整经营策略，取得了显著的经营成果。由此，从事市场调研的专门机构便如雨后春笋般纷纷成立。由兼营性发展到专业性，由企业附属单位发展成为社会一个重要的行业。1914 年，美国哈佛大学商学院建立了商业调查研究所；1918 年，美国西北大学商学院也建立了商业调查研究机构。发达的资本主义国家都非常重视市场调研的作用。日本的九大综合商社都有一个实力雄厚的专门搜集情报的研究机构。如三井物产有“三井情报开发部”，在本部设有直属常务董事会领导的调查部，成员 30 余人；在商品部一级设有商品调查科，在国外设有 136 个分支机构，驻外人员达 3400 多人。情报通信线路长达 40 万公里，可绕地球 10 圈。自成系统的情报通信网在数分钟内便可以获得世界各地关于某一商品的行情和市场动向。

1919～1937 年，美国先后出版了不少关于市场调研的专著，如芝加哥大学教授邓楷所著《商业调查》(1919 年)、弗里德里克所著《工商业调查和统计》(1920 年)、怀特所著《市场分析》(1921 年) 等。1937 年，美国市场营销协会组织专家集体编写了《市场调研技术》一书，对市场调研这门学科的形成和发展做了重要的阐述。在此期间，出现了实地调查法、观察法和实验法，销售分析、业务成本分析、调查表结构设计等调查技术也发展起来了。

2. 市场调研在我国的开展和应用

1) 市场调研活动在我国的开展

由于我国商品经济不发达，在新中国成立前相当一段时间里，既没有组织过全国性的或大规模的市场调研，也没有形成专业性的市场调研组织。尽管曾进行过多次的家计调查，也仅限于零星片段、局部地区的调研。如 1923 年清华大学陈达教授所组织的人力车夫和校工家庭生活费用调查；1927 年上海纱厂对 200 名工人家庭进行全年记账调查；1938 年和 1942 年金陵大学农业经济系和社会系先后组织的职工家庭生活情况的调查，等等。这些对居民生活状况的研究，只是作为编制生活费用指数的依据，并不用于商业，因此还不能算做真正的市场调研。

新中国成立后，一方面，党和政府非常关心职工的生活，迫切需要了解职工的就业、收入、支出和物质文化生活的消费情况，1952 年在全国范围内进行了劳动就业情况的调查，并于 1953 年开始在全国范围内进行城市家庭生活调查。另一方面，为了适应国民经济有计划发展的需要，新中国成立以来，中央及各地都相应建立了统计机构，对国民经济宏观经济指数进行统计和分析，物价部门也开展了物价指数的统计。同时，也重视了社会经济和市场调研，除了国家机关以外，有些企业和部门也设立专门机构，配备专职人员进行市场调研。

党的十一届三中全会以后，随着经济工作重点的转移，市场调研也日益受到社会各界的重视和关注。1980 年 4 月，国务院批转了国家统计局、国家劳动总局、中国人民银行、商业部、中华全国总工会《关于恢复职工家庭生活调查工作所需人员问题的报告》，同意恢复职工家庭生活调查（家计调查）。我国真正意义上的市场调查业起步于 20 世纪 80 年代末，1987 年中国调研统计研究所诞生，这是我国第一家市场调查机构。

与此同时，中央有关部门先后创办了《市场报》、《经济参考》、《经济信息报》等报刊，提供市场商品信息，指导企业经营活动，刊登市场调研报告，供有关部门进行分析与决策。

20世纪90年代以来，市场调查业在我国得到了巨大的发展，北京、上海和广州等国内较发达城市创建了一批商业性的专业市场调查公司。同时，国际上有影响力的跨国调查公司如“盖洛普”、“麦肯锡”等纷纷进入我国开展业务。据估计，目前我国以市场调查研究为主业的机构有1500家，形成一定规模的有400多家，其中，年营业额在1000万元及以上的公司主要集中在沪、京、穗三地，这些公司的年营业额占了全行业营业额的80%。我国市场调查业的客户主要来自境内的外商独资或中外合资企业，国有企业、民营企业通过理性的数据分析获取决策依据的意识还不强。

2）市场调研机构的形式

按市场调研工作的性质划分，国外的市场调研机构大体上可分为六种形式：第一种形式是“企业营销部门”，即由企业内部的营销部门负责本企业产品或服务的调研工作。如宝洁公司、卡夫通用食品公司等。第二种形式是“广告代理商”，即由广告代理商完成企业的市场调研工作，如Young & Rubicam公司、J. Water Thompson公司等。第三种形式是“辛迪加服务企业”（Syndicated service research firms），这些公司为很多企业收集、整理并提供同样的一般市场调研数据，如Ac尼尔森公司、IRI公司等，他们收集很多企业感兴趣的数据，但不针对某一公司，任何人都可购买他们收集的数据。第四种形式是“定制或专项调研企业”，也就是营销调研咨询公司，他们针对具体客户的具体问题开展特定的市场调研项目。在美国比较著名的公司有Market Facts、Data Development等。第五种形式是“现场服务公司”，负责市场调查的实地运作，数据收集；主要接受前四种公司的委托，经营转包业务。第六种形式是“专业服务公司”，为市场调研行业提供专门化的辅助服务，主要是各种应用分析软件的开发和制作，如亚特兰大的SDR公司专门提供先进的定量分析服务。其他作为市场调研行业的补充，还有诸如大学、政府机构、研究机构等参与到市场调研的工作中。

目前，我国本土的市场调研机构主要集中在“定制或专项调研服务”和“现场服务”两个层面上。虽然业界较有实力的公司正在努力向“辛迪加服务”进军，但由于公司发展的历史短，仅仅十几年，缺乏必要的数据积累，而更主要的原因是缺乏国内成熟企业的市场需求支持，使得这一发展方向变得异常困难。而更多的小公司多是属于“现场服务公司”。

1.1.2 现代市场运行的基本状态

市场是随着商品经济的发展而不断充实其内涵和外延的。在商品经济不发达时期，人们认为“市场就是商品交换的场所”，其要素为地点、商品和买卖双方。随着商品经济的发展，商品交换过程和机制日益复杂起来。现在人们普遍认为，“市场是整个交换过程的总和”。现代市场经济活动频繁、组织复杂、竞争激烈，既体现着商品买卖双方和商业中间人的关系，也体现着商品在流通过程中发挥促进或辅助作用的一切机构、部门与商品买者和卖者之间的关系。市场的外延（或者说构成要素）包括场所、人口、购买力、购买动机与欲望、消费渠道和政府政策等。如果我们对现代市场经济活动进行高度概括，可以发现其中最基本的三个要素，即作为使用商品的消费系统，作为提供商品的生产供应系统，以及作为调控交换行为的社会管理系统。

这三个市场要素有两个彼此相关的最基本特征。第一个特征是各要素变动的速度在加快。无论是消费系统的需求变化，还是社会产品或服务供应系统的供应能力变化，都在随时代的节拍加快变动的频率。社会管理系统要素的变动率，同样随着买卖双方的变化而变化，新的政策法规、管理手段和方式也在不停地出现。这种可变动性、变动广度与深度不断加速加强的市场基本要素，从根本上说，是人类文明进步的反映，是社会经济整体发展的具体表现形式之一。第二个特征是这三种市场基本要素的不统一性，或者说是在变动中寻求三者之间的协调统一性。应当说，这种动态协调特征是其变动加速特征的必然结果。例如，消费系统要素变动的高频率，就使得产品供应系统的高效益总是表现为以最佳的时机和方式占领消费需求系统要素对产品或服务心目中最“理想”的位置，并对社会调控系统要素提出修正调控模式的要求，使之与消费系统要素和供应系统要素的改变相适应。

上述两个基本特征在实际运行中会产生许多市场矛盾和市场机会。从理论上说，当代市场运行中矛盾与机会并存的状况，具体表现为四种运行状态：

(1) 消费系统和社会管理系统的利益要求一致，但不符合商品提供系统的利益或超出目前的供给能力。例如，消费者要求一种物美价廉的交通工具，如更加省力、安全的自行车。对于社会管理系统来说，这种产品有利于节省人们的体力，有助于减少交通事故等，因而这种消费要求是合理的。对于供给系统来说，这就意味着要增加研制投入，改造现有工艺和设备等生产成本。在一定时间内产品的质量和价格可能与消费者的要求有差距。这种状况对于市场运行的参与者来说，特别是对产品供给系统来说，既是矛盾又是机会。

(2) 消费系统和供给系统两者利益的要求一致，但与社会管理系统的要求不相适应，或为政府现行管理政策法规所限制，或缺乏管理体系的保护和支持。例如，对于各种“赌具市场”来说，从消费者方面看，有一部分人具有这种消费要求，即不管出于何种动机，有些人是会到赌博场所去玩“跑马机”、“轮盘机”或“老虎机”的。从供应者方面看，生产这些赌具或提供赌博场所等服务是有利可图的，因而构成消费与供给两种要素之间的相互联结关系。但是，在我国，政府从保护人民和社会发展的根本目的出发，严格禁止赌博行为。因而从市场要素的运行机制上看，这是一种“社会调控系统”与“消费和供应系统相联结情况”的对立状态。从企业或产品供应要素角度看，涉足于这种领域的企业将面对最大的风险，即受到社会调控系统要素的严厉制裁。

(3) 商品供给系统与社会管理系统的利益和要求相一致，但缺乏消费系统的认可或超过了消费系统目前的承受能力。例如，某一种新产品在上市之初往往出现因定价较高而缺乏消费者的情况。高价格对于生产者和收税者来说都是有益的。但消费者最终的认可是决定这种产品能否生存的关键。因而，这也是一种市场机会与风险并存的情况。

(4) 消费、供给、社会管理三大市场要素利益与要求一致，这是市场运行最为理想的状态。但是，由于三者的利益和要求都在变动，因而这是一种动态平衡和相对平衡。

上述三个要素的四种市场运行状态的相互关系如图 1-1 所示。

图 1-1 中，阴影 1 为消费与调控利益一致，但与供给者的利益或能力不相适应的情况。阴影 2 为消费与供给利益一致，但缺乏调控系统的支持或保护，或为调控系统所限制、禁止的情况。阴影 3 为供给与调控的利益一致，但缺乏消费系统认可的情况。阴影 4 为三个基本市场要素利益相一致的理想状态。

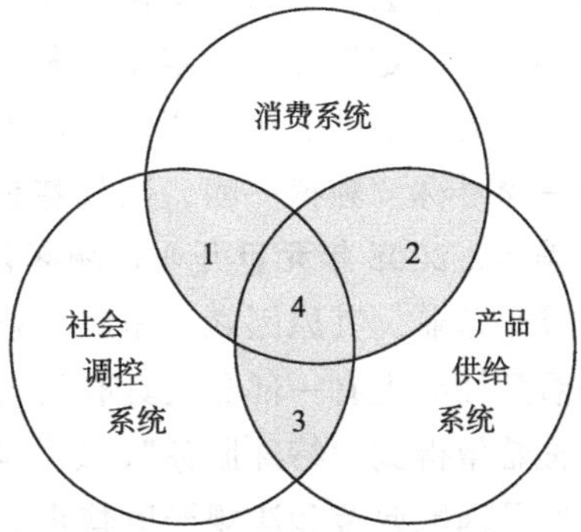

图 1-1　现代市场要素运行组合状态

对于现代市场构成三元素及其两个特征的分析，以及对当代市场运行四种基本状态的把握，是充分认识现代市场调查功能与作用的出发点，也为准确分析市场调研内容结构提供了基本的理论框架。

1.1.3　现代市场调研的特点

以服务于有关部门预测和决策的需要为目的，系统收集和分析信息的现代市场调研是一项专业性很强的工作，从本质上看是一种市场行为的科学研究工作。现代市场调研的基本特点有以下几点。

1. 目的性

具有明确的目的性，这是一切加工筛选、识别处理信息工作的最基本性质。严格来说，信息与数据、消息在含义上是有区别的。消息和数据是指以语言、数字或其他象征符号记录的用以反映活动、客观事件的信号；而信息是指接收者从消息、数据中提炼加工或推导出的有意义的信号。例如，在一个小火车站上，火车鸣笛发出进站停车的信号，这是一种没有任何针对性的原始信号。对于接收到这一信号的人来说，每个人依据自己的目的将其转化为有意义的信息。接站的人们，包括接亲属的、出租汽车司机、旅店招待员等，都走向车站出口，因为火车鸣笛意味着亲人或顾客的到来。同时另一些人就走向入口准备上车。而假如在几公里之外有个跑着赶乘火车的人，这时则会停下脚步。因为他听到的鸣笛，意味着他所要乘的这次列车已经进站，并且马上就要开走了，他已经错过了搭上这趟列车的机会。还有一些人会继续从事他们相应的工作，对鸣笛没有反应，因为该次列车与他们无关。上述情况说明目的性在加工处理原始信号，使其变成有价值的信息过程中的重要性。现代市场调研以提供有关部门和企业进行市场预测与决策的信息为目的。这种明确的目的性，要求市场调研活动应对市场静态和动态的大量消息、数据保持高度的敏感性，要求市场调研活动的结果是系统的有关市场特征、市场变动趋势等方面的信息，而不是罗列一堆杂乱无章的数字。总而言之，现代市场调研活动具有明确的目的要求，表现在收集、整理和分析市场信息的各个阶段都具有严密计划的特征。

2. 系统性

现代市场调研是全面系统收集有关市场信息的活动，要求做到对影响市场运行的各种经济、社会、政治、文化等因素进行理论与实践分析相结合、分门别类研究与综合分析相结合、定性分析与定量分析相结合、现状分析与趋势分析相结合的系统性综合研究。缺乏系统性的市场调研往往是导致以偏概全、决策失误的重要原因之一。例如，上海一家号称"独树一帜、别具特色"的名人俱乐部，占地9000平方米，装修耗资500万美元，2008年元旦开业，顾客盈门。但是一周过后，就被上海市公安局查封，不得不停止营业。其原因之一是对国家政策研究不够，只是注意到了对于客源的分析，即只是看到社会上有一部分人具有很高的消费能力（其中大多是公款挥霍），这些心术不正之徒希望得到"特殊服务"，如"陪酒"、"异性按摩"等，而没有注意到这种"特殊服务"是国家政策和法规严厉禁止的。类似这种忽视某一方面的信息而导致经营失败的例子是很多的。总之，现代市场调研缺少了系统性，只是停留在单纯就事论事的水平上，不考虑现代市场环境诸多因素的相互关系，就不能把握现代市场运行的脉搏，不能得出有重要参考价值的市场信息，从而市场调研活动本身也就失去存在的意义。

3. 真实性

在现代市场调研活动的目的性和系统性的要求中，包含着许多从事此项工作人员的主观能动因素，如调查设计、项目筛选、资料数据的整理分析等。但是，其主观能动性必须建立在客观性和真实性的基础之上。现代市场调研的真实性，表现为两方面的具体要求。

（1）调查资料数据必须真实地来源于客观实际，而非主观臆造。任何有意提供虚假信息的行为，从性质上说不属于市场调查行为。例如，那些打着市场调查机构旗号，在评选"消费者最喜爱的商品"活动中，将参评厂家所提供的费用与该厂家产品的被评名次直接联系起来的组织，就完全不是什么市场调查机构，而是应该被制裁和取缔的非法牟利组织。

（2）调查结果应该具有时效性，即调研所得结论应能反映市场运行的现实状况，而不是一种追述性的、应归入资料档案的总结报告。现代市场调研活动的目的在于提供决策建议或依据，如果调查结果失去时效性，市场调研的全部工作也就失去了意义。总之，现代市场调研的真实性要求从业人员提高职业道德和专业素质，充分利用现代科技手段和方法收集、分析市场信息，做到准确、高效地反映现代市场运行的状况。

1.2 市场调研的作用、类型和程序

1.2.1 市场调研的作用

在市场竞争日趋激烈的情况下，拥有市场比拥有一家工厂更为重要。如何分析市场信息，发现市场机会已成为企业关注的关键问题，因此市场调研被称为企业的"雷达"或"眼睛"，其重要作用主要表现在以下几个方面。

（1）市场调研有助于了解市场供求关系，并据此调整确定企业的发展方向。市场供求由商品可供量和购买力组成。了解商品可供量可对工农业生产、商品库态、进出口及商品货源进行调查分析，了解商品需求量和需求构成，可通过对购买力、地区人口、消

费水平、消费构成及诸种影响因素与影响程度的调研予以掌握。通过市场调研，企业可根据市场情况和企业自身的实力，决定企业的发展方向，进行正确的市场定位。

(2) 市场调研有助于开拓市场，开发新产品。任何企业不会在现有的市场上永远保持销售旺势，要想扩大影响，继续赢利，就不能把希望只寄托在一个有限的产品和特定的地区范围内。当产品在某个特定市场尚未达到饱和状态时，企业就应开始着眼于更远的、还没有满足的市场。这就需要通过市场调查了解顾客当前的需要和满足程度，并了解顾客尚未明确表述出的潜在市场的需要，为企业制定行之有效的市场开发战略提供重要的依据。

企业的可持续发展在于不断地创新，这种创新的重点主要体现于满足顾客需求之上的新产品创新。同时，新产品的开发也存在着很大的风险，其原因是由多种因素构成的，但其中最重要的因素是产品构想和设计不适合消费者的实际需要，而避开新产品开发的风险要借助于市场调查这一基本手段来完成。

(3) 市场调研有利于企业在竞争中占有优势地位。知己知彼是每一个企业对付市场竞争的有效方法，要达到在竞争中取胜的目的，就必须掌握对手的经营策略、产品优势、促销手段和未来的发展意图等。企业面对的可能是一个竞争对手，也可能是多个对手，是采取正面交锋的策略，还是采取避开竞争、另辟蹊径的策略，要根据调查结果并结合企业实际作出决断。通过市场调查了解对手的情况，就可以在竞争中绕开对手的优势，发挥自己的长处，或针对竞争者的弱点，突出自身特色，以吸引消费者选择本企业的产品。否则，一旦竞争决策失误，经营的失败不仅表现为市场占有率的下降，也意味着竞争者的进一步强大。

日本的麒麟啤酒公司通过以商人和军人为主的客户网络建立良好的市场关系，一度占有日本啤酒市场份额的60%。但到了 20 世纪 80 年代，在日本年轻人中开始盛行喝干啤，而麒麟公司却不愿意放弃原有的核心客户，仍然将市场定位于喜欢传统啤酒的商人和军人消费者，没有及时开发干啤这一新兴市场。相反，日本朝日啤酒公司则适应市场需求的变化，大力推出适合年轻人口味的干啤系列，从而迅速超过麒麟公司，成为日本啤酒业的龙头企业。

(4) 市场调研有利于促进商品销售。商业企业业务活动的中心是商品销售。扩大商品销售，加快资金周转，将商品尽快从流通领域输送到消费者手中，是商业企业履行职能的客观要求。加快商品销售，一要商品质优价廉、适销对路，二要符合消费者的购买规律，在商品销售时间、服务项目、商品陈列、广告宣传等促销活动方面按照消费者的要求予以改进。商业企业通过市场调研活动，广泛了解市场信息，分析各类商品的销售前景，增加质优价廉、适销对路商品的经营，按照消费者的要求调整经营结构，创造企业经营特色，从而起到扩大销售的作用。

商业企业通过市场调研，摸清消费者购买心理和购买动机，可以为搞好商品的广告宣传提供重要信息。顾客在购买商品时，除了注意商品的使用价值外，还有许多心理上的要求。如追求流行商品，追求个性化商品，追求反映一定社会地位的商品等。在商品销售、广告宣传中，只有按照顾客购买商品的心理要求去做，才能打动顾客，使其产生购买行为。企业在市场调研中，通过对顾客心理的调研，掌握不同商品的购买特点，按照消费心理的要求从事商品推销活动和广告宣传，可以产生扩大商品销售的直接效果。

（5）市场调研还有利于提高企业的管理水平，增强企业核心竞争力。重视市场调研是企业管理从经验管理转向科学管理的重要标志。我国许多企业竞争力较弱，其中一个重要的原因就是市场调查和市场营销力度不够。长期以来，企业领导根据个人的经验进行主观决策，不愿意为市场调研花钱。殊不知，以美、日、韩等国为代表的企业能在中国市场纵横驰骋，取得骄人业绩，其秘诀之一就是它们在中国市场不断地进行市场调研，了解中国市场的动向和顾客需求，它们每年投入数以百万元的资金用于市场调研来分析中国市场机会。

市场动向把握不准，即市场信息不灵容易导致经营决策失误，管理水平低下。搞好市场调研，对于科学地进行战略决策，制定发展规划，确定经营目标，决定分销渠道，制定市场价格，改善企业经营，提高管理水平，提高经济效益，求得企业发展，都具有十分重要的作用。

以上分析了市场调研的作用。需要指出的是，本书所研究的市场调研作用，既包含商业企业个体所进行的市场调研，也包含商业企业群体所进行的市场调研。这说明，在市场调研中，既要重视对个别企业所进行的市场调研工作，也要重视众多的企业进行市场调研所形成的市场调研网络系统。

1.2.2 市场调研的类型

市场调研是应用各种科学的调查方式方法，搜集、整理、分析市场资料，对市场的状况进行反映或描述，以认识市场发展变化规律的过程。

市场调研的范围十分广泛，凡是直接或间接影响市场变化的因素和相关资料，都属于市场调研的范围。但是，由于调查者的目的和出发点不同，调研的内容和范围也不一样。作为宏观决策的市场调研不同于微观决策的市场调研，作为生产者的市场调研也不同于商品经营者的市场调研。调研主体目的不同，决定了市场调研的范围和内容有很大的区别。

1. 描述性调研

这是对市场历史与现状的客观情况如实地加以反映的一种调研方法。描述性调研是一种常见的项目调研，是指对所面临的不同因素、不同方面现状的调查研究，其资料数据的采集和记录，着重于客观事实的静态描述。大多数的市场营销调研都属于描述性调研。例如，市场潜力和市场占有率，产品的消费群结构，竞争企业的状况的描述。在描述性调研中，可以发现其中的关联因素，但是，此时我们并不能说明两个变量哪个是因、哪个是果。与探测性调研相比，描述性调研的目的更加明确，研究的问题更加具体。

➢例 1-1　　央视官网与民间调查对春晚满意度差异大

根据《北京晚报》报道，央视官方称81.92%的观众认为春节联欢晚会办得好，但是来自民间的信息显示，大家对央视兔年春晚评价并没有这么高。

央视网称，央视市场研究股份有限公司（CTR）对春节联欢晚会的电视直播与网络直播同时进行了满意度调查。截止到 2011 年 2 月 2 日 23 时 45 分，共访问成功 2098 个家庭，其中有 1969 个家庭收看了春节联欢晚会，经数据加权后推算出，今年除夕夜，在全国收看电视的家庭中，有 93.88%的家庭收看了中央电视台春节联欢晚会。在收看过晚会节目的家庭中，81.92%的受访者认为今年中央电视台春节联欢晚会办得好（其中表示很好的为 49.90%，表示比较好的为 32.02%）。

但是，民间对央视春晚的评价与央视网官方评价差别很大。兔年春晚期间的 5 个小时内，新浪微博网友共发出了 823 万条春晚相关的微博。在 1 万多人参与的新浪微博小秘书发起的调查中，对兔年春晚表示“满意”的只有 6%，认为“一般”的有 25%，还有 59%的人表示“失望”，10%的人“没看”。作家郑渊洁在自己的新浪微博中做了个调查，对央视春晚打分，截至昨天上午 10 时 15 分有 4000 多人参与，认为央视兔年春晚得分应该在 60 分以上的只有 25%，认为得分应在 80 分以上的只有 9%，还有 38%的人直接为央视春晚给出了 20 分。

资料来源：吴楠. 一场春晚价值几何. 北京晚报，2011-02-04，第 10 版.

2. 因果性调研

因果性调研就是侧重于了解市场变化原因的专题调研，分析市场上各种变量之间的因果性质的关系，以及可能出现的相关反应。因果性调研又为解释性调查，是要获取有关起因和结果之间联系的证据，在市场调查中，凡是要回答“为什么”的时候，都属于因果性市场调查。例如，为什么某产品降价了，销售量反而小了的问题，或者为什么某产品近期库存增加的问题等。企业通过因果性市场调查，了解哪些变量是起因（独立变量或自变量），哪些变量是结果（因变量或响应）；确定起因变量与要预测的结果变量间的相互关系的性质。如销售量、市场占有率、成本、利润等与价格、广告费用、推销策略、产品开发、消费者的收入、平均消费支出水平及消费环境诸因素之间的因果关系，以及它们相互制约、相互影响可能给市场带来的变化。通过调研分析，获得可靠的因果目标，找出因果的直接和间接的关系，以达到控制其因、获取其果的目的。

一个典型的因果性调研是改变一个自变量（如快餐连锁店展示土豆条和调味汁），然后观察因变量受到的影响（土豆条和调味汁的销售额）。假设在快餐店中，销售额上升，就有一种适当的称为时间上继起的因果性事件次序，时间上的继起是一个必定会遇到的因果关系准则。如果消费者行为学家希望得出态度的改变是行为改变的原因，那么，必须设定的准则是态度的改变在行为改变之前。

因果关系的第二个准则是存在相关关系。换句话说，它们按照某些可预知的方式一起变化。如果店内展示被认为是土豆条和调味汁销量增加的原因，那么，当展示出现时，销售额应当增加；当展示消失时，销售额应当降回到展示前的水平或稍高一些（由展示引出的新的尝试者现在也许成为土豆条和调味汁的忠诚消费者，这样，销售额可能会持久增加）。可是如果商店内展示的出现没有导致土豆条和调味汁销售额的增加，调研人员就得出商店内展示和土豆条与调味汁销售额有关的假设是不正确的。

➢**例 1-2　　境外旅游安全需保障　投保旅游险很重要**

这几年的旅游安全事故频发，对旅客的旅游安全是很大的威胁，参加境外旅游的旅客更应该特别注意，在异国他乡有诸多的不便和风险，购买合适的旅游保险是非常重要的。

出境游与在境内旅游有很大的不同，一旦出现意外，需要动用国际救援力量，因此，购买境外救援保险是有效地保护自己利益的一种手段。所谓紧急救援旅行保险，就是保险公司与国际救援中心（SOS）联手推出的旅游救助保险险种，将原先的旅游人身意外保险的服务扩大，将传统保险公司的一般事后理赔向前延伸，变为事故发生时提供及时的有效救助。

作为收费性质的商业性机构，国际救援机构会向国内的保险公司收取一定的费用（而保险公司则通过保费的形式向单个客户收费）后，都会向用户提供针对性的救护服务，包括紧急状况发生时，他们可以雇用军用飞机把病人火速运出事故发生地，也会将医护人员派往世界各地看护、治疗患者，同时会与遍布世界各地的报警中心、医疗服务机构联手，向用户提供包括电话医疗咨询、行李遗失协同找寻、意外突发事件、酒店预订、安排住院、紧急医疗转送、住院费用垫付等在内的全球范围旅行援助服务。

目前国内已有 20 多家保险公司与国际 SOS 救援中心建立了合作关系，投保人在购买保险产品的同时，就可以享受到国际救援服务。除国际 SOS 外，安盛救援、优普环球援助两家国际救援集团也进入了国内市场。

据了解，在我国内地，目前最短的 7 天期境外救援保险保费通常为 140 元，最长的 1 期保费则高达 2900 元，但其保险金额却可根据保费的高低从 45 万元到 100 万元不等。虽然境外救援保险的保费要比一些旅游意外保险的保费高出两倍左右，但其保障水平更高，可以让消费者更踏实、更放心地出境旅游。

资料来源：根据百度百科“SOS 境外援救医疗保险”整理。

3. 探测性调研

探测性调研是调查人员将某类问题预先假设产生原因的情况，然后展开市场调查，检定这种假设是否成立，进而针对问题采取改进方法进行改进。一般是在调查人员对市场上反馈的各类问题或情况不是十分清楚的情况下，或是企业为了进行市场调查对需要调研的问题还不清楚时，无法确定企业下一步行动措施或具体的调研内容时，为了弄清问题以便于拟订市场策略以及从事深入调研工作，帮助调查人员将问题定义得更准确些、帮助确定相关的行动路线或获取更多的有关资料。探测性（探索性）调研的结果一般只是试验性的、暂时性的，或作为对问题进一步研究的开始。

1.2.3　市场调研的程序

为了使调查研究取得良好的预期效果，必须制订周密的调查研究计划，按步骤做好必要的准备工作，认真实施。市场调研是一种科学的工作方法，必须尊重科学，尊重客观规律。根据国内外市场调研的实践，调研活动应按一定的步骤、程序，循序渐进，认真进行，方能保证调查质量。市场调研一般分为以下三个阶段。

1. 调研预备阶段

这个阶段所要做的工作是对市场进行初步分析，初步分析的主要内容是：企业业务活动记录、统计报表、会计报表等，还包括企业外部资料，如国民经济统计公报、报刊公开发表和内部发表的市场调研报告、研究论文等。通过对这些信息的初步分析，掌握市场的一般情况，研究发现市场问题。

初步分析后，可以得到对市场的初步认识，这种认识是否正确，对市场判断是否准确，还要进行初步调查（探测性调研），向管理者、业务职能部门人员征询意见。经过这个过程，可以将要调研的市场问题明确，使市场调研能够深入研究关键问题，解决主要矛盾，确定调研主题。

这一阶段的具体工作程序分两步走。

（1）确定市场调研的范围和目的。调研范围的区分，直接影响到调研收集资料的范围。如果范围界限不清，调研中就可能出现资料信息收集不全或信息杂乱，或资料庞杂，收集资料范围过大。确定调研范围，一般可以从地区上确定市场的区域范围，从商品使用对象上确定调研的群体范围。确定调研范围后，还要研究本次调研的直接目的，或者提出这次调研要解决的主要问题。一般可以采用设问法来进行。如：①这次为什么要做调研？②想要调研什么情况？③了解情况后有什么用途？如果自认为能准确回答上述问题，那么，这次调研就有了进行活动的必要依据，就能期望获得良好效果。

（2）制订调研计划。调研计划（或调研活动方案）的内容包括：①调研地点、调研时间、调研人员、调研对象；②调研的具体项目；③调研费用预算；④用何种方法调研。制订调研计划之后，要做好相应的准备工作，如培训调研人员、印制调研表格等。

2. 调研实施阶段

这个阶段主要是开始全面广泛地收集与调研活动有关的信息资料。在实际调研中，要根据各种不同调研方法的要求，采用多种形式，由调研人员分头开展调研活动。有关调研的基本内容及主要调研方式将在后面的章节进行详细讨论，这里不再赘述。

3. 分析结果阶段

在这个阶段，调研人员将分头收集到的市场信息资料进行汇总、归纳和整理，对信息资料进行分类编号，然后对资料进行初步加工。比如，进行统计汇总，计算出各种比例，并制成各式统计图表，然后撰写调研报告，将调研结果形成书面形式。报告完成后，市场调研人员还要追踪市场调研结果，检查落实情况，了解调研报告中所提的建议在执行中会有什么问题。发现新情况后又开始新一轮的市场调研活动。

分析结果阶段由两个步骤组成：

（1）汇总收集市场资料，分析研究市场情况。收集整理调研资料一般由专人进行，对资料编号保存，然后制成相应的图表，以供分析使用。

（2）撰写调研报告，追踪调研结果。运用调查得到的大量市场信息，分析问题，观察市场，然后撰写调研报告。调研报告一般有两种类型：一种是专业性报告，读者对象是市场研究人员。内容要求详尽，并介绍调研的全过程，说明采用何种调研方式、方法，对信息资料怎样进行取舍，怎样得到调研结果等。另一种是一般性调研报告，读者对象是经济管理部门、职能部门的管理人员、企业的领导者。这种报告要求重点突出，介绍情况客观、准确、简明扼要，避免使用调研的专门性术语。这两类报告均可以附有必要的图表，以便直观地说明市场情况。

完成了调研报告，并不是调研活动的终结，还要对调研结果进行追踪，即再次通过市场活动实践，检验报告所反映的问题是否准确，所提建议是否可行、效果如何，并总结市场调研的经验教训，以提高市场调研的能力和水平。

市场调研的三个阶段和若干步骤是必需的，但有时几个步骤并不是简单、机械地排列，有时步骤有简有繁，甚至有交叉、有跳跃，在实际市场调研中要注意这一点。

1.3 市场调研的基本内容

企业进行市场调研的内容十分广泛。从广义上说，凡是直接或间接影响企业市场经营活动的资料，都应该收集、整理；凡是有关企业经营活动的信息都有调研的必要。但是，由于每次调研的目的不同，调研时间有限，其内容也不完全一样，且一次调研活动无法包括市场全部内容，必须通过多次调研资料的积累才能全面认识市场。为了全面了解、认识市场活动，我们分四个方面较系统地阐述市场调研的基本内容，以便大家对市场调研的内容有个全面而完整的认识。

1.3.1 市场环境调研

企业在开展经营活动之前，在准备进入一个新开拓的市场时，要对市场环境进行调查研究。市场经营环境包括以下几个方面。

1. 政治环境

无论是工业企业，还是商业企业，都必须守法经营，遵守国家的有关法规和政策。总的来说，我国各地发展社会主义市场经济的政治环境是相同的，但是，各个地区经济的发展又各有侧重点和地区政策，各地还颁布有关相应的地方性法律、法规。如沿海开放地区、西部地区、少数民族地区、经济特区，以及高新技术开发区和国家保税工业区等都结合本地区特点，制定了发展商品经济的优惠政策和有关法规。工商企业需要全面了解政策、法律、法规等情况，知道哪些经营活动是允许的，哪些经营活动是不允许的，哪些经营活动是受一定限制的，等等。

2. 经济环境

经济环境主要包括地区经济发展状况、产业结构情况、交通运输条件等。商业企业在经营中要调查研究市场范围内的经济环境，因为经济环境是制约企业生存和发展的重要因素。了解本地区市场范围经济环境信息，能够为企业扬长避短，发挥经营优势并进行经营战略决策提供重要依据。

3. 自然地理环境和社会文化环境

商业企业经营的许多商品，与自然地理环境有密切的关系。如有些商品的生产、经营受气候季节、自然条件的制约；有的商品生产与经营还将受到生活传统、文化习惯和社会风尚等社会文化环境的影响。在市场调研中，了解这些信息，可以掌握商品经营时机，抓住市场机会。

4. 竞争环境

竞争环境调研就是对企业竞争对手的调查研究。竞争对手是指在市场经营中，从事同样商品购销活动的企业，它包括现实的竞争对手和潜在的竞争对手。调查研究竞争对手的经营情况和市场优势，目的是采取正确竞争策略，与竞争对手避免正面冲突、重复经营，而在经营的品种上、档次上和目标市场上有所区别，形成良好的互补经营结构。了解竞争对手的经营优势，可以认识他人的长处，分析自身的长处和短处，创造出本企业的经营优势。在调查中，还可以从掌握的信息中，学习竞争对手的好经验，提高企业的经营管理水平，改善服务质量。

1.3.2　消费者专题调研

消费者市场是由最活跃，也是最复杂多变的消费者群体构成的。企业的销售活动没有消费者参与就不能最终实现商品流通的全过程，也就不能使商品实现其最终价值。因此，企业在市场调研中，应将消费者作为调研的重点内容。

消费者专题调研的主要内容有消费者规模及其构成、消费者家庭状况和购买模式，以及消费者的购买动机和购买行为类型。

1. 消费者规模及其构成

(1) 人口总数。在一定程度上，它可以概括一个市场的规模大小。许多商品特别是一些生活必需品（如粮食、食用油、蔬菜等主副食品，以及针棉织品、日常生活用品等）的市场需求量是以人口数量为消费依据的。因此，了解市场范围人口总数变化，可以掌握某些商品最低需求量及其变化趋势，指导商品购销活动。

(2) 人口分布。人口地理分布情况也对消费品需求产生影响。居住在不同地区、不同地理气候条件下，会产生生活上的不同需要。如南方居民，对凉席、草帽等防暑降温用品的需求量较大；北方居民，对棉衣、棉鞋等冬季商品的需求量较大。城市与农村，沿海与内地，平原与山区，在消费水平、消费结构，以及购买习惯上都有较大差异，从而产生了消费需求上的不同要求。企业调查研究市场范围内人口地理分布情况，可以科学地选择经营地点，了解居民消费结构，选择经营商品品种和经营重点。

(3) 人口的年龄结构。调查研究企业市场范围内的人口年龄结构分布比重和各个人口年龄段市场的需求特点和规律，必将使企业经营获益匪浅。如近几年来，随着计划生育政策的实施，独生子女比重不断增加，家长对儿童的多方面生活需要非常重视，因此，儿童市场中营养食品、玩具的需求量猛增，并逐渐向中高档次发展。企业据此开拓市场，填补空缺，选择经营重点，调整经营结构，从而能获得良好的经济效益。

(4) 消费者职业。职业不同，对商品则有不同的消费需求。如农民购买商品，比较注重商品的品质，要求结实耐用；而知识分子则注重商品的外观式样，并强调商品的艺术性。

(5) 性别构成。消费者性别不同，对消费品的需求也不同。这除了表现在一些特别商品以外，还表现在购买习惯上的不同特点。通过了解性别构成的市场信息，对企业提高服务质量，适应市场变化具有重要作用。

（6）民族构成。我国是个多民族的国家，各个民族对生活消费品除了一些共同的需求以外，还有一些特殊需要和消费习惯。调查研究市场的民族构成，是为了满足某些民族特需品的供应，也为了疏通流通渠道，巩固民族团结。

（7）文化程度。文化程度与商品需求有密切的关系。文化程度较高，会产生一些比较高雅的兴趣爱好。文化程度不同，购买商品的选择性也不同。通过对地区市场文化程度差异与构成比重的调查分析，可以指导企业调整经营商品的种类、品种和规格。

2. 消费者家庭状况和购买模式

家庭是基本的消费单位，许多商品都是以家庭为单位进行消费的。了解消费者的家庭状况，就可以掌握一些商品的消费特点。

（1）家庭户数和家庭平均人口。一些以家庭为使用单位的消费品（如炊具、家具、洗衣机、电冰箱等）的需求数量直接受家庭户数变化的影响。家庭户数增加，这些生活用品的需求量也会相应增加。

（2）家庭收入和支出比例。按照我国通常的统计方法，居民的收入是按家庭人均月收入计算的（农村是人均年收入）。而家庭支出则包括商品支出、储蓄、非商品支出三部分。了解这三部分的比重，对于商业企业安排市场，了解商品需求总量和需求比例具有重要价值。

（3）家庭购买模式。按照我国人民的生活习惯和消费水平，重要商品购买一般是在家庭范围内决定的，每个家庭成员承担着不同的角色。在市场调研中，工商企业应重视了解家庭购买模式，同时向家庭购买决策者提供有关产品质量、价格、购买地点等信息，以吸引消费者购买。

3. 消费者的购买动机和购买行为类型

人口和收入是消费者购买商品的决定性因素，但是掌握了这两条远远不能解释消费者的全部市场活动现象，还需要进一步调研消费者购买商品的动机和行为，以这些信息指导企业经营活动，创造出企业的经营特色，更好地为顾客服务。

（1）消费者的购买动机。消费者的购买动机，主要包括以下几种：①求实购买动机。这是以追求商品或劳务的实用性为主要目的的购买动机，其核心是“实惠、实用”。②求新购买动机。这是以追求商品趋时和新颖为主要目的的购买动机，其核心为“时髦、奇特”。③求美购买动机。这是以追求美化人体、环境、艺术欣赏为消费目的的购买动机，其核心是“欣赏、美化”。④求廉购买动机。这是以追求商品价廉物美为主要目的的购买动机，其核心是“经济”。⑤求便购买动机。这是以追求方便为目标而产生的购买动机，其核心是“方便”。⑥求名购买动机。这是由追求名牌产品或仰慕某种传统商品的心理而产生的购买动机，其核心是“荣耀”。⑦求荣购买动机。这是以显示地位、身份和财富为主要目的的消费动机，其核心是“炫耀”。⑧好胜购买动机。这是以争强好胜为主要目的的购买动机，其核心是“要胜过他人”。⑨特殊购买动机。这是以满足个人特殊爱好为目的的消费动机，其核心是“嗜好、偏爱”。⑩从众购买动机。这是以追求模仿他人消费行为与方式为主要目的的购买动机，其核心是“效仿、攀比”。

以上我们列举了10种较有代表性的购买动机。在调查研究消费者的各种购买动机时，还要注意以下三点：第一，消费者的购买动机是非常复杂的，同一个消费者，有时可以同时存在几种购买动机。因此在研究具体的消费对象时，必须对可能影响其购买动机的多种因素综合起来加以分析，才能得出正确的调研结论。第二，一个消费者，在购买同一种商品时，虽然可能同时有多种动机，但其中必有一种主要的、起主导作用的动机。在消费者调研中，只要找到这一主导动机，就能有针对性地指导推销和服务，取得较好的经营效果。第三，人们的真正动机有时会被假象所掩盖，在调研过程中，应透过现象看本质，考虑影响动机的因素，注意变化规律，并加以很好的诱导，最终是不难把握消费者的真实购买动机的。

(2) 消费者的购买行为类型。消费者的购买行为除了受购买动机影响外，还受购买者性格特点和行为方式的影响。根据消费者购买商品的特点，可分为以下几种类型：①习惯型的购买者。消费者对某些商品的牌号、商标、名称有一种信任感，倾向于需要时就习惯性地购买这些商品。日常生活用品中（如香皂、牙膏、化妆品等），某些特定牌号的商品是习惯型购买者的追求对象。②经济型的购买者。有些消费者购买商品比较注重价格，购买时对商品价格进行比较，倾向于追求价格低的商品。③理性型的购买者。这类消费者在购买商品前，经过周密的思考，货比三家，了解商品质量、价格、维修条件等。反复比较后，购买时有明确的目标，不再游移不定。④冲动型的购买者。这类消费者购买商品时，常常受到商品外观、牌号、广告的影响，是即兴购买的主要对象。⑤年轻型的购买者。这是新一代拥有巨大消费潜力的消费者，购买商品追求时尚、个性化，但是消费心理尚未定型，购买行为不稳定、变化快。

应该指出，并非所有的消费者在任何条件下都可准确归入上述购买类型。一个消费者在购买甲商品时是习惯型购买者，而在购买乙商品时可能又是冲动型购买者。企业在市场调研中，深入了解市场消费者的购买类型，可以因势利导，按照不同类型的心理活动过程，根据顾客特点，诱发购买行为，扩大商品销售。另外，还可以调查研究哪些商品符合什么样顾客的购买要求，从而采取不同的推销策略。实践证明，企业在市场经营中，重视消费者购买行为类型的调查分析，并用于指导经营和商品销售，往往可以收到事半功倍的效果。

1.3.3　商品专题调研

商品是市场经营活动的客体，调查分析市场商品情况，可以合理地安排商品的储存运输，科学地指导业务经营。通过商品专题调研，可以及时根据市场变化，调整商品经营结构，减少资金占用，提高经济效益。

1. 经营商品

经营商品的调研，主要是了解商品质量情况，防止伪劣商品进入市场，同时，通过商品调研，还可以考察企业经营商品的品种、型号是否齐全，货色是否适销对路，储存商品结构是否合理，选择的商品流转路线是否科学等。

2. 商品市场生命周期

任何一种商品进入市场，都有一个产生、发展、普及、衰亡的过程，这不是指商品的使用寿命，而是指商品在市场上的经济生命周期（简称生命周期）。商品生命周期是影响市场销量从少到多、从多到少的决定性因素。调查研究商品生命周期，判断商品处于哪个阶段，通常采用销售曲线增长分析和商品家庭普及率调研。一般认为，萌芽期商品曲线是缓慢上升的，家庭普及率在5%以下；成长期商品销售直线上升，家庭普及率迅速从5%跃升到70%～80%；成熟期的商品销售平缓，无明显增长，家庭普及率在90%以上；衰亡期的商品销量直线下降。企业在市场调研中，要了解各种商品处于生命周期的哪个阶段，以便按照商品生命周期规律，及时调整经营策略，改变广告重点，取得经营上的主动权，在市场竞争中立于不败之地。

3. 商品成本与价格

目前，我国对商品的价格管理形式主要有国家指导价和市场调节价。企业在市场调研中，要注意调查了解产品价格情况，特别是要调研各生产企业在商品出售过程中的出厂价、批发价等流通环节价格，从而在商品购销中，决定购进或经营哪家企业的产品。此外，通过调研市场商品价格变动情况，可以了解价格变动对商品销售量影响的准确信息，从而对市场变化心中有数，更有利于做好商品销售工作。

1.3.4 流通渠道专题调研

流通渠道调研内容很多，按照流通环节划分，有批发市场和零售市场。

1. 批发市场

经营商品批发业务的企业，首先应把商品从生产领域引入流通领域，沟通产销之间、城乡之间、地区之间的商品流通，它是商品流通的起点和中间环节。在市场调研活动中，要了解批发市场信息，研究商品流通规律。

(1) 经营形式。批发市场的经营形式多种多样。有商业专营、工业农业兼营、工商农商联营、农工商联营等。如有些商品采用商业专营批发形式，虽然流通渠道长、费用较高，但是购销活动及时、迅速、方便，且不受批量、时间的限制；农业、工业等生产部门兼营批发形式，虽然流通渠道短，没有中间环节，但是购销商品受时间、批量限制；各种联营批发形式信息反馈快，生产、流通利益分配合理，双方都有经营积极性。对商业企业专营批发的商品，应采用多批量、少数量的经营方式，减少资金占用，加快资金周转；而对生产部门兼营的商品，则视资金、场地有条件、有选择地批量购进，并创造条件与生产部门联营，保证商品货源供应，稳定企业商品销售。

(2) 经营环节。商品从生产领域进入消费领域，有的环节少、时间短，有的环节多、时间长。商业企业在市场调研中，应了解经营环节信息，分析各类商品的流通环节，尽可能地减少流通环节，节省流通费用。

2. 零售市场

调查研究零售市场，是改进企业经营管理，了解消费者需求的重要方面。零售市场调研的主要内容是零售商业企业类型和网点分布情况，以及零售商业企业的商品购销形式。

以上我们从理论上研究了企业市场调研的主要内容。在实际调研活动中，要根据企业特点，特别是业务活动和管理的需要，有所选择和取舍。

本章小结

市场调研是伴随着商品流通的发展而产生的，对于现代市场构成的三元素及其相互关联的两大特征，既是分析市场运行四种基本状态的基础，也是充分认识现代市场调研功能与作用的出发点。

随着我国市场经济体制的逐步建立，不论从加强国家宏观调控，还是从提升企业核心竞争力来说，经济管理部门与参与营销活动的各类企业，都必须了解市场动态，掌握市场供求的变化规律，市场调研的作用显而易见。

为了使市场调研取得预期效果，制订周密的调查研究计划，遵循市场调研的一般程序与步骤是十分重要的。同时，由于每次调研的目的不同，其调研内容也不完全一样，全面完整地认识市场调研的基本内容，有助于准确界定调查研究的目标与方向。

思考练习题

1. 国外的市场调研组织有什么新的特点？我国目前有哪些典型的市场调研组织？

2. 如何认识构成现代市场经济活动的三元素及其相互关联的两大特征？为什么说它们是分析市场运行四种基本状态的基础？

3. 开展市场调研有何重大作用？由于调研主体的不同，市场调研有哪些类型？

4. 市场调研的程序可分为几个阶段？每个阶段要做好哪些主要工作？

5. 简述市场调研的基本内容。消费者专题调研具体包括哪些内容？

6. 列举消费者十大购买动机和五种购买行为类型。市场调研中了解消费者购买动机时应注意什么问题？

第 2 章

市场调研方案设计

本章导读

市场调研方案设计是在实际市场调查活动开展之前，市场调查主体为解决市场调查问题，实现市场调查目的，而对调查工作全过程的各个方面进行通盘考虑和安排，制定合理的工作程序，提出相应的实施方案。市场调研方案设计不仅包括整个调研过程中的人、财、物、时间的安排，更需考虑市场调研中的有关调研技术方面的设计，如调查表的设计、询问技术、调查样本的抽选（将在第 4 章中讨论）等，本章将对上述内容做重点介绍。

【本章主要内容】

- 市场调研方案设计概述
- 调查表的设计与运用
- 询问技术

2.1 市场调研方案设计概述

2.1.1 市场调研方案设计的作用、意义和原则

市场调研方案是调查工作的行动计划和纲领，对调查工作的顺利、高效开展具有重要的指导作用，它往往决定整个调研活动的成败。然而，人们开展市场调研活动对调研方案设计的意义通常认识不够，忽视调研计划的制订或仅仅敷衍了事的做法是十分常见的，尤其是在时间紧迫的情况下。这种做法往往为后期调研活动的不顺利埋下了隐患。

1. 市场调研方案设计的作用和意义

（1）它是调研项目执行者和领导者之间的纽带。调研方案不仅是调研人员完成某项市场调研活动的工作日程安排表，也是企业领导了解该项目的重要手段。完成一项调研需要他人的协助，需要一定的人员设备，更需要一定的资金，而这一切都需要领导的肯

定和批准。领导根据调研方案是否科学、可行来决定是否予以实施。此外，科学的调研方案设计也是调研者良好调研水平和能力的体现。

(2) 它是市场调研者对调研问题认识深入的标志。任何市场调研工作总是从最初关于调查问题的特点、情况等浅层的定性认识开始的。当调研者逐步明确该如何调查、调查谁、调查多少量、在哪里调查等问题，从而形成调研方案时才表明调研者对调研问题的真正理解。

(3) 它在市场调研活动中起协调和统帅的作用。市场调研活动是一项复杂的系统工程，需要多方面的协调配合，而且许多因素之间有时还存在着矛盾。因此在市场调研的开始阶段，只有完整细致地考虑了调研活动的全过程以及资源的分配，才能对调研过程中可能出现的问题做好必要的准备，统筹兼顾好实施环节中的各项工作。

2. 市场设计调研方案的原则

每个调研问题都是独一无二的，所以调研项目几乎没有相似之处。因此，我们必须把每项调研都看成是一个全新的、独立的项目，为此设计完整的、相应的调研方案。但每一个调研方案的设计都必须遵守以下原则：

(1) 可行性原则。市场调查方案的设计要有利于调查目标的实现，调查内容、调查对象、调查方法、调查时间和地点的选择要切实可行，不能脱离实际情况。

(2) 经济性原则。从事调研活动，要尽量以较少的人力、物力、财力和时间取得令人满意的效果。因此调查方案的设计应注意经济性，从样本的选取、容量的确定、调查地区的选择、问卷的设计等都要合理安排，尽量节省不必要的开支和时间。

(3) 灵活性原则。由于现实社会的多变性，在调查过程中会出现许多新情况，遇到许多新问题，由此需要对调查方案中的部分内容进行调整，所以方案的设计要保持一定的弹性，留有余地，不能定得太死。

2.1.2 市场调研方案的基本内容

市场调研方案也称市场调研方案书，作为正式开展市场调研活动的规划和蓝图，应该涉及市场调研活动的各个方面。一般而言，一份完整的市场调研方案应包括以下几个方面的内容。

1. 确定市场调研的目的

市场调研方案设计的第一步就是在分析企业面临问题的前提下确定调研目的。在市场调研中，准确定位调研目的是十分重要的。调研目的不同，调研项目的方法、对象、时间、地点等一系列内容都会不同，而且一旦调研工作正式开始，调研目的就是评价调研工作必要性和价值的标准。目标不明的调研活动，就像没有罗盘的船只，最后必定会迷失方向，走向失败。在确定市场调研目的的时候，一般需要从三个角度来分析：

(1) 分析企业现状，为何要调查？即调研活动的意义。

(2) 通过调查，想要知道什么？即调研的大致内容。

(3) 知道了之后有何用处？即通过调研而得出解决问题的方法。

在确定调研目的这个阶段，我们需要占有一定数量的相关资料，在分析企业机会和问题的基础上，在调研组内部开展研究和讨论，此外，我们还需要进行以下工作。

(1) 和企业经营决策者讨论。调研策划者可以通过和企业经营管理者讨论，了解他们对本次调研的看法，如实行本项调研的原因，评价调研活动优劣的标准，在以后决策中会如何使用调研所得信息等。通过和他们的沟通，进一步增进了解，达成共识，从而对本次调研进行准确而合理的定位。

(2) 向相关专家请教。可以向富有调查经验的专家，或其他相关人员请教，借助深度访谈、自由交谈、小组座谈等方式来获得关于本次调查的意见，从而实现准确定位。

值得一提的是，在实践提炼调研目的的过程中，调研人员经常会犯两种错误：一种是调研目的定义过宽，如“公司发展战略研究”、“消费者素质研究”、“公司形象提升研究”，这些调研目的都过于概括，无法为后续的调查工作提供明确的方向。另一种错误正好相反，调研目的定义过窄，这导致了调研结果不能为经营决策提供新思路，不能帮助管理者全面把握问题。如新产品上市前，企业调研人员确定的备选调研课题：关于大幅度电视广告投放策略的相关调查；关于初期低于市场平均价格策略的相关调查；关于购物摸奖和送礼策略的相关调查等，都是调研目的定义过窄的例子。

调研目标定义得不宽也不窄是比较困难的，但为了避免犯这两种错误，我们可以先将调研目标用比较宽泛的术语来陈述，然后用比较具体的研究项目来细化。这样，宽泛的调研总目标可以从总体上把握调研的方向，而具体的研究项目体现了解决问题的关键措施，为调研工作的开展指明方向，两者结合，有利于把握好整个调研活动。

2. 确定市场调研的项目

在调研目标确定的基础上，我们就可以明确具体的研究内容，即确定调研项目。对于市场调研策划来说，调查项目的确定也是相当重要的一个环节。首先，调查项目是调查目的的细化，具有可操作性，是调查目的能否实现的标志。其次，调查项目是设计调查表的提纲和范围，决定了调查表是否能收集到本次调研所需要的信息。因此，在确定调查项目的时候我们也应该慎重，一般需要注意以下几个问题：

(1) 调查项目的设计必须围绕调查目的。脱离调研目的的调查项目是没有意义的，如果根据这类调研项目开展调查会浪费企业的相关资源。

(2) 调查项目之间具有一定相关性。割裂调查项目间的相关性，把它们看作完全独立是不利于整体调研活动开展的，同时，也会造成企业资源的浪费。

(3) 调查项目应该表达清楚、切实可行。如果需要，可以对调查项目附上详细的说明，确保调研实施者和企业管理者理解选择这个调查项目的原因，掌握该项目的内容。调研项目应该具有可操作性，不能实施或不利于开展调研的项目都是没有意义的。

一般情况下，调研目的不同，调研项目的设计也是截然不同的。

例如，以下是两个有关某大厦购物中心的调查，但因其调研目的不同，其调研项目就有了很大的差异，详见案例 2-1。

➢案例 2-1　　某大厦购物中心建设的调研项目

某大厦拟利用其下面的三层楼建一中型购物中心，要求通过调研确定此方案是否可行？若可行，要求为该购物中心经营决策的制定进行相关调查。

调研目的一：某大厦购物中心可行性调研

调研项目：(1) 该地区的人口规模（现在，将来）。
(2) 该地区居民的购买力状况。
(3) 该地区的城市总体发展规划。
(4) 该地区目前商业网点的现状。
(5) 该地区交通条件及发展状况。

调研目的二：某大厦购物中心经营策划的相关调查

调研项目：(1) 该地区居民的收入水平。
(2) 该地区居民需求特点、消费结构、消费心理。
(3) 该地区企事业单位情况。
(4) 该地区周围居民的有关情况。

---

3. 确定调查对象和调查单位

确定调查对象（个体）和调查单位（群体）的过程就是确定由谁来提供资料和具体数量的过程。我们需要根据不同的调查目的确定不同的调查对象和调查单位，采取相应的抽样框和抽样方法。如杭州市区月饼消费情况调研，其调查对象就是该地区不同性别、年龄、收入水平的消费者。在选取调查对象和调查单位的时候，我们应在注意经济性原则上保证代表性问题，确保调查的对象能反映总体的基本情况。如上述例子中，我们通过抽取不同比例类型的消费者代表杭州地区所有的消费者的大致情况。对于如何选取抽样框，以及如何进行抽样，将在本书的以后章节中详细介绍。

4. 制定调查提纲或调查表

在调查内容（项目）确定以后，将其科学分类、排列，并加以版面设计，便构成调查提纲或调查表。调查提纲和调查表是我们收集资料的直接工具，它们的质量将会影响问卷的回收率、影响收集数据的全面性和准确性，从而影响整个调研活动的结果，所以我们必须掌握问卷设计技巧，保证它们的科学性和可操作性。在本章的 2.2 节和 2.3 节中将详细介绍这方面的内容。

5. 确定调查的时间和调查工作期限安排

大多数市场调查活动都有明确的时间要求，通过确定调查时间来保证调查活动的如期进行。如我国第六次全国人口普查登记的标准时间为 2010 年 11 月 1 日零时，登记期为 2010 年 11 月 1～10 日。调查时间的确定主要是根据调查目的的特点，此外需要考虑企业所处的自然社会环境。比如，十一黄金周期间外地游客在杭州消费情况调查的调查时间就为 10 月 1～7 日的若干天。

此外，一份完整的调研活动方案还应包括调查工作的期限安排，即各项工作开始和完成的时间，以及它们的先后顺序，也就是我们通常所说的进度表。通过设计调研活动的进度表可以帮助调研者准确控制调查活动的开展，保证其如期完成。进度表也能让管理者了解活动的进展情况，以此作为考核调研工作的一项标准。制定进度表一般需要考虑整个调研活动安排中不同工作的特点、难易度、重要性、逻辑顺序，以及调研人员的能力等一系列的主客观因素，进行科学的设计。此外还要考虑各种意外情况发生的可能性，使工作期限的安排留有一定的弹性和余地，以应付突如其来的事件。

6. 确定调查的方式和方法

市场调研的方式和方法受调查目的、调查性质、调查经费、时间约束等情况的影响。市场调研方式是市场调研活动的组织方式，一般分为全面调查（市场普查）和非全面调查。关于市场调研方式我们将在第 4 章内详细介绍。市场调研方法就是指原始资料获取的方法，一般包括询问调查法、观察调查法和实验调查法。关于这方面的内容，我们将在第 5 章进行专门介绍。

值得指出的是，各种调查方式和方法都有各自的优点和缺点，我们不能断言某种调查方式或方法是最好的，应根据调研项目的具体情况选择一种或多种结合使用。关于调研方式，在多数情况下，调研者综合考虑各种因素，一般都选择非全面调查。

7. 确定调查地点

一般根据调查对象和调查单位的分布和抽样方式确定调查地点，但也需要考虑经济性。如上述的杭州地区消费者调查，调查地点一般是商场、街口、小区等人流量比较集中的地方或消费者居住地。

8. 确定调查资料整理分析的方法

企业开展调研的主要目的是通过分析调研活动收集的资料来找到当前面对的问题的原因，找到解决的方法。因此，如何处理收集到的资料既是调研活动的重要内容，也是调研方案设计的重要内容。资料分析方法的优劣直接决定了调研活动最后的价值和调研目的的实现。因此，我们必须在分析可得资料特点的基础上预先对资料的处理和分析进行设计，形成资料整理的计划。一般的资料整理计划包括资料处理的基本目标和要求、资料处理采取的方法分析、得出结论的形式等。

市场调研活动得到的资料根据其性质可以分为定性资料（文字资料）和定量资料（统计数据）。定性资料的分析方法主要有归纳分析法、演绎分析法、比较分析法和结构分析法；定量资料分析方法主要有描述性统计分析法（包括平均数分析、方差分析等）和解释性统计分析法（包括回归分析、相关分析、聚类分析、主成分分析等方法）。关于这部分的内容，我们将在第 6 章详细介绍。

9. 确定调研报告递交的方式

调研活动结束后都需要递交调研报告，以此反映调研的成果。在调研方案中一般也涉及关于调研报告的内容，大致包括以下四个方面的内容：

（1）调研报告书递交的形式，如文本、网上电子文本等；

（2）调研报告书份数；

（3）报告书的基本内容；

（4）报告书的图表、附录等。

10. 制订调查的组织计划

调研活动的组织计划是调研活动顺利开展的保障，应该根据调研工作的特点和对调研人员的要求确定，一般包括以下内容：

（1）调研组织者、机构设置。大型的调研活动往往需要很多人员的参与，因此需要成立相应的组织机构来对调研人员进行分工、管理和监督，从而提高调研活动的效率，保证调研活动的顺利开展。

（2）人员的配备情况。这是对调研工作分配的进一步细化，即落实每位调研人员的工作，如安排日常主持、配合人员、访问员等。预先对调研活动实行人员配备，能保证日后调研工作的顺利开展，避免出现部分工作无人承担或部分人员无事可干的现象。在实行人员配备时应注意运用一般人事管理的原则，根据工作的性质和人员能力进行有效匹配，并注意责、权、利的对等问题。

（3）人员的培训。调查人员的素质对调研活动的结果有一定影响，因此需要对调研人员开展培训，如对访问员访问技巧的培训，对数据处理人员进行数据分析、软件培训等。

11. 调查费用的预算

开展市场调研活动必然会有一定的费用支出，因此在调研方案设计过程中应该编制费用预算。一般可以通过两种分类方式预算调研活动的费用。

（1）通过估算调研价格阶段的支出来分别计算：方案设计费用；调查表制作印刷成本；调查实施费用，包括调查咨询费（礼品费）、访问员的劳务费，培训费用；资料整理费用（计算机处理，分析）；报告撰写费用；外地出差、专家会议等这六个方面的费用来预算总费用。

（2）通过估算调研各活动所需费用来分别计算：调查表设计费；调研管理费；人员培训费；购买资料、专家咨询费；调查员工资、差旅费；被访问者奖励费用；打印及印刷费；计算机处理费；统计分析与报告费；其他不可预见费用这十个方面的费用来预算总费用。

虽然这两种方法计算费用的形式不同，而且读者也可能遇见其他形式的预算方法，但无论怎样，在进行预算费用时都应尽量做到：①全面性，将可能出现的必要的费用都考虑在内，以免调研活动进行中出现不必要的麻烦；②节约性，在保证实现调研目的的前提下，尽可能地节约调研费用；③准确性，预算的编制要求合理、公正，不能随意多报、乱报或漏报。

2.2　调查表的设计与运用

在市场调研过程中，大多数原始信息是通过调查表为载体而获得的，因此在整个市场调研方案设计中，调查表的设计是一项十分重要的工作，它直接关系到调研工作的成效。下面将分别讨论有关调查表设计的几个相关问题。

2.2.1　调查表的含义和作用

调查表是市场调查中一种以表格形式了解市场情况，有效搜集市场信息的工具。调查表通常是在采用询问调查法过程中使用。它有两个用途：一是根据它来向被调查者发问；二是用它来记录被调查者的回答。与早期市场调查所采用的调查提纲形式（即仅列出所需了解的几个问题）相比，市场调查表有许多优点，最明显的是可使调查内容标准化、系统化，便于统计处理和汇总分析，具有投入少、产出多、见效快的特点。在实际应用过程中，最重要的问题是能够根据实际调查目的设计一份完美的调查表，它在很大程度上决定着调查表的回收率、有效率和回答的质量，是市场调查成功的重要条件之一。

2.2.2 调查表的基本结构

一份完整的调查表通常是由调查说明、填表说明、被调查对象的基本情况、调查内容本身、电子计算机编码五个部分组成。

1. 调查说明

调查说明一般是在调查表的开头，这部分包括两个方面的内容。一是向被调查者说明进行此项调查的目的、意义，让被调查者了解调查的意义，引起重视和兴趣，争取支持与合作。二是请求被调查者的合作。这一点很重要，因为市场调查是一项协商性调查，只有真诚地合作才能取得最佳效果，为此需用婉转请求的方式，取得对方的配合。通常采用的方法有以下几种：

(1) 用请求、恳切的语言。例如，某五交化公司进行自行车需求意向调查中有这样一段话："为了更好地为您服务，使您买到称心如意的自行车，请您协助我们进行此项调查。"

(2) 利用被调查者满足荣誉感的心理。例如，某公司采用"专家调查法"对今后一段时间农机需求进行调查，其中的调查说明中有这样一段话："我们决定采用'专家调查法'进行预测调查，选择一批业务能力强、对市场变化反应敏捷、工作负责的同志组成'专家组'，……您是我们选中的'专家组'的专家之一，希望我们能通力合作，自始至终地做好这一工作。"这里被调查者被称为"专家"，使他们有一种荣誉感。

(3) 直接支付给被调查者一些报酬、奖金或奖品。例如，某食品研究所进行的一次调查，对被调查者以"新鲜浓豆浆作为您填表的报酬"。

(4) 利用政府组织、社会团队或有影响的人物进行调查。

2. 填表说明

填表说明内容包括填表的要求、调查项目必要的解释说明、填表的方法、填表注意事项、调查人员应遵循事项等的说明。其中一些内容简单明了的条目，也可省略，或者只列出上述内容中的若干项。

3. 被调查对象的基本情况

这部分内容虽与调查内容本身没有直接联系，但在进行分类分析调查资料时，常常用到这些资料，这是调查表中不可缺少的内容。被调查对象分个人和单位两大类。若是个人，其主要特征是性别、年龄、文化程度、职业、个人或家庭收入、所在地区、民族等项目。若被调查者是企事业单位，则应包括行业类别、资金总额（固定资产、流动资金）、所有制形式、职工人数、经营范围、营业额、营业面积等。对于一份具体调查表究竟需要列出哪些项目，应视调查目的而定。

4. 调查内容本身

调查内容本身是调查表的主体，也是一份调查表的核心部分。这部分内容通常是由一系列问句组成，有关问句的设计类型及应用，已在前一节询问技术中详细阐述，这里不再赘述。这部分内容的设计直接关系到这项调查所能获得资料的数量和质量，因而对调查内容本身的设计需要花较大的精力。有关设计过程中应遵循的原则和设计步骤将在后面介绍。

5. 计算机编码

我们在进行市场调查时，计算处理的工作量一般比较大，尤其是一些大规模的市场调查，因此调查表可以设置电子计算机编码，以便对调查资料用计算机进行分类、排序、汇总、分析和综合处理。这部分内容有时也可省略。

2.2.3　市场调查表设计的原则和程序

1. 调查表设计的原则

为了使调查表的设计能更有效地达到调查目的和要求，在调查表的设计过程中应遵循以下原则：

(1) 集中性原则。即调查表设计的项目要紧紧围绕调查主题，使主题明确，从而把“调查目的”准确无误地传达给被调查对象，以获得符合调查目的的资料。

(2) 真实性原则。设计调查表时应注意所提的问题能够使被调查对象容易理解。要使其充分理解，应避免提一些模棱两可、技术性较强的问题，这样才能提高调查结果的准确性和真实性。

(3) 可接受性原则。市场调查是调查者请求得到被调查者帮助的一种协商性活动，只有真诚地合作才能取得满意的效果。为此，在调查表的设计过程中，问题的语句、用词应婉转、客气。同时，调查表的格式、纸张选择，都应给人一种整洁、明快、亲近的感受。

(4) 简便性原则。简便性主要体现在两个方面：一是调查表中的调查项目及问句形式，在满足调查目的的前提下，应尽量简洁，以便于被调查者方便、快速地回答各类问题，例如，可以多设计一些选择性问句；二是调查表的设计，应便于资料的归类整理、统计分析。

2. 调查表设计的程序

为使调查表设计更科学化、程序化、高效化，设计调查表可按下列程序或步骤进行。

(1) 明确调查目的，把握调查主题。这是设计调查表最基础、最关键的一步。在全面分析调查目的的基础上，确定某一调查的主题，由此才能明确调查所需搜集的特定范围的第一手资料。例如，某企业欲通过一次市场调查，了解其产品销售不畅的原因，这就是调查目的；进一步分析企业产品在促销方式、销售渠道、价格等方面与其他同类产品接近，故决定以产品在消费者心目中的形象为主题进行一次调查。

(2) 确定调查项目。调查项目即具体的调查内容，在充分分析调查主题的基础上，拟定所要调查的项目，要全面考虑，把各种与调查主题有关的内容一一罗列出来。上例中已确定调查主题是产品本身在消费者心目中的形象。依据这一主题，与产品本身有关的项目，主要有产品的质量、特色、式样、牌号、包装、产品的服务等内容需要调查。

(3) 依据调查项目，拟定初步调查表。在确定调查的具体项目后，针对每一个调查项目，设计若干问题，确定问句的类型，形成调查表的主干部分。然后设计调查表的其他组成部分，如被调查者本身情况、说明词、编号等内容。至此，一份调查表的初稿已经形成。

(4) 对调查表初稿小范围试验，修改调查表。为了使调查能顺利进行，达到调查目的，常需对调查表初稿在少数被调查者中进行试填，检验调查表初稿的可行性如何。因此，试填对象应具有充分代表性。依据试填效果，对某些不合理的部分进行修改，最后形成正式调查表。

2.3 询问技术

调查表的主体通常是由一系列问句组成的，因此，如何设计符合调研目的需要的问句，问句形式如何选择，问句设计是否科学，这些正是询问技术所要解决的问题。询问技术也称询问技巧，它主要包括问句类型和问句设计中应注意的问题。

2.3.1 问句的基本类型

理想的问句设计应使调查人员能获得所需的信息，同时被调查者又能轻松、方便地回答问题。这就要求调查人员能依据具体调查内容要求，设计选用合适的问句进行调查。问句的类型很多，按问题的内容可分为事实问句、意见问句、阐述问句；按问句的回答可分为自由回答式问句、是否式问句、多项选择式问句、顺位式问句、程度评等式问句、过滤式问句。

1. 事实问句

事实问句是指要求被调查者依据现有事实来回答问题，不必提出主观看法。诸如："你使用的空调器是什么牌子的?""你家庭的年人均收入是多少?""你的职业是什么?"这类问题常用于了解被调查者的特征（如职业、年龄、收入水平、家庭状况、居住条件、教育程度等），以及与消费商品有关的情况（如产品商标、价格、购买地点、时间、方式等），从中了解某些商品消费的现状。这类问题对调查人员确定某类产品的目标市场有很大的帮助。

事实问句的主要特点是问题简单，回答方便，调查覆盖面广，调查结果便于统计处理。但也存在着不足，如由于时间长等原因，被调查者对某些事实记忆不清，或由于某些被调查者的心理因素影响，而使回答的结果在一定程度上失真。

2. 意见问句

意见问句主要是用于了解被调查者对有关问题的意见、看法、要求和打算。例如："你希望购买哪种牌号的自行车?""你打算何时购买高级组合音响?"这类问题可以帮助调查人员了解被调查者对商品的需求意向，使企业能够根据消费者需求不断改进产品设计，经营适销对路的商品，从而增强企业的生存能力。

意见问句的主要特点是从这类询问中可以广泛地了解消费者对需求的要求、打算、意见，为决策者提供未来需求信息。但它也存在着不足：其一，这类询问仅能了解调查者的意见、看法，而无法了解产生这些意见、看法的真正内在原因。如上面提到的问题："你希望购买哪种牌号的自行车?"询问这一问题，调查者只能知道消费者喜欢哪种牌号的自行车，而并不能了解消费者究竟喜欢这种牌子的哪些方面，是质量、颜色、式样，还是其他，等等。其二，这类问题在一定程度上受心理因素影响。如在了解消费打算等问题时，被调查者会因家庭财产问题而不愿说真话。

3. 阐述问句

阐述问句（又称解释问句）主要是用于调查者想要了解被调查者的行为、意见、看法产生的原因。根据询问是否给出问题的选择答案，又可相应地分为封闭式阐述询问和开放式阐述询问。这类询问可以在一定程度上弥补事实询问存在的不足。如前面提到的事实询问："你希望购买哪种牌号的自行车?"若想进一步了解购买行为的原因，可提出："您为什么希望购买这种牌号的自行车?"这就是阐述性询问。

阐述问句的主要特点是能够较为深入地了解消费者的心理活动，从而找到问题及问题产生的原因，为解决问题提供依据。但是这种询问也存在不足：其一是结果较为复杂，尤其是开放式的阐述问句，答复的结果不易整理；其二是此类问题涉及被调查者的主观因素较前两种询问多，被调查者因各种原因而回避问题，或只讲问题的次要方面，从而使调查结果的真实性受影响。

4. 自由回答式问句

自由回答式问句又称开放式问句，这种问句的特点是调查者事先不拟定任何具体答案，让被调查者根据提问自由回答问题。例如："你喜欢穿什么式样的秋季外套?""你对我厂生产的××牌空调器有何意见?"这种询问方式因事先不提供回答答案，能使被调查者思维不受束缚，充分发表意见，畅所欲言，从而可以获得较为广泛的信息资料。但由于被调查者的回答漫无边际，各不相同，使调查结果难以归类统计和分析。

自由式问句比较适用于调查受消费者心理因素影响较大的问题，如消费习惯、购买动机、质量、服务态度等，因这些问题一般很难预期或限定答案范围。这种询问在探测调查中常常采用。

5. 是否式问句

是否式问句又称二项式问句或伪真式问句。这种问句的回答只分两种情况，必须两者择一。例如：

"你是否喜欢长虹牌彩电?"

是（　）　　否（　）

"你今年是否打算购买家庭轿车?"

是（　）　　否（　）

这种问句回答简单，调查结果易于统计归类。但这种问句也有一定的局限性，主要是被调查者不能表达意见程度差别，回答只有"是"与"否"两种选择。若被调查者还没有考虑好这个问题，即处于"未定"状态，则无从表达意愿。

6. 多项选择式问句

多项选择式问句是对一个问题事先列出三个或三个以上可能的答案，让被调查者根据实际情况，从中选出一个或几个最符合被调查者情况的作为答案。例如，某空调器生产厂欲了解本企业产品在同类产品中的市场占有率，设计问句：

"你所使用的空调器是哪一种牌号的?"

a日立（ ） b海信（ ） c松下（ ） d大金（ ）
e格力（ ） f美的（ ） g科龙（ ） h海尔（ ）
i奥克斯（ ） j志高（ ） k小天鹅（ ） l其他______

多项选择式问句保留了是否式询问的回答简单、结果易整理的优点，避免了是否式询问的不足，能有效地表达意见的差异程序，是一种应用较为广泛、灵活的询问形式。使用这种问句有一点值得注意，即在设计选择答案时，应考虑所有可能出现的答案，否则，会使得到的信息不够全面、客观。

此外，在多项选择式问句中，有一种专门用于测量消费者满意程度的量表，有对称性量表和不对称性量表两种形式。例如，询问消费者关于某一滋补保健品的效果时，可以设计如表 2-1、表 2-2 所示的五段量表。

表 2-1 对称性量表

好	较好	一般	较差	差
（ ）	（ ）	（ ）	（ ）	（ ）

表 2-2 非对称性量表

很好	好	较好	一般	差
（ ）	（ ）	（ ）	（ ）	（ ）

最后分别统计五种情况所占的百分比，确定这种商品在消费者中的总体满意程度。

7. 顺位式问句

顺位式问句是在多项选择式问句的基础上，要求被调查者对所询问问题的各种可能的答案，按照重复程度不同或喜爱程度不同，对所列答案定出先后顺序。例如：

“您选购电视机时，对下列各项，请按照您认为的重要程度以 1，2，3，4 为序进行排序。”

a图像画面（ ） b音质（ ） c品牌知名度（ ）
d外形设计（ ） e价格（ ） f使用寿命（ ）

也可以对不同牌号的同类产品的喜爱程度进行排序。例如：

“下列牌号牙膏中，请根据您的喜爱程度，以 1，2，3，4，5，6，7 为序进行排序。”

a高露洁（ ） b佳洁士（ ） c舒适达（ ）
d狮 王（ ） e中 华（ ） f黑 人（ ）
g竹 盐（ ） h云南白药（ ） i黄 芩（ ）

这种询问方式回答较为简单，易于归类统计，但须注意避免可供选择的答案的片面性。

8. 程度评等式问句

程度评等式问句的特点，是调查人员对所询问问题列出程度不同的几个答案，并对答案事先按顺序评分，请被调查者选择一个答案。例如：

"你对我公司生产的电动自行车质量有何看法？请在相应的（　）中打√。"

很好（　）	好（　）	一般（　）	较差（　）	差（　）
2	1	0	−1	−2

将全部调查表汇总后，通过总分统计，可以了解被调查者的大致态度。若总分为正分，表明被调查者的总体看法是肯定的；若总分为零分，表明肯定与否定意见持平；若总分为负数，则表明总体上是持否定看法的。

这种问句形式，也常被用来对不同牌号的同类产品进行各种性能的比较。例如，欲在某一范围内进行一次电视机质量评比，评出各种牌号的等级或名次，要求被调查者选择。

"请根据下面的评分标准，给下列牌号的电视机质量评定分数，并将分数填入括号内"：

a 长虹（　）	b 夏普（　）	c TCL（　）	d 索尼（　）
e 三星（　）	f LG（　）	g 松下（　）	h 海信（　）
i 康佳（　）	j 创维（　）	k 联想（　）	l 东芝（　）

评分标准：	很好	较好	一般	较差	差
	10 分	8 分	6 分	4 分	2 分

9. 过滤式问句

过滤式问句，是逐步缩小提问范围，引导被调查者很自然地对所要调查的某一专门主题做出回答的问句形式。这种询问法，不是开门见山，单刀直入，而是采取投石问路，引水归渠的方法，一步一步地深入，最后引出被调查者对某个所要调查问题的真实想法。这种问句形式通常用于了解被调查者对回答有顾虑或者一时难以直接表达的问题。例如，某企业欲了解消费者对购买电脑是否影响孩子学习的意见。若一次性提问(非过滤式提问)："你不购买电脑是怕影响孩子的学习吗?"这种问句会给被调查者一种很唐突的感觉，是不妥的提问法，因为不购买电脑往往是多种原因引起的，很难直接回答，可用如下过滤问句提出问题。

"你对电脑印象如何?"

"你是否限制孩子使用电脑?"

"你认为使用电脑有什么弊端吗?"

"有人说玩电脑对孩子学习有影响，也有人认为玩电脑对孩子学习没有影响反而有好处，你是如何看待这个问题的?"

从上面的例句中，我们可以看到，通过调查人员的逐步引导，使被调查者有一个逐步考虑问题的过程，从而自然真实地回答了调查者的问题。

2.3.2　问句设计中所要注意的问题

问句设计是否合理，会直接影响调查结果的真实性，从而影响调查效果，因此在设计问句时应充分注意。在实际设计问句时应注意如下六个方面的问题。

1. 应最大限度减轻被调查者的负担

如果调查的问题过于复杂、冗长，容易使被调查者意识到费时太多，不愿回答，影响调查表的回收率，即使勉强回答也是敷衍了事，达不到调查的要求。因此，在设计问句时应十分注意这个问题。减轻被调查者负担主要有如下途径：

(1) 问句初步设计好后应认真审阅，与调查目的无关或关系不大的问题一律剔除。

(2) 可用隐蔽方式得到的项目，就不必在调查表上直接列出。如在一份电视机需求状况调查中，因为有电视机拥有量项目，又可从有关部门获得国产电视机拥有量的资料，则不必再列进口电视机拥有量项目，因为前两者之差即为后者。

(3) 尽可能挑选能随口而出的项目。如需获得“年人均收入”资料，以“月总收入”和“家庭人口”两项代替，通过自行计算可获得“年人均收入”资料。

2. 问题设计应具体、用语准确、答案完备

在问句设计中应尽量避免使用诸如“好像”、“可能”、“经常”、“有时”、“偶尔”、“一般”之类令人捉摸不定的词语，这些词语往往因各人理解不同，而使调查结果产生较大的误差。例如，“你近来经常去大商场吗？”在此句中，“近来”一词的界限不明确，是近一个月？还是近一星期？“经常”一词的意义也不具体，究竟是每星期一次算是“经常”，还是两次算是“经常”，各人理解是不同的。在给出问题的多种选择答案时，应全面考虑各种可能答案，若担心有遗漏，可用“其他”代替。若可能答案太多，也可采用将主要项列出，次要项用“其他”代替。

3. 避免提出诱导性问句

诱导性问句往往能影响被调查者对问题的思考，从而不能真实反映被调查者的意向。例如，“一般人都认为使用药物牙膏好，你也这样认为吗？”此句中的“一般人都认为”是一个诱导语，往往导致被调查者把众人的共识作为自己的意见，即使他并没有这样考虑也会出现这种情况。

又如，“你为什么喜爱西门子电冰箱？”此问句中，把消费者事先放在“喜爱”位置上来回答问题，也许此人并没考虑此问题或并不喜爱这种冰箱。应改为：“你喜欢冰箱吗？”“喜欢哪种牌号的冰箱？”“为什么喜欢这个牌子？”这样的提法比较合适。

4. 提出的问题应使被调查者有能力回答

对一般被调查者不应提一些技术性较强的或难以回答的问题，否则会得不到所要调查的结果。例如：

“你对先锋家庭影院系统的驻波控制是否满意？”

“你的电视机中的液晶屏是国产的还是进口的？”

上面的第一个问题，因专业性强一般人难以回答；后一个问题，因被调查者无法打开电视机的内壳而无法回答。

5. 要考虑人们的心理因素，避免提出令人窘迫的问题

在市场调查中，为了分析问题，往往需要了解诸如个人收入、文化程度、社会地位和妇女年龄等问题。这些问题因关系到被调查者的自尊心和隐私而不愿如实回答。若仍采用直接询问，就不可能得到正确答案。例如：

“你不买汽车是否因为经济上的原因？”

是（ ）　　否（ ）

“你不订阅报纸杂志的原因属下列哪种情况？”

不爱看（　）文盲（　）

“你每月的经济收入是多少?”

上述问句会使被调查者产生反感。在实际应用中，对上述问题可采用间接、侧面提问的方式加以避免。如第一个例句中，提问的方式显得粗鲁，可修改为“你不买汽车是否因经济上的考虑?”这样显得口气比较缓和。第二个例句中，“文盲”可用“其他”代替。第三个例句中的询问可采用笼统的询问方法，如改为“你每月的经济收入属于下列的哪一种：200元以下，201～500元，500～1000元，1000～1500元，1500元以上”。

6. 注意问句的逻辑关系

在问句设计过程中，问句的内容安排及先后顺序应合乎人们的一般思维过程。例如，在询问内容的时间上，应按照过去、现在、将来的顺序；在询问内容的难易程度上，应按照简单到复杂的原则；在询问内容上，应先小范围，后大范围，逐步展开。

总之，在设计问句过程中，一方面要针对所要调查内容的要求选择合适的问句形式，另一方面要充分注意上述六个方面的问题，才能使问句设计得更有效，从而达到调查的目的。

本章小结

市场调研方案设计是在实际市场调查活动开展之前，市场调查主体为解决市场调查问题，实现市场调查目的，而对调查工作全过程的各个方面进行通盘考虑和安排，制定合理的工作程序，提出相应的实施方案。市场调研方案设计应包括以下内容：确定市场调研目的、确定市场调研的项目、确定调查对象和调查单位、制定调查提纲或调查表、确定调查的时间和调查工作期限安排、确定调查的方式和方法、确定调查地点、确定调查资料整理分析的方法、确定调研报告递交的方式、制订调查的组织计划、调查费用的预算。市场调研方案设计应遵循可行性、经济性、灵活性三大原则。

一份完整的市场调查表包括调查说明、填表说明、被调查对象的基本情况、调查内容本身和计算机编码五个部分。调查表设计应遵循集中性原则、真实性原则、可接受性原则和简便性原则。调查表设计的程序是：明确调研目的，把握调研主题；确定调研项目；依据调研项目，拟定调查表初稿；对调查表初稿进行小范围试填，修改调查表初稿，并最后定稿。

市场调查表的核心内容是由问句构成的，问句按问题的内容划分，主要有事实性问句、意见性问句和阐述性问句三种；按问题回答的形式不同划分，主要有自由式问句、是否式问句、多项式问句、顺位式问句、程度评等式问句和过滤式问句六种。

思考练习题

1. 市场调研方案设计的原则是什么？除此之外，你认为还需要注意什么问题？
2. 市场调研方案的基本内容有哪些？
3. 请与某一公司或企业联系，针对它们的实际需要，设计一份市场调研方案。
4. 如何设计一份完整的市场调研问卷？
5. 问句设计有哪些具体的问句形式？它们分别应用于何种场合？

第3章 二手资料收集的方法

本章导读

资料收集是市场调研过程中的基本步骤之一，它直接影响和决定整个调查活动的优劣和成败。市场调研所需的资料具有多样性和复杂性的特点。通常市场调研所需资料按照收集来源的不同可分为二手资料和原始资料两类。在市场调研中，二手资料的收集有着特殊的地位，作为市场信息收集的重要手段之一，一直得到世界各国调研人员的普遍关注。本章将主要分析二手资料收集的相关问题。

【本章主要内容】

- 二手资料和原始资料
- 二手资料收集的原则和步骤
- 二手资料的校验与判断

3.1 二手资料和原始资料

二手资料（也称现成资料），是指以前已经收集整理好的，但不一定与当前问题完全相关的信息资料。营销调研人员通过对二手资料的收集，可以使企业迅速了解有关的市场信息，把握市场机会，从而为进一步的直接市场调研奠定基础。原始资料（也称一手资料）正好相反，它是为了解决企业特定问题而专门收集的资料，包括调查资料、观察资料和实验数据。不同的资料其收集方法、特点、适用条件、费用以及所得到的资料质量也不尽相同。因此，在调研过程中应注意选择合适的调研方法来获取所需资料。下面分别介绍二手资料和原始资料各自的优缺点，使读者对这两种类型的资料有进一步的了解。

3.1.1 二手资料和原始资料的优缺点

二手资料和原始资料各有优缺点：

1. 二手资料的优点

(1) 二手资料收集花费的时间短、费用少，可节省大量的调查时间和调查经费。

(2) 二手资料来源多，涉及面广。二手资料的收集不受时间和空间的限制，可以收集到比实地调研更广泛的资料，而且有些数据是调查公司收集不到的，例如，由国家统计局普查所提供的数据。

(3) 二手资料的收集不受调研人员和被调查者主观因素的影响，反映的信息相对比较客观。

2. 二手资料的缺点

(1) 部分二手资料缺乏可得性。虽然二手资料有丰富的来源，但对于某些特定问题，可能不存在相关的资料，特别是那些新的独特的调研课题，很可能找不到合适的二手资料。

(2) 缺乏准确性。调研者在收集、整理、分析和提交二手资料的过程中，可能会存在一些潜在的错误，许多误差不易发现，并且很难剔除。因此，调研者使用二手资料时，会受到这些错误的影响，使调研结果产生偏差。

(3) 缺乏针对性。从内容上看，所收集的二手资料大多是针对其他调研目的而形成的，对于目前特定的调研目的缺乏针对性；从时间上看，二手资料大多是过去的研究报告，时效性不强，可能不适合目前调查的需要；从收集信息的方法上看，因为二手资料和本次调研的数据收集方法不同，在数据统计口径、数据处理上存在差异，调研者通常不能直接使用二手数据，而且部分数据差异是无法通过技术手段调整的。

3. 原始资料的优点

(1) 针对性强。原始资料是市场调研者根据当前企业特定的市场调研需要而直接收集的，其所得资料的针对性和适用性都比较强。

(2) 真实性强。原始资料收集所涉及的抽样框、抽样方法、调查对象、调查方法都根据本次调研目的的特点而确定，调查过程也受调研人员的控制，因此资料来源明确，所收集的资料比较真实可靠。

4. 原始资料的缺点

(1) 原始资料的收集需要花费较多的人力、物力、财力和时间，而且有些原始资料的收集仅靠企业自身力量难以完成。

(2) 由于原始资料收集过程中必然会受到调研人员和被调查者主观因素的影响，其所得的信息资料具有一定的主观性。

通过以上分析，我们发现原始资料和二手资料在优缺点上存在互补性。因此，高质量的市场调研总是需要两者的结合，但一般情况下调研者总是先收集二手资料，在二手资料不足或需要验证时再考虑收集原始资料。

3.1.2 二手资料的作用和意义

二手资料除具有省时、费用少等优点外，它对企业的市场调研还具有许多重要的参考价值和指导意义。

1. 有助于明确探索性研究中的研究主题

许多调研者会在收集、整理二手资料的过程中得到启发，从而产生对研究主题的新认识，调整或重新定义研究方向。根据经验，几乎所有的市场调研都始于二手资料的收集。例如，起初调研者试图了解杭州市老年人生活状况及受关心的程度。在收集二手资料的过程中，发现由于社会生活节奏的加快，子女工作、生活压力的日益增大，与子女同堂的老年人并不比独居老年人更轻松、更具有幸福感，同时发现老年人的社会依赖性在不断提高，根据这些资料，调研主题就可以明确方向为“全社会对老年人的关心问题”。

2. 提供一些直接解决问题的途径

调研者从事的调研主题，很可能已经有人研究过同样的或类似的问题，在这种情况下，如果二手资料可以为解决问题提供充足的证据时，就不需要考虑实地调查。因为即使是准备得很充分的实地调查，也往往难以全面准确地获得所需资料。比如，调研者想了解浙江省各县级市的综合发展水平，已经总结出了衡量综合发展水平的指标体系，在收集二手资料的过程中，发现在历年的《浙江统计年鉴》上有浙江省部分县市的简介和部分指标的统计数据，因此，就可以省去一部分的实地调查。

3. 提供收集原始资料的备选方法

二手资料是根据目前需要调查的课题而收集的，因此应采用尽可能多的方法来收集不同的相关信息。在收集二手资料的过程中，调研者可能发现很多有助于原始资料收集的信息。如在对某企业顾客满意度调研的二手资料收集过程中，调研者查阅了《客户关系管理和数据挖掘》一书，结果在书中发现了针对企业内部顾客和外部顾客满意度调查的原始问卷，于是调研者在调查问卷中引用了其中的两组问题，这就为实地调查的量表设计提供了帮助。

4. 提醒市场调研者应注意潜在的问题和困难

除了提供方法外，二手资料还能暴露出目前调研中潜在的危险，如数据收集方法不受欢迎、样本选择有困难或被调查者有抵触心理等。有的二手资料会告诉调研者其调查课题不能采取某些调查方法；有的二手数据则显示，采用某些数据分析方法是得不出结论的，或即使得出结论也没有实际意义的，这样就可以使调查者避免走弯路，提高效率和成功率。例如，某公司想了解杭州市场对该公司新产品的接受状况，他们从相关的二手资料得知杭州市场采取电话调查的拒访率很高，该公司就会考虑其他可行的调查方法。

5. 提供必要的背景信息以使调研报告更具说服力

二手资料通常能为调研方案的设计提供大量的背景资料。有时现成的反映市场情况、行业情况、市场已有产品缺陷、消费者偏好等方面的资料可以作为实地调查的向导，在充分利用现成资料的基础上，可以使实地调查计划更周详；有时二手资料还能直接符合研究主题，从而无须在实地调查中重复类似的问题；有时二手资料能提供对调研资料的进一步分析，为当前的发现提供支持，从而丰富调研发现；有时二手资料可以作为以后调研方案的参照基础。

3.1.3 二手资料的类型和来源

依照来源不同，二手资料可分为内部二手资料和外部二手资料两大类。内部二手资料来自于企业的日常运作或企业自己搜集的外部资料，如公司的销售量、营销活动、价格信息、分销商报告和反馈、顾客的反馈信息以及竞争对手的各种信息等。内部资料具有收集方便、成本低廉、资料可靠的特点，因此在二手资料的收集活动中一般优先考虑内部资料，在内部资料的基础上再通过收集外部资料加以扩展。外部二手资料是指来自于企业外部的各种相关信息资料，相对于内部资料，外部二手资料内容和来源都十分广泛，往往是市场调研中二手资料的主要组成部分，但一般收集时间长、费用大、不易控制。下面具体谈谈这两类二手资料的来源。

1. 企业内部二手资料

企业内部二手资料主要包括：业务资料、统计资料、财会资料、竞争对手资料、客户资料、企业积累的其他资料。

(1) 业务资料。主要包括和企业业务经营有关的各种资料信息，如订货单、进货单购销合同、销售记录、客户名录、促销资料、合同文本、发票、广告等。通过对这些资料的收集和分析，可以掌握本企业的生产经营情况、营销状况、顾客需求状况、广告投放情况等内容。

(2) 统计资料。主要包括企业经营过程中形成和保存的有关生产、库存、销售等方面的各类统计报表，它们是研究企业经营特征和规律的重要定量依据，也是企业进行生产经营预测和决策的重要基础。

(3) 财会资料。财会资料是指企业财务部门提供的财务报表、会计核算和相关分析资料，一般包括生产成本、销售成本、商品价格及经营利润等方面的内容。通过对这些资料的分析，有利于掌握企业的经济效益和各类商品的销售状况，可以从经济上考核企业的营销活动。

(4) 竞争对手资料。竞争对手资料是指企业特定部门收集的有关企业现有竞争对手和潜在竞争对手的竞争战略、企业文化、市场份额、产品特性、营销策略、员工素质等和企业运营有关的一切信息。通过分析竞争对手的资料，可以发现其经营上的优劣势，找到企业合适的进攻点；可以区分好的竞争对手和坏的竞争对手，实行企业间有效的合作联盟；可以更深入了解企业所在的行业，实现有效的经营。

(5) 客户资料。客户资料是指企业客户部门收集的有关企业客户性别、年龄、职业、收入、联系方式、爱好等客户基本信息的资料。除此之外，有些企业还会收集和企业经营范围相关的、比较详细的客户信息，如客户对该公司产品的使用量、使用偏好、购买频率等。一般公司会建立专门的数据库存放这些信息，并定期对客户信息进行更新和维护。通过对客户信息的分析可以深入了解公司客户，为其提供个性化服务，从而提高客户满意度；可以辨别公司的核心客户，保证公司利润的稳定；可以分析客户的未来需求，找到企业新的利润增长点。

(6) 企业积累的其他资料。企业积累的其他资料是指企业平时积累的各种调研报告、工作总结、同业卷宗、顾客信息、供应商信息等方面的资料，它们都是企业进行市场研究的有用素材。

企业内部资料分析不仅是公司制定战略、做出决策的有利凭证，而且也是企业日常运营的基础。鉴于企业内部信息的重要性，许多公司都建立了包含多类信息的企业内部数据库系统，为企业内部资料的收集、使用提供了方便。

2. 企业外部二手资料

企业外部二手资料的主要来源有各类出版物、数据库和辛迪加信息服务。

1）出版物

出版物来源的外部二手资料是指能够在图书馆、档案馆或其他实体的机构中找到的资料。其来源主要包括政府、非营利性机构（如行业协会、科研单位、消费者协会等）、贸易组织、新闻出版部门、专门的市场调研机构。不同来源的外部二手资料大体可以分为普通商业来源和政府资料来源两大类：第一类是普通商业资料，是指商业部门以书籍、期刊、报纸、报告、贸易函件等形式公布的资料；第二类是政府资料来源，主要是指由政府机关的有关部、委、局、司和各级行政主管部门的统计、财政、金融、工商、物价、计量、外经贸等发布的信息资料和出版物。

2）数据库

数据库是指用来满足特定信息需要的相关信息的集合，虽然部分数据库是采用印刷品的形式出版的，如电话黄页，但大多数的数据库都是由计算机管理的，通过计算机实现对大量数据的存储、编辑、整理和分析。目前的计算机数据库大都通过因特网直接与数据库的提供者建立链接，但也有部分数据库是通过光驱读取包含数据记录的碟片而获得资料的。数据库根据其所包含的数据性质不同大致可以分为以下四类：

(1) 文献类数据库。由从期刊、报纸、市场调研报告、政府文献等文章中引用的例句组成，它们通常是对引用材料的总结和概括，因此也被称为“参考资料数据库”。该类型数据库为使用者指出在其他来源里寻找文章和信息的途径，帮助使用者了解文章引用了哪些资料。例如，《商业指南》引用的资料包括800多种商业、管理和贸易期刊的内容；《社会科学引用索引》以引用文献数据库而著名。在获取大量具体信息之前，利用这些数据库是对某个主题进行研究的一种快速、高效率的方法。

(2) 数据类数据库。它包括各种数值信息和统计信息，如国家统计局所属的华通数据中心数据库。

(3) 指南性数据库。指南性数据库是指列出了关于某个特定机构、个人或政府部门等信息的数据库。例如，《电话光盘》列出了美国商业机构和居民的地址和电话号码；《盖尔机构》列出了8万多家美国的非营利性机构；《印刷业指南》列出了印刷行业的详细信息。该类数据库是查阅特定信息的有效途径。

(4) 全文类数据库。不同于文献类数据库，该类型数据库包含文献资料的全部内容，如维普全文数据库、中国学术期刊全文数据库、中国学位论文全文数据库、中国学术会议论文全文数据库、ABI全文数据库[①]等。

计算机数据库兴起于20世纪90年代，因其具有传统印刷信息所不能比拟的全面、

① ABI商业信息全文数据库（Abstracts of Business Information/INFORM Global）由美国ProQuest Information and Learning公司出版，是欧美大学普遍使用的著名商业及经济管理期刊论文数据库。该数据库涉及主题范围有：财会、银行、商业、计算机、经济、能源、工程、环境、金融、国际贸易、保险、法律、管理、市场、税收、电信等领域，涉及这些行业的市场、企业文化、企业案例分析、公司新闻和分析、状况和预测等方面的资料。

简洁、更新和使用方便、成本低廉的优点而具有明显的扩张态势，其运用也日益广泛，目前在各大高校、政府和企业单位都得到了普遍的使用。

3）辛迪加信息服务

辛迪加信息是一种外部的二手资料，这种信息由一个普通的数据库提供给预订者。辛迪加信息服务是指辛迪加机构在进行调查或收集相关信息后，将结果同时销售给几个客户，其收集信息的目的并非为了市场调研，而是为了满足客户的信息需求。通过辛迪加机构收集的信息通常具有很高的性价比，不仅信息质量高于公司自己收集的二手资料，而且信息成本低于公司直接收集原始信息的花费。目前，很多公司的市场调研都乐于采用辛迪加信息服务的形式，而且大都收效不错。我们可以通过一个例子来说明辛迪加信息服务的优势。比如，某公司将投资60万美元用于某个项目，但目前他们缺少一部分做出决策的关键信息，为此该公司面对三个选择：选择一，付出几百美元的费用向辛迪加机构购买该方面资料。选择二，通过其他途径收集二手资料，当然，二手资料的费用低于100美元。选择三，付出更多的钱自己实地调查。通过分析、比较，该公司最后选择了第一个方案。毕竟部分资料是免费二手资料中收集不到的，而且辛迪加信息服务的费用也远远低于公司自己直接调查。

概括地说，辛迪加信息服务的优点主要有：①成本低。由于许多公司有相同的信息需求，所以辛迪加机构的收集信息的成本被分摊，对于单个公司来说，为得到信息而支付的费用并不高。②可信度高。由于辛迪加机构长期从事专门的信息收集工作，其技术水平相对较高。此外，它们的信誉建立在信息的质量之上，为了维持经营，辛迪加机构对信息数据的质量一般都比较关注，会进行比较深入的调研。③实效性高。辛迪加公司建立起一套完整的工作运作模式，并拥有经过反复实践的数据收集方法，工作效率高，通常可以很快将收集到的信息发送给客户。

当然，辛迪加信息服务也不可避免地存在缺点：①信息公开性。由于辛迪加机构是公开的企业组织，它们同时把资料出售给多家公司，因此其所提供的信息具有相对公开性，你可以得到辛迪加提供的信息，你的竞争对手也同样可以。②由于目前辛迪加机构的日益增多，也出现了一些不负责任的该类机构，它们提供的数据存在问题。因此，企业也需要像评价二手资料一样，认真考核辛迪加机构及其提供的数据资料。③辛迪加机构提供的信息服务一般都是标准化的，因此，不一定能满足企业特定的信息需要。

目前常见的辛迪加信息可以分为住户/消费者资料和团体组织资料。住户/消费者资料通常包括消费者生活方式、价值观、消费偏好、购买行为以及其他和各类消费行为相联系的资料，如AC尼尔森和家庭普查等。团体组织资料包括零售商、批发商和工业企业的相关信息资料，如AC尼尔森的食品指数，其中包括连锁店、独立商店和便利店；包含125家商店的尼尔森大商场指数；包含550家商店的尼尔森杂货店指数等。随着信息技术的发展和各种机会的出现，新的辛迪加服务必将不断涌现，辛迪加将更加深入、广泛地覆盖消费者市场和团体组织市场，为决策者提供更多的帮助。

3.2 二手资料收集的原则和步骤

现实生活中各种数据资料数量众多、分布分散、内容交叉重复、高质量文献较少，如何从这些浩瀚的信息海洋中收集到自己需要的资料，需要掌握必要的方法和技术。下面简要介绍二手资料的收集方法。

3.2.1 二手资料收集的原则

二手资料的收集应遵循以下原则：

(1) 先易后难。收集二手资料时，先收集那些比较容易得到的和公开发表的现成的信息资料，对那些保密和付费的资料，只是在上述资料不足时才做进一步的收集。

(2) 由近至远。根据资料的时间价值，一般距离现在时间近的二手资料具有较高的价值。因此，调研者收集二手资料应注意从近期到远期的顺序。

(3) 先内后外。先收集企业内部、本行业内部的资料，然后再考虑其他单位和其他行业的相关资料。

(4) 以第一手资料为主。由于引用者研究目的不同，第一手资料可能只有部分内容被引用。此外，资料在被引用的过程中也可能出现错误和偏差。因此，二手资料的收集应尽量找到第一手数据。

(5) 重视资料鉴别和筛选。因为二手资料的广泛性和间接性，调研者需要通过鉴别和筛选，尽可能收集和调研与主题密切相关的资料。

3.2.2 二手资料收集的具体步骤

收集二手资料时，可以遵照以下三个步骤。

1. 资料收集前的准备

(1) 确定所需资料。首先在明确本次市场调研目的的基础上，确定已有的资料和需要查找的资料。确定需要查找的与主题有关的研究者、研究机构名称、主要的已出版的论文、熟悉的出版物和可能获得信息资料的其他渠道。

(2) 列出关键字清单。这张清单可以帮助调研者准确定位资料，减少搜寻所需时间。在查找时使用这张原始清单，并在查找过程中，按照不同查询途径的查询分类不断完善这张清单。

(3) 确定资料收集工作的日程安排和最后的完成期限。这可以帮助调研者按时完成收集工作，避免因二手资料收集工作的延期而影响整个调研活动的开展。

2. 资料的收集和获取

在完成了资料收集的准备工作之后，调研者开始正式的收集工作，主要有以下一些比较实用的资料收集方法：

(1) 查找法。这是获取二手资料的基本方法。根据查找的原则，首先，在企业内部的信息资料库查找，这是最为快速、方便的途径。如果企业信息系统完备，在企业内部不仅可以获得大量反映企业本身经营状况的资料，还可以获得有关供应商、竞争对手、客户、市场等方面的资料。其次，调研者还需要到企业外部去查找，可以到图书馆、档案馆或网络查找，通过统计年鉴、报纸杂志、文献资料、研究报告、专业信息等内容来获取相关资料。在查找过程中，调研者应先熟悉各类检索系统的使用方法，以减少调研活动的时间。此外，调研者应和有关机构的工作人员处好关系，争取得到他们的帮助，使调研工作顺利开展。

(2) 索取法。索取法是指向占有信息资料的相关单位和个人无代价索要信息资料的方法。由于索取的过程不计代价，其效果在很大程度上取决于对方的态度，因此，在索取资料时应注意以下几点：①尽量向平时有联系的单位或个人索要，如需向陌生的单位或个人索要资料，尽量通过熟人介绍。如确实找不到联系人，也应事先和该单位打招呼。②索取资料时，注意保持本单位良好的企业形象，和该单位工作人员友好沟通，清楚地说明所需资料的内容、类别及其用途。③索取的资料数量应适可而止，不应该认为资料多多益善，不可提出过分的要求。

(3) 购买法。购买法是指通过付出一定数量的资金向有关单位和部门购买所需资料的方式。由于受人力、时间和专业知识的限制，调研者可能需要向特定的机构购买信息资料，如向专业咨询机构、调研公司、行业协会、信息中心等单位购买定期和不定期出版的市场分析报告、竞争对手分析等资料；委托特定机构收集和提供企业所需资料并付给一定的费用。随着信息商品化程度的提高，目前市场上涌现出大量诸如此类的出售有价资讯的公司。在向这些公司购买所需资料时，调研者应注意对它们进行鉴别，确保购买到信息的质量，同时必须控制有价二手资料的比例。

(4) 交换法。交换法是指与信息机构和其他单位间进行对等的信息交流。这是一种信息共享的合作关系，交换双方都向对方无代价提供资料并获得对方无代价提供的资料。一般情况下，这种二手资料收集方法使用不多。

3. 资料的评估和整理

(1) 资料的评估和再收集。调研者应把所有收集的资料综合起来，采用3.3节中介绍的方法对它们进行评估，过滤掉不可靠和不必要的资料，并在此基础上确认是否已收集到所需资料；如有遗漏，则需要调整搜寻关键字清单，再次开始资料收集工作。如果确实找不到所需资料，则需要向专业人士请教，他们可能提供一些更科学的方法和路径，或自己通过某种方式调节，获得原始数据资料。

(2) 资料的整理。当资料的收集评价工作基本结束后，即开始对资料的整理。由于从不同途径收集到的二手资料必然存在各种各样的差异，因此调研者需要根据资料的特点和本次调研的目的对它们加以调整和整理。对于文字性资料，调研者可以将它们整理成一致的形式，按一定的顺序排列，并进行必要的摘要；对于数字性的二手资料除把它按一定的顺序（通常为时间顺序）重新编排和组合外，还需要把不同统计口径、计量单位的数值指标转化为标准单位。此外，将整理后的数据转化为统计图表也能帮助使用者较方便地掌握事实本质。

二手资料收集工作的成功开展除了需要掌握上述内容外，还需要调研者熟悉整个调研过程，尽心尽力地投入其中，为寻找更合适的资料付出努力。此外，向有关人士寻求帮助也是十分重要的方法。

3.2.3 二手资料收集的新时代——互联网

21世纪是以互联网技术为核心的信息化时代，有人把这称为“第四次产业革命”，即“信息革命”。互联网作为一个全球性的电信网络，它使计算机的使用者能获得世界范围内的数据、图像、声音和文字资料，其具体优势主要表现在以下几个方面：

(1) 信息传播速度快。无论处于世界的哪个角落，都可以随时在网站上及时而迅速地获取所需信息。

(2) 信息量大，覆盖范围广。互联网遍布全世界，调研者可以非常容易地获取来自世界各地的信息。

(3) 信息成本低。通过互联网获取信息不像其他形式的信息那样付出高额的费用。因为网络的日益普及，越来越多的企业建立了自己的网站，企业信息都在网上公布；同时各种网上信息咨询机构也不断涌现出来，二手资料的收集变得越来越简单，只需用鼠标轻轻一点，便可找到所需资料。互联网的普及使二手资料的收集方式发生了革命性的变化，很多调研者都不再像以前那样，奔波于图书馆、资料室、档案馆之间。因为绝大部分的二手资料都可以在网上搜索到，于是就出现了基于网络技术的二手资料收集新方法——“网络搜索法”。

那么，如何在网上查询信息呢？简单地讲，主要有以下两种方法。

(1) 直接使用网址。如果你知道载有你所需要二手资料的特定网站地址，你可以直接在浏览器里输入中文或英文网址，搜寻你所需要的信息。

(2) 使用搜索引擎。Google、百度（Baidu）等，都是目前国内最为流行的用户查询信息的网站，它们都提供搜索引擎的服务项目，每一个搜索引擎都包含世界范围内的文档链接集合，以各自的索引系统为你查询所需信息。此外，各网站内部一般也有自己的搜索引擎，用于查询站内资源。每一个搜索引擎都允许你输入一个或几个关键字，并在它的网站数据库中找出所有关键字出现的地方，然后逐一列出清单，你可以通过点击直接进入所列的网址。

互联网技术对市场调查业带来深远的影响，既为其提供了机遇，也带来了挑战。调研者在网上查询信息可能非常简单，使调研活动收到事半功倍的效果，但也可能出现忙碌了半天，却一无所获的现象，甚至可能因为网上资源的使用不当，使调研活动遭受挫折。虽然目前互联网上提供的信息已经远远多于世界上任何一个图书馆的信息储存量，但在信息资源极其丰富的同时，也存在着一系列问题：资料被反复引用，资料的准确性受到了挑战；垃圾文件不断涌现；虚假信息也开始泛滥。因此，调研者需要练就一双慧眼，对不同的信息加以鉴别，去粗取精，去伪存真，找到自己真正需要的、有价值的资料。此外，调研者还需要掌握必要的网上搜寻技术，提高自己在网上查找信息的能力。

3.3 二手资料的校验与判断

“怀疑的尊重”是在市场调研中使用二手资料的一个基本原则，对于二手资料的使用先抱怀疑的态度是正确的。鉴于二手资料的特点，调研人员对二手资料的质量评估就显得十分重要。在对二手资料进行评价之前，调研者首先必须弄清楚以下六个问题，即“6W 问题”。

1. 是谁收集的资料（who）

对于这个问题，调研者可以了解三个方面的内容。首先弄清楚这个二手资料是从哪里来的？收集者是谁？尤其是对收集数据机构的信誉和能力（是否诚实？是否能胜任该项数据收集工作？）要有所了解。因为二手数据的来源是其正确性的关键，不同的组织所能得到的资料以及对数据质量的把握都不同。如何确定一个数据收集机构的胜任程度呢？可以从以下三点着手：首先是向业内人士请教，尤其是一些有名的、有声望的机构中的人士，间接地了解他们对该二手资料和数据收集机构的评价；其次是检验报告本身，胜任的公司一般都会详尽地叙述所使用资料的收集程序和方法；再次是接触那家公司的委托方，判断他们对这家机构提供的报告质量满意度如何。一般而言，政府机构和大型商业性市场调研机构的数据资料是可以信任的。

此外，还需要了解该报告的委托单位和发布单位，了解委托单位是否有足够的财力来委托这样的资料收集工作？是否有故意将资料过高或过低报告的动机？发布该资料的媒体是大众媒体还是专业媒体，因为有些大众媒体由于受新闻舆论导向的管制，而对敏感信息可能有所“润色”。

2. 调研的目的是什么（why）

每项调研活动都有它的目的，目的不同导致其材料的倾向不同。因此，了解二手资料最初的调研动机可以提供评估其质量的线索。例如，某公司发布了关于自己市场地位评价的调研报告。对于这种类型的二手资料调研者都会抱谨慎的态度，因为该公司可以选择有利于自己的评价方法、评价指标等。因此，作为二手资料的收集者，最理想的状态是收集和自己调研目标相同的二手资料，它们具有的价值最大。但通常情况下，这种类型的资料不多，因此，收集和目前调查目的相近或不冲突的二手资料，从研究目的来看就可以算是有用的资源了。

3. 收集的是什么资料（what）

某些调研主题可以通过多种途径收集到许多研究资料，例如，市场潜力、销售排行榜、经济影响、居民生活水平等方面的内容就有比较多的相关资料。虽然有很多调研报告是针对某一特定主题而展开的，该主题和调研者本次调研的主题也比较接近，材料质量也可以让人接受，但实际上能被调研者最后采用的二手资料却为数不多。比如，两者的度量标准或参照系可能存在差异，二手资料的原有分类可能太宽，而实际应用时需要更细的分类。如二手资料对消费者只分为城市居民和非城市居民，而本次调查中调研者需要了解城镇居民和农村居民的情况，而两者对同一个概念的定义可能不同。又如，对消费者满意度的调查，二手资料仅仅计量消费者对有形产品的满意度，而调研者需要综合消费者对有形产品和无形服务的总体满意度，这两种定义得出的消费者满意度就存在区别。因此，二手资料的收集者必须了解所收集资料的具体内容，不能盲目地加以使用。

4. 资料是如何收集的（how）

资料的收集方法是评价二手资料质量的另一个重要标准。不同的资料收集方法对二手资料的准确性和合理性产生不同的影响，资料收集方法的缺失往往影响二手资料质量的最终评价。因此，调研者必须了解二手资料获得数据的方法，是邮寄问卷、电话访问、还是个人访谈等。此外，调研者还应该了解二手数据的样本性质、样本量、回收率、拒访率等一系列有可能影响调查结果的情况。如果关于上述环节的信息都可以获得，则调研者对于该二手资料来源的质量就可以放心了。简言之，对于这个问题，调研者必须努力辨明由于信息收集过程的问题是否会给二手资料带来系统偏差。

5. 资料是什么时候收集的（when）

调查时间、调查时的社会背景不同对数据资料的质量、内容都会有影响，从而使调研结果也发生变化。一项只调查周末商场人流量的调研报告就不能用来反映商场的日常人流量情况。如“非典”时期杭州旅游状况的调研结果也不能用来测算一般时期。此外，资料收集的时间也会影响资料的价值，有些类型的过期资料常常是没有利用价值的。另外，还需要引起注意的是，有些调查结果发表的时间与资料收集的真正时间是相隔很久的，因此二手资料的收集者应该注意该资料当时的收集时间，从而决定它的适用范围和条件。

6. 收集的二手资料和其他同类资料是否一致（whether）

二手资料可能存在一些潜在的质量问题，要完全识别这些问题是不容易的，最好的办法是再收集一些同类的可以用于比较的资料，从而了解资料的一致性状况。理想的模式是，收集不同机构对相同主题的调研报告，如果它们提供的数据资料相同，那么你就有足够的理由相信那些数据。例如，相关资料表明，某城市的年人均可支配收入是2.51万元人民币，而另一项相关调查显示该市的年人均可支配收入是2.56万元人民币，这大致可以说明该数据的可信性。

实际上，很少会有两家机构得出完全相同的数据，那么调研者就应该确定自己可以接受的数据之间的差别度。如果两份数据间都有很大差别，一般调研者可能对这两份数据都不相信。不过，一般情况下，调研者还应该探究造成差别的因素，如样本结构、调查时间、抽样方法、问卷设计等都会导致调研结果的不同。如果可能的话，调研者就应该评价各种资料的可靠性，通过分析各自的可能偏差以减少两者之间的不一致性，从而选出可靠和有效的资料，并确定使用该数据作为输入条件对最后调研结果产生的影响。

在考虑了上述六个问题的基础上，调研者可进一步评价二手资料的质量，一般有以下几个准则。

（1）准确性。收集到的二手资料必须准确、真实、完整，避免资料内容的虚构、歪曲或以偏概全，一般要求收集的二手资料有关于来源、形成过程等内容的相关说明，对不交代来源、隐瞒资料收集过程和处理方法、匿名发表的资料都要谨慎对待。

（2）时效性。二手资料可能不是当前的资料，其发表时间可能远远迟于收集时间。部分市场调研需要反映研究对象当前情况的二手资料，时间越近，越有价值。例如，用2000年杭州居民的人均可支配收入来预测目前杭州居民的购买力就缺乏说服力，甚至影响整篇调查报告的价值。

（3）切题性。辨别二手资料最初的研究目的，应该把为了特殊利益关系或为了进行宣传而出版发表的资料和目前调研目的不符、相冲突的调研资料都过滤掉。

(4) 权威性。所收集的二手资料必须有一定的深度和实际内容，对于泛泛而谈，缺乏权威的资料应该慎用或少用。因此，调研者一般使用权威机构分布的材料。

(5) 科学性。二手资料收集和整理的方法必须科学合理，对收集资料时的技术要求和所用方法的考查可以得出有关资料可靠性和有效性方面的信息。比如，抽样方法、回收率和回答质量、问卷设计和执行、现场调查实施的程序、资料处理方法等是考察资料有无可能存在偏差的最重要的准则。

本章小结

二手资料，是指以前已经收集整理好的，但不一定与当前问题完全相关的信息资料。二手资料具有收集所需时间短、费用少；资料来源多，涉及面广；受调研人员和被调查者主观因素的影响少等优点。同时，二手资料也有缺乏可得性、针对性和准确性等不足。

原始资料是为了解决企业特定问题而专门收集的资料，包括调查资料、观察资料和实验数据。原始资料具有针对性强和真实高等优势，但也存在着需要花费较多的人力、物力、财力和时间以及受主观因素影响较大等不足。

二手资料对企业的市场调研还具有重要参考价值和指导意义：有助于明确探索性研究中的研究主题；提供一些直接解决问题的途径；提供收集原始资料的备选方法；提醒市场调研者应注意潜在的问题和困难；提供必要的背景信息以使调研报告更具说服力。

二手资料可分为内部二手资料和外部二手资料两大类。企业内部二手资料主要包括业务资料、统计资料、财务资料、企业积累的其他资料、客户资料、竞争对手资料等。企业外部二手资料的主要来源有各类出版物、数据库和辛迪加信息服务。

二手资料收集应遵循先易后难、由近至远、先内后外、以第一手资料为主并重视资料鉴别和筛选等原则，按照资料收集前的准备、资料的收集和获取、资料的评估和整理三个步骤进行。

二手资料的校验与判断是保证二手资料质量的重要环节，对于二手资料，必须了解六个问题：资料是谁收集的？调研的目的是什么？收集的是什么资料？资料是如何收集的？资料是什么时候收集的？收集的二手资料和其他同类资料是否一致？在此基础上评价二手资料的准确性、时效性、切题性、权威性和科学性。

思考练习题

1. 什么是二手资料？请谈谈它和原始资料的区别。
2. 调研者什么时候应该收集二手资料？二手资料的作用和意义有哪些？
3. 二手资料内部来源有哪些？
4. 二手资料的数据库来源包括几类？请尝试使用学校的数据库收集所需文献。
5. 如何用互联网收集二手资料？和同学交流一下你用网络收集二手资料的技巧。
6. 二手资料的收集步骤有哪些？你平时是如何收集二手资料的？
7. 对二手资料进行评价前，应注意的“6W”问题是什么？

第4章

抽样技术和方法

本章导读

开展市场调研要根据调研的目的和要求以及调研对象的特点，选用适当的调研方式。市场调研方式既可以是全面调研，也可以是非全面调研，它们各有不同的特点和作用。

【本章主要内容】

- 市场调研的组织方式
- 非随机抽样调研
- 随机抽样调研

4.1　市场调研的组织方式

从调研范围的大小和被调查者的多少来划分，市场调研的组织方式可归纳为全面调研和非全面调研两大类。具体分类如图 4-1 所示。

- 市场调研的组织方式
  - 全面调研—市场普查
  - 非全面调研
    - 重点调研
    - 典型调研
    - 固定样本连续调研
    - 抽样调研
      - 非随机抽样调研
        - 任意抽样
        - 判断抽样
        - 配额抽样
      - 随机抽样调研
        - 纯随机抽样
        - 分类抽样
        - 分群抽样
        - 等距抽样
        - 多阶段抽样

图 4-1　市场调研组织方式的分类

下面，我们首先介绍一下市场普查和非全面调研的前三种组织方式。

4.1.1　市场普查

市场普查是对调研对象（总体）的全部单位所进行的无一遗漏的逐个调查，是一种全面调研的组织方式。市场普查是一次性调研，其目的是把握在某一时点上一定范围内调研对象的基本情况，如商品库存普查。

全面调研这种调研方式从理论上说，可以取得调研对象全体的可靠数据，这是它的最大优点。但是，从实践来看，全面调研有很多缺点：①大规模的全面调研工作量很大，需要耗费大量的人力和财力，很不经济。②大规模的全面调研由于工作量大、范围广、参与调研的人手杂，如果调研组织工作不够周密，调研中很容易出现遗漏、重复或登录误差。③全面调研时间较长，不能迅速得到调研结果。所以，全面调研很少用于大范围的市场调研工作，只适用于某些小范围的市场调研。例如，商业批发企业调研供应地区内几百家用户对某种生产资料的需要量；食品公司调研一个县或一个乡的生猪存栏量等，可以采用普查方式逐一调查。

在市场调研中运用普查方式的具体做法是：

(1) 向调研对象的所有被调研单位分发调查表，由被调研单位根据本身的现有资料按规定时间填报。这种方式一般适用于对企业、事业单位的市场调研。

(2) 调研人员按照调查表项目的要求，对被调研单位直接进行访问、观察和登记。这种方式一般适用于对农村集体经济组织和居民家庭或个人进行调研。

(3) 利用国家统计部门或其他部门组织的有关普查机会，收集市场调研所需的全面资料。例如，人口普查的人口及其构成资料、工业企业普查的有关生产资料的普查情况等，都有市场调研所需要的重要内容。

4.1.2　重点调研

重点调研是在全体调研对象（即总体）中选择一部分重点单位进行的一种非全面调研方式。所谓重点单位是指所要调研的这些单位在总体中占重要地位或者在总体某项标志总量中占绝大比重的单位。例如，要调研某年杭州春节市场供应情况，只要对杭州解放路百货商店、杭州大厦购物城、银泰百货武林店等若干家大型零售商店进行调查，便足以反映杭州市场供应的基本态势。因为这些企业的销售额在杭州市社会商品零售总额中占绝对优势。又如，要了解全国钢铁生产的基本情况，只要对少数几个重点钢铁生产企业如首钢、宝钢、鞍钢、武钢、包钢等企业进行调研即可取得所需资料。

在市场调研中，重点调研方式常用于商品需求和商品资源的调查研究。此外，在有关流通渠道、经营条件、竞争对手等问题的调研中，也可以选定地位、作用重要的单位进行重点调研。采用这种调研方式，能以较少的人力和费用开支，较快地掌握调研对象的基本情况。不过，重点调研中选取的重点单位不具有普遍的代表性，一般情况下不宜用重点调研的综合指标来推断总体的综合指标。

4.1.3 典型调研

典型调研是在全体调研对象（总体）中有意识地选择一些具有典型意义或具有代表性的单位进行非全面的专门调查研究。典型调研有两个特点：一是典型单位是从调研对象中有意识地选择的，所以选择出来的典型单位是否具有代表性完全取决于调研者对调研对象的认识程度；二是调研单位较少，人力和费用开支较省，运用比较灵活，调研内容可以多一些。运用这种调研方式，有利于深入实际对问题作比较细致的调查分析。所以，在我国市场调研中，这种调研方式得到广泛采用。

商业企业在市场调研中，采用典型调研方式大体有两类情况：一是为了查清市场交易活动中的问题，或者总结经营中的经验教训，有意识地选定具有典型意义的单位，进行解剖麻雀式的调查研究；二是在商品需求和商品资源调研中，从调研总体中有意识地抽选具有代表性的样本单位进行调研，以样本的综合指标来推断总体指标。用典型调研的综合指标推断总体的综合指标，一般只能做出估计，不可能像随机抽样调研那样，能计算出抽样误差，也不可能指明推断结果的精确度。不过，在总体各单位的差异比较小，所选典型单位具有较大代表性的情况下，以典型调研资料推断总体指标，也可以得到较为满意的结果。

搞好典型调研的关键在于选好典型单位。当总体单位很多，各单位的差异程度较大时，通常采取“划类选典”的方法，即把总体按一定的标志，划分几个类型级，以减少类型组中各单位的“异质性”，然后再从各个类型组中按比例或不按比例选出典型单位。例如，在居民消费品购买力投向的典型调研中，就可以按经济收入水平的不同情况，将被调研的居民户总体划分为高、中、低档收入三类，然后在每一类中按照各类居民户占居民户总体的一定比例，选定若干典型户进行调研。如果各类型组内各个居民户的收入状况差异仍较大，还可以分别在各个类型组内再划分为若干小类，再在小类中选定若干典型户。

4.1.4 固定样本连续调研

固定样本连续调研，是指把随机选定的调研单位固定下来，进行长期连续的调查和观察。主要目的是为了了解和掌握市场事态在时间历程中的变化趋势，寻找事态发展的连续性、可比性和规律性。在实践中，我国的城镇职工家庭和乡村农户生活调查（即家计调查），西方国家的住房调查，都采取固定调查户进行连续调查研究。

1. 固定样本连续调研的方法

(1) 要求固定调查户每天记日记，把需要调研的内容详细地记录下来，由调研人员定期收集汇总。例如，对家计调查户每天记收支账，对禽蛋产销调研的养禽调查户，每天记录家禽饲养情况，包括饲料投放量、生长率、产蛋数，以及与鲜蛋收支有关的其他账务，进行逐笔登记。又如，对商品柜组固定调查户每天记录营业日记，反映营业额、客流量、成交率的变化情况等。

(2) 对固定调查户，每隔一定时间（一个月或一个季度）发给调查表，由被调查户按时填写寄还。

(3) 对固定调查户，每隔一定时间，进行访问调查、指导，检查记录，搜集情况资料。

(4) 定期邀请固定调查户代表，召开座谈会。

2. 固定样本连续调研的优缺点

(1) 固定样本连续调研的优点是：①可以从时间的连续中反映市场供求双方的变化动态和发展趋势，有一定的可比性并可保持资料的连贯性。②能及时掌握市场上的各种变化情况。固定样本连续调研都规定有定期的发样和收样时间，以便按时汇总，定期掌握调研对象的变化情况。③有稳定的样本群，便于进行纵向、横向比对。④可以根据需要，有计划地增加调研项目，或者利用固定样本进行针对性较强的专项市场调研。

(2) 固定样本连续调研的缺点是：①调研对象的日记不易坚持，易出现漏报、缺报，影响资料的准确度。②样本可能随着时间的转移而转移，出现脱节率，如果不能及时补充，容易发生偏差。③固定样本要付给一定的补贴费，长期进行费用开支较大。

3. 固定样本连续调研的范围

(1) 消费者固定样本连续调研。以职工家庭（农户）调查为对象，了解消费者需求的变化及购买行为、收入支出、消费结构（购买力投向）等变化情况。

(2) 生产者固定样本连续调研。以生产企业调查为对象，了解产品成本变化的因素和趋势，为制定价格提供可靠资料。

(3) 零售商固定样本连续调研。以零售商业企业调查为对象，了解商品结构、价格水平、费用、销售量、利润等的变化。

(4) 批发商固定样本连续调研。以批发商业企业调查为对象，了解批发销售量、进货渠道、批发渠道、费用、批零差率、利润等的变化情况。

固定样本选取方法将在本章 4.3 节“随机抽样调研”中详细阐述，这里不再赘述。

4.2 非随机抽样调研

抽样调研是一种从全体调研对象（称为总体）中抽取部分对象（称为样本）进行调查研究，用所得样本结果推断总体情况的调研方式。抽样调研按照调研对象总体中每一个样本单位被抽取的机会（概率）是否相等的原则，可以分为随机抽样调研和非随机抽样调研两类。

从调研对象总体中按调研者主观设定的某个标准抽取样本单位的调研方式，称为非随机抽样调研。这种抽样调研方式虽在样本的抽取方法上带有主观性，并会对总体推断的可靠程度产生影响，但由于其简便易行，可及时取得所需的信息资料，因此在市场调研中也常采用这类调研方式。非随机抽样调研的抽样方法主要有任意抽样法、判断抽样法和配额抽样法三种。

4.2.1 任意抽样法

任意抽样法，也称便利抽样法或偶遇抽样法。它是一种随意选取样本的方法，通常没有严格的抽样标准。例如，一些大城市做流动购买力调研，往往无法采取随机抽样法，而是在车站、码头、机场、旅馆或大商场，碰到外地旅客就随便进行询问调查。任意抽样法的基本理论根据，就是认为总体中每一样本都是“同质”的，而事实上，虽然有的总体样本基本是同质的，但绝大多数总体中的样本则是“异质”的。这种调研方式一般用于非正式的探测性调研，在总体中各样本的同质程度较大的情况下，运用这种方法也有可能获得具有代表性的调研结果。

4.2.2 判断抽样法

判断抽样法也称目的抽样法，是按照调研者的主观经验判断选定调研单位的一种抽样方法。判断抽样有两种做法：一种是由专家判断决定所选样本，一般选取“多数型”或“平均型”的样本为调研单位。“多数型”是在调研总体占多数的单位中挑选出来的样本，“平均型”是在调研总体中挑选代表平均水平的单位。另一种是利用统计判断选取样本，即利用调研对象（总体）的全面统计资料，按照一定标准选取样本。判断抽样的样本代表性大小如何，完全凭调研者本身的知识、经验和判断能力而定。如果总体中调研单位比较少，调研者对调研对象的特征了解得比较清楚，那么运用判断抽样所选择的样本也会有较大的代表性。判断抽样法具有挑选样本简便及时的优点，在精确度要求不很高的情况下，企业为了迅速获得解决日常经营决策问题的客观依据资料，常常使用判断抽样的方法。

4.2.3 配额抽样法

配额抽样法又称定额抽样法。具体做法是：先依据调研总体中的某些属性特征（控制特性）将总体划分成若干类型，再按分类控制特性将各类总体分成若干子体，依据各子体在总体中的比重分配样本数额，然后由抽样者主观选定样本单位。配额抽样按分配样本数额时的做法不同，分为独立控制和相互控制两种方式。

1. 独立控制配额抽样

这种方法是分别独立地按各类控制特性分配样本数额。它对样本单位在各类控制特性中的交叉关系没做数额上的限制，因此这种方法在抽样时有较大的机动性。现举例说明。

某市欲在商业系统进行一项调研，样本的数目定为50家，决定采用独立控制配额抽样。现取行业、企业规模、企业所在地区三项控制特性作为分类标志，样本数额的分配结果如表4-1所示。

表4-1 独立控制样本配额表

行业		规模		地区	
类别	数量	类别	数量	类别	数量
商业	25	大型	5	甲	10
饮食业	15	中型	10	乙	20
				丙	12
服务业	10	小型	35	丁	8
合计	50		50		50

表 4-1 中，对行业类别、企业规模和所在地区三项控制特性分别规定了样本数额，而相互之间的交叉关系没有在数额上做出限定。如从商业单位抽取 25 个样本时，从规模和地区上没有明确要求，又如 5 个大型单位的样本既可较多或全部从商业中抽选，也可以较少或不从商业中抽选，这完全由抽样者机动掌握。当然，最终选定的 50 个样本，则应满足上述各表中的数额要求。

2. 相互控制配额抽样

这种方法在按各类控制特性分配样本数额时，要考虑到各类型之间的交叉关系，采用交叉分配的办法。表 4-2 即为上例采用相互控制配额抽样方法所得样本配额情况。从表 4-2 中不难看出，相互控制配额抽样在分配样本数目时，是将各分类控制特性综合在一起安排的，抽样者必须按照规定从总体中抽取样本。

表 4-2　相互控制样本配额表

规模 / 地区 / 行业	大型				中型				小型			
	甲	乙	丙	丁	甲	乙	丙	丁	甲	乙	丙	丁
商业	0	1	1	0	2	1	1	1	2	8	5	3
饮食业	1	0	1	0	0	1	2	0	2	3	2	3
服务业	0	0	0	1	0	2	0	0	3	4	0	0
小计	1	1	2	1	2	4	3	1	7	15	7	6
合计	5				10				35			
总计	50											

4.3　随机抽样调研

随机抽样调研（random sampling survey）是按随机原则从调研总体中抽取一定数目的样本单位进行调查，以其结果推断总体的一种调研方式。它对调研总体中每一个样本单位都给予平等的抽取机会（即等概率抽取），完全排除了人为的主观因素的选择，这也是它与非随机抽样调研方式的根本区别。

4.3.1　随机抽样调研的特点及其适用范围

1. 随机抽样调研的特点

同其他调研方式相比，随机抽样调研具有下列一些特点：

（1）从全部调研总体中只抽取一部分单位进行调研。它的调研范围和工作量比普查小得多，可省时、省力、省钱，而且可以较快地取得调研结果。

（2）从总体中抽出来的部分单位，是按随机原则抽取的。总体中每个单位都有同等被抽中的机会，排除了人为的影响，这与非随机抽样调研由调研人员有意识地选取调研单位是不同的。

（3）以样本值推断总体值，并可计算出抽样推断产生的误差大小，也可在调研之前将其误差控制在一定范围之内。

(4) 它是一种侧重于定量分析的调研方式。以现象间量的关系来说明现象间质的关系。

由上述特征可见，随机抽样调研的调查范围和工作量比全面调研小得多，节省人力、物力和财力，可以较快地取得调查结果。同典型调研或其他非全面调研相比，在抽选样本以及分析与控制推断总体的准确性大小等方面，更具客观性和科学性。

目前，在我国市场调研的某些方面采用了随机抽样调研的方式，如居民家庭生活调研、粮食及重要经济作物的产量调查等。但总的来讲，其应用面还不太广。这主要是诸如典型调研、重点调研等方法的运用更为简便易行和灵活，人们比较熟悉；而随机抽样的调研方式须具备一定的数学基础方能掌握运用，多数实际工作者对此较为陌生，因而影响了它的推广。其实，随机抽样这种调研方式在我国市场调研中有着广泛的应用前景。如城乡居民收支状况与购买力的调研、消费者商品需求量与耐用消费品市场普及率的调研、消费结构与消费倾向的调研、农副产品产量与资源的调研、市场价格与需求弹性的调查分析等专题市场调研均可运用随机抽样的方式进行组织。

2. 随机抽样调研的适用范围

随机抽样调研方式尤其适用于下列几种情况：

(1) 总体范围大、单位数目多，不必要进行全面调研的情况。如服装行业需掌握全国成年人的身高与体态状况，以研究成年人服装生产的规格型号，这类调研只需抽样调研其中很少一部分人的情况就可以推算出总体情况。

(2) 某些调研对象总体为无限总体（infinite population），无法进行全面调研。如江河、湖泊、海洋中的水产资源量的调研；森林中木材积蓄量的调研等，只能进行抽样调研。

(3) 调研对象总体虽非无限总体，但不可能（不允许）进行全面调研。如破坏性或消耗性的产品质量检验。

(4) 对全面调研统计资料的质量进行检查与修正。如我国第三次人口普查后就抽取了全国 972 个居民社区作为样本重新调查，确定普查的误差。

4.3.2 随机抽样调研的组织方法

随机抽样中样本的抽选和组织方法大致有五种。

1. 纯随机抽样法

纯随机抽样法，也称简单随机抽样（simple random sampling），就是在总体单位中不进行任何有目的的选择，完全按随机原则抽选调研单位。在市场调研中，通常采用抽签法或乱数表法。

(1) 抽签法。抽签法是先给调研总体的每个单位编上号码，另在统一规范的纸条上对应标上编号，把纸条充分混合后，手工任意从中抽取，抽到一个号码，就对上一个单位，直到抽足预先规定的样本数目为止。这种抽法在总体单位数目很多时，编号做签工作量很大，不易充分混合，使用不方便。若用计算机随机抽号可使工作量大大减少。

(2) 乱数表法，又称随机号码表法。乱数表，是指含有一系列组别的随机数字的表格。它是利用特制的摇码机器（或利用电子计算机），在 0～9 的阿拉伯数字中，按照每组数字位数的要求（如 1 位、2 位、3 位或更多位数字形成一组），自动地随机逐个摇出（或由计算机打出）一定数目的号码编成，以备查用。通常所见的有奖销售摇号用的就是乱数表法。

利用乱数表抽选样本单位，首先要把调研总体中的所有单位加以编号，根据编号的位数确定使用若干位数字。然后，查用事先编排好的乱数表，先随机选定任意一栏、任意一列的数字作为开始数，接着可以从上向下，或从左往右等任何方向取数，碰上编号范围内的数字号码即选为样本单位。如果不是重复抽样，碰上重复的数字应舍掉，碰上超出编号范围的数字也应舍掉，直到抽足预定单位数目为止。

纯随机抽样法是随机抽样中最简单的一种。由于市场调研的总体范围较广，总体内部各单位之间的差异程度较大，一般不直接使用这种方法抽样，而是与其他抽样方法结合使用。只有在市场调研对象情况不明，难以划分组类或总体内单位间差异小的情况下才直接采用这种方法抽取样本。

2. 分层随机抽样法

分层随机抽样法（stratified sampling），也称类型抽样或分类抽样，就是将总体单位按一定标志（调研对象的属性、特征等）分组，然后在各个类型组中用纯随机抽样方式或其他抽样方式抽取样本单位，而不是在总体中直接抽取样本单位。例如，在进行农村经济调研时，先将农村总体按产粮区、经济作物区、林区、特区、渔区等经济条件划分为若干个类型组（层），然后在每层中用纯随机抽样或其他抽样方式抽选若干农民户进行调研。

分层抽样必须注意以下问题：①必须有清楚的分层界限，在划分时不致发生混淆；②必须知道各层中的单位数目和比例；③分层的数目不宜太多，否则将失去分层的特征，不便在每层中抽样。

采用类型抽样比直接采取纯随机抽样的代表性要高，抽样误差要小。采用类型抽样，可以把差异程度大的各单位划分为性质、属性相近的若干类，使类型内的各单位差异程度要小于类型之间的差异程度，即类内方差小于类间方差。在不同类型中分别抽样，就能使样本单位分布更接近于总体的分布，从而能提高代表性，减少抽样误差。在市场调研实践中比较多地采用这种抽样方法。

分层抽样具体做法有以下两种。

（1）等比例分层抽样（stratified equal probability sampling)。这种抽样法就是按照各层中单位的数目占总体单位数目的比例分配各层的样本数量。每层抽取样本数计算公式为

$$S_i = \frac{N_i}{N} \cdot S \tag{4-1}$$

式中，S_i 为第 i 层应抽取的样本数；N 为总体中含单位总数；N_i 为第 i 层含单位总数；S 为应抽取样本总数。

➢例 4-1

某省有 1800 个乡镇，其中山区 540 个，丘陵 360 个，平原 720 个，滨海 180 个，现要从中抽取 270 个乡镇来进行农村经济调研，问如何确定各层调查的乡镇数？

按公式得

$$S_1(\text{山区})=\frac{540}{1800}\times 270=81(\text{乡镇})$$

$$S_2(\text{丘陵})=\frac{360}{1800}\times 270=54(\text{乡镇})$$

$$S_3(\text{平原})=\frac{720}{1800}\times 270=108(\text{乡镇})$$

$$S_4(\text{滨海})=\frac{180}{1800}\times 270=27(\text{乡镇})$$

(2) 不等比例分层抽样（stratified nonequal probability sampling），又称分层最佳抽样法。此法不按各层中单位数占总体单位数的比例分配各层样本数，而是根据各层的标准差的大小来调整各层样本数目的抽样方法。该方法既考虑到各层在总体中占比重的大小，又考虑了各层标准差的差异程度，有利于降低各层的差异，以提高样本的可信程度。故也可将不等比例分层抽样称为分层信任程度抽样。各层样本的计算公式为

$$n_i=n\times\frac{N_iS_i}{\sum N_iS_i} \tag{4-2}$$

式中，n_i 为第 i 层应抽取的样本数；n 为应抽取的样本总数；N_i 为第 i 层含单位总数（调查单位数）；S_i 为第 i 层的标准差（一般为已知数）；$\sum$ 为把所有的 N_iS_i 相加。

➢例 4-2

某公司要调研某地家用电器商品的潜在用户，这种商品的消费同居民收入水平有关，因此以家庭收入为分层基础。假定某地居民户即总体单位数为 20 000 户，已确定调研样本数为 200 户。家庭收入分高、中、低三层，其中高档收入家庭为 2000 户，占总体单位数的比例为 10%；中等收入家庭为 6000 户，占总体单位数的 30%；低等收入家庭为 12 000 户，占总体单位数的 60%。现又假定各层样本标准差为高档收入家庭是 300 元，中档收入家庭是 200 元，低档收入家庭是 50 元。现要求根据分层最佳抽样法，确定各收入层家庭应抽取的户数各为多少？

为了便于观察，具体数据如表 4-3 所示。

表 4-3 调研单位数与样本标准差乘积计算表

层级（家庭收入）	各层调研单位数（潜在用户）（N_i）	各层的样本标准差/元（S_i）	乘积（N_iS_i）
高	2000	300	600 000
中	6000	200	1 200 000
低	12 000	50	600 000
$\sum N_iS_i$	—	—	2 400 000

按公式得

$$n_1(\text{高档收入}) = 200 \times \frac{600000}{2400000} = 50(\text{户})$$

$$n_2(\text{中档收入}) = 200 \times \frac{1200000}{2400000} = 100(\text{户})$$

$$n_3(\text{低档收入}) = 200 \times \frac{600000}{2400000} = 50(\text{户})$$

如果用前面的等比例分层抽样法，那么，$n_1 200\times 10\% = 20$（户）；$n_2 = 200\times 30\% = 60$（户）；$n_3 = 200\times 60\% = 120$（户）。将前后两种方法抽出的各层样本数做个对比，不难看出，家庭收入高的分层样本数增加了 30 户，中档收入家庭的分层样本数增加了 40 户，低档收入的家庭样本数则减少了 70 户。由于购买家用电器同家庭收入水平是成正比例变动的，家庭收入水平高的潜在用户相对大于收入水平低的，所以，增加高、中档层的样本数，相应减少低档层的样本数，这将有利于提高抽样的准确性。

3. 分群随机抽样法

分群抽样法又称整群随机抽样（cluster sampling）。这里指将市场调研的总体按一定的标准（如地区、单位）分为若干群，然后在其中随机抽取部分群体单位进行普查的方法。

此法与分层抽样法的区别在于分层抽样法分成的各层彼此之间差异明显，而每层内部差异很小；分群抽样正好相反，分成的各群彼此差异不大，而每群之内差异明显。从抽取样本方式上看，分层抽样每层都要按一定数目抽取样本，而分群抽样是抽总群中的若干群，抽出的群全部为样本。两种抽样法如图 4-2、图 4-3 所示。

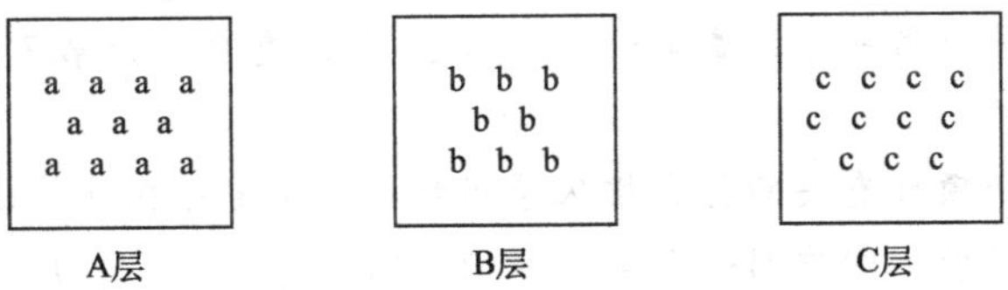

图 4-2　分层抽样后的各层

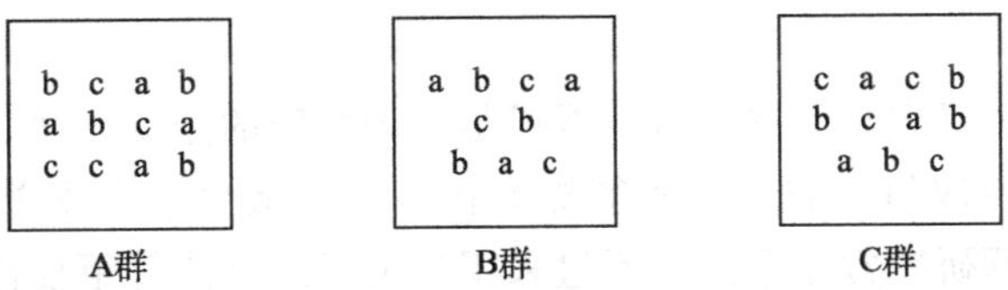

图 4-3　分群抽样后的各群

采用分群抽样法可以避免简单随机抽样可能遇到的一些问题。简单随机抽样抽取的样本可能极为分散，在各地都有，从而增加了调查往返的时间和费用。分群抽样法的优点是：样本单位比较集中，进行起来比较方便，可以减少调研人员旅途往返的时间，节省费用。其缺点在于样本只能集中在若干群中，不能均匀地分布在总体的各个部分，用以推断总体的准确性较差。但当群体内各单位间的差异性大，而群与群之间差异性小时，采用此法可以提高样本的代表性。

分群随机抽样一般采取两段式分群抽样法，即先采取纯随机抽样法抽取若干群体，然后对选定的有关群体进行全面调研。例如，调查某城市居民户的情况，拟抽出 1000 个样本。假定该市共有 500 个居民委员会，每一个居委会平均有 100 户居民。这样，就可以以居委会为单位，采用纯随机法抽出 10 个居委会，共 1000 户。然后，把这 10 个居委会的 1000 户视同样本，进行普查。

4. 等距随机抽样法

等距抽样又叫机械随机抽样，或称系统抽样法（systematic sampling）。这种抽样是把总体各单位按一定标志顺序排序，然后依固定的顺序和间隔抽取调研单位。排列顺序可以用与调研项目无关的标志为依据，叫做无关标志排队，例如，按户口册、姓名笔画、地名、地理位置等排列；也可以用与调研项目直接或间接有关的标志为依据，叫作有关标志排队，例如，在职工家庭调查中，按总收入或平均工资由低到高排队，再抽选调研单位。在市场调研中，抽样间隔（或称抽样距离）可以依据总体单位总数和样本单位数计算确定。显然，用有关标志排队法要比无关标志排队法效果好，但较为麻烦。

➢例 4-3　　等距随机抽样法举例

某镇要在 1 个村的 110 户农民中，用等距抽样方法抽取 10％的农户（即 11 户）进行家庭收支情况调研，用前面讲述的两种排队方法抽取样本，具体做法是：

（1）若按无关标志排队等距抽样，其做法只要根据村民户的花名册，用该村的全部村民户数除以预定调查的户数，即 110÷11＝10，计算出抽样距离，然后每隔一个距离即 10 户抽 1 户进行调查。抽取调研单位的起点，可以从第一组 1～10 号中随机抽出某号，例如，如以 7 号为第一个调查单位，则这 11 个调查户应为第 7 户、第 17 户、第 27 户、……、第 107 户。

（2）若按与调研项目有关的标志排队等距抽样，通常是在计算出抽样距离后，从第一组的组中点或半距处，即中间一个单位开始。例如，上例 110 户村民户，按其家庭人均经济收入排队，已知抽样距离为 10，则第一个调查单位应为第 5 户或第 6 户，然后按间距依次抽足 11 户家庭进行调查。

等距抽样的有关标志排队法，可以看成是一种特殊的分类抽样，这种抽样能够保证抽取的样本在总体中均匀分布，从而能提高代表性，减少抽样误差，而且抽样比较方便，因此，在市场调研中常被采用。不过采用有关标志排队等距抽样，同采用分类抽样一样，在调研之前，要掌握调研对象（总体）有关标志的全面资料，否则无法分类。这时，只能采用无关标志排队的等距抽样。

5. 多阶段随机抽样法

多阶段抽样也称多级抽样（multi-stage sampling）。这种抽样方式是把抽样工作分成两个或几个阶段来进行。在进行市场调研时，如果总体单位较少，可以从总体中直接抽取要调研的样本单位。但在总体单位较多、分布面广时，就难以一次直接从总体中抽选调研单位，而需要采取多阶段抽样方式，即先抽大单位，再抽小单位，直至最终抽到样本单位。其实，这是一种综合的抽样工作方式，不是一种独立的抽样方式。

➢**例 4-4**

我国国家统计局调查全国职工家庭人均年收入时就采取了多阶段抽样法，具体工作步骤如下：

第一阶段，先抽选调查城市。把全国城市划分为大、中、小三种，并将三种类型的各个城市分别按全国六个大区归类，然后在各大区里，对各城市按职工年平均工资水平由高到低排队，依据有关标志排队等距抽样法抽选若干数量的城市确定为调研城市。

第二阶段，在中选的调查城市里挑选调查户。

又分两步进行：

第一步，抽选调查单位。先根据城市的大小确定应抽选的职工人数，然后把应抽选的职工人数按所有制和国民经济部门的职工人数比例分摊；再确定每个调查单位的调查人数，计算出应抽选的调查单位数的抽选距离；最后将各单位按职工年平均工资由高到低排队，等距抽选调研单位。

第二步，抽选调查户。先将调查单位应调查的职工人数按各类人员的比例分摊，求出各类人员中应调查的职工人数；然后将各类人员按职工本人的年平均工资由高到低排队，等距抽样，被选中的职工其家庭就作为调查户。

另外，本章 4.1 节述及的固定样本连续调研中的家计调查户也是参照类似的多阶段抽样选取样本的。

当然，在以上五种随机抽样方法中，根据总体中每次被随机抽出的样本单位是否仍放回总体后再抽的原则，还可以分为重复随机抽样与不重复随机抽样。在市场调研中常采用的是不重复抽样，重复抽样用得极少。

4.3.3　抽样误差和抽样数目的确定

随机抽样调研会产生抽样误差，在市场调研中运用随机抽样调研方式，要用样本指标来推断总体指标，所以，必须掌握抽样误差的计算方法。在抽样调研理论中，抽样误差是个难度较大的问题。现就其最基本的内容概述如下。

1. 抽样误差的概念

在抽样调研中会产生两类不同的误差。一类是调查误差，指调研工作登记、汇总、计算的差错所引起的误差，也称技术性误差；另一类是（样本）代表性误差，指由于样本结构与总体结构不一致，以样本综合指标推断总体综合指标所产生的误差。代表性误差又有两种不同情况：一是在抽样过程中因违反随机抽样原则或抽样方式不妥而造成的系统性误差；二是由于样本不能完全代表总体所产生的误差，叫作偶然的代表性误差。调查误差和系统性误差都可以力求避免，而偶然的代表性误差却是不可避免的，在抽样调研中无法消除，只能加以控制。

我们将要分析的抽样误差，专门指偶然的代表性误差。而且，这种抽样误差又可表现为两种情形。一是实际误差，指样本综合指标（如平均数）与相应总体综合指标的实际偏差。例如，某居民区全体居民人均年消费食糖为 5 公斤（总体平均数），抽样调研所得的样本人均年消费量为 4.7 公斤（样本平均数），则平均数实际抽样误差为 0.3 公斤。例子中的总体综合指标值是假定已知的，可事实上总体综合指标值是不知道的。所以在抽样调研中，实际误差多少是无法计算的。二是平均误差，即各种可能被抽中的样本配合数的综合指标（如平均数）同总体相应综合指标的平均离差，它表明样本指标同总体指标可能相差的范围，而不是确切的误差数值。实际上，抽样误差带有偶然性，即使同一总体用同一抽样方式抽取同一数量的样本单位，也可能有若干种不同的组合（样本配合数），而每一样本的调查结果是不可能完全相同的。因此其抽样误差可能大也可能小，可能为正差，也可能为负差。如果我们把所有这些样本指标同总体指标的误差加以平均，就可以反映抽样误差的一般水平，这种误差的一般水平便是抽样平均误差（或称平均抽样误差）。以上所述各种误差的关系详见本章末（图 4-4）。

我们通常所说的抽样误差，是专门指抽样平均误差。它反映了样本代表性的大小。平均误差越大，样本可能代表总体的真实性越小；反之，抽样误差越小，样本可能代表总体的真实性越大。

2. 抽样误差的计算方法

抽样误差的大小，取决于以下三个因素：①总体各单位之间的差异程度。差异程度越大，抽样误差越大；反之，抽样误差越小。这种差异程度，在统计上叫作标志变异程度，通常用方差或标准差来表示。②样本单位的数目，即抽样数目的多少。在相同条件下，样本单位数目越少，则误差越大；反之，抽样误差越小。③抽样方式和方法的不同。一般来说，有关标志排队等距抽样和分类抽样的抽样误差要小于简单随机抽样和整群抽样的误差，不重复抽样的误差要小于重复抽样的误差。

由此可见，抽样误差的大小同总体的标准差异大小和抽样数目多少有关，而且要根据不同的抽样方式和方法分别计算抽样误差。

简单随机抽样是抽样法的基础，下面着重介绍简单随机抽样条件下的抽样误差计算方法（计算公式的理论推导与数理证明从略）。

（1）平均数指标抽样误差的计算公式。重复抽样的计算公式为

$$\mu_{\bar{x}}=\sqrt{\frac{\sigma^2}{n}}=\frac{\sigma}{\sqrt{n}} \tag{4-3}$$

式中，$\mu_{\bar{x}}$ 为平均数的抽样误差；σ^2 为总体方差；n 为样本单位数。

不重复抽样的计算公式为

$$\mu_{\bar{x}}=\sqrt{\frac{\sigma^2}{n}\left(1-\frac{n}{N}\right)} \tag{4-4}$$

式中，N 为总体单位数；$\left(1-\frac{n}{N}\right)$为修正系数。

（2）成数指标抽样误差的计算公式。成数就是在总体中具有所研究标志的样本数（如合格品的个数、试验成功的次数、男性的人数等）所占的比重。用一个会意的说法，

成数就是“成功的次数的比重”。

重复抽样的计算公式为

$$\mu_p=\sqrt{\frac{P(1-P)}{n}} \tag{4-5}$$

式中，μ_p 为成数的抽样误差；P 为总体成数。

不重复抽样的计算公式为

$$\mu_p=\sqrt{\frac{P(1-P)}{n}\left(1-\frac{n}{N}\right)} \tag{4-6}$$

从上述平均数和成数的抽样误差计算公式中可以看出，因为$\left(1-\frac{n}{N}\right)$总是小于 1 的，从而不重复抽样的抽样误差必定小于重复抽样的误差。所以，在实际工作中，尤其是在市场调研中，通常用不重复抽样方法。但在计算抽样误差时，即使采用不重复抽样方法进行调研，也可以使用重复抽样的计算公式。当 N 很大时，$\sqrt{1-\frac{n}{N}}$ 就趋近于 1，这时用两种计算公式得出的结果相差不大。而市场调研中的总数 N 往往是大量的。

利用上述公式计算抽样误差，需要解决如何取得总体方差或总体成数的问题。在市场调研中，总体方差或总体成数是不知道的，一般可以采取以下方法解决：

(1) 从已有的普查或全面统计资料中取得。

(2) 采用经验估算的方法取得。

(3) 事先组织一次小规模的探测性抽样调研，以抽样调研的方差代替。

(4) 在抽样调研完成后，用样本的方差来代替。

其中第四种方法比较常用。

至于其他抽样方式，如分类抽样、等距抽样、分群抽样等的抽样误差计算原理同简单随机抽样是一致的，其主要区别是计算公式中的总体方差有所不同。但在实际工作中，通常也可以用简单随机抽样的抽样误差计算公式近似代替。

3. 抽样数目的确定

对于抽样误差的控制，除了要根据实际问题正确地选择抽样方式外，一个很重要的问题就是抽取样本单位数目的多少。抽样数目过少，对总体的推断可能会产生较大的误差，其可信程度也随之降低，然而过分地增加抽样数目又会在人力、财力和时间上造成不必要的浪费。

抽样数目的多少，应从以下三个方面考虑：①总体各单位之间标志差异程度的大小。差异程度大则应增大样本数目。②允许误差的大小。允许误差，又称极限抽样误差或最大可能误差，是指以样本推断总体时，允许有多大范围的抽样误差。以符号“Δ”表示，它的计算公式是：$\Delta=tu$（t 代表概率度，指与概率相联系的扩大或缩小抽样误差范围的倍数，u 代表抽样误差，详见表 4-4）。允许误差越小，抽样数目则应越多。允许误差的大小取决于调研的目的、要求、人力和经费等，通常是由调研者在设计抽样调研方案时根据实际情况而定的。③采用何种抽样方式和方法。一般情况下，简单随机抽样和整群抽样比等距抽样和分类抽样所需的样本单位数要多，重复抽样则比不重复抽样的样本单位数要多。

抽样数目的计算公式可以从允许误差和抽样误差计算公式推导而得。下面介绍在简单随机抽样方式条件下，确定抽样数目的计算方法。

1）平均数指标抽样数目的计算方法

（1）重复抽样的计算公式。我们已经知道$\Delta_{\bar{x}}=t\mu_{\bar{x}}$，又因

$$\mu_{\bar{x}}=\sqrt{\frac{\sigma^2}{n}}$$

故得

$$\Delta_{\bar{x}}=t\sqrt{\frac{\sigma^2}{n}}$$

于是得

$$\Delta_{\bar{x}}^2=t^2\frac{\sigma^2}{n}$$

即抽样数目计算公式为

$$n=\frac{t^2\sigma^2}{\Delta_{\bar{x}}^2} \tag{4-7}$$

（2）不重复抽样的计算公式。由于

$$\Delta_{\bar{x}}=t\sqrt{\frac{\sigma^2}{n}\left(1-\frac{n}{N}\right)}$$

两边乘方得

$$\Delta_{\bar{x}}^2=t^2\left(\frac{\sigma^2}{n}-\frac{\sigma^2}{N}\right)$$

即抽样数目计算公式为

$$n=\frac{t^2\sigma^2N}{N\Delta_{\bar{x}}^2+t^2\sigma^2} \tag{4-8}$$

2）成数指标抽样数目的计算方法

（1）重复抽样的计算公式。由于

$$\Delta_p=t\sqrt{\frac{P(1-P)}{n}}$$

两边乘方得

$$\Delta_P^2=\frac{t^2P(1-P)}{n}$$

则抽样数目计算公式为

$$n=\frac{t^2P(1-P)}{\Delta_P^2} \tag{4-9}$$

（2）不重复抽样的计算公式。由于

$$\Delta_p=t\sqrt{\frac{P(1-P)}{n}\left(1-\frac{n}{N}\right)}$$

两边乘方得

$$\Delta_P^2 = t^2\left[\frac{P(1-P)}{n} - \frac{P(1-P)}{N}\right]$$

最后得抽样数目计算公式为

$$n = \frac{t^2 NP(1-P)}{N\Delta_P^2 + t^2 P(1-P)} \tag{4-10}$$

4.3.4　抽样推断

抽样调研的主要目的在于利用样本指标来推断总体指标，即以样本平均数来估计总体平均数，以样本成数来估计总体成数。这种利用已知的样本资料，对未知的总体做出估计的过程，就是抽样推断。

利用样本资料估计总体指标有点估计和区间估计两种方法。

1. 点估计

点估计又称定值估计，是指在不考虑抽样误差的条件下，直接以样本指标的数值作为总体的估计值。点估计方法简便，只要样本有足够的代表性，就有可能对总体指标做出比较接近实际的估计。但这种估计由于不考虑抽样误差，所以它的把握究竟有多大是无法回答的。

➢例 4-5

某镇有常住居民 45 000 人。根据抽样调研，样本 900 人的年人均猪肉消费量为 10 千克。

以此作为全镇居民年平均猪肉消费量估计值，就可以推断出该镇居民全年的猪肉消费量为 45000×10=450000（千克），即 450 吨。

---

2. 区间估计

区间估计就是在一定的把握程度下，根据抽样指标（平均数或成数）和抽样误差，对总体指标值落入的区间范围做出估计。这个区间称为置信区间，它有一个上限和一个下限，上下限称作置信界限。与置信区间相联系的一个概念是置信度，也称概率保证程度（把握程度）。概率保证程度是指在抽样调研中，通过抽取一套样本进行调查来推断总体的平均数或成数在某个范围内的可能性有多大，也就是概率是多少。概率保证程度与允许误差的范围密切相关。在其他条件不变的情况下，如果精确度要求越低（允许误差范围越大），那么概率保证程度也就越大，即把握程度越高；反之，如果精确度要求越高，那么把握程度越低。根据正态分布规律，在样本单位数足够多的情况下，允许误差范围与概率（保证程度）的相互关系如表 4-4 所示。

表 4-4 中误差倍数 t 值与对应的概率 φ（t），可以从正态分布概率表中查得，这里只是列举了市场调研中常用的部分。

表 4-4 允许误差范围与把握程度对照表

允许误差范围（$\Delta=t\mu$）	概率 $\varphi(t)$
正负 1 个平均误差（$t=1$，$\Delta=\pm\mu$）	0.682 7
正负 1.5 个平均误差（$t=1.5$，$\Delta=\pm1.5\mu$）	0.866 4
正负 1.96 个平均误差（$t=1.96$，$\Delta=\pm1.96\mu$）	0.95
正负 2 个平均误差（$t=2$，$\Delta=\pm2\mu$）	0.954 5
正负 2.5 个平均误差（$t=2.5$，$\Delta=\pm2.5\mu$）	0.987 5
正负 3 个平均误差（$t=3$，$\Delta=\pm3\mu$）	0.997 3

从上述对照表可以看出，任何一套样本的实际误差在一个平均误差范围内的可能性（概率）是 68.27%，也就是说，如果抽选出 10 000 套样本进行调研，有 6827 套样本的实际误差会落在正负一个平均误差范围之内，其余的 3173 套样本的实际误差将超出这个范围。同理，有 9545 套样本的实际误差会落在正负两个平均误差范围之内，其余的 455 套样本的实际误差将超过这个范围。

在实际市场调研中，有 95%、95.45%乃至 98.75%的置信度就可以了。

现举例做示范说明。

➢例 4-6

某集镇有居民家庭 9375 户，用纯随机不重复抽样选取 150 户调查得到空调家庭普及率为 62%（即每百户空调保有量为 62 台）。要求把握程度为 95.45%，试推断该镇全部居民家庭的空调保有量的置信区间。

解：先求抽样成数的平均误差

$$\mu=\sqrt{\frac{P(1-P)}{n}\left(1-\frac{n}{N}\right)}=\sqrt{\frac{0.62\times(1-0.62)}{150}\times\left(1-\frac{150}{9375}\right)}$$

$$=\sqrt{0.00157\times0.984}\approx0.039$$

由题意要求把握程度为 95.45%，则

$$t=2$$

故允许误差为平均误差的 2 倍：

$$\Delta=t\mu_p=2\times0.039=0.078$$

故总体成数 P 的置信区间为 0.62 ± 0.078，即

$$0.542\leqslant P\leqslant0.698$$

据此推断该镇居民家庭空调保有量的置信区间为

$$9375\times0.542\sim9375\times0.698$$

即为 5081～6544 台。

➢**例 4-7**

某县农资公司于 2013 年年底对本县的 30 000 户农户进行了一次农用喷雾器需求的简单随机抽样调研，调研结果：在 1200 户调研样本户中，农用喷雾器的保有量为 540 架，今年计划为这 1200 户再购买喷雾器 72 架。

根据以上资料，要求：

(1) 计算出样本户 2013 年年底喷雾器农户普及率以及今年每百户预期购买喷雾器多少架？并对该县今年农用喷雾器需求量做点估计。

(2) 设允许抽样误差不超过 1.35%，试运用简单随机重复抽样公式计算出平均抽样误差，推断需求量置信区间，并指出这个推算结果的把握程度（概率）有多大？

解：

(1) 根据题意，样本户去年底喷雾器农户普及率为

$$\frac{540}{1200}\times 100\% = 45\%$$

今年样本每百户预期购买喷雾器为

$$\frac{72}{1200}\times 100 = 6(\text{架})$$

根据百户样本预期购买量估算得全县今年农用喷雾器需求量（点估计）：

$$30000\times 6\% = 1800(\text{架})$$

(2) 已知 $P=0.06$，$n=1200$，则

平均抽样误差为

$$\mu=\sqrt{\frac{P(1-P)}{n}}=\sqrt{\frac{0.06\times(1-0.06)}{1200}}$$
$$=0.0069(\text{即 } 0.69\%)$$

根据题意，已知 $\Delta=1.35\%\times 0.0135$，则每百户喷雾器需求量置信区间为：$6\%\pm 1.35\%$，即 $4.65\%\sim 7.35\%$。故该县今年农用喷雾器需求量预测值置信区间为

$$30000\times 4.65\% \sim 30000\times 7.35\%$$

即

$$1395\sim 2205\ \text{架}$$

又根据　$\mu=0.69\%$　　$\Delta=1.35\%$

且

$$\Delta = t\mu$$

故

$$t=\frac{\Delta}{\mu}=\frac{1.35\%}{0.69\%}=1.96\ (\text{倍})$$

由表 4-4 得

$$\varphi\ (t)\ =0.95$$

也就是说，以上推算结果的把握程度（概率）为 95%。最后，把本章讲的各种误差概念总结为图 4-4 所示。

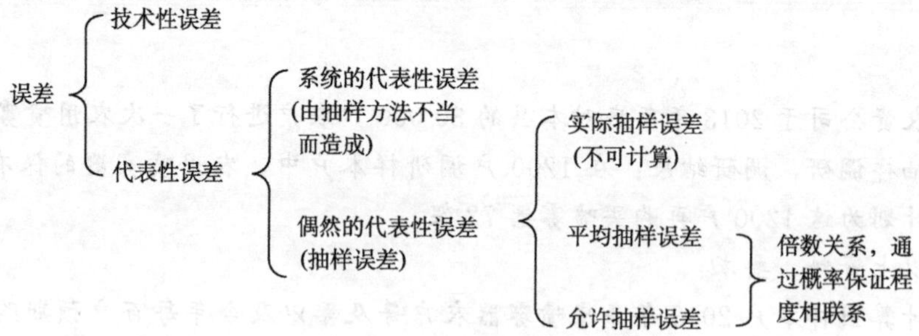

图 4-4 各种误差关系图

本章小结

抽样技术和方法也就是市场调研的组织方式。按照调研范围的大小，可以分为全面调研（市场普查）和非全面调研。而非全面调研又可分为传统的抽样技术和现代的抽样技术，传统抽样技术主要有重点调研、典型调研和固定样本连续调研；现代抽样技术，即抽样调研，可以根据是否等概率抽样，分为随机抽样调研和非随机抽样调研。

非随机抽样调研方法有任意抽样法、判断抽样法、配额抽样法。随机抽样调研方法有简单随机抽样、分层随机抽样、分群随机抽样、等距随机抽样和多阶段随机抽样。

随机抽样调研的关键在于抽样误差的分析与有效的区间估计。抽样误差的大小与总体差异程度、抽样数目、抽样方式与方法有关。置信区间估计就是在一定的概率保证程度下，根据抽样指标和抽样误差，对总体指标落入的区间范围做出推算，并对总体区间做出推断。

思考练习题

1. 市场调研组织方式是怎样分类的？普查、重点调研、典型调研和固定样本连续调研各有哪些不同的特点？在市场调研中，这些调研方式在什么场合下较为适用？

2. 什么是非随机抽样法？它与随机抽样法的根本区别是什么？非随机抽样中的配额抽样法的具体做法是怎样的？

3. 分类抽样和整群抽样各有哪些不同的作用？两者的区别在哪里？

4. 什么是抽样误差？试区别实际抽样误差、抽样平均误差、允许误差这三个概念的不同含义？

5. 在等距抽样中，按无关标志排队和按有关标志排队选取样本单位有何不同？

6. 什么是多阶段抽样？在市场调研中为什么常采用多阶段抽样？

7. 某市某街道有居民 2350 户，用纯随机抽样方式，抽选样本 235 户，组织了一次洗衣机保有量调研。调研结果，样本的洗衣机家庭普及率为 71%。试根据以上资料，分别用重复抽样与不重复抽样的抽样误差计算公式，计算出洗衣机家庭普及率的抽样误差。设允许误差不超过 5.92%，试按不重复抽样，推断该街道居民总体的洗衣机家庭普及率的置信区间，推算该街道居民的洗衣机保有量置信区间，并指出这个推算结果的把握程度（概率）有多大?

8. 某市有居民家庭 12 万户，2012 年 12 月底，该市城市经济调查队抽选 2400 户进行空调器预期购买调查。样本调查结果如下：

2012 年初空调器保有量为 288 台；

2012 年实际购入空调器为 96 台；

2013 年计划购买空调器为 120 台。

现根据以上资料，要求：

(1) 计算出样本户 2012 年初与年末空调器家庭普及率以及 2013 年样本每百户预期购买空调器多少台?

(2) 按样本 2013 年每百户预期购买量推断该市 2013 年居民家庭空调器需求量，并运用简单随机重复抽样公式计算出抽样误差，估计需求量置信区间（要求把握程度为 95%）。

第5章

原始资料收集的方法

本章导读

虽然收集二手资料较之原始资料具有诸多优势，然而在许多情况下仅依赖于二手资料往往不能满足市场调研需要，或多或少总需要收集一些原始资料。原始资料主要有调查资料、观察资料和实验资料三种，相应地原始资料收集的方法也对应有询问调查法、观察调查法和实验调查法三类。

【本章主要内容】

- 询问调查法
- 观察调查法
- 实验调查法

5.1 询问调查法

询问调查法又称直接调查法，是调查人员以询问为手段，从调查对象的回答中获得信息资料的一种方法。它是市场调查中最常用的方法之一。

询问调查法在实际应用中，按传递询问内容的方式以及调查者与被调查者接触的方式不同，有面谈调查、邮寄调查、电话调查、留置问卷调查和网络问卷调查等方法。这些方法各自具有自己的特点，应用于不同场合，下面分别进行介绍。

5.1.1 面谈调查法

面谈调查法是调查人员直接面对被调查者了解情况，获得资料的方法。这是一种最常用的方法。

1. 面谈调查法的分类

面谈调查法依据谈话方式不同，分为两种方式。

(1) 自由交谈方式。这种方式能使被调查者有充分发表见解的机会，有利于沟通双方的思想，深入地讨论问题，弄清所需了解问题的来龙去脉，有时还可能了解到未列入调查提纲的重要资料。运用这种谈话方式要求调查人员有较高的谈话技巧，善于启发和引导被调查者的思路。这种调查方法常用于调查了解消费者的购买动机、消费倾向、产品质量等问题。

（2）调查表提问方式。这种方式是调查人员按事先拟好的调查表（或提纲）项目，逐一向被调查者提问，请被调查者逐一回答。这种面谈方式，谈话内容明确，调查人员容易控制谈话进程，调查表回收率高，调查结果容易统计处理。这种方式适用于需要获得统计资料的市场调查，如产品的需求预测等。

面谈调查也可以采取个别访问或集体座谈的方式。集体座谈也即是开调查会，由于众多的被调查者同时出席，往往可以互相启发思路，使调查者获得较多情况。这种方式在选择被调查者人数上要适当控制，人数过少，不能起到集思广益的效果；人数太多，则易使调查会的进行难以控制。

2. 面谈调查法的优点

（1）调查表的回收率高。一个有经验的调查者亲自去调查总能或多或少地得到被调查者的回答，面对面的接触，往往可以避免被调查者因忙碌等原因而拒绝回答的情况，因而这是回收率最高的调查方法。

（2）真实性较强。由于调查者与被调查者是面对面的，调查者可以观察到周围的环境、气氛，了解被调查者的心理状况，掌握非语言信息，判断信息的可靠程度。

（3）理解偏差小。面对面调查，调查者可以对调查表中不清楚的问题加以解释，以免由于被调查者的理解错误而产生的调查偏差。

（4）灵活性较强。在面对面的调查中，调查者可以根据实际情况，确定对被调查者是进行一般性调查还是重点调查。

3. 面谈调查法的缺点

（1）费用高。派员进行调查，尤其是被调查者的样本分布地域广，各种费用比较高，有时还需支付调查人员的培训费等。这种方法是询问调查法中费用最高的。

（2）主观因素影响大。在面对面调查中，调查者能够启发、引导被调查者思考问题，这是有利的一面，但同时也不可避免地存在着调查对象回答问题受调查者的见解、语气、态度的影响，从而使调查结果真实性受影响。

（3）对调查者要求高。这种面对面的调查，要求调查者有较高的素质，包括调查经验、询问方式、态度等。这对调查结果的质量有很大影响。对同一个调查对象进行调查，不同的调查人员获得的信息资料可能相差甚远。

4. 面谈调查法的面谈技巧

一次成功的面谈调查，很大程度上取决于调查人员的调查水平。调查水平不仅包括专业知识水平，而且也包括面谈技巧。运用一定的面谈技巧是使调查顺利进行，获得满意资料的关键。面谈技巧运用需要注意以下几点：

（1）在调查的全过程中，调查者要始终保持精神饱满，自信乐观。调查者的精神状态很大程度上影响着被调查者的情绪，要以热情礼貌、积极友好的态度去感染对方，取得对方的好感，使对方乐意合作；要尊重对方，切不可盛气凌人或过分自信。

(2) 询问时，若双方是老相识，见面稍加寒暄便可开门见山；若双方是初次接触，则需先向被访者说明来意，讲清访问目的，调查资料做何用，以清除对方的戒备心理，愉快接受询问，提供真实情况。

(3) 问话的语气、措辞、方式要适合被调查者的身份、知识水平。问话的水平过高或过低，都会导致回答者的不安或产生错误答案。

(4) 询问的问题应按一定程序进行，以利于调查顺利进行。一般先问简单有趣的问题，增强信心，而涉及被调查者本身的问题，如年龄、教育程度、经济收入等，应放在最后询问。

(5) 遇到对方不乐意合作、拒绝回答或随便回答时，要具体问题具体分析，采取相应措施。一般可采用以下方法：注意沟通双方思想交流，可穿插一些能提起对方兴趣的话题；对于被调查者的发言，应耐心、聚精会神地听，以提高对方发言的积极性；若对方工作忙，可约期再访；对确定无意合作的可以放弃。

(6) 掌握调查时间。调查时间不宜过长，一般在20分钟内的询问，双方注意力是最集中的。时间过长，问题过多会令人厌倦而不愿继续回答。

(7) 仪表大方，口齿清楚，语言流利，善于随机应变。

面谈调查法适用于调查对象不多，但需要了解较多、较深入的情况的调查。

5.1.2 邮寄调查法

邮寄调查法就是将设计好的调查表通过邮局寄给被调查者，请被调查者填好后在规定的日期内寄回。

1. 邮寄调查法的优点

(1) 调查面广。采用邮寄调查方式，调查的区域可以广些，调查数量可以多些，这不仅在费用上可行，而且在时间上允许，因为调查可以同时进行。

(2) 费用低。与面谈调查法相比，邮寄调查法所需的邮资费用远比面谈所需的差旅费用要少得多。

(3) 调查结果较为客观，不受调查人员态度及主观因素诱导的影响。

2. 邮寄调查法的缺点

(1) 回收率低。被调查者往往因工作繁忙，或不感兴趣而不答卷。据一份国外统计资料表明，一般情况下，邮寄调查表的回收率只有5%～24%。因此，人们常采用以下两种方式提高回收率：一是给被调查者一定的好处，如免费赠送新产品的样品或小礼品、购物优惠券或一定的咨询费；二是与有关的行政主管部门联手搞调查，这样可以大大提高回收率。

(2) 容易产生理解偏差。由于调查人员不在场，无法当面解答被调查者对问题的误解。

(3) 调查表的回收期较长。

5.1.3 电话调查法

电话调查法是指通过电话与被调查者交谈，从而获得调查资料的方法。

1. 电话调查法的优点

(1) 速度快。这是它的最大优点。

(2) 费用低。电话费用与面谈所需费用相比少得多。

(3) 回答率较高。

2. 电话调查法的缺点

(1) 不适宜复杂的调查。因电话交谈时间不宜太长，所询问的问题无法深入进行。这种方法比较适用于探索性的初步调查，为以后进一步深入调查奠定基础。

(2) 调查对象的局限性。因目前我国居民家庭还未普及电话，故对选择调查对象要考虑这一因素。

5.1.4 留置问卷调查法

留置问卷调查法是调查人员将调查表当面交给被调查者，并对有关问题做适当解释说明，尔后留给被调查者事后自行填写回答，调查人员约定日期回收，也可以由被调查者寄回。这种调查方法介于面谈调查法和邮寄调查法之间，其特点也介于两者之间。

1. 留置问卷调查法的优点

(1) 理解偏差少。由于能当面向被调查者说明调查的目的和要求，其理解偏差比邮寄调查要少得多。

(2) 受调查者主观影响小。这种调查法有利于被调查者独立思考问题，避免调查者的主观意见对被调查者的影响。

2. 留置问卷调查法的缺点

(1) 费用高。它与面谈调查法的费用是不相上下的。

(2) 调查地域不广。由于需要调查人员亲自送调查表给被调查者，在人力、财力、时间上都不可能允许，访问地域范围相差甚远。

5.1.5 网络问卷调查法

1. 概念

网络问卷调查法，又称网络直接调查，它是利用互联网直接进行问卷调查收集一手资料，即通过互联网及其调查系统把传统的调查、分析方法在线化、智能化。其构成包括三个部分：客户、调查系统、参与人群。如“我国 Internet 现状与发展”调查就是在网上利用问卷直接进行调查的。

2. 调查步骤

网上问卷调查是企业主动利用 Internet 获取信息的重要手段。与传统调查类似，网上调查必须遵循一定的步骤进行。

(1) 确定网上直接调查目标。Internet 作为企业与顾客有效的沟通渠道，企业可以充分利用该渠道直接与顾客进行沟通，了解企业的产品和服务是否满足顾客的需求，同时了解顾客对企业潜在的期望和改进的建议。在确定网上直接调查目标时，需要考虑的是被调查对象是否上网，网民中是否存在着被调查群体，规模有多大。只有网民中的有效调查对象足够多时，网上调查才可能得出有效结论。

（2）确定调查方法和设计问卷。网上直接调查方法主要是问卷调查法，因此设计网上调查问卷是网上直接调查的关键。由于因特网交互机制的特点，网上调查可以采用调查问卷分层设计。这种方式适合过滤性的调查活动，因为有些特定问题只限于一部分调查者，所以可以借助层次的过滤寻找合适的回答者。

（3）选择调查方式。网上直接调查时采取较多的方法是被动调查方法，将调查问卷放到网站等待被调查对象自行访问和接受调查。因此，吸引访问者参与调查是关键，为提高受众参与的积极性，可提供免费礼品、调查报告等。另外，必须向被调查者承诺并且做到有关个人隐私的任何信息不会被泄露和传播。

（4）分析调查结果。这一步骤是市场调查能否发挥作用的关键，可以说与传统调查的结果分析类似，也要尽量排除不合格的问卷，这就需要对大量回收的问卷进行综合分析和论证。

（5）撰写调查报告。撰写调查报告是网上调查的最后一步，也是调查成果的体现。撰写调查报告主要是在分析调查结果的基础上对调查的数据和结论进行系统的说明，并对有关结论进行探讨性的说明。

3. 网上调查法的优缺点

利用互联网进行调查具有很多优点，比如，快速、方便、费用低、不受时间和地理区域限制等。另外，由于不需要和用户进行面对面的交流，也避免了当面访谈可能造成的主持人倾向误导，或者被访问者顾及对方面子而不好意思选择不利于企业的问题。尽管网上调查有其上述优越的一面，但也有一定的缺陷，主要表现在调查问卷的设计、样本的数量和质量、个人信息保护等因素的影响。

（1）在线调查表的设计。无论采取什么调查方法，设计相应的调查表并预先进行测试，在大多数情况下是必不可少的，而且调查表设计水平的高低直接关系到调查结果的质量。而在线问卷调查往往省略此环节，因而会在一定程度上影响调查的质量。

（2）样本的数量。样本数量难以保证也许是在线调查最大的局限之一。如果没有足够数量的样本，调查结果就不能反映总体的实际状况，也就没有实际价值，足够的访问量是一个网站进行在线调查的必要条件之一。

（3）样本的质量。由于网上调查的对象仅限于上网的用户，从网民中随机抽样取得的调查结果可能与消费者总体之间有误差。另外，用户地理分布的差别和不同网站拥有特定的用户群体也是影响调查结果不可忽视的原因。

（4）个人信息保护。为了尽量在人们不反感的情况下获取足够的信息，网络在线调查应尽可能避免调查最敏感的资料，如住址、家庭电话、身份证号码等。但这又会影响后续的调查资料的审核与回访，从而不利于调查资料质量的控制。

5.1.6 询问调查法的评价与选择

询问调查法中的面谈调查法、电话调查法、邮寄调查法、留置问卷调查法和网络问卷调查法，各有长处和不足。现对五种方法从回收率、资料范围、费用、复杂程度、速度、灵活性、准确性七个方面加以比较，如表5-1所示。

表 5-1 五种询问调查法的比较

项目	面谈调查法	电话调查法	邮寄调查法	留置问卷调查法	网络问卷调查法
回收率	高	较高	低	较高	较高
灵活性	强	较强	差	强	较差
准确性	好	好	较好	好	较好
速度	较慢（视地域、人数）	快	较快	慢	最快
费用	高	较低	低	高	低
样本范围	面窄	面较广	面最广	面窄	面较窄
复杂程度	复杂	较简单	简单	复杂	相对较简单

在具体运用各种询问法时，要根据它们各自的特点、适用条件，结合调查对象的具体目的和要求，进行综合比较分析，从而选择最佳方案。

在对调查方法进行分析评价时，如果其中一种方法在一些主要方面（这些方面又与调查目的要求一致）明显地优于其他方法，则可确定该种调查方法为实施方案。例如，某五交化公司需要尽快、粗略地了解消费者对某一新型高档耐用消费品的消费意见和消费需求意向，以便考虑是否大量进货，赶上这一消费品消费高潮季节。很显然，这一调查项目的最重要的要求是获得信息速度要快，而调查本身可以简单一些，故选择速度快的电话调查比较合适。可是在一般的情况下，调查的目的和要求总是多方面的，如希望速度要快、费用要低、信息的价值要大，这就很难确定明显的最佳方法。因为任何一种方法都是在某些方面具有优势，而在另外一些方面欠缺些，这就需要对各种方法进行综合评价，从而选出最佳方案。

调查方法的综合评价有两种方法：一是定性方法即经验判断法；二是定量方法即评分法。

（1）经验判断评价法，是凭有市场调查经验的人员来选定调查方法的一种定性评价法。它是根据调查的目的和要求对询问调查法的各项指标进行比较分析，分清轻重、缓急和主次，权衡利弊，从而选择比较好的方法。

经验判断评价法的特点是简便易行、节省时间、考虑问题全面，同时也存在着受人的主观因素影响大，缺乏定量分析，准确性较差等不足。这种评价方法选择调查方法的效果，很大程度上取决于参加评价人员的经验以及工作积极性。

（2）定量评价法是选定若干名熟悉市场的调查人员参加，给各种调查方法打分的一种方法。其步骤如下：①确定评价指标和评分标准。评价指标主要考虑因素包括回收率、灵活性、准确性、速度、资料范围、费用、问卷的复杂程度等，也可以是选择其中的几项作为主要评价指标。评分用 5 分制、10 分制、100 分制均可。②根据某一调查项目的要求，对各评价指标给予一定的权数。③根据各种方法的特点，分别给予不同方法的各项指标以一定的分数。④用加权平均法计算各种方法的总分，选定总分最高的为本调查项目的最佳调查方法。

在定量评价过程中，评价指标的权数大小是由其具体的被调查项目的目的要求决定的，不同的调查项目，其要求不同，各评价指标的权数也不尽相同。因此，评价指标权数大小分配直接体现着不同调查项目对各项评价指标在评价过程中的不同地位和作用。下面通过举例说明如何对调查方法进行定量评价。

➢例 5-1

某公司为提高产品的市场竞争能力，欲对其主要经营商品的需求前景进行一次市场调查。现欲在面谈调查、电话调查、邮寄调查、留置问卷调查和网络问卷调查法五种方法中选择，拟采用定量评价法选择较好的调查方法作为实施方法。

步骤：

(1) 根据本调查项目要求确定评价项目为：问卷回收率、速度、准确性、节省费用四项，并确定这四项指标对本次调查项目的重要程度，即加权系数值分别为 0.3、0.2、0.4、0.1。

(2) 由四名对该项调查业务比较熟悉的人员分别对各种调查方法满足要求的程度做出评分，评分标准采用 10 分制。分别计算出这四名评委的各项评分的简单算术平均数（表 5-2）。

表 5-2　五种调查方法的评分

评价指标 / 评分值 / 调查方法	回收率		速度		准确性		节省费用		总分值
	评分值	有效评分值（权重 0.3）	评分值	有效评分值（权重 0.2）	评分值	有效评分值（权重 0.4）	评分值	有效评分值（权重 0.1）	
面谈调查法	9	2.7	7	1.4	8	3.2	6	0.6	7.9
电话调查法	8.5	2.55	9	1.8	7	2.8	7	0.7	7.45
邮寄调查法	6	1.8	6	1.2	6	2.4	9	0.9	6.7
留置问卷调查法	8.5	2.55	6	1.2	8.5	3.4	5	0.5	7.65
网络问卷调查法	8.0	2.4	9.5	1.7	7.0	2.8	9	0.9	7.8

(3) 将评分值与相应指标的加权系数相乘得出每一指标的有效评分值（见表 5-2 中的有效评分值栏）。

(4) 分别将五种方法的各项指标的有效评分值相加，得出每种方法的总分值（见表 5-2 中的总分值栏）。从总分值栏中选择得分最高的调查法。由表 5-2 可知，面谈调查法得分最高，故选择此方法作为调查方法。

5.1.7　焦点小组访谈法

焦点小组访谈（focus group interview）是一种目前很流行的调研方式，许多调研实践者认为它是定性调研的同义词。焦点小组依赖客观的讨论组织者或主持人来向一组受访者介绍主题，指导他们在非结构和自然的方式下讨论该主题[①]。

1. 概念

焦点小组访谈法源于精神病医生所用的群体疗法。目前所说的焦点小组（focus group）由8～12人组成，在一名主持人的引导下对某一主题或观念进行深入探讨。焦点小组的目的在于理解人们心中的想法及其原因。调研的关键是使参与者对主题进行充分和详尽的讨论，意义在于了解他们对某一种产品、观念、想法或是组织的看法，了解所调研的事物与他们生活的契合程度，以及在感情上的融合程度。

焦点小组访谈法不同于群体访谈（group interview）。群体动力所提供的互动作用是焦点小组访谈成功的关键，正是因为互动作用才组织一个小组而不是进行个人面谈。使用焦点小组访谈的一个关键假设是，一个人的反应会成为对其他人的刺激，从而可以观察到受试者的相互作用，这种相互作用会产生比同样数量的人做单独陈述时能提供更多的信息[②]。

2. 焦点小组访谈法实施步骤和要素

焦点访谈法实施步骤共分四步：第一步，准备焦点小组访谈，选择焦点小组访谈设备并征选参与者；第二步，选择主持人，制定讨论指南；第三步，实施调研；第四步，准备焦点小组访谈报告。

焦点小组访谈法实施要素：

（1）环境。焦点小组访谈通常是在一个焦点小组测试室中进行的。这个环境一般是一间会议室风格的房间，其中一面墙上装有一大面单向镜。在不引人注目的地方（一般在天花板上）装有话筒，来记录整个讨论过程。在单向镜后面是观察室，室内为观察者准备了桌子、椅子和记录台，观察室中还装有录音或录像设备。

（2）参与者。参与者是通过不同的方法征集来的。在商业街上随机地拦截一些人，或随机选择一些电话号码，这是两种比较常见的方法。许多市场调研者会安排心理学家和人口专家加入到焦点小组访谈中。

（3）主持人。拥有合格的受访者和一个优秀的主持人是焦点小组访谈成功的关键因素。一个主持人需要具备能恰当的组织一个小组和良好的商务技巧两方面的技能，以便能有效地与参与者进行互动。

（4）讨论大纲。讨论大纲是由主持人根据调研客体和委托所需信息设计的话题概要。

（5）焦点小组报告。通常，当最后一个小组访谈结束之后，要听取主持人的汇报总结，有时称作即时分析。如今，一份正式的焦点小组报告通常是PowerPoint格式，书面报告也不过是PowerPoint幻灯片的复印件[③]。

3. 焦点小组访谈法的优缺点

（1）优点。一是信息的丰富性。焦点小组访问可以获得大量个别以及互动触发而产

① A. 帕拉苏拉曼. 2009. 市场调研（第二版）. 北京：中国市场出版社.

② 卡尔·迈克丹尼尔. 2010. 市场调研精要（第6版）. 北京：电子工业出版社.

③ 卡尔·迈克丹尼尔. 2010. 市场调研精要（第6版）. 北京：电子工业出版社.

生的重要的新观点。二是应用的广泛性。几乎所有的产品、服务、事宜或其他问题都可以在焦点小组情景下讨论。三是对决策的高影响。特定的焦点小组调研更能影响行动。因为客户公司经理有机会积极参与和观察焦点小组，而不仅仅是阅读调研报告。而且比起充满表格和统计数据的书面报告，来自焦点小组的关键意见和由参与者做出的一些关键申明对决策者具有更大的影响。

(2) 缺点：一是缺乏概括性。小规模样本和同质结构虽然对有效开展焦点小组调研非常关键，但却使得从中获得的观点呈现高度实验性。而且同意参与焦点小组的人通常比一般消费者更外向。这个内在的偏差，与那些经常参与各种人群访问的专业人士一起，进一步影响了焦点小组的代表性。二是误用调研结果。焦点小组的一个潜在滥用是经理试图归纳参与者中的几个主要观点，归纳是严重的错误，因为焦点小组的主要目的是得出洞察观点或假定，这些都必须通过更正式的代表性样本调研来检验。另一个滥用是来自主持人和经理武断解释焦点小组数据的可能性。因为焦点小组是非正式的，如果主持人和经理带有先入为主的观念时，则容易通过选择性的解释数据来支撑自己的观点，则焦点小组结果将是可疑的。三是成本较高。以受访者单位成本而论，焦点小组特别昂贵。因此在经理既没有确定调研需要，也没有仔细思考焦点访谈可能提供和不能提供的数据时，盲目开展的焦点访谈只能是对公司资源不必要的浪费。那些依赖焦点小组调研的经理相信该技术是正式调研的快捷替代品，实际上实在是浪费宝贵资源，也是在冒制定错误决定的风险①。

随着互联网的广泛应用，在线焦点小组也应运而生，它是让各位成员通过将他们的个人意见输入电子屏幕或某种互联网显示屏来提出非结构化的评论。参与者可以在聊天室里或者以博客的形式利用键盘和鼠标发表自己的看法。因为参与者将他们的评论输入计算机中，所以在小组访谈结束后能立即得到包含整个小组逐字回复的脚本。在线小组速度很快，而且节省成本。然而，由于参与者之间的交互活动较少，小组的协作性和思维碰撞的增长会受到约束②。

➢例 5-2 大学生茶饮料观念焦点小组访谈提纲③

1. 解释焦点小组访谈法及其规则（10 分钟）

A. 解释焦点小组访谈法

B. 没有正确答案——只要说出你自己的观点。你是为其他和你一样的人说话。

C. 要求倾听别人的发言。

D. 我的一些同事在镜子后观察，他们对你的观点非常感兴趣。

E. 自动录音——因为我想全神贯注听你们的发言，所以没有办法记笔记。没有录像。

F. 请一个一个发言——否则我担心会漏掉一些重要的观点。

① A. 帕拉苏拉曼. 2009. 市场调研（第二版）. 北京：中国市场出版社.

② 威廉·G. 齐克芒德. 2010. 营销调研精要，北京：清华大学出版社.

③ 百度文库. http://wenku.baidu.com/view/f483d22ced630b1c59eeb56f.html [2012-04-21].

G. 不要向我提问，因为我所知道的和我的想法并不重要——你们的想法和感受才是最重要的。我们为此才聚在一起。

H. 如果你对我们将要讨论的一些话题了解不多，也不要觉得难过——这对我们来说也是重要的。不要怕与别人不同。我们并不是要求所有人都持同样的观点，除非他们真的这么想。

I. 我们要讨论一系列的话题，所以我会不时地将讨论推进到下一个话题，请不要把这当成是冒犯。

J. 还有问题吗？

2. 茶饮料的历史。我对你们对茶饮料的态度和喝茶饮料的情况很感兴趣（25分钟）

A. 有多少种主要的茶饮料？你喝什么茶饮料？你是什么时候喝这些茶饮料的？

B. 你最长喝的是什么茶饮料？为什么经常喝它？你常喝茶饮料的目的是什么？

C. 品牌、口味、价格、包装如何影响你的购买决定？购买时你更加看重什么？

D. 你通常是在哪里购买的？你购买的习惯是怎样的？

E. 你对茶饮料及其喝茶的态度如何？当你调配一种茶饮料的口味是，你有什么想法？

F. 请说出你知道的茶饮料品牌，有多少说出多少。

G. 你以前有喝茶的习惯吗？是什么影响你喝茶饮料的？

H. 茶饮料比较适合你现在的生活节奏，是吗？谈谈理由。

I. 产品推广、促销以及商场的特卖能打动你做出购买决定吗？为什么？

J. 你会留意茶饮料的成分吗？你认为茶饮料的成分有哪些？对你的购买有何影响？

3. 影视广告欣赏（30分钟）

现在我将向你们放映茶饮料影视广告，将会出现在校园中学生比较集中的地方，比如，学生俱乐部和学生活动中心。每一种广告都是代表不同的产品和服务若干展示广告中的一种。我想知道你们对不同的展示广告的反应。我每出示一种，希望你们写下对它的第一反应。我想知道的是你们的第一反应。在用一分钟时间写下你们的反应之后，我们更为详细的讨论每一种广告。有多少人接触过茶饮料的广告，谈谈看。

现在放的广告你们以前接触过吗？

A. 出示第一种广告。

(1) 让他们记下自己的第一反应。

(2) 讨论：

a. 你对这种广告的第一反应是什么？你喜欢该广告的什么地方？不喜欢的是什么？

b. 你会停下来仔细阅读吗？你会被它吸引吗？为什么会？为什么不会？它有什么吸引人的地方？

c. 你是如何看待环保或教育促销的？喜欢还是不喜欢？

B. 重复第二种广告。

C. 重复第三种广告。

D. 出示所有的广告。

(1) 在这些广告中，如果有的话是那一种最能吸引你的注意，使你停下来仔细阅读？为什么？

(2) 哪一种广告最不可能吸引你的注意力？为什么？

4. 茶饮料包装（25分钟）

现在我想让你们看一看茶饮料的赠品，这些赠品是刚才讨论过的展示广告相配套的。首先，我向你们展示宣传册和赠品的样本。其次，希望你们记下你们的第一反应。最后，对每种赠品进行讨论。

你对包装、瓶子的手感和态度是什么？

A. 出示第一种宣传册和赠品。

(1) 让他们记录自己的第一反应。

(2) 讨论：

a. 你的第一反应是什么？

b. 你特别喜欢赠品的什么地方？特别不喜欢的是什么地方？任何的，只要有。

c. 你理解赠品的含义吗？

d. 你认为这是一种需要的利益吗？

e. 你会为这种赠品而申请茶饮料吗？为什么？

f. 这种饮料会取代你现在所用的茶饮料吗？

g. 你会考虑喝这种茶饮料吗？

h. 毕业后你还会继续喝这种茶饮料吗？

i. 考虑到赠品，这种茶饮料与你最常饮用的茶饮料相比如何？

j. 在多大程度上你会喝这种茶？为什么？你打算真的喝这种茶还是只是拥有它？你打算毕业后还保留它吗？

B. 重复第二种宣传册和赠品。

C. 重复第三种宣传册和赠品。

D. 出示所有的宣传册和赠品。

(1) 最佳赠品是什么？为什么这么说？

(2) 考虑到赠品，如果有的话你会选择哪一种茶饮料？为什么？

5. 茶饮料广告（10分钟）

最后我想让你们看一看附带环保赠品的茶饮料的三种广告样式。同前两次讨论一样，我先出示每种广告，要求你们记下自己的第一反应，然后讨论每种广告。

A. 出示第一种广告。

(1) 让他们记下自己的第一反应。

(2) 讨论：

a. 你的第一反应是什么，在广告中你特别喜欢的是什么？不喜欢的是什么？

b. 在广告中是否有什么东西令你在上学期间喝它时感到不舒服？毕业了以后又如何？

B. 重复第二种广告。

C. 重复第三种广告。

D. 出示所有的广告。

(1) 如果有的话，这些卡中你会用哪一种？喜欢哪一种？

(2) 你可能不会用哪一种卡？为什么？

感谢你的参与！

5.1.8　深度访谈法

1. 概念

深度访谈法是指事先不拟定调查问卷、调查提纲或调查的标准程序，通过调研人员与被调查者就某些问题自由交谈而获得信息的一种资料收集方法[①]。

在深度访谈中，调研者可以试探每个受访者更多的细节。而且，受访者的观点不会影响其他人。深度访谈通常持续半小时或一小时，也可以根据项目要求更长。一些调研实践者声称深度调研比典型的焦点小组调研更能提供大量的信息和深入的信息[②]。

个人深度访谈（individual depth interview）这个词原意是相对无限制的一对一的会谈。面谈者在试探和诱导详细的回答方面经过严格训练，有时会让心理学家来当深度访谈的面谈者，他们使用临床的不定项技术来揭示隐藏的动机。

个人深度访谈走向依据受访者的回答而定。随着会谈的逐渐展开，面谈者彻底地探究每一个问题，并根据回答来决定下一个问题。

2. 深度访谈法实施流程

(1) 准备阶段。①选择受访者。与焦点小组访谈类似，深度访谈的受访者也要符合一定的条件，如某产品的消费者或潜在消费者。②选择调查员。深度访谈要求调查员掌握高级访谈技巧，善于挖掘受访者的内心感受，好的调查员对深度访谈的成功至关重要。③预约时间访谈。由于深度访谈的时间一般比较长，而且受访者一般是身居要职的人，所以最好事先进行电话预约，在受访者方便的时候进行访问。④准备访谈计划。虽然深层访谈的结构比较自由，但不是漫无目的的，调查员必须对自己所从事的访谈工作有一定的了解，知道自己在做什么样的工作，要达到什么访谈目的，准备提哪些问题，重点在哪里，并预先拟定好访谈提纲。提纲内容包括访谈目的、访谈步骤和访谈问题等，虽然访谈时不一定严格按照提纲逐一进行，但提纲应尽量详细。⑤准备访谈用品。访谈前，调查员必须准备好能够证明自己身份的证件，如工作证、介绍信等，这对接近受访者、取得对方最初信任至关重要。此外，还要准备笔、记录本、录音机、摄像机等访谈必须的物品，如要给受访者一些馈赠物品或宣传资料，也应准备齐全[③]。

(2) 实施阶段。在上述准备工作就绪后，深层访谈就可以进入正式实施阶段，在这个阶段，调查员应该注意以下几点：①接近受访者。接近受访者主要有两种方式，最常用的是正面接近，即开门见山介绍自己的身份，直接说明调查的意图，之后就可以开始正式访谈。这种方式能节省时间，提高效率，但有时显得简单、生硬。还有一种侧面接

① 赵伯庄、张梦霞. 2007. 市场预测（第二版）. 北京：北京邮电出版社.

② A. 帕拉苏拉曼. 2009. 市场调研（第二版）. 北京：中国市场出版社.

③ 简明. 2011. 营销调研. 北京：中国人民大学出版社.

近的方法，即先不公开身份，在某种共同的活动中接近受访者，如与受访者一起开会、学习、住宿、娱乐等，等到与受访者建立起一定的友谊时，在一种自然、和谐的氛围中说明来意，进行正式访谈。这种方式有利于消除对方的戒备心理，能收集到比较真实、可靠的资料，但费时、费力。②在访谈的最初，调查员应详细的介绍此次访谈的目的、意图、受访者的回答有何意义、具有何等的重要性等，应指出受访者的回答对其自身是没有任何不利影响的，并且尽量营造一种热情、友好、轻松的气氛。③调查员有一个防止偏离访谈目标的访谈提纲，但不必严格按照提纲的顺序进行，而应根据受访者回答的状况适当调整访谈的内容。④在必要或时间允许的情况下，可从受访者关心的话题开始，逐步缩小访谈范围，最后问及所要提问的问题。⑤在访谈中，调查员应始终保持中立的态度，使受访者感觉到你对人对事不带有任何偏见，也不希望左右别人的观点和思想。⑥在访谈过程中，当出现受访者对所提问题不理解或误解、受访者对某一问题的回答有所顾虑、受访者漫无边际闲谈的情况时，调查员要有礼貌而且巧妙地加以引导。而当受访者的回答含糊不清、过于笼统或残缺不全时，调查员则要适当的追问，以使访谈顺利进行。⑦调查员应该讲文明、有礼貌，用语准确、明了、贴切、恰当。尽量避免使用生僻的专业术语，不能以审讯或命令的口吻提问，不能随便打断对方的回答，或对其回答流露出任何鄙视或不耐烦的表现，更不能使用一些会令对方忌讳、反感的语言。⑧在受访者回答问题或陈述观点时，调查员要认真倾听。为表示认真倾听受访者意见，就要表现出兴趣，而且这是一种鼓励多说的方法。进一步讲，只有通过倾听才能建立一种理解，从这种理解中可以有更加深入的提问的线索。

(3) 结束阶段。结束阶段是整个深度访谈的最后一个环节，这个环节很重要，不能忽视。首先，访谈结束时调查员应该迅速重温一下访谈结果或检查一遍访谈提纲，以免遗漏重要项目。其次，访谈结束时，应该再次征求受访者的意见，了解他们还有什么想法、要求等，不要一次回答完提纲中的问题就离去，这样可能会掌握更多的情况和信息。最后，要真诚感谢对方对本次调查工作的支持与合作。

3. 深度访谈的特点

每一次深度访谈都要持续一个多小时。因此如果要进行好几次访谈，将是一个非常耗时的过程。不仅要进行访谈，而且每次访谈还会产生像焦点小组访谈那样多的成本。这些都要由调研人员进行分析和解释。另外，还必须记录受访者的表面反应和下意识的动机。这些资料的分析和阐释是非常主观的，很难真正设定一种真正的解释。

深度访谈比焦点小组访谈法更能提供对个人的深刻认识。除此之外，由于周围背景不具有真正的社会性，其受访者比焦点小组的人更愿意讨论敏感性主题。当研究某些独特的或不同寻常的行为时，深度访谈特别具有优势。深度访谈在许多方面都与焦点小组类似。如果只进行一两次访谈的话，它们的成本是类似的。不过如果一份报告中包括十几次或是更多的访谈，那么深度访谈的成本就会因为增加的访谈时间和分析时间而高于焦点小组[①]。

相对于焦点小组访谈法来说，个人深度访谈法具有以下优点：消除了群体压力，因

---

① 威廉·G. 齐克芒德. 2010. 营销调研精要. 北京：清华大学出版社.

而会提供更诚实的信息，而不必只说最容易被群体接受的话；一对一的交流使得受访者感到自己是注意的焦点，个人的感受与想法是重要的，是别人真正期望了解的。在人与人的交流中，受访者的意识被激活了，因为他与面谈者达成一种融洽的关系，而且周围也没有其他人。在单个受访者身上花的时间比较多，这可以鼓励他们吐露新的信息。可以深入的探查受访者，揭示隐藏在表面陈述下的感受和动机。因为不需要保持群体秩序，所以比较容易临时发挥。个人会谈更容易激发出偶然的思路和发散的思维，经常能对主要问题提供重要的洞察；一对一的近距离接触使面谈者对非语言的反馈更加敏感。能够得到应答者的观点同时不影响他人。深度访谈法能够在任何地点实施，比焦点访谈法要求的设施简单多了。在一些特殊的情况下，深度访谈法可能是唯一的办法，否则互相竞争的对手会同处一室。例如，很难组织相互竞争的百货公司或餐馆的经理对有关话题（如坏账保护系统）进行焦点小组调研。

与焦点小组访谈法相比，深度访谈的缺点在于：深度访谈通常比焦点小组访谈法成本高，尤其是当受访人数较多时。深度访谈法通常达不到像焦点小组访谈法那样的委托商参与水平。如果你的主要目的是让委托商观察调研过程，从而让他们获得第一手信息，那么你很难说服大多数委托商的员工为了听深度访谈而连续坐上几个小时。对主持人来说，深度访谈是很耗体力的，所以一天之内会谈的人数有限。大多数主持人一天会谈的人数不超过 4～5 人，如果他们进行小组会谈，则一天能完成对 20 人访谈。焦点小组访谈法使主持人可以利用群体动力的杠杆作用来刺激组员的反应，这在一对一的会谈中是无法实现的。

一个影响成败的因素是，任何一个人深度访谈的成败很大程度上都取决于访谈者。优秀的访谈者，不管是不是心理学家，都是很难找到的，而且费用很高。另一个影响成败的因素是恰当的解说。会谈所具有的无限制的特点和“临床性”分析的特点，更增加了分析的复杂性。小样本和无限制的会谈难以进行互相比较，解说又受到主持人偏好的影响，加上高昂的费用，这些都影响了个人深度访谈法的普及①。

5.2　观察调查法

5.2.1　观察调查法的概念

观察调查法是指调查人员在调查现场对调查对象的情况直接观察和记录，从而获得信息资料的一种调查方法。这种方法的特点是调查人员不直接向调查对象提出问题要求回答，而是依赖于调查人员耳闻目睹的亲身感受，或者利用照相机、摄像机、录音机等现代化记录仪器和设备间接地进行观察以收集资料。

5.2.2　观察调查法的优缺点比较

1. 观察调查法的优点

观察调查法和其他调查法相比，有其独到的特点。观察调查法的主要优点如下：

---

① 卡尔・迈克丹尼尔. 2010. 市场调研精要（第 6 版）. 北京：电子工业出版社.

(1) 真实性高。由于调查人员不直接向调查对象提问，调查对象并不意识到自己正接受调查，故其言行不受外界因素的影响，较为客观，比面谈询问法更为可靠。

(2) 受调查人员偏见影响小。在面谈询问中，调查人员自身对问题的看法常常会在提问中不由自主地流露出来，如提一些诱导性问题。而在观察调查法中，因调查双方并不正面接触，故不会出现上述问题。尤其是依赖记录器械的记录观察，调查资料更为深入、详细、真实。

2. 观察调查法的缺点

观察调查法除具有以上主要优点外，也具有较为明显的缺点，主要有以下几个方面：

(1) 观察不到调查对象的心理动机等内在因素。观察法一般只能了解事实本身，而较难了解事件发生的原因。如某一顾客在一新产品（面料）试销柜台前驻足片刻，最后还是没有购买，那么顾客不购买这一新产品的原因究竟是什么？是不喜欢颜色、花色？是钱没带够？还是经济条件限制？调查人员很难从直接观察中了解其真正内在的原因。要了解其真正原因往往需借助其他方法，才能得出结论。

(2) 受时间和空间限制，所获得的信息资料往往有局限性。观察调查法所获得的信息资料是在观察的现场以及观察的那段时间里发生的，而客观事件发生的时间和地点并不一定是人们所能预料的，这两者之间的差异导致了调查资料的片面性。此外，观察法必须在法律和道德原则允许的范围内使用，不得非法限制和干涉他人的人身自由。

(3) 调查费用大。观察法是由调查人员亲临现场做调查，往往需要大量的费用（如差旅费等）。

(4) 对调查人员素质要求高。对于同一现场的调查，不同的调查人员获得的调查资料可能会出现较大的差别。这主要是因调查人员的素质水平不同引起的。观察调查法是靠调查人员的耳闻目睹来感知现场所发生的一切，这就要求调查人员具有敏锐的观察力、良好的记忆力和判断力，同时还要懂得一点心理学。

5.2.3 观察调查法应用中的注意事项

从上述观察法的优缺点分析中可以看到，要用好这种调查法的关键是尽量避免观察调查法的不足之处所造成的误差，这种误差又会因为调查人员本身原因而增大。调查人员的原因主要有：①主观偏误。调查人员往往以自己的主观想象、水准来衡量客观现象。②为表面现象所迷惑。只看到表面某些特征、现象，或某一侧面，而未能由表及里，去粗取精，去伪存真，或以偏概全。因此，在实际的观察调查中，应注意以下几个方面：

(1) 为了避免某些表面或片面现象，从而使观察结果具有代表性，能够反映某类事物的一般情况，应选择那些具有代表性的环境及最合适的时间进行观察。

(2) 要全面深入地观察客观事物发展变化的过程，对各种资料进行全面、动态的分析比较，从而了解事物变化的全貌。对观察资料的比较分析，主要有三种方法：①时间序列（纵向）对比分析，即在不同时期加以观察，取得一系列观察资料，并对此加以分析研究，以了解被观察对象的发展变化过程和规律；②横断面对比分析，即在某一特定的时间内，对若干调查对象所发生的事态同时加以观察记录，进行横向比较研究；③时间序列和横断面两项合并分析，对事物的纵横两个侧面同时观察研究。

(3) 要尽可能借助记录工具，如各种记录信息的仪器设备，以取得真实的原始信息。若是依赖耳闻目睹，调查人员必须及时记录，以免事后追忆时发生误差。

(4) 不论是直接观察，还是借助记录器械，都要注意尽量不能使调查对象察觉出来，以保持调查对象处于自然真实状态。

5.3　实验调查法

5.3.1　实验调查法的概念

实验调查法起源于自然科学的实证法，它是指在给定的实验条件下，在一定范围内观察经济现象中自变量与因变量之间的变动关系，并做出相应的分析判断，为预测和决策提供依据。例如，为了探明某种商品采用新的包装或施行其他营销策略（如价格、质量、样式、颜色、规格、包装、广告等）后，是否可以改善这种商品的销售状况以及改善的程度如何，则可运用实验调查法，在小范围内进行对比实验，通过分析实验结果，来确定是否采取新的营销策略。

实验调查法与观察调查法都能在调查的过程中通过观察了解因某些因素变化而导致调查对象（如销量）的变化。所不同的是，由于观察法观察事物不受任何条件限制，所观察的结果是各种经济变量（因素）变化的综合结果；而实验法能通过人为的有意识控制，从影响调查对象的若干因素中，选出一个或几个因素作为实验因素，在其余诸因素均不变化的条件下了解实验因素变化对调查对象的影响，并能获得这种影响的定性和定量的实验结果。

实验调查法从其实验内容上来看，可分为分割实验和销售区域实验。分割实验是用于了解不同的市场营销因素，如产品质量、产品式样、包装、商标、价格、销售渠道、促销等对产品销售的影响，也就是从影响产品销售的诸多因素中分割出一个或几个因素来考察。销售区域试验，是将同一产品放到不同地域市场销售，了解同样的市场营销因素，在不同地域市场的销售效果。

5.3.2　实验调查法的应用形式

1. 无控制组的事前事后对比实验

这是一种最简单的实验调查法，它是在不设置控制组（对照组）的情况下，考察实验组在引入实验因素前后状况的变化，从而来测定实验因素对实验对象（调查对象）影响的实验效果。这种试验模式如表 5-3 所示。

表 5-3 无控制组的事前事后对比实验模式

项目	实验组	控制组（对照组）
事前测定值	x_1	—
事后测定值	x_2	—

实验效果 E 可表达为

$$E=x_2-x_1 \tag{5-1}$$

上述实验效果 E 是一个绝对量，其值的大小与实验组原有销售规模有关，为了能更真实地度量实验效果，可用实验效果的相关指标来反映，相对实验效果 RE 可表达为

$$\mathrm{RE}=\frac{(x_2-x_1)}{x_1}\times 100\% \tag{5-2}$$

➢例 5-3

某食品制造商生产的酥饼质量在同类产品中是比较好的，但其销量总是不尽如人意。该公司市场营销人员经过调查研究，认为是酥饼的包装不理想，决定把原来的纸盒包装改为铁盒包装，但对新设计包装的效果如何没有把握。为此，该厂决定运用无控制组的事前事后对比实验来考察实验效果。整个实验期为 2 个月，前一个月仍用旧包装，而后一个月采用新包装。实验结果是，采用旧包装的那个月销量为 1250 盒，采用新包装的那个月销量为 1650 盒，则实验效果为

$$E=x_2-x_1=1650-1250=400(\text{盒})$$

相对实验效果为

$$\begin{aligned}\mathrm{RE}&=\frac{(x_2-x_1)}{x_1}\times 100\%\\&=\frac{(1650-1250)}{1250}\times 100\%\\&=32\%\end{aligned}$$

上述结果表明，采用新包装后销量将增加 32%，效果是明显的，所以该公司决定采用新包装。

这种实验方法也常被用来测量商品价格变动的效果。

➢例 5-4

某企业生产 A 牌香皂，市场占有率在 16%左右。该厂决定通过价格实验来确定是否对该产品调价以提高市场占有率。实验结果如表 5-4 所示。

表 5-4　A 牌香皂的实验结果

牌号	每块零售价/元		市场占有率/%		变化量
	实验前	实验后	实验前	实验后	
A	4.80	4.20	16	24	8

A 牌香皂的价格实验效果为

$$E = x_2 - x_1 = 24\% - 16\% = 8\%$$

其相对实验效果为

$$\mathrm{RE} = \frac{(x_2 - x_1)}{x_1} \times 100\%$$

$$= \frac{24\% - 16\%}{16\%} \times 100\% = 50\%$$

上述实验结果表明，A 牌香皂调价后，销量增长非常快，可以采用调价策略提高销售额。

无控制组的事前事后实验法的最大优点是简便易行，但也存在一定的不足，主要是实验结果受非实验因素影响。这是由于事前事后测量相隔一段时间，各种非实验因素（即除实验因素以外的其他因素，如自然季节、商业季节、心理因素等）可能发生变化，从而影响实验结果的准确性。

2. 有控制组的事后实验

这是一种横向比较实验，它同时设立实验组和控制组，实验组按设定的实验条件（即引入实验因素）进行实验；作为对照的控制组，实验前后均不受实验因素影响，按常规状况活动。通过比较实验组与控制组来考察实验效果。这种实验模式如表 5-5 所示。

表 5-5　有控制组事后实验模式

项目	实验组	控制组
事前测定值	—	—
事后测定值	x_2	y_2

实验效果 E 可表达为

$$E = x_2 - y_2 \tag{5-3}$$

相对实验效果 RE 可表达为

$$\mathrm{RE} = \frac{(x_2 - y_2)}{y_2} \times 100\% \tag{5-4}$$

值得注意的是，这种实验方法应用时有一个前提条件，这就是所选择的控制组与实验组应具有可比性，即两组之间的各方面条件应基本相同，这里主要指它们的地理位置、规模、设备、经营管理水平等因素。若这一基本条件不能满足，用式（5-3）、式（5-4）度量实验效果，将会产生很大的误差。

下面举例说明这种方法的应用。

➢例 5-5

某电视机制造商生产了一种新型的平板式彩电，拟采用广告促销。广告公司为该厂设计了两种不同风格的广告文案，征求厂家的意见，为了选择较为理想的广告，厂家欲在小范围内做市场实验。选择人口和购买力及其他经济环境较为相似的甲、乙、丙三地，分别在乙、丙两地的报刊上刊登不同广告文案，甲地为控制组，不登广告，定某周为实验周。实验结果如表 5-6 所示。

表 5-6 某电视机广告实验统计表

组别	地区	电视机销量/台	实验效果/台
控制组	甲（x）	140	—
实验组一	乙（y）	200	60
实验组二	丙（z）	280	140

采用乙地的广告文案的实验效果为

$$E=200-140=60(台)$$

其相对实验效果为

$$\mathrm{RE}=\frac{1}{140}(200-140)\times 100\%=42.86\%$$

采用丙地的广告文案的实验效果为

$$E=280-140=140(台)$$

其相对实验效果为

$$\mathrm{RE}=\frac{1}{140}(280-140)\times 100\%=100\%$$

上述结果表明，采用乙地实验的广告文案可使销量比没有做广告的增加 42.86%，而采用丙地实验的广告文案可使销量比没有做广告的增加 100%，故该厂决定采用丙地实验的广告文案。

这种有控制组的事后实验最明显的优点是，它克服了前述的无控制组的事前事后实验所存在的非实验因素影响。由于这是一种横向对比实验，在同一时间里，诸如自然季节、商业季节、心理因素等非实验因素基本相同，在实验对比中可以抵消。这种实验法的不足是，选择控制组难度较大，实验效果的准确性直接取决于控制组与实验组的可比性，两者之间客观条件越接近，实验效果的准确性越高。反之，实验效果的准确性就越低。从客观的角度讲，控制组与实验组之间总存在一定差别，因此，在评价实验效果时，要考虑到因两组条件的差别，而对实验效果产生的影响。

3. 有控制组的事前事后对比实验

这种实验法是上述两种实验法的结合，即在实验中，分别设立控制组和实验组，实验组引入实验变量，控制组不引入实验变量，同时考察控制组与实验组在实验前后不同时期的变化所进行的对比实验。其实验模式如表 5-7 所示。

表 5-7　有控制组的事前事后对比实验模式

项目	实验组	控制组
事前测定值	x_1	y_1
事后测定值	x_2	y_2

实验效果 E 可表达为

$$E=(x_2-x_1)-\frac{x_1}{y_1}(y_2-y_1) \tag{5-5}$$

式（5-5）中，(x_2-x_1) 是实验组的某一经济变量（如销售量等）在实验前后的变化量，它不仅反映了实验因素的影响，而且包含了其他非实验因素（由于时间不同所致）所产生的影响。(y_2-y_1) 表示控制组受非实验因素影响的绝对变化量，其相对变化量可表示为 $(y_2-y_1)/y_1$，它表示某一经济变量受非实验因素影响后每单位上所产生的变化量，即反映了非实验因素的影响程度。由于非实验因素对同一经济变量的影响程度是相同的，因而这一相对变化量也同样反映非实验因素对实验组的影响，此时，非实验因素对实验组所产生的绝对变化量可表达为 $x_1(y_2-y_1)/y_1$，因此，式（5-5）所表示的实验效果是指消除非实验因素影响，而仅受实验因素影响的净实验效果。

相对实验效果 RE 可表达为

$$\mathrm{RE}=\frac{E}{x_1}=\frac{1}{x_1}\left\{(x_2-x_1)-\frac{x_1}{y_1}(y_2-y_1)\right\}\times 100\% \tag{5-6}$$

➢例 5-6

某食品制造商在所经销的 6 家副食品商店进行某种食品包装改革效果的实验，控制组用原包装，实验组在实验期用新包装，实验前后对比期为 3 个月，实验前后的销量如表 5-8 所示。

表 5-8　食品包装实验结果

项目	实验组（3 家）	控制组（3 家）
实验前销量/千克	30 000（x_1）	29 500（y_1）
实验后销量/千克	40 000（x_2）	36 500（y_2）

则由式（5-5）可知其实验效果为

$$
\begin{aligned}
E &= (x_2 - x_1) - \frac{x_1}{y_1}(y_2 - y_1) \\
&= (40000 - 30000) - \frac{30000}{29500}(36500 - 29500) \\
&= 2881(\text{千克})
\end{aligned}
$$

相对实验效果为

$$
\mathrm{RE} = \frac{E}{x_1} \times 100\% = \frac{2881}{30000} \times 100\% = 9.60\%
$$

上述结果表明，该公司通过改革该种商品包装后，可使销量增加9.6%，全公司3个月可增加的总销量为

$$
(30000 + 29500) \times 9.6\% = 5712(\text{千克})
$$

有控制组的事前事后实验由于其实验过程既包含了纵向对比，又包含了横向对比，故这种实验法既能自动消除非实验因素对实验效果的影响，又能避免在有控制组事后实验中存在的选择比较市场（即控制组）的难题，是一种比较好的实验方法。但这种实验法在实际应用过程中操作较为复杂，工作量也较大。

5.3.3 实验调查法的优缺点

实验调查法的优点主要表现在两个方面。一是比较灵活，它可以有控制、有选择地分析某些市场变量之间是否存在着因果关系，以及这种因果关系之间的互相影响程度。这是因果关系型调查的最理想方法。二是比较科学，它通过实地考察实验，获得调查对象的静态和动态资料，不受调查人员主观偏见的影响，因而具有相当的科学性。

与其他调查法相比，实验调查法也存在着不足。一是用实验法获取调查资料需较长时间，费用也比较高。二是难以选择一个主客观条件均相同或相似的“比较市场”，即控制组，从而使实验法获得的结果不可能很准确。

本章小结

询问调查法是指调查人员以询问为手段，从调查对象的回答中获得所需信息资料的一种方法，它是市场调查中获取原始资料最常用的方法。

询问调查法按传递询问内容的媒介以及调查者与调查对象的方式不同，可以分为面谈调查、电话询问调查、邮寄询问调查、留置问卷调查、网络问卷调查法、焦点访谈法和深度访谈法等。

各种询问调查法各有其优缺点。在实际应用时不仅应考虑它们的特点，也需要考虑调查目标的要求。

观察调查法是指调查人员在调查现场对调查对象的情况直接观察并记录，从而获得信息资料的一种方法。观察调查法具有真实性高、调查人员主观影响小等优势。但也存在一些不足：不能观察到调查对象的心理动机等内在因素，调查受时间和空间的限制、

调查费用较高，以及对调查人员素质要求高等。

实验调查法是指在给定的实验条件下，在一定范围内观察经济现象中自变量与因变量之间的变动关系，并做出相应的分析判断，为预测和决策提供依据。实验调查法有三种具体应用形式：一是无控制组的事前事后对比实验，这种实验形式操作简单，但实验结果无法排除非实验因素的影响。二是有控制组的事后实验，这种实验不受非实验因素影响，但选择控制组较为困难。三是有控制组的事前事后对比实验，这种实验形式的实验效果测定准确，但操作较为复杂。

思考练习题

1. 询问调查法有哪些不同形式？这些形式各有哪些优点和不足？

2. 你认为观察调查法和实验调查法有哪些优点和局限性？

3. 实验调查法有哪些具体应用形式？各有何特点？

4. 某家具厂商生产的小圆桌销路一般，该厂营销人员认为，夏季人们常在外乘凉，携带方便的小圆桌将受欢迎。于是就决定生产一种钢木结构的折叠式小圆桌。为了解其效果，进行了一次有控制组的事前事后对比实验。自 7 月 15 日开始，时间为 2 个月。有关数据如表 5-9 所示。

表 5-9　某家具厂商圆桌实验统计表

项目	实验组	控制组
实验前销量	620	600
实验期间销量	1000	700

根据上述资料，估算：

(1) 该项实验调查的绝对实验效果？

(2) 该项实验的相对实验效果？

(3) 该项实验中非实验因素影响的效果？

第6章 市场调研资料的分析

本章导读

资料收集起来以后，市场调研的重点应该转向资料的整理与分析。资料的整理过程包括编辑——检查和修正收集到的资料；编码——给每个问题的答案配上数字或符号，为列表和统计分析做准备；列表——把相似的数据放在一起，列表既是资料整理的一个环节，也具有对资料进行初步分析的作用。

【本章主要内容】

- 调研资料的整理
- 调研资料的分析
- 市场调研报告的撰写
- 市场调研综合案例分析

6.1 调研资料的整理

市场调查人员通过一定的调查方法向被调查者调查，收集到大量原始的信息资料，只有经过整理、分析，才能揭示市场经济现象的内在联系和本质，为企业经营决策提供依据。

6.1.1 调研资料整理的重要意义

调查资料的整理，就是根据调查目的，运用科学方法，对调查所得的各种原始资料进行审查、检验和分类汇总，使之系统化和条理化，从而以简洁的方式反映调查对象总体情况的工作过程。调查资料整理具有重要的意义。

1. 调研资料的整理是市场调查研究十分重要的环节

通过市场调研取得的原始资料都是从各个被调查单位收集来的、零散的、不系统的资料，只是表现各被调查单位的基本情况，反映有关事物的表面现象，不能说明被研究总体的全貌及其内在联系。而且收集的资料难免出现虚假、差错、短缺、冗余等现象，只有经过加工整理，才能使调查资料条理化、简洁化，确保调查资料的正确性和可靠性。

2. 调研资料的整理，可以大大提高调查资料的使用价值

市场调查资料的整理过程是一个去粗取精、去伪存真、由此及彼、由表及里、综合提高的过程。它能有效提高信息资料的浓缩度、清晰度和准确性，从而大大提高调查资料的使用价值。

3. 调研资料的整理也是保存调查资料的客观要求

市场调查得到的原始信息资料，不仅是当时企业做出决策的客观依据，而且对今后研究同类市场经济活动现象具有重要参考价值。因此，每次市场调查后都应认真整理调查的原始信息资料，以便于今后长期保存和研究。调查资料的整理对市场调查人员来说，也是一个对市场现象认识、深化的过程。如果说实地调查阶段是认识市场现象的感性阶段，那么，整理资料阶段就是认识市场现象的理性阶段。只有经过调查资料的整理，才能发现市场现象的变化规律。

6.1.2　调研资料整理的主要内容

市场调研资料的整理，主要包括对调查资料的审核、检验和分类。

1. 调研资料的审核

所谓调研资料的审核，是指对已经收集到的资料进行总体检验，检查其是否齐全、是否有差错，以决定是否采用此份调查资料的过程。

对调查资料的审核是多方面的，主要集中在审核资料是否完整、资料是否准确。

(1) 调查资料完整性的审核。这方面的审核主要审查：①调查对象是否齐全，有没有被遗漏的调查对象，如事先规定样本是 120 户居民，但调查资料只有 80 户居民，这就是调查资料不完整。②调查的项目是否都有完整资料，如问卷上各个问题，被调查者是否都回答了，有没有遗漏。③调查资料详细程度是否符合要求。例如，对某商品销售额进行调查，预定收集该商品各品种、规格、花色、型号在各个地区的销售额资料，而如果只收集了一个总销售额数字或只有一个地区的销售资料，这就太不完整了。

(2) 调查资料准确性的审核。这方面的审核主要审查：①被调查者是否属于规定的样本范围内。如事先规定抽样调查 100 户高收入居民家庭，而调查资料显示出来的是对低收入户居民家庭的调查，这就不符合样本的要求。②调查资料是否存在明显的错误，是否真实可信。如某被调查者填写年龄 13 岁，文化程度，大学毕业。这一资料就不是真实可信的。③调查资料口径、计算方法、计量单位等是否统一。如调查职工月收入，有的人只按基本工资填写，有的人按基本工资、奖金、加班费填写，这样的调查资料口径就不统一了。

经审核后的调查资料有不同的处理方法：①接受基本正确，符合要求的调查资料。②将问题较多的调查资料作废。③对存在问题较少的调查资料，由调查人员采取适当措施，进行补充、完善后再采用。

2. 调查资料的分组

1）调查资料分组的作用

调查资料分组，是指根据市场调查的目的、要求，按照市场现象的一定标志，把调查的有关资料分为不同类型或性质的组。通过资料的分组，可以把不同类型、性质的事物和现象区分开，把相同的类型、性质的事物、现象归纳在一起，从而清楚揭示事物、现象的本质和特征。

例如，抽样调查 100 名职工的月平均收入情况，得到的数据分组如表 6-1 所示。

表 6-1　分组调查表

按收入分组/元	人数/人
1001～2000	9
2001～3000	19
3001～4000	32
4001～5000	19
5001～6000	17
6001～7000	4
合计	100

从表 6-1 中可以一目了然地看出 100 名职工的收入分布状况。月收入 3001～4000 元的人数最多达 32 人，低收入 1001～2000 元的为 9 人，高收入 6001～7000 元的为 4 人。

调查资料分组有以下重要的作用。

第一，可以区分社会市场经济现象的类型。社会现象之间存在着本质差异，这些差异构成了不同的类型，通过分组划分出各种不同类型，对各种类型的数量进行分析研究，就可以认识各种类型的本质特征及其发展变化的规律。例如，对消费者收入分组，可以分为高收入类、中收入类和低收入类，而各类型的收入者对消费需求是不一样的。

第二，可以反映事物的内部结构及比例关系。通过分组，可以了解总体内部各部分在总体中所占比重和各部分之间比例关系的资料，而这些资料对于全面认识总体是非常重要的。在表 6-1 中，我们可以知道，月收入在 3001～4000 元的比重最大，达 32%；月收入在 6001～7000 元的，占总体比重最小，只占 4%。

第三，可以研究不同市场现象之间的依存关系。一切市场现象都不是孤立的，而是相互联系、相互制约的。通过分组就能将现象之间的这种依存关系反映出来。例如，在对化妆品消费需求调查资料分组，我们可以看出女性青年是化妆品的主要消费者。这说明化妆品消费与性别关系极大。

2）调查资料分组的类型

（1）按品质标志分组。品质标志反映的是被研究市场现象本质的属性或特性。按品质标志分组就是选择反映事物属性差异的品质标志作为分组标志。如消费者按性别、文化程度、职业、民族等标志所进行的分组。

（2）按数量标志分组。数量标志直接反映所研究的市场现象的数量特征。按数量标志分组，就是选择事物数量差异的标志作为分组的标志，例如，某一消费者群体的人数，按消费者在一定时间内购买某种商品的次数进行分组。按照数量标志分组的目的并不是单纯的确定各组间的数量差别，而是要通过数量的变化来区分各组的不同类型和性质。

(3) 按地区标志分组。按地区标志分组即是选择事物发生的地区差别的标志作为分组的标志。如按经济区、省、市，或按城市市场、农村市场进行分组。

调查资料经过分组后，就要进行统计汇总，根据实际需要还可绘制统计表和统计图，以便直观、形象、生动地反映调查研究对象的特点和规律。

例如，调查某市居民家庭人口状况，抽取 600 户进行调查，对调查资料整理后分组，如表 6-2 所示。

表 6-2　某市居民家庭人口调查

按人口分组/人	1	2	3	4	5 以上	合计
家庭数/户	58	162	230	110	40	600

从表 6-2 中可以看出，现代城市居民家庭规模逐渐变小，3 人的家庭最多，5 人以上的大家庭最少。

6.1.3　调研资料整理的编码

资料的编码就是使用一个规定的数字或字符代表一个种类回答。对资料进行编码是为了便于进行统计分析，可进一步方便计算机存储和分析。例如，我们正在进行一项消费者对某种商品评价的调查，要求被调查者回答以下问题：①消费者的性别。②消费者的职业。③消费者的年龄。④消费者对此商品综合评价分数（0～10）。

在资料的编码过程中我们可作如下处理：①用数字 1 代表男性；2 代表女性。②根据分析的需要，将消费者的职业分为工人、农民、军人、机关干部、学生、公司职员、教师和其他共 8 类，并分别用数字 1～8 代表。③根据分析的需要，将消费者的年龄分为 18 岁以下、19～30 岁、31～45 岁、46 岁以上四组，并分别用数字 1～4 代表。④根据分析需要，用数字 1～10 分别代表消费者对商品的评价。

根据以上编码的含义，集中制作一份编码说明书，如表 6-3 所示。

表 6-3　编码说明书

序号及内容	数据所在列	编码及说明	
1. 性别	第 1 列	1. 男	2. 女
2. 职业	第 3 列	1. 工人	2. 农民
		3. 军人	4. 机关干部
		5. 学生	6. 公司职员
		7. 教师	8. 其他
3. 年龄	第 5 列	1. 18 岁以下	2. 19～30 岁
		3. 31～45 岁	4. 46 岁以上
4. 评价	第 7～8 列	1～10	

根据编码说明书，就可以对全部的调查资料逐份编码，并获得一定格式的编码资料，如表 6-4 所示。

表 6-4 编码资料汇总

性别	职业	年龄	评价
第 1 列	第 3 列	第 5 列	第 7～8 列
1	2	3	10
2	6	2	8
…	…	…	…

举一具体例子：消费者甲，男性，职业是农民，年龄为 36 岁，对商品评价为 10 分。其编码为 10203010。

消费者乙：女性，职业是公司职员，年龄为 25 岁，对商品评价为 8 分。其编码应是 20602008。

对调查资料编码，可以使众多的资料简化为一连串数字，使这些资料能输入并存储在计算机中，便于进一步分析研究。

在资料编码中，应把握好以下问题：

(1) 正确掌握分类的尺度。对资料中的某个问题分类过细，会增加分析的复杂程度；分类过粗，会造成资料信息的流失，也会影响分析的深入程度。所以根据实际分析的需要，设置合理的分类尺度是资料编码的首要问题。一般对于较细分类的资料可进一步转化为分类较粗的资料，而对分类较粗的资料，除非保留了原始资料，否则不能转化为分类较细的资料。

(2) 为保证每一类回答都有类可归，同时又避免分类过细，可设置一个“其他”的分类。

(3) 每一个问题的分类应含义明确，避免与其他分类产生交叉。

(4) 对错误或疏漏的回答可作为特殊的分类，并指定一个特殊的数字或字符代表，如用 0 或－1 等，而不应将其归入其他类中。

6.2 调研资料的分析

6.2.1 列表

把调查资料按照一定的目的，用表格的形式展现出来，即是资料的列表。列表的基本方法就是计数变量值的出现次数。如果仅计数一个变量的不同数值的出现次数，这种列表就是单向列表。如果同时计数两个或多个变量的不同数值联合出现的次数，这种列表就是交叉列表。

现代商务调研和其他社会经济调研往往涉及数十个变量、数百个样本单位，其列表任务相当繁重，一般都需借助于计算机手段才能在有限的时间内完成。

1. 单因素列表

最基本的单因素列表是单向频数表。表 6-5 中列出了这种表的一个例子。单向频数表显示了对每一问题做出每种可能回答的人的数量。表 6-5 表明，有 144 人（占 48.0%）说他们会选择杭州百货大楼，有 146 人（占 48.7%）说他们会选择浙江银泰百货，有 10 人（占 3.3%）说他们不知道选择哪一家商场。计算机输出资料将会显示出调查中每一问题的单向频数表。在大多数情况下，这份表是调查分析人员首先看到的统计结果的概括。

表 6-5 单项频数表（数据为虚构）

问题	如果将来您或您家人需要购物，且只能在杭州市的武林广场周边购物，您会选择哪家商场？
总数	300（100%）
杭州百货大楼	144（48.0%）
浙江银泰百货	146（48.7%）
不知道/未回答	10（3.3%）

(1) 关于百分比的基数。在使用单向频次表时需要解决的一个问题是选择百分比的基数。有三种选择：①全部被调查者人数。如果有 300 人参加了某项调查，并决定利用所有参加者作为计算百分比的基数，每张单向频次表的百分比都将以 300 作为基数。②需回答具体问题的人数。在大部分问卷中，不是所有的人都回答全部的问题。例如，一项调查的问题 4 也许会问调查者是否养狗或猫，其中回答“是”的有 200 人，而问题 5 和问题 6 是专门问这 200 人的。在这种情况，用 200 作为计算百分比的基数较为恰当。③做出回答的人数。在单向频次表中计算百分比的另外一个基数是回答了特定问题的人数。如向 300 人问及某个特定问题，但有 28 人表示“不知道”或没有回答，则要以 272 作为百分比的基数。

一般来说，需回答问题的人数被作为制表中计算百分比的基数。但也许在一些特殊场合，使用其他的基数会更合适。

(2) 为具有多种答案的单向频次表选定基数。对某些问题，被调查者可有多种回答。例如，某问题要求被访者列出所有记忆中的商场的名称，多数人会列举不止一家商场。因此，将回答列表时，答案的数量会超过被访者人数。如果 200 名被调查者中，平均每位列出 3 家商场，则 200 名被调查者会给出 600 个答案。问题是，频次表中的百分比应根据被调查者的人数还是众多答案的数量？表 6-6 给出了用两种方法计算该问题的百分比的例子（数据为虚构）。在市场调查中，一般的算法是以被调查者的人数为基数计算百分比的，因为我们对给出特定答案的人的数量更感兴趣。

表 6-6 以调查者的总数和实际答案总数为基数计算百分比

项目	被调查者		答案	
	人数/人	频数/%	数量/个	频数/%
总数	300	100	818	100

续表

项目	被调查者		答案	
	人数/人	频数/%	数量/个	频数/%
杭州百货大楼	265	88.3	265	32.4
浙江银泰百货	240	80.0	240	29.3
杭州大厦	112	37.3	112	13.7
解放路百货	92	30.7	92	11.2
元华购物中心	63	21.0	63	7.7
西湖时代广场	46	15.3	46	5.6

2. 多因素列表

交叉分组表是分析的下一步骤，它们是一种易理解且有效的分析工具。许多市场调查，或者说是绝大多数，在分析上都只进行到交叉分组表。这种方法的基本思想是，结合对其他问题的回答来核对某一问题的答案。表 6-7 列出了一个简单的交叉分组表，从中可以考察那些愿意在不同商场购物的消费者与其年龄间的关系。这个交叉分组表列出了频次和百分比，而且百分比是以列为基数统计的。

表 6-7 简单交叉分组列表（数据为虚构）

项目	总数	按年龄分			
		18～34 岁	35～54 岁	55～64 岁	65 岁以上
	人数（频数/%）	人数（频数/%）	人数（频数/%）	人数（频数/%）	人数（频数/%）
总数	299（100）	65（100）	83（100）	51（100）	100（100）
杭州百货大楼	143（48.0）	21（32.3）	40（48.2）	25（49.0）	57（57.0）
浙江银泰百货	146（48.7）	43（66.2）	40（48.2）	23（45.1）	40（40.0）
不知道/未回答	10（3.3）	1（1.5）	3（3.6）	3（3.6）	3（3.0）

关于交叉分组表的建立和计算百分比，有许多因素应该考虑，其中一些较重要的因素总结如下：

(1) 前面关于合适的百分比基数的选择及多种答案的百分比计算的讨论适用于所有的交叉分组表。

(2) 在交叉分组表中，可以为每一单元计算三种不同的百分比：列、行、总的百分比。列百分比是以列的总和为计算基数的，行百分比是以行的总和为基数的，而总的百分比以表的总和为基数。

(3) 建立交叉分组表的通常做法是设计一个表，在这张表中，各列列出各种不同因素，如人口统计和生活方式特征，它们可以作为各行所列因素如心理、行为或意愿的预测指标。在表 6-7 中，百分比通常以列总计为基数进行计算。采用这种方法可以简单比较各种关系，如心理、行为或意愿数据与性别或年龄之间的关系。问题可能是，不同年龄段的人在某些要考察的方面有什么不同？表 6-7 显示了这种表的一个例子。

交叉分组表为总结和分析调查结果提供了一种有效而易懂的方法。然而，假如不进行仔细设计的话，它很容易由于计算机输出的大量数据而造成混乱。设计交叉分组表时必须牢记调研目标和事先的基本假设。某项调查的结果可能产生无数个交叉分组表。这表明，分析人员必须加以判断，从所有可能的交叉分组表中选择适合于调研目标的表格形式。大量的电子制表软件（Lotus1－2－3、Excel）和几乎所有的统计软件包（SAS、SPSS、SYSTAT、STATISTICA）都能够生成交叉分组表。下一部分我们将讨论 χ^2 检验，这种检验可以用来判断在一特定的交叉分组表中得出的结果是否与我们预期的有显著性差异。换句话说，男性回答的模式和女性有重大差别吗？利用这个统计程序可以判断两组之间调查结果的差异是由于偶然因素造成的，还是反映了实际存在的真正差异。

6.2.2　资料的分析与解释

1. 分析与解释概述

在市场营销研究过程的所有活动中，对研究者的技能要求最高的是资料的分析与解释。一般来讲，事实本身是没有用处的，一个人在一天中可能会收集到对他本人并无用处的许多事实。资料只有经过比较和分析才有用。

分析是以某种有意义的形式或次序把收集的资料重新展现出来。分析实际上是回答下面的问题："每组资料里有些什么信息?"分析是分别检查每组资料，以找出其内涵的关键信息，并以有意义的形式表示出来。

解释是在资料分析的基础上找出信息之间或手中信息与其他已知信息的联系。解释的主要目的是从所收集的资料中获得结论。它是把分析过的资料变成跟研究目的有关的有用信息，以使收集的资料能为研究目的服务。

2. 分析与解释之间的相互依赖性

资料的分析与解释是相互联系、相互依赖的。无论是资料的分析还是资料的解释，任何一个方面的工作开展得不好，都会影响到研究结果的有效性以及对资料的充分利用。

➢例 6-1

假设某大型日用化工厂，每个季度要在全国 50 个主要的大百货商场做一次库存检查。表 6-8 是该厂 A 牌老产品和 B 牌新产品在过去 4 个季度里销售量的变化。

表 6-8　两种产品销售量的比较

季度	A 牌/万支	B 牌/万支
1	100	2
2	90	4
3	85	15
4	75	30

公司的营业部经理从上面的资料发现，A 牌销售量的下降与 B 牌销售量的上升有着惊人的吻合，因此做出结论，A 牌产品的顾客转向了 B 牌，并建议这个时刻将 A 牌

牙膏退出市场。

然而实际上发生的是，有两个竞争对手大力推销他们与A牌类似的产品，以防止他们的顾客转到B牌上来。这样，尽管A牌老产品的市场由于新产品推出而下降了一些，但其销售量的下降主要是由于其他公司的促销活动引起的。

表6-8的资料表明，A牌的销售量在下降而B牌的销售量在上升，这种分析是正确的，但解释是错误的，因为上面两组资料被不适当地联系到一起。如果调查市场上该产品的总销量以及仔细研究竞争对手的活动，发现市场上该产品的需求量在大幅度上升，而竞争对手的促销活动也在不断加强。那么A牌销售下降的真实原因也许是它的促销措施不得力，而不是由于B牌产品的进入。

前面的例子表明分析适当时，解释不一定适当。实际上，分析和解释中任何一个不适当都会影响到研究结果的正确性。

3. 资料的解释

上面对分析与解释进行了定义。分析是把每组数据以某种形式重新组合起来以便从中发现有用的信息，解释是在分析的基础上进行的，即把已经分析过的资料与其他的一些现存资料放在一起，通过比较，得到与研究目的有关的信息。如从各种分散资料中归纳出结论，然后根据结论提出各种备选的市场营销的方案。

在解释资料时尽管没有一个统一的模式可循，但下列两个方面是必须注意的：一是要理解归纳和演绎的推理方法；二是要保证形成结论时的客观性。

(1) 归纳推理方法在市场调查研究中的应用。归纳推理的方法是，首先产生一些个别的前提，然后把这些前提与其他前提结合在一起，以形成结论。这些个别的前提可以从观察、实验、调查中获得。

在归纳方法中，任何结论都是基于从调查、实验或观察中得出的证据。市场调查研究中通过对大量个体（或样本）的研究得出一般性结论的方法使用的就是归纳法。

(2) 演绎方法在市场营销研究中的应用。演绎推理过程包括一系列的语句，其中最后一句是结论，它是从前几句逻辑地推理出来的。结论的正确性取决于前提的正确性。然而在管理方面的应用中，演绎方法的大前提通常是不很可靠的。因此，尽管演绎推理方法可用在市场营销中，但必须明白其使用的前提（或由归纳得出的结论）常常是较脆弱的，不能作为经营决策的唯一参考依据。

归纳法和演绎法常是相互作用的。演绎方法中的前提常是从归纳推理中得出的。比如，通过归纳推理得出结论，“春天是旅游旺季”可以作为演绎推理的前提，因为这个归纳结论是通过观察数年来每年各季节旅游人数而得出的。

在使用推理方法时，要建立适当的证据，使从这些证据推导出的结论更富有逻辑性。这种逻辑过程不仅对研究者是明显的，对任何其他人也应是明显的。演绎推理方法中的前提必须是有效的，而在归纳推理方法中的前提则需要充分的依据。

4. 分析解释的客观性评价

研究者进行研究时的客观态度对资料的收集是非常重要的，这种对客观性的要求在对资料的解释中更重要。由于研究者控制着要解释的资料，他们可能会把那些跟他们预计结果相悖的资料搁在一边。

理想的研究课题要求研究者始终保持完全客观的态度。但在实际生活中，这是难以办到的。要求研究者必须绝对客观，否则研究就不该进行，这种想法是不实际的，因为研究者对研究结果没有自己的意见或没有个人兴趣是不可能的。但要求研究者把这些个人兴趣放在第二位是可能的，也是必需的，因为研究不是为证明某一观点而进行的，研究的目的在于客观地调查某个情形的所有方面。

6.3　市场调研报告的撰写

与市场调查资料相比，市场调研报告不仅形式上更便于阅读，而且能够透过现象看本质，从原始的调查数据中总结出规律性的东西来，使客户能够更加系统而深入地理解市场，从而更好地指导实践活动。一份好的调查报告，能对企业的市场情况、分析问题、制定决策和编制计划等各方面都起到积极的作用。调查报告是用书面形式表达的语言，如果调查报告写得拙劣，那么，即使设计并实施了最好的调查方案，也会使得到的最好的调查资料黯然失色，甚至可能使整个市场调研工作功亏一篑，前功尽弃。

要撰写市场调查报告，必须了解市场调查报告的特点和撰写应遵循的原则，掌握整个调查报告的撰写步骤、调查报告的主要形式和一定的技巧，使市场调查报告在实际调查工作或理论研究中发挥应有的作用。

6.3.1　市场调查报告的特点、撰写原则和类型

1. 市场调查报告的特点

市场调查报告是对某一类市场的全面情况，或某一侧面、某一问题进行调查研究之后撰写出来的，是针对市场情况进行的调查、分析与研究，有着不同于其他类型报告的特点。

(1) 针对性。针对性是调查报告的灵魂，主要包括两方面：第一，撰写调查报告必须明确调查目的。市场调查报告的目的性很强，是为了解决某一问题，还是为了说明某一问题，撰写报告时必须做到目的明确、有的放矢，围绕主题展开论述。第二，调查报告必须明确阅读对象。阅读对象的不同，他们的要求和所关心问题的侧重点也不同。如果既不明确解决什么问题，又不明确读者对象，针对性不强，则撰写出来的市场调查报告是盲目的和毫无意义的。

(2) 新颖性。市场调查报告应紧紧抓住市场活动的新动向、新问题，引用一些人们未知的通过调查研究得到的新发现，提出新观点，形成新结论。只有这样的调查报告才有使用价值，达到指导企业进行市场经营活动的目的。一般情况下，不要把众所周知的、常识性的或陈旧的观点和结论写进去。

(3) 时效性。当今世界已进入信息时代，市场竞争越来越激烈，企业在生产经营活动中必须掌握准确、及时、系统的经济信息资料，对市场变化迅速做出反应，并对未来状况加以预测，才能在竞争中取胜。因而，要顺应瞬息万变的市场形势，调查报告必须讲究时间效益，做到及时反馈，只有及时到达使用者手中，使决策跟上市场形势的发展

变化，才能发挥调查报告的作用。时间就是金钱，意义就在于此。

2. 调查报告撰写的基本原则

判断一份调查报告质量好坏的基本标准，是该报告是否能与报告的阅读者顺利地沟通。为了达到顺利沟通的目的，在准备报告的过程中，必须考虑到阅读者对调查的技术方法是否理解，所关心的重点是什么，以及是否有足够的时间阅读报告等。总之，报告的写作者要时时考虑到客户的需要。

(1) 充分考虑到读者的情况。报告应当是为特定的读者而撰写的，他（她）们一般是管理部门的决策者。因此，撰写报告时，不但要考虑他们可能在什么环境下阅读报告，还要考虑他们会如何使用这个报告。应当避免技术性的术语或专门性的词汇，因为这些读者（项目委托人）一般来说对抽样调查、数据处理或统计分析都不太熟悉，他们一般又都是大忙人，因此要用描述性的说明来代替一些专业名词。如果无法避免使用一些技术术语，也要在附录给予简要的说明。要知道，人们宁愿将一个他们解决不了的问题放在那里，也不愿意接受一个他们理解不了的解决方案。当然，有时候调查报告必须适应几种不同技术水平和对项目有不同兴趣的读者。为此，可以将报告分成几个不同的部分或干脆完全针对不同的对象，分别撰写整个报告。

(2) 完整而精练。所谓调查报告的完整性，是指调查报告中应根据调查项目开始所提出的问题，提供回答问题所必需的全部信息，特别是最重要的信息不应有遗漏。然而，调查报告的完整性并不意味着面面俱到和过于烦琐，报告还应该是精练和简要的。一方面，市场调查报告应简明扼要，内容有所取舍，围绕调查目标，突出重点。如果包含了太多不重要和不必要的信息就有可能失去重点。另一方面，写作风格要简洁明快，直截了当，避免使用过长的句子。当然，也不能为了达到简洁、精练而牺牲了完整性。

(3) 客观而准确。应以客观的态度来撰写报告。报告应当准确地给出项目的研究方法、调查结果的结论，不能有任何迎合用户或管理决策部门期望的倾向。决策者们不太可能热情地接纳那些反映不赞同他们判断或行为的报告。但是，调查者应当有勇气客观地报告并捍卫调查结果。

准确，是指在一项调查中不仅要求收集资料准确，还要求在报告中引用资料准确。另外，还要求提供调查结果准确，以及语言使用的准确性。

(4) 清晰而有条理。将所要报告的信息清楚地向读者传达并非易事，这其中包括结构要有条理，思维逻辑清晰，以及语言表达要清晰。为此，在写作前应准备一份提纲，按逻辑顺序列出所有的要点，在初稿完成后应反复推敲和修改。调查报告中最重要的，也是主管人员最关心的部分是调查结论及建议，因此，这部分内容的清楚表达尤为重要。

(5) 易读易懂。市场调查报告应当是易读易懂的。报告中的材料要组织得有逻辑性，使读者能够很容易弄懂报告各部分内容的内在联系。使用简短、直接、清楚的句子把事情说清楚，比用“正确的”但含糊难懂的词语来表达要好得多。在报告的主体部分，应避免技术细节方面的介绍或讨论，要尽量少用专门的术语，因为报告的阅读者对技术问题未必了解，也未必有时间和兴趣了解。一些涉及技术细节的内容可以放在正文之后的附录中。

为了增强报告内容的易读性，可用各种表格、图、照片或其他可视物品来补充正文中的关键信息，作为表达的辅助手段。直观可视的图、表等能够帮助报告撰写人与读者之间进行良好的交流，还可以增强报告的明了程度和效果。

为了检查报告是否易读易懂，最好请两三个不熟悉该项目的人来阅读报告并提出意见，反复修改几次之后再最后呈交给用户。

(6) 外观正规而专业化。可以说，报告的外观同报告的内容是同等重要的。理由很简单，调查项目的委托人在判断项目的质量和水平方面都不是专家，他们常常会有一些疑问：调查结果的准确性、可靠性和有效性到底怎样？一般来说，并没有一套标准的方法来判断（除非经过专门的鉴定）。因此，他们总是认为干净整齐、组织得好的、有专业味道的报告一定比那些外观不像样的报告要可信、更有价值。调查者一定要清楚，不像样的外观或一点小失误和遗漏都会严重地影响阅读者的信任感。所以，最后呈交的调查报告应当是专业化的，用质量好的纸张，打印和装订都应是够水平的。印刷格式、字体的大小、空白位置的应用等都会对报告的外观及可读性产生很大的影响。

3. 市场调查报告的类型

一般来说，可将市场调查报告分为综合报告、专题报告、研究性报告、说明性报告几种不同的类型。

(1) 综合报告。这是提供给用户的最基本的报告。这种类型的报告目的在于反映整个调查活动的全貌，详细地给出调查的基本结果和主要发现。因此，除了需要将统计处理数据的基本结果整理成大量的表格、图形外，报告主要包括以下几个部分：① 调查概况。包括调查目的和调查方针、调查内容和问卷设计、抽样方案和调查实施、数据的统计处理。②样本结构。包括调查点的分布、调查对象的基本情况、样本结构、样本分布与总体分布的比较。③基本结果。这一部分主要针对问卷中的内容，逐项给出调查结果，一般配合给出大量的统计图、表以及简要说明。④对不同层次调查对象的分析。这一部分是调查报告的重点，要针对调查对象的人口状况，即针对不同性别、不同年龄、不同文化程度、不同职业和不同收入等各种层次的调查对象，给出统计分析的主要结果。⑤主要项目间的关联性分析。这一部分主要针对理论假设，对主要调查项目（变量）间的关联性、相关性做出判断，即这些项目间是相互关联的，还是相互独立的？如果是相关联的，又是一种怎样的联系？⑥主要发现。这一部分实际上是调查的小结，要说明通过调查及数据分析所得到的主要发现和几点结论性的意见，以提供给有关决策部门参考。

(2) 专题报告。专题报告与综合调查报告不同，是针对某个问题或侧面撰写的。例如，针对农村消费者的问题、老年消费问题，都可以分别写出专题调查报告。又如，在北京市女性化妆品市场调查中，可以围绕不同层次的女性用于购买化妆品的月平均消费量为主要内容，完成一个专题报告。

(3) 研究性报告。研究性报告实际上也可以看成是某种类型的专题报告，但是学术性较强，需要进行更深入的分析研究，并要求从中提炼出观点、结论或理论性的东西。

(4) 说明性报告。说明性报告也称技术报告，即对调查中的许多技术性问题进行说明。例如，抽样方法、调查方法、抽样误差的计算、样本的加权处理能为数据的处理方法等。主要通过说明调查方法的科学性来肯定调查结果的客观性与可靠性。

6.3.2 市场调查报告的格式和内容

1. 市场调查报告的基本格式

调查报告的格式不是固定不变的，其具体结构、格式和风格、体例因调查项目的需要、调查者以及调查性质的不同而不同。但是，大多数正规的市场调查报告都有一个基本的格式，即包括开头部分、主体部分和附录部分等，每个部分又包括若干具体内容。以下所列的是一套可供参考的格式，准备报告时可根据具体情况，在此基础上增减。

1）开头部分

开头部分一般包括封面、标题、信件、目录和摘要。

(1) 封面（包括标题）。

(2) 信件：① 致项目委托人的信（可省略）；② 项目委托人的授权信。

(3) 目录：① 报告目录；② 统计表目录；③ 统计图目录；④ 附件目录；⑤ 展示品目录。

(4) 摘要：① 主要发现；② 结论；③ 建议。

2）主体部分（报告正文）

主体部分一般包括引言、调查方案设计、调查实施、数据分析、调查结果、局限性及必要说明、结论和建议等几个部分。

(1) 引言（问题的定义）：① 问题的背景；② 问题的表述（要达到的目标）；③ 处理问题的基本途径。

(2) 调查方案设计：① 方案设计的类型；② 所需的信息；③ 二手数据的收集；④原始数据的收集；⑤ 量表技术；⑥ 问卷设计及测试；⑦ 抽样技术。

(3) 调查实施。

(4) 数据分析：① 数据分析方法；② 数据分析方案。

(5) 调查结果：① 基本结果；② 分组结果；③ 关联性分析结果。

(6) 局限性及必要说明。

(7) 结论和建议。

3）附录部分

附录部分一般包括调查问卷、图、表、有关计算的细节或技术说明、参考文献等几个部分。

2. 市场调查报告的内容

市场调查报告的内容主要包括以下几个方面：①说明调查目的及所要解决的问题。②介绍市场背景资料，如地理、气候条件，经济、文化及社会变化趋势，政局变化，法律与政策等。③分析的方法，如样本的抽取，资料的收集、整理、分析技术等。④调查数据。⑤提出论点，即摆出自己的观点和看法。⑥论证所提观点的基本理由。⑦提出解决问题可供选择的建议、方案和步骤。⑧预测可能遇到的风险、对策等。

在市场调查报告中，所占篇幅最多的一般是调查结果部分。下面按照市场调查报告正规格式的顺序，分别对每一部分的内容做一些简要说明。

1）封面

封面包括调查报告的标题，执行调查项目的研究人员或机构（名称、地址、电话），报告的提交日期等。

报告的标题一般要将被调查单位、调查内容明确而具体地表示出来，如《杭州市居民商品房需求情况调查》。还可采用正、副标题形式，一般正标题说明调查的主题，副标题则具体表明调查的单位和问题，如《××牌产品为什么滞销——对××牌产品销售情况的调查分析》。

2）信件

(1) 致项目委托人的信。正式的报告一般应有一封给用户的信，简要地总结受委托项目执行的全过程（不包括调查结果）。信中还应建议需要用户方所做的进一步行动，例如，对调查中的发现制定一些相应的措施，对某些问题要做进一步的研究探讨等。

(2) 项目委托人的授权信。这封信是在项目开始之前用户给调查者（机构）的授权信。信中规定了项目的范围以及合同中的一些项目。很多时候只需在“致项目委托人的信”中提一下这封授权信就可以了，有时将授权信的复印件附在报告中也是必要的。

3）目录

目录应列出报告各部分或分部分的标题及其对应的页码。在多数报告中，目录部分只需包含大标题和小标题就可以了。目录的详细程度取决于报告的长度。若图表较多，报告目录之后还应有图表目录、附件目录和展示品目录等。

4）摘要

摘要是调查报告中最重要的内容，是整个报告的精华。一般来说，高层领导或高层管理人员因为工作繁忙，往往只有时间阅读摘要部分，然后根据摘要，从正文中寻找需要进一步阅读的内容，因此，摘要应以较小的篇幅（一般不要超过 2～3 页），对调查报告中最重要的内容进行高度概括。

摘要是按照市场调查项目的顺序将问题展开，并阐述对调查的原始资料进行选择、评价、得出结论、提出建议等。一般包括五个方面的内容：

(1) 调查目的。简要说明调查的由来和委托调查的原因。

(2) 问题的描述。简要介绍调查对象和调查内容，包括调查时间、地点、对象、范围、调查要点及所要解答的问题等。

(3) 处理问题的途径、所采用的方案设计。介绍调查研究的方法，有助于使人确信调查结果的可靠性。因此，这一部分应对所用方法进行简短叙述，并说明选用方法的原因。例如，是用抽样调查法还是用典型调查法；是用实地调查法还是方案调查法等。

(4) 主要发现。

(5) 结论和建议。

摘要的每一部分都要有一个小标题或关键词（短语），每段内容应当简洁精练，一般不要超过三四句话。摘要应当能够使读者兴奋，引起他们的兴趣和好奇心去进一步阅读报告的其余部分。

5）引言

引言即调查问题的定义。这一部分给出调查问题的背景，并据此对调查项目的必要性做简要的解释；说明与决策制定者以及与行业专家讨论的要点，对二手资料的分析，所做的定性研究，以及所考虑的各种因素，并对管理决策问题和实际问题做出清楚的描述。此外，还应说明处理问题的基本途径，讨论最后所采用的处理问题的途径以及达到这一结果的过程，并描述指导这一研究的理论基础、模型，研究问答题、理论假设以及影响方案设计的因素。

6）调查方案设计

这一部分详细描述执行调查的具体方案，包括所采用方案的类型、所需的信息、收集的二手资料和原始资料、量表技术、问卷设计和测试、抽样技术等。这一部分要用易于理解的方式来描述，要使用非技术性的语言。技术的细节说明可以用技术报告的形式放在最后的附件之中。这部分应当说明所选用的具体方法是正确的。

7）数据分析

这一部分描述数据分析的方案，说明所采用的方案及技术是正确的。分析的技术应当用简单的非技术性的语言来描述。

8）调查结果

这部分用来提出调查的发现，包括基本结果、分组结果和关联性分析结果等几个方面。它是报告正文中最长的一部分，一般要由几个章节构成。不但要逐题给出总的结果，还要按市场细分或按所关心的人口特征（如年龄、性别、收入、职业等）给出分类的结果，以及项目间的相关关系结果。

这部分内容要紧紧围绕调查问题和所需的信息，按照调查目标的逻辑顺序来安排。叙述要简明扼要，细节可用图表作为辅助，但过于详细的图表可放在附录部分。

9）局限性及一些必要的解释说明

应该认识到，由于时间、预算以及其他组织上的种种限制，任何市场调查都会存在局限性，而且所采用的研究方案也是有局限性的，各种方案都可能与某些类型的误差相联系，有些误差有可能是比较严重的。在这一部分，应持公开坦率的态度，指出调查存在何种局限性，资料收集过程存在什么问题，并简要讨论这些问题对结果的可能影响，目的是使报告的阅读者和使用者能够对调查结果做出自己的估价。

这一部分的撰写应当十分细心谨慎，并且注意观点上的平衡。一方面，调查者应当把握的是，管理决策人员不会过分地信赖调查结果，不会将结果用于其他目的（如将结果推广到其他总体）。另一方面，又要注意不要影响了他们对调查的信任感或贬低了调查的重要性。

10）结论和建议

结论和建议是撰写综合分析报告的主要目的，包括对引言和正文部分所提出的主要内容的总结。仅将统计的结果总结出来是不够的，调查者应当按照定义的问题来解释统计的结果，并从中提炼出一些结论性的东西。然后根据调查统计的措施以及解决某一具体问题可供选择的方案和建议。结论和建议与正文部分的论述要紧密对应，既不能提出无证据的结论，也不要进行没有结论性意见的论证。

有时候并不要求市场调查者提建议，因为他（她）所做的项目只涉及一个领域，对较大范围的情况并不了解。如果要提建议的话，这些建议应该是合理的、实用的、可行的，并且是可以直接用于管理决策的制定的。

11）附录

附录是指调查报告正文包含不了或没有提及，但与正文有关，必须附加说明的部分，它是对正文报告的补充或更详尽的说明。附录中包括所有技术性较强和细节性的材料，供那些关心调查技术方面内容的主管人员或专家阅读，通常有问卷、抽样方案、一些背景材料、必要的工作技术报告以及参考文献等。

6.3.3　撰写市场调查报告的基本步骤

市场调查报告一般包括上面讨论的各项内容，但是整个写作过程并不是先写摘要，再写正文，然后编附录。市场调查报告的撰写，首先是以市场调查的主题及其分解的题目为中心，进行草拟；然后扩展成以一个个分项题目为主体的分列报告，再对这些分列报告进行组合、扩充，加上必要的内容后成为市场调查报告的主体，再根据主体内容的需要，编写附录。最后，根据主体的内容，写出市场调查报告的摘要及目录。

1. 市场调查报告撰写前的准备工作

市场调查成果主要通过调查报告来反映。调查者在动笔拟定报告之前，可考虑先做如下的准备工作。

(1) 整理与本次调查有关的资料。包括过去已有的调研资料、相关部门的调查结果、统计部门的有关资料（包括统计年鉴）、本次调查的辅助性材料和背景材料等。

(2) 整理统计分析数据。要认真研究数据的统计分析结果。可以先将全部结果整理成各种便于阅读比较的表格和图形。在整理这些数据的过程中，对调查报告中应重点论述的问题自然就会逐步形成思路。

(3) 对理论假设做出接受或拒绝的结论。

(4) 对难于解释的数据，要结合其他方面的知识进行研究，必要时可针对有关问题找专家咨询或进一步召开小范围的调查座谈会。

(5) 确定报告类型及阅读对象。调查报告有多种类型，如综合报告、专题报告、研究性报告、说明性报告等；阅读的对象可能是企业、公司领导、专家学者，也可能是一般用户。也就是说，要根据具体的目的和要求来决定报告的风格、内容和长度。

2. 报告的构思

构思是根据思维运动的基本规律，从感性认识上升到理性认识的过程。市场调查分析报告的构思过程，主要是通过收集到的各类资料，认识市场状况、市场形势，经过判断推理，确立主题思想。然后在此基础上，确立基本观点，列出主要论点、论据，安排报告的层次结构，编写报告的详细提纲。

(1) 通过收集到的资料，认识市场调查总体。通过收集到的资料，即调查中获得的实际数据资料及各方面的背景材料，初步认识客观事物。然后深入研究客观事物的性质、作用、表层原因和本质原因，得出所要研究的市场问题的一般规律性。

(2) 确立主题思想。在认识客观事物的基础上，确立主题思想。主题的提炼要努力做到准确、集中、深刻、新颖。准确，是指主题能根据调查的目的，如实反映客观事物的本质及其规律性；集中，是指主题突出中心；深刻，是指主题能深入提示事物的本质；新颖，是指主题有新意。

（3）确立基本观点，列出主要论点、论据。确定主题后，对收集到的大量资料，经过分析研究，逐渐消化、吸收，形成概念，再通过判断、推理，把感性认识提高到理性认识。然后列出论点、论据，得出结论。在得出结论时，应注意以下几个问题：①一切有关实际情况及调查资料是否都考虑了；②是否有相反结论足以说明调查事实；③立场是否公正客观，前后一致。

（4）安排报告的层次结构。在完成上述几步后，构思基本上就有个框架了。在此基础上，考虑报告正文大致结构与内容，安排报告的层次段落。报告一般分为三个层次：① 基本情况介绍；② 综合分析；③ 结论与建议。

3. 选取数据资料

市场调查报告的撰写必须根据调查所得的数据资料进行分析，即介绍情况要有数据来做依据，反映问题要用数据做定量分析，提建议、措施同样要用数据来论证其可行性与效益。恰当选材可以使分析报告主题突出、观点明确、论据有力。因此，有无丰富的、准确的数据资料做基础是撰写调查报告成败的关键。在构思确立主题、论点、论据后，就要围绕主题，研究和选取数据资料。

在进行市场调查、收集资料的过程中，调研人员思想上还没有形成任何固定的观点。因此，收集到的大量调查数据资料不可能都是切中主题、能准确反映事物本质特征的典型材料。所以必须对所收集的数据资料进行去粗取精、去伪存真、由此及彼、由表及里的分析研究、加工判断，才能挑选出符合选题需要，能够反映事物本质特征、形成观点、作为论据的准确资料。

选取数据资料后，还要运用得法，运用资料的过程就是一个用资料说明观点、提示主题的过程，在写作时，要努力做到用资料说明观点，用观点论证主题，详略得当，主次分明，使观点与数据资料协调统一，以便更好地突出主题。

4. 撰写初稿

根据撰写提纲的要求，由单独一人或数人分工负责撰写，各部分的写作格式、文字数量、图表和数据要协调，统一控制。初稿完成后，就要对其进行修改，先看各部分内容和主题的连贯性，有无修改和增减，顺序安排是否得当，然后整理成完整的全文，提交审阅。

5. 定稿

写出初稿，征得各方意见进行修改后，就可定稿。在定稿阶段，一定要坚持对事物客观真实的原则，服从真理，不屈服于权力和金钱的态度，使最终报告较完善、较准确地反映市场活动的客观规律。

6.3.4 市场调查报告中的表格与图形

1. 统计图、表在市场调查报告中的作用

所谓“一张图表胜过千言万语”，只要有可能，就应尽量采用图、表来帮助阅读者理解报告的内容。图形和表格可以有效地补充正文，使之更清楚。统计资料往往以图表的形式来描述，能简洁、系统地说明各种有关的数字资料，并能吸引读者的注意力。具体来说，统计图、表的作用可以归纳为以下三点。

(1) 能向读者提供一种简明的有关各种数据的组合形式，方便读者系统地查阅资料。

(2) 可以非常醒目地对有关数据进行对比，反映变量的变化趋势及其相互关系，使读者一目了然。

(3) 引起读者注意，突出重点，表明哪些方面的资料是重要的。

2. 市场调查报告中的制表技术

报告中统计表格是很生动的一部分，应特别重视。制表时一般应注意以下几点：

(1) 标题要简明扼要，每张表格要有表号和标题。标题一般包含时间、地点、内容，有时也可酌情省略。

(2) 项目的顺序可适当排列。一般应将最显著的放在前面，如果强调的是时间，则按时间顺序排列；如果强调的是大小，就按大小顺序排列。当然也可以按其他的顺序排列。

(3) 线条尽量少用。斜线、竖线之间的横线均可省去，以空白来分隔各项数据。

(4) 注明各种数据的单位。只有一种单位的表，可在标题中统一注明。

(5) 层次不宜过多。

(6) 分组要适当，不可过细，以免冗繁，而且小格中的频数太少也难以说明问题。但也不可过粗，以免有掩盖差别的可能。

(7) 小数点、个位数、十位数等应上下对齐，一般应有合计。

(8) 给出必要的说明和标注。对表的说明可通过短小标题或标注来实现。但应尽可能避免一些不必要的数字、字、符号和注。

(9) 说明数据的来源。如果表中的数据是二手数据，一般需要注明来源。

例如，假设某房地产开发公司委托中国人民大学市场调查研究协会对北京市商品房市场的现状及发展前景进行调查研究。经过市场调查数据的收集，得到北京市商品住房人均居住面积的数据（注：数据为虚拟），利用 SPSS/Win 对其进行频数分析后，做出频数分布表（表 6-9）。

表 6-9　北京市商品房住户人均居住面积频数分布表

人均居住面积/m^2	人数/人	比例/%	累计比例/%
15 以下	171	7.4	7.4
16～20	795	34.6	42.1
21～30	809	35.2	77.3
31 以上	522	22.7	100.0
合计	2297	100.0	

资料来源：北京市房地产市场调查一手资料

3. 市场调查报告中的制图技术

下面举例说明市场调查报告中最常用的几种图形。

(1) 圆饼图。圆饼图是以圆的整体面积代表被研究现象的总体，按各构成部分占总体比重的大小，把圆面积分割成若干扇形来表现部分与总体的比例关系。圆饼图一般只用于单选问题，整张圆饼算 100%，每一部分的面积表示某个变量对应取值的百分数。圆饼图不能切成太多的部分，一般不要超过 7 部分。下面以下沙大学城学生消费意向调查为例，则可以做出下沙高教园区学生对各类商贸设施需求的一张圆饼图（图 6-1）。

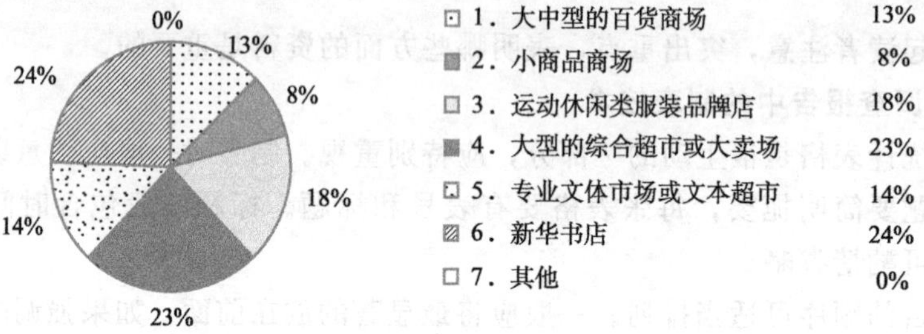

图 6-1 下沙大学城及周边应增设的商贸设施

消费者调查结果显示，在今后五年中，下沙大学城及其周边应当增设新华书店占 24%，增设大型综合超市或大卖场占 23%，增设运动休闲类服装品牌店占 18%，增设专业文体市场或文体超市占 14%，增设大中型百货商场占 13%，增设小商品市场占 8%。

(2) 线图。线图又称曲线图，即利用线段的升降来说明现象的变动情况，主要用于表示现象在时间上的变化趋势、现象的分配情况和两个现象之间的依存关系。线图又包括简单线图和复合线图。前者适用于描述一段时间内单个变量的历史状况以及发展趋势。某地商品房住户人均居住面积分布图（图 6-2）。如果再得到不同区域的数据，则可进一步做出该地不同地区（如南部、北部）商品房住户人均住房面积分布的复合线图（图 6-3）。

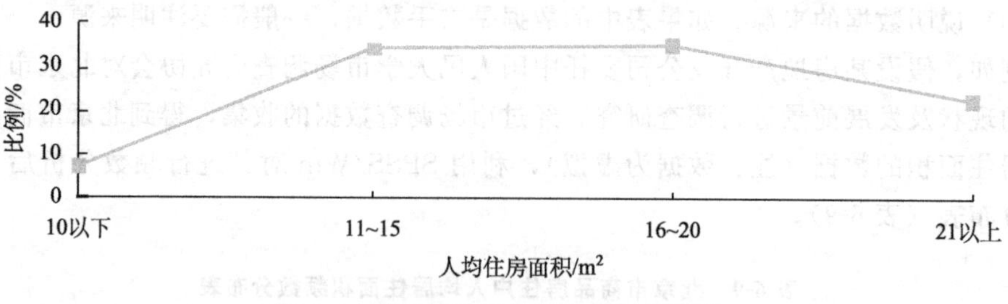

图 6-2 某地商品房住户人均居住面积

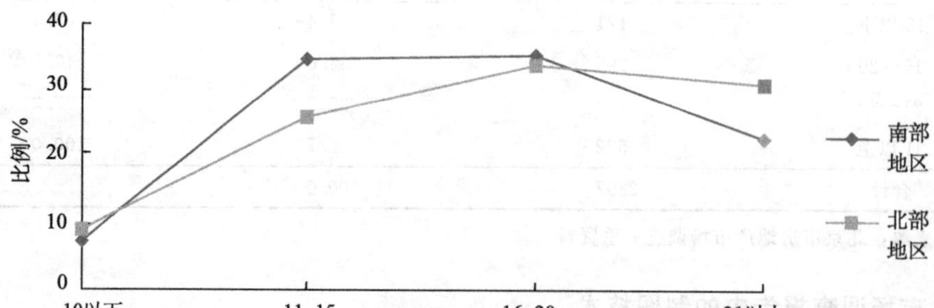

图 6-3 某地商品房住户人均居住面积区域分布曲线图

(3) 条形图。条形图是利用相同宽度的条形的长短或高低来表现数据的大小与变动。如果条形横排，也可称为带形图，纵排也可称为柱形图。条形图可以清楚地表现各种不同数值资料相互对比的结果。条形图也可分为简单条形图和复合条形图，前者适用于说明一段时间内的一个变量，复合条形图适用于说明两个或两个以上的变化量其对比关系，如图 6-4 和图 6-5 所示。

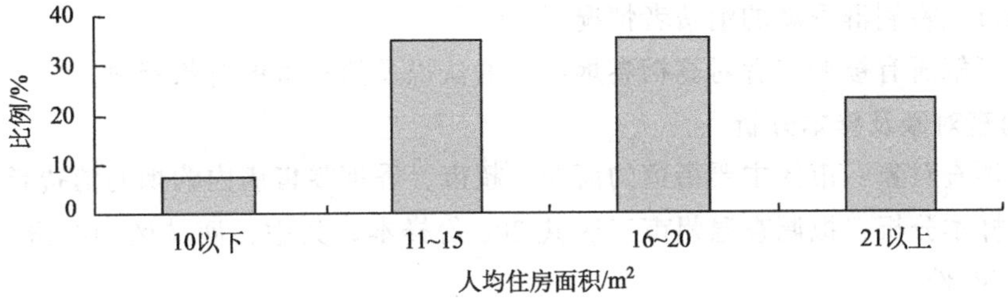

图 6-4　某地商品房住户人均居住面积条形图

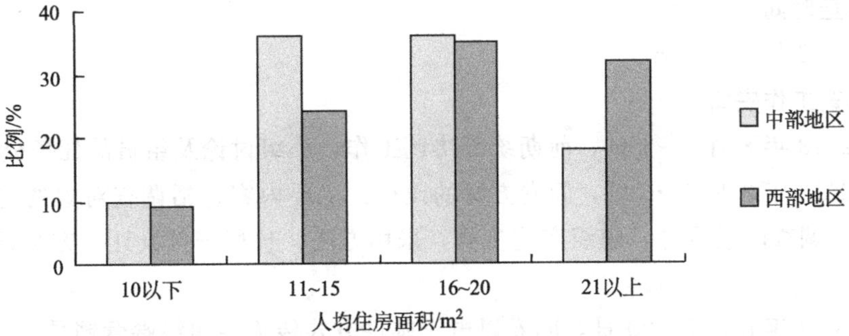

图 6-5　某地商品房住户人均居住面积区域分布条形图

(4) 其他图形。此外，还有一些其他常用的图形，如散点图、面积图、高低图、控制图、雷达图、箱图等，这里不再详细介绍。

4. 使用统计图、表需要注意的问题

我们在使用图、表时，应该记住，图、表只是为了说明主题，并不能代替主题，更不是为了报告的装饰。因而在制作和设计图、表时要注意以下几点：

(1) 统计图、表的使用目的是把统计资料简洁地表达出来，因此，图表的内容应简明扼要。

(2) 图、表的主题必须明白易懂，一目了然。

(3) 要准确标明图、表中有关栏目的名称和单位。

(4) 要注明资料的来源，以便查对。

(5) 需要时可用各种颜色来做图。

6.4　市场调研综合案例分析

6.4.1　温州市长嘴利群香烟市场情况调查方案

1. 调查目的

温州市场的利群品牌香烟主要以销售软蓝利群为主，已经占据 17 元档的 98%的市场份额，但是我厂利群香烟的主销产品长嘴利群（零售价20元/包）销量却较小，而温州市场的中华牌香烟销量却非常大。为了进一步提升利群产品结构，寻找温州市长嘴利群香烟产品的拓展空间，特对长嘴利群产品做一个市场调查。

2. 调查内容

（1）在15～20元/包零售价的消费者中，了解抽过长嘴利群香烟的消费者情况，了解没有抽过长嘴利群香烟的消费者情况。

（2）了解所有被调查者对高档卷烟产品的认识及消费者的背景资料。

3. 调查对象及样本分析

（1）调查对象：市区主要街道的商场、超市、香烟零售店内购烟的消费者。

（2）样本分析：拟调查温州市三区共300份样本，其中，鹿城区200份，瓯海区、龙湾区各50份。

4. 调查问卷（见问卷表）

5. 调查时间

2004年8月1～31日。

6. 调查工作安排

（1）2013年8月1～4日，前期统筹协调工作，小组讨论及组员的任务分配。

（2）2013年8月5～6日，问卷方案的设计：主要内容包括调查对象的选取，样本抽取方法，调查问卷设计，组织实施步骤，采用方法，日程安排设计。方案设计力求科学系统。

（3）2013年8月7～20日，问卷以电子邮件方式传给温州终端营销员，开始调查。

（4）2013年8月21～25日，调查数据整理、计算，得出可供使用的有效数据，进而对调查结果做出准确的描述及初步分析，为以后撰写调查报告提供合理数据。

（5）2013年8月26～31日，撰写调查报告。

7. 调查地点

温州市鹿城区、瓯海区、龙湾区。

8. 调查方式方法

在区内主要街道的商场、超市、香烟零售店内，由调查员询问购烟的消费者。

9. 资料整理

（1）对合格的问卷进行录入，进行必要的计算，得出可供分析的初步计算结果，为进一步分析提供依据。

（2）对各种数据进行人工分析，生成图、表及分析预测报告。

（3）文字报告形成演示文档。

10. 经费预算

（1）询问时的广告礼品由我厂提供。

（2）调查问卷由厂里负责复印。

11. 调查小组人员

楼××等10人。

12. 调研工作分组

（1）调研方案撰写：楼××等 3 人。

（2）问卷设计：周××等 2 人。

（3）实地调查：温州当地 10 个终端营销员每人调查 30 份问卷。

（4）数据输入及统计：王××等 4 人。

（5）结果分析：董××等 3 人。

（6）调查报告设计与撰写：董××等 2 人。

6.4.2　温州长嘴利群香烟市场调查问卷

温州长嘴利群香烟市场调查问卷分三类。

先生：

您好！我是杭州卷烟厂市场调查员，现在正进行一个关于卷烟消费的访问，希望了解一下您吸烟的一些基本情况。您的资料我们将一切保密。非常感谢您协助我们完成这次调查工作！

1. 您最近吸得最多的卷烟的价格在下列哪个范围？

A. 15 元以下（终止访问）　B. 15～20 元　C. 20～30 元　D. 30 元以上

2. 您是否抽过长嘴利群香烟？

A. 抽过（答 A 卷、综合卷）B. 没有抽过（答 B 卷、综合卷）

A 卷

3. 您觉得长嘴利群香烟带给你什么感觉？

A. 更加健康　B. 口味更加醇厚　C. 更具有时尚感　D. 更具有档次

4. 您是通过什么渠道知道长嘴利群香烟的？

A. 朋友介绍　B. 经烟户介绍　C. 店堂广告　D. 户外广告

E. 促销礼品　F. 领导、交际圈的引导　G. 其他（请列出）

5. 您现在是否经常抽长嘴利群香烟？（答 A 选 6、答 B 选 7）

A. 是　B. 不是

6. 您选择长嘴利群香烟的主要原因是什么（可多选）？

A. 实惠　B. 稳重　C. 兴奋　D. 高档

E. 时尚　F. 安闲　G. 健康　H. 醇和

7. 您最终未选择长嘴利群香烟的主要原因是什么（可多选）？

A. 价格偏高　B. 口味不适　C. 不够档次　D. 烟支偏短

E. 包装不喜欢　F. 不流行

B 卷

8. 您是否认为长嘴卷烟更有利于健康？

A. 认可　B. 基本认可　C. 不认可　D. 不清楚

9. 您是否知道长嘴利群这个品牌（题 9 选 A 者答）？

A. 知道　B. 不知道

10. 您是通过什么渠道知道长嘴利群香烟的？

A. 朋友介绍　　B. 经烟户介绍　　C. 店堂广告　　D. 户外广告
E. 促销礼品　　F. 领导、交际圈的引导　　G. 其他（请列出）

11. 您是否打算尝试长嘴利群？
A. 有打算　　B. 没有打算　　C. 不清楚

综合卷

12. 利群牌香烟能让您想起什么样的感觉（限选 2 项）？
A. 实惠　　B. 高档　　C. 时尚　　D. 醇和

13. 中华牌香烟能让您想起什么样的感觉（限选 2 项）？
A. 实惠　　B. 高档　　C. 时尚　　D. 醇和

14. 您经常在什么地方买烟？（单选，请在表中打√）

香烟零售专卖店	
大型商场/百货商场/大型超市	
便利店/小型超市	
其他：	

15. 您平均每月在抽烟方面的开支有多少？
A. 300～500 元　　B. 500～800 元　　C. 800～1000 元　　D. 1000 元以上

16. 人们在买烟时，会考虑一些因素。下列哪一个因素是对您决定购买那种烟的重要程度？请您对下列因素打√。

因素	非常重要	比较重要	一般	不太重要	完全不重要
品牌形象					
包装					
口味					
质量					
价格					

17. 如果厂家做一些促销活动，您更倾向于接受哪一种活动呢？
A. 买一包香烟送一个打火机　　B. 买一条烟送一包香烟
C. 买香烟送优惠券（多买多送）　　D. 买香烟游香港
E. 买一条香烟送现金 2 元　　F. 买香烟送积分卡
G. 买香烟送礼品　　H. 其他

18. 请选择三种您最喜欢的产品：
A. 云烟（极品）　　B. 玉溪　　C. 长嘴利群
D. 大红鹰（精品、宇宙星）　　E. 中华　　F. 白沙（金世纪）
G. 中南海（特高级）　　H. 芙蓉王

19. 您平时最喜欢从事什么休闲娱乐活动？（单选）

上网	01		唱卡拉 OK	06	
做体育运动	02		上酒吧	07	
打牌	03		去咖啡厅	08	
玩游戏	04		逛街	09	
看电影	05		其他	10	

20. 对于下面各种说法，请阐述您的观点：

说法	非常同意	有些同意	无所谓	有些不同意	完全不同意	不知道
1. 抽中华烟气派便于交际						
2. 在交际场合和自己在家里吸烟，会使用不同的香烟						
3. 香烟的价格越高，质量越好						
4. 价格在 20 元/包以上的利群高端产品，质量不比中华差						
5. 抽中华烟的人所获得的香烟有相当一部分是别人送的						
6. 广告与促销经常会影响我买什么牌子的香烟						
7. 我一般抽周围朋友经常抽的烟						
8. 抽烟可以表现男子气概						

【背景资料部分】

(1) 你的文化程度为：

A. 小学或以下　B. 初中　C. 高中　D. 中专

E. 大专及本科　F. 研究生及以上

(2) 您的职业：

A. 机关、企事业单位负责人　B. 工人

C. 行政职员、公务员　D. 私企业主、个体户　E. 农民

F. 离退休人员　G. 文教医卫人员　H. 学生　I. 其他

(3) 您的年龄：

A. 20 岁以下　B. 20～30 岁　C. 30～50 岁　D. 50 岁以上

(4) 婚否：

A. 已婚　B. 未婚

(5) 你最近平均月收入为：

A. 500 元以下　B. 500～1000 元　C. 1000～1500 元

D. 1500～2000 元　E. 2000～3000 元　F. 3000～5000 元

G. 5000 元以上

十分感谢您在百忙之中抽出宝贵时间配合我们的调查！

调查人：

时　间：2013 年　　月　　日

调查地点：

6.4.3 温州市长嘴利群香烟市场调查报告

1. 调查概况

本次温州市长嘴利群香烟的市场调查目的是为了了解当地 20 元档次的市场实际容量，通过调查来推进温州长嘴利群产品的拓展空间，从而进一步提升利群的产品结构。调查时间为 2004 年 8 月 7～20 日，我们在温州的鹿城区、瓯海区、龙湾区的商场、超市及指定的零售店中进行了 300 份问卷的调查，通过对调查问卷的整理和审核，实际获得有效问卷 261 份。

2. 高端卷烟消费的档次情况

本次香烟调查针对零售 15 元/包以上的消费者，15 元/包以下的消费者则终止调查。在消费者一般选择的香烟单价分布中，15～19 元、20～30 元，30 元以上则分别占 66.5%、10.2%和 23.3%。也就是说在单价 15 元以上的高端消费者中，有近 70%的人群选择了 15～19 元的香烟，只有 10%（占一成）的高端消费者选择了 20～30 元的香烟，有 23%（占二成）多一点的消费者选择了 30 元以上的香烟，即中华烟系列。高端香烟市场消费者比例，如表 6-10 所示。

表 6-10　高端香烟市场消费者比例

单价/元	消费者所占比例/%
15～19	66.5
20～30	10.2
30 以上	23.3

3. 长嘴利群香烟的消费态势分析

(1) 对长嘴利群香烟的感受。在调查中有 157 名消费者曾经抽过长嘴利群，占 60.2%。在这些人群中，觉得长嘴利群更加健康的占 10.2%；口味更加醇和的占 71.2%；而更具有时尚感的占 13.4%，更具有档次的只占 7.7%。

(2) 通过什么渠道知道长嘴利群。在这 157 名抽过长嘴利群的消费者中，有 46 人通过朋友介绍，有 30 人通过烟户介绍，有 16 人通过店堂广告知道，有 53 人通过户外广告知道，有 2 人通过促销礼品知道，有 5 人通过领导、交际圈的引导，有 5 人为其他途径（如婚庆等）知道，如图 6-6 所示。

(3) 是否经常抽长嘴利群香烟。在这 157 名抽过长嘴利群香烟的消费者中，有 83 人经常抽，占 52.9%；而这些消费者为什么选择长嘴利群的原因是多方面的（表 6-11）。

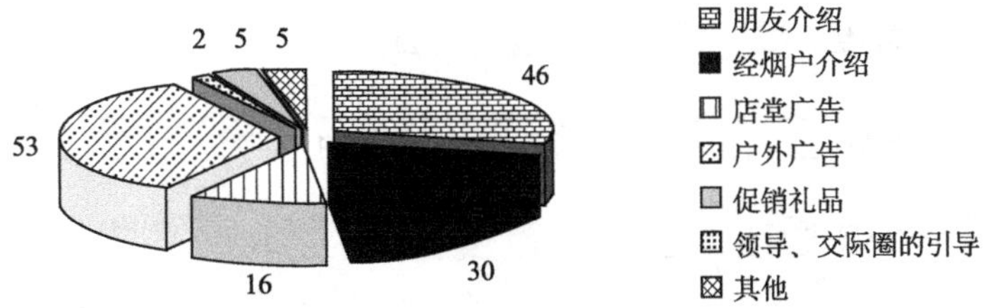

图 6-6　长嘴利群香烟消费者信息来源渠道（单位：人）

（4）选择长嘴利群香烟的原因分析，如表 6-11 所示。

表 6-11　消费者选择长嘴利群的理由

理由	实惠	稳重	兴奋	高档	时尚	安闲	健康	醇和
比例/%	51.2	6.1	7.3	6.1	7.3	3.7	11.0	48.8

由表 6-11 可以看出，选择长嘴利群香烟的主要原因是实惠和味道醇和。有一半左右的消费者认为这两个原因是促使他们购买长嘴利群的主要原因，其次就是健康的观念。其他的功能排列基本比较少，还不到 10%。

（5）最终没有选择长嘴利群香烟的主要原因，如表 6-12 所示。

表 6-12　消费者不选择长嘴利群香烟的理由

理由	价格偏高	口味不适	不够档次	烟支偏短	包装不喜欢	不流行
比例/%	29.3	17.3	14.7	22.1	1.3	13.3

由表 6-12 可以看出，价格偏高和烟支偏短，以及口味不适为主要原因。

4. 不抽长嘴利群香烟的人群分析

（1）本次调查没有抽过长嘴利群香烟的消费者共 104 人，在没有抽过长嘴利群香烟的人群中，对于长嘴利群香烟是否更有利于健康的意见，可以用图 6-7 表示。从图 6-7 中我们可以发现消费者对于长嘴香烟有利于健康几乎是一半赞成一半表示不认可。

（2）对于没有抽过长嘴利群香烟的人群中，有超过一半的人（53.3%）并不知道长嘴利群香烟这一产品。但是仍有 46.7%的人虽然没有抽过长嘴利群香烟，却知道这个品牌。

（3）主要途径首先是朋友介绍（39.6%）和户外广告（27.1%）。其次是经烟户本人、店堂广告，但这些并不足以将非抽烟者转化为长嘴利群香烟的消费者。

（4）在 104 位没有抽过长嘴利群香烟的人群中，只有 50 位愿意试一试长嘴利群香烟，另外有 54 位消费者认为没有打算或者不清楚。

5. 消费行为分析

（1）对于中华和利群香烟的比较。我们对于利群和中华香烟安排了统一的问题，然后请消费者做一评价。评价结果如表 6-13 所示。

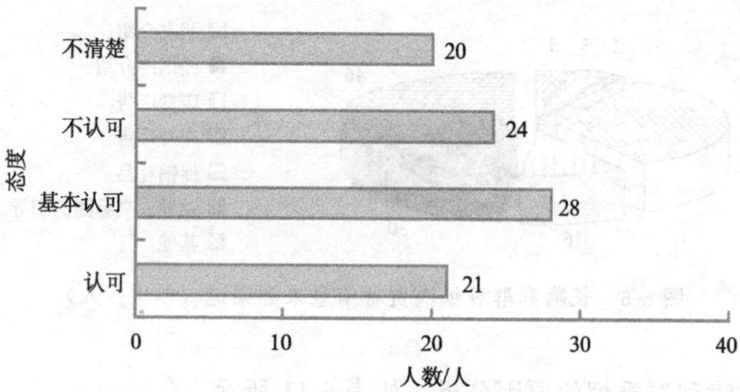

图 6-7 不消费长嘴利群香烟的消费者对于长嘴利群香烟是否有益于健康的态度

表 6-13 对利群和中华香烟的评价态度（共 261 人） 单位：人

项目	利群	中华
实惠	133	8
高档	25	177
时尚	41	47
醇和	141	65

可以想象利群香烟就是实惠、醇和；而中华香烟则是高档。可以看出利群香烟的实惠、醇和是吸引消费者的一大特色。

（2）一般香烟消费者的购买场所。表现如表 6-14 所示。

表 6-14 消费者购买香烟场所分布 单位：%

购买场所	长嘴利群	非长嘴利群	全部香烟品种
香烟零售专卖店	30.9	31.1	31
大型商场	8.6	8.1	8.3
便利店	59.3	59.5	59.4
其他	1.2	1.4	1.3

因此，从消费者购买香烟的场所来看长嘴利群和非长嘴利群香烟的消费者的购买场所是一致的，以便利店和香烟零售专卖店为主。

（3）消费者在抽烟方面的开支每月 300～500 元的占 3%，500～800 元的占 58%，800～1000 元的占 21%，1000 元以上的占 8%。

（4）消费者购买香烟时会考虑的一些因素分析。首先，对于消费者而言质量是最重要的因素，其次是品味，再次是品牌形象、包装和价格。另外，在长嘴利群和非长嘴利群之间对于这些因素并没有存在统计上的显著差异（表 6-15）。

表 6-15　影响卷烟消费的基本因素分析　单位：%

消费者	比较项目	品牌形象	包装	口味	质量	价格
利群消费者	非常重要	33.4	26.8	46.3	58.9	20.1
	比较重要	36.8	29.7	43.7	37.7	28.8
	一般	26.7	36.2	9.8	2.6	36.6
	不太重要	3.1	7.3	0.2	0.8	13.6
	完全不重要	0	0	0	0	0.9
非利群消费者	非常重要	31.3	25.7	44.6	55.4	24.3
	比较重要	35.1	28.8	45.4	40.1	29.4
	一般	29.6	37.7	8.1	4.3	39.3
	不太重要	4	7.8	1.9	0.2	7
	完全不重要	0	0	0	0	0
全部消费者	非常重要	32.4	26.3	45.5	52.2	22.2
	比较重要	35.9	29.3	44.6	38.9	29.1
	一般	28.2	36.9	8.9	4.5	37.9
	不太重要	3.5	7.5	1.1	0.5	10.3
	完全不重要	0	0	0	0	0.4

(5) 消费者对于促销手段评价的差别，如表 6-16 所示。

表 6-16　消费者对于香烟促销手段的评价　单位：%

品名	打火机	买一送一	优惠券	香港游	现金	积分卡	礼品	其他
长嘴利群	38.6	31.3	4.8	3.6	0.0	6.0	8.4	7.2
非长嘴利群	34.7	34.7	5.3	5.3	6.7	1.3	9.3	2.7
平均	36.7	32.9	5.1	4.4	3.2	3.8	8.9	3.8

可见，最好的促销手段是与香烟有关系的送打火机和买一送一。不管是长嘴利群的消费者还是非长嘴利群的消费者，对于促销手段的喜欢程度相差不大。

(6) 对于几种最喜欢的香烟产品，分别为中华 173 人，长嘴利群 161 人，大红鹰 149 人，芙蓉王 64 人。而经常抽长嘴利群的 83 人中，仍然有 7.4%的人虽然现在抽长嘴利群，但长嘴利群并不是他们最喜欢的香烟。

(7) 烟民的休闲娱乐活动。我们安排了 9 种娱乐活动，按照抽长嘴利群和非长嘴利群香烟的不同人群进行比较。调查结果显示，抽利群香烟的消费者更喜欢打牌。如表 6-17 所示。

表 6-17　烟民的娱乐休闲方式调查　单位：%

活动项目	利群消费者	非利群消费者	全部
上网	17.9	28.6	23.9
体育活动	9.5	13.0	11.6

续表

活动项目	利群消费者	非利群消费者	全部
打牌	33.3	24.7	30.3
玩游戏	2.4	2.6	2.6
看电影	3.6	2.6	3.2

（8）烟民消费心理需求态度评价，如表 6-18 所示。

表 6-18 烟民消费心理需求态度评价 单位：%

评价内容	非常同意	有些同意	无所谓	有些不同意	完全不同意	不知道
1. 抽中华烟气派便于交际	36.1 (45.3)	42.2 (38.7)	14.5 (10.7)	3.6 (4.0)	3.6 (1.3)	0 (0)
2. 在交际场合和自己在家里吸烟，会使用不同的香烟	18.1 (22.7)	26.5 (30.7)	33.7 (20.0)	16.9 (16)	4.8 (9.3)	0 (1.3)
3. 香烟的价格越高、质量越好	14.5 (12)	22.9 (28)	10.8 (8.0)	31.3 (45.3)	19.3 (5.3)	1.2 (1.3)
4. 价格在 20 元/包以上的利群高端产品，质量不比中华差	16.9 (9.3)	48.2 (42.7)	8.4 (13.3)	13.3 (22.7)	4.8 (2.7)	8.4 (9.3)
5. 抽中华烟的人所获得的香烟有相当一部分是别人送的	20.5 (13.3)	31.3 (46.7)	7.2 (5.3)	24.1 (24.0)	9.6 (9.3)	7.2 (1.3)
6. 广告与促销经常会影响我买什么牌子的香烟	14.5 (10.7)	24.1 (28)	18.1 (20)	30.1 (28)	10.8 (10.7)	1.4 (2.6)
7. 我一般抽周围朋友经常抽的烟	19.3 (16)	30.1 (28)	24.1 (18.7)	14.5 (29.3)	10.8 (6.7)	1.2 (1.3)
8. 抽烟可以表现男子气概	21.7 (16)	32.5 (22.7)	14.5 (16)	15.7 (24)	13.3 (18.7)	1.4 (2.6)

注：表中数字为消费人群对这些问题的看法比例，其中没有括号的数字为利群消费者；括号内的数字为非利群消费者的看法所占比例

从表 6-18 中可以知道，对于消费利群与非利群香烟的两类人群主要的区别在于对于高端单价 20 元/包以上产品的认识不同。利群消费者认为长嘴利群香烟不会比中华香烟的质量差，消费者比较认同利群香烟的质量。

6. 消费者的个人背景分析

（1）文化程度分析（表 6-19）。

表 6-19 被调查样本文化程度分布 单位：%

类别	小学	初中	高中	中专	大学	研究生
利群消费者	10.8	37.3	21.7	9.6	19.3	1.2
非利群消费者	6.7	34.7	25.3	5.3	26.7	1.3

(2) 职业分布情况分析（表 6-20）。

表 6-20　被调查样本职业分布　　单位：%

类别	机关、企业负责人	工人	行政职员、公务员	私企业主	农民	离退休	文教卫生
利群消费者	8.4	10.8	6.0	42.2	2.4	6.0	24.1
非利群消费者	12.0	18.7	8.0	29.3	1.3	5.3	25.3

(3) 年龄分布情况分析（表 6-21）。

表 6-21　被调查样本年龄分布　　单位：%

类别	20 岁以下	20～30 岁	30～50 岁	50 岁以上
利群消费者	0	27.7	65.1	7.2
非利群消费者	2.7	45.3	44.7	8

(4) 婚姻状况分析（表 6-22）。

表 6-22　被调查样本婚姻状况　　单位：%

类别	已婚	未婚
利群消费者	74.4	25.6
非利群消费者	60.0	40.0

(5) 收入情况分析（表 6-23）。

表 6-23　被调查样本收入情况分析

类别	500 元以下	500～1000 元	1000～1500 元	1500～2000 元	2000～3000 元	3000～5000 元	5000 元以上	未答
利群消费者/%	1.2	6.0	20.5	26.5	8.4	12.0	4.8	20.5
非利群消费者/%	6.7	9.3	25.3	21.3	14.7	10.7	4.0	8.0

通过表 6-19～表 6-23 的具体分析，可以发现利群的消费者受教育程度相对较低；以 30 岁以上为主，年龄相对偏大；已经成家的私企业主居多；月收入在 1000～2000 元的居多。

7. 结论和建议

根据以上调查结果，长嘴利群香烟的消费者基本上是 30 岁以上的男性，已经有家庭，相对受教育的程度较低，月收入居于 1000～2000 元。虽然他们也认为中华烟比较气派便于交际，但他们还是认为 20 元/包的长嘴利群质量并不会比中华差。他们不认为价格越高的香烟质量就越好，同时他们一般也不会在家里和在单位抽不一样的香烟。他们相对于上网，更喜欢打牌。对于他们而言，质量和口味最为重要。他们所喜欢的礼品是与烟有关的物品，如打火机，甚至是烟本身；而且他们注重长嘴利群香烟口味的醇和，他们与周围的伙伴抽一样的烟。

基于上述的消费人群分析，建议进一步加大广告的宣传力度，在展示利群产品形象的同时，将长嘴的、口味醇和及健康概念加以重点突出，关键还要进行消费的引导。同时在一些节日及重大庆祝活动中进行一定的促销活动，方式采用买一送一等。销售渠道可以选择遍及城乡的便利店、各零售专卖店等进行。

本章小结

市场调研资料分析是调查结束后的资料整理和数据分析的过程，它为撰写调查报告提供基本的素材。通过各种调查方法取得的原始信息是零散的、不系统的资料，它只能反映被调查单位的基本情况和事物的表面现象。要想说明调研对象的总体特征和有关因素的内在联系，就必须对调研资料进行加工整理。

从工作程序上看，资料整理与分析具有承前启后的作用。在市场调研报告撰写之前，对真实性、准确性均无可挑剔的答卷所提供的有效资料做进一步加工与提炼；在报告撰写之后，它又为报告结论提供可靠的论证依据。

关于资料整理与分析在整个市场调研中的作用，用一个形象的比喻是：现场访问提供原材料，资料整理加工成产品，报告撰写则完成产品最后的包装。

思考练习题

1. 市场调研资料整理由哪几个步骤组成？
2. 市场调研整理审核过程中的工作重点是什么？
3. 单因素列表和多因素列表在调研整理的分析中有什么具体作用？
4. 市场调研中，如何进行整理的分析和解释工作？
5. 如何理解调研报告撰写的基本原则？
6. 一份完整调研报告的基本内容及其撰写的基本步骤是什么？
7. 通过本章的市场调研案例综合分析，你得到了哪些有益的启发？参照该案例的格式，请组成3～5人调查小组，自行选择调研主题（最好是某企业的实际调查课题），完成调查方案设计、调查问卷编制、调查实施与数据整理分析、调查报告撰写的工作全过程。

第7章

市场调研专题应用

本章导读

市场调研机构已经成为市场营销最重要的一个方面①。它的目的在于帮助和改进市场决策，选择最佳方案，甚至要安排作决策的议程，其前提是具备有效的信息并且充分利用它。假设营销决策者面临是否将开发的新产品推向市场的问题，他必须就新产品的市场定位、目标消费者需求、购买可能性等展开实际的调查，收集足够数据来帮助成功地制定和实施营销方案。基于市场营销实践应用取向，本章选取市场营销决策流程中最为典型的几个主题展开讨论，阐述在这些营销主题的调研中如何科学、规范的利用上述几章中阐述的市场调研方法来收集信息、辅助决策。

【本章主要内容】

- 新产品开发
- 广告调研
- 定价调研
- 促销调研
- 品牌形象调研

7.1 新产品开发

新产品开发直接关系到企业的持续发展，但却面临着高度的不确定性风险。有调查表明十个新产品中研发成功后只有一个能走向市场，而在这些投放市场的新产品中又有近40%是失败的，例如，微软的“vista”操作系统，健力宝的“第五季”饮料，娃哈哈“童装”等。新产品的调研虽然不能准确地预见未来，但仍能作为逻辑结构和分析框

① 马尔霍特拉．2002．市场营销研究：应用导向（第3版）．涂平等译．北京：电子工业出版社．

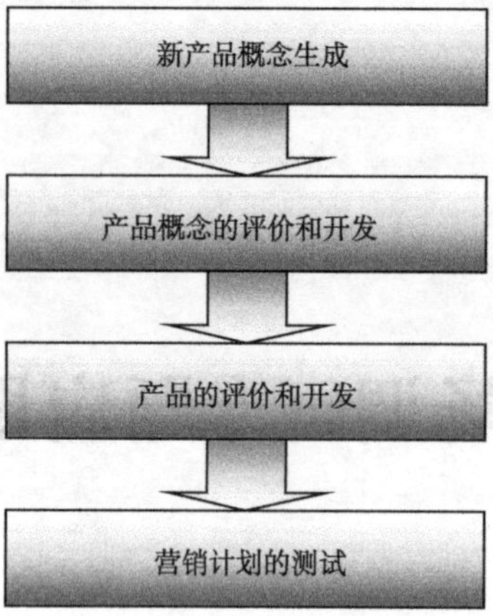

图 7-1 新产品测试程序

架，来帮助企业提高新产品开发的成功率。新产品调研可以分为四个阶段（图 7-1）①。

(1) 第一阶段是产生新产品概念。

(2) 第二阶段是对新产品概念进行评价和开发。

(3) 第三阶段是评价和开发实际的产品。

(4) 第四阶段是在营销活动中对该产品进行测试。

7.1.1 新产品概念生成

产品概念是一个产品对满足消费者某种需求的承诺，包括它为什么可以满足该需求，以及其他一些影响消费者对产品认知的要素的描述②。发展产品概念是建立产品定位比较普遍的做法。产品概念的主要目的有两个：一是提供一个完整的描述，让消费者评价该产品构想，指导产品开发以满足市场需求。二是帮助公司评估产品构想的市场潜力以进行相应的投资决策。

新产品概念生成调研主要分为两类：第一类称为需求识别调研，即通过调研挖掘出市场上未被满足的顾客需求，来寻找新产品研发的机会和方向。第二类称为概念识别调研，即从已识别出的需求中提炼出新产品的整体概念。

第一类：需求识别。

在实际营销调研中，能够以各种定性或定量的方法找出未被满足的需求。以下三种是比较重要和常用的方法：

(1) 产品利益结构分析：指让产品的使用者提出想要获得什么样的产品利益，并说明该产品在实际应用中多大程度地满足了这种利益需求。这个方法有利于找出现有产品未能提供的产品利益。

(2) 焦点话题顾客讨论组访谈：指邀请产品使用者聚集在一起讨论产品使用过程中遇到的问题，比如，邀请学校里一个班级的学生谈谈他们使用新手机遇到的问题。关键是对消费者内心的洞察（consumer insight)，尤其是对消费者心理及真实想法的把握。

(3) 领先使用者分析：在使用过程中遇到的需求问题后来成了市场普遍问题的使用者称为领先使用者。找到领先使用者后就要开始测试公司提出的产品概念了。

在识别需求时，可能会出现几十个不同的需求，怎样确定不同消费者需求的潜力至关重要。在快速消费品领域，我们通常采用“重要性”和“满足度”两个指标来综合衡量一个消费者需求的潜力。

重要性是指一个消费者需求对于该品类消费者的重要程度。例如，在儿童牙膏品类，“防蛀”对消费者而言要比“美白”更重要。

满足度是指消费者认为当前市场上的产品（主要是他曾经和正在使用的产品）在该

① 戴维·阿克，库马，乔治·戴. 2004. 营销调研. 魏立原译. 北京：中国财政经济出版社.

② 郑宗成，汪德宏，姚承纲. 2004. 品牌知行. 广州：中山大学出版社.

消费者需求上的表现，即消费者在该需求上的被满足程度。比如，“防蛀”能被现有的牙膏很好地做到，即满足度很高。

消费者需求的潜力需要综合上述两个指标来判断。一个高潜力的消费者需求应该是重要性较高，并且满足度较低。

第二类：产品概念的识别。

从已识别的需求中可以提炼出产品概念，比如，背背佳通过满足青少年矫正身姿的需求，提出健康、青春、时尚的诉求。技术的创新能帮助提供产品概念。例如，苹果皮的发明满足了用较低的价格使用 iPhone 的需求；顾客偶尔提出的一种想法，如顾客提出是否可以用洗衣机洗番薯的想法，海尔据此开发了红薯洗衣机。另外，竞争者推出的新产品也很可能是新产品构思的源泉。

市场调研在本阶段的主要任务是将前期获得的各种零散的数据和信息有机组合，将有潜力的消费者需求发展成完整的产品概念。概念构思主要经历五个步骤（此阶段主要在项目组成员内完成）。

(1) 产品属性重要性排序，即将产品属性按照对消费者的重要程度进行排序。

(2) 消费者信念的总结与筛选，操作时采用先各自总结、然后集中讨论的方式。

(3) 确定未满足的消费者需求，采用先各自总结，再集中合并同类项，最后选出 3～5 个最重要的需求。

(4) 探索需求阶梯，目的是找出重要需求背后的深层原因，同样采用集体讨论的方式。

(5) 产品声明标题创作，目的是针对每个重要需求声明产品的相应特点，证明该产品确实能解决消费者问题，从而满足需求。

7.1.2　产品概念的评价和开发

产品概念测试的目的是为了验证是否确实存在这种产品概念的市场。初始的产品概念往往是对产品特征和消费者需求的主观结合，是项目组成员在数据的基础上开发出来的，没有考虑到目标消费者对这些产品概念的态度。营销调研在这一阶段的主要任务是确定产品概念是否适合进一步开发，并提出改进意见。但是在新产品开发过程中，常常会遇到已经有了清晰的产品概念，但还没有设计出具体有形产品的时刻，这时就需要将产品概念描述得足够清楚，便于被调研者更好地了解它。通常要采用组合分析得出一个由该产品概念的各种特性构成的理想组合。

调研问题包括：

(1) 产品概念中是否含有重大缺陷？

(2) 该产品概念可能会吸引哪些消费者细分市场？

(3) 继续开发这个产品概念带来的好处是否足够大？

(4) 可以怎样对它进行修正和进一步开发？

产品概念测试的主要指标是消费者的购买倾向，通常有 DWB（肯定会购买的比例）和 PWB（可能会购买的比例），即消费者看过产品概念后做出的肯定/可能会购买决定的百分比，这两项指标决定了一个新产品概念的市场潜力。以下是购买可能性的常用衡量尺度：

必定购买、可能购买、可能买可能不买、可能不买、肯定不买。

产品概念的评估分为定性和定量两种。通常是先定性后定量，当然在有些情况下只进行定性研究。

消费者座谈会是产品概念定性研究的主要方法。定性研究能够帮助企业判断消费者的喜好，但是不能预测产品概念的市场潜力或销量。

产品概念定量研究的主要目的是预测产品概念的销售潜力，通常有“概念测试”（concept test）和“概念与产品使用测试”（concept and use test，CUT）两种。

7.1.3 产品的评价和开发

产品的评价和开发，也称产品测试。相比产品概念测试，这一阶段更侧重于在新产品初步成型后评价市场的反应，以确定是否需要继续开发这个产品。新产品走出实验室后，需要先测试其是否契合消费者需求。有时候，产品在实验室表现出良好的性能，但是消费者并不认可。主要有以下几种方法供测试。

1. 使用情况测试

通过现场拦截、亲自上门等方式选定被调查者，将产品交给他们试用，一段时间后再询问他们对产品的看法，以及购买意图。比如，淘试网或美易商城的化妆品试用，用户只要申请就可以获得免费试用机会，试用完后再对商品进行评价。

当然不同领域的新产品在应用这种方法时会出现一些差异，以食品行业为例，企业往往会选择进行“口味测试”，让顾客进行品尝；而另一些产品则进行“询问测试”，如问消费者：回想一下，一辆拥有什么功能、什么造型的汽车，你最喜欢？这是因为食品、香料或饮料的性质是混合交融在一起的，所以让顾客说清味道、声音或气味的组成部分是很难的，而汽车是具有可辨认特性的产品。这就意味着，普通消费者不可能有能力建议新食品、饮料或香料怎么做适当改进。知觉评价的任务就是精确描述一种产品的味道和气味，区分这些差异，而不是评价产品好坏或者是否能卖。

知觉评价对训练过的人运用民众调查法，教他们辨认品尝产品的成分。对一种产品做知觉评价比做喜欢评价更可靠，因为知觉评价能够获得消费者具体喜欢什么的信息，而不仅仅是消费者对产品的判断，喜欢或不喜欢。特别是训练过的民众调查，品尝的产品可以相当少——10～30 份是正常的，这有利于节省调研成本。

2. 匿名使用测试

将产品交给被调查者使用时隐去品牌名称，这样能获得更客观的使用者关于产品的评价。消费者微妙、难以捉摸的心理，使得很多产品在实验室和市场上的表现往往不一致，而通过匿名使用测试就能很好地找出产品与消费者需求之间的差距，以使产品更好地适应市场。例如，在香水产品测试中，被调查者往往是在不知晓产品名称或具体品牌的情况下选择个人最喜欢的品种。

但是匿名测试方法也存在风险。可口可乐公司曾在 20 世纪 80 年代做过一次涉及 19 万人的匿名口味测试，测试的结果是 55%的消费者更喜欢新口味的可乐。据此，可口可乐公司用这款新可乐取代了原来的可口可乐，但结果却带来了一场销售灾难，险些动摇这一百年品牌的根基。分析原因，我们不难发现，单纯依靠匿名测试口味而忽略其他消费者情感因素是造成这场“滑铁卢”的重要方面。因而企业不应只用一次试验的结果去类推不同条件下消费者的反应。

3. Juster 尺度

这是一种采集顾客意见的提问方法，由贾斯特（Juster）发明，能有效地估计出顾客购买一种产品的可能性。下面是对 Juster 尺度的简要举例介绍。

我们想知道未来四星期内，你购买这种产品的可能性是多大。将收集到的调查结果汇总后排列成一列尺度，有点像温度计。如果你肯定或几乎肯定将购买该产品，那么你就选择“10”。如果你认为没有任何购买可能性，或者几乎没有购买可能性，最好的答案就是“0”。如果你的可能性不确定，就选择你认为它应该接近于“0”或“10”的另一种答案。

10——肯定，几乎肯定（100 当中占 99）

9——几乎有保证（10 中占 9）

8——很可能（10 中占 8）

7——可能性相当大（10 中占 7）

6——可能性较大（10 中占 6）

5——可能性尚算较大（10 中占 5）

4——可能性尚可（10 中占 4）

3——少许可能性（10 中占 3）

2——可能性很微小（10 中占 2）

1——可能性极微小（10 中占 1）

0——无可能性，几乎无可能性（10 中占少于 1）

之后根据 Juster 尺度上的直观的反馈结果来决定企业下一步应采取的行动。

4. 产品类别渗透率

产品类别渗透率（product class penetration，PCP）是指居民家庭中在一年时间里至少购买过一件该产品的家庭所占百分比，这是新产品占有目标市场比例的重要指标。前面三种方法都是新产品投放前的测试，产品渗透率反映的是产品投放市场后的表现。

7.1.4 营销计划的测试

营销计划的测试指针对该新产品组合营销效果的评价。产品测试为是否需要制订营销计划提供了依据，而如何实施，如何优化组合，如包装、价格、广告、产品特性等要素，需要对市场做进一步调研，因为营销计划的实施是一项大范围的工作，必须谨慎。营销计划的测试主要有两种方法。

1. 实验室法

典型的有 ASSESSOR 的实验室测试设计①。这种测试方法主要是在实验室内通过

① 戴维·阿克，库马，乔治·戴. 2004. 营销调研. 魏立原译. 北京：中国财政经济出版社.

模拟被调查者从接触品牌到购买行为的整个过程，同时结合具体的定量方法综合分析新产品的各项营销计划。

具体操作步骤涉及以下几个方面：

(1) 招募被调查者，并按一定比例筛选出营销计划中的目标顾客群体以及非目标群体。

(2) 对市场上现有品牌进行分析，挑选出几个主要的竞争品牌。

(3) 组织观看竞争品牌与新品牌的各种类型广告，并记录被调查者的反应。

(4) 模拟超市购物情景，注意将新品牌与竞争品牌按未来计划进行陈列（如货架位置、促销展示等)。

(5) 追踪记录被调查者的购后使用情况，及时得到关于质量、售后反映等方面的反馈。

(6) 定期回访（如电话访谈)，以掌握消费者对新品牌的满意度、重复购买等倾向。

实验室测试真实模拟了新产品在市场上可能遇到的各种潜在问题，有助于在较短的时间内（一般较简单的 ASSESSOR 测试周期在 3 个月以内)，以较低的成本获得真实准确的市场反馈，同时在实验过程中灵活的变化也能帮助企业迅速应对多变的市场，提高企业新产品营销计划成功的概率。

2. 试销法

相比实验室法中一些人为控制的环境因素，试销法使得调研人员能在真实的市场环境里测试整体营销计划的效果及其相互关系。试销是对新产品的真实市场体检，可为新产品是否全面上市提供翔实、系统的决策依据。

测试市场的方法有两种：典型市场试销法和分销渠道控制下市场试销法。典型市场试销法是指将新产品投放到有代表性的目标市场进行小范围的销售，比如，好记星在武汉市场的成功试销为其在全国市场的铺开奠定了坚实的基础，脑白金则是在江苏省江阴市首先进行营销方案的试销调查，这些都为后期全国市场拓展积累了宝贵经验。分销渠道控制下市场试销法指的是企业与分销渠道已达成协议，能实现即时营销计划的改变进行试销的方法。

7.2 广告调研

美国百货行业巨头约翰·沃纳梅克曾经说：“我知道我的广告费一半被浪费掉了，但是我不知道是哪一半。”广告决策的成本较多，风险也较大。因此，广告调研是广告活动中的一个不可忽视的重要部分，为了使广告发挥有效的传播效果，大多数公司投入了很多精力在广告调研上。具体来讲，广告调研可以分为广告投放前后两个阶段的效果测评，即在广告正式传播前进行广告预测，了解目标消费者对创作广告的态度和所受影响；在广告活动结束后进行测试，则注重广告投放对消费者购买行为和销售业绩的实际影响。

广告投放前有四种基本的测试方法。

(1) 广告辨别。

(2) 对广告及其内容的回想。

(3) 对广告说服力的测量。

(4) 对广告文案的测试。

广告投放后的测试主要侧重于广告对购买行为的影响。

7.2.1　广告投放前的效果测评

广告投放前的测试可以帮助调整广告策略，决定最具有说服力与最易令人回想的方法，以便达到最佳的传播效果；同时可以帮助广告主决定是否推出广告以及如何改进广告。

1. 广告辨别

广告辨别是一种测试广告认知程度的方法，即查明被调查者能否辨认出他们以前曾看过的广告，从而获得消费者通过媒体了解某则广告的比率和程度。

检测印刷广告辨认程度的著名测试是由 Starch INRA Ldooper 公司完成的。在测试中，调研人员先给被调查者阅读一份杂志，然后被调查者都要针对每一个广告回答自己是否在这份杂志中看到过这个广告。通过调查，杂志中的每个广告都会产生三类百分比：第一类是见到过该广告，但不留心广告的内容；第二类是看过该广告，大概知道产品的相关信息，但对具体内容不甚了解；第三类是不仅留心看广告，而且认真了解了广告的内容。在此分类基础上，通过各类百分比，计算出广告的阅读率，即广告辨别的测量指标。对电视广告的测试如布鲁桑研究公司（BRC）的测试。BRC 的测试是通过邮递的方式，将调查问卷发放到 1000 个取样家庭中。回答问卷将有 1 美元的奖励，加之人们对这项调查本身的兴趣，问卷的回收达到了 500 多份。在调查问卷中，广告辨认问题放在前面，品牌联系问题放在后面。总体上讲，有 60％的人认出一个曾经见过的广告，其中又有 73％的人可以从多个选项中挑出正确的品牌。

2. 广告回想

广告回想测试就是用来查明消费者对广告信息的理解和记忆程度。通常回想起广告信息的程度与消费者的购买行为直接相关，因此，广告的回想比辨别更为重要。史玉柱曾说过："中央电视台的很多广告，漂亮的让人记不住。"确实，如果一个广告只是漂亮，却让消费者回想不起来这个广告是卖什么的，那么这个广告就是浪费的另一半。相反，脑白金的广告虽然缺乏美感，但消费者却足够能回想起它广告的产品。

次日广告回想（day-after-recall，DAR）指标是指在电视广告播出之前和之后观看了该电视节目的观众中，能回想起该广告及其具体内容（如广告里的广告语、推销信息或故事情节等）的观众所占的比例。DAR 的测量方法是在广告放映的第二天，从收看过该广告的电视节目的人群中抽取符合甄别条件的观众进行访谈，主要利用定量问卷的方式进行访谈，主要询问他们是不是能够回想起前一天看过该品牌的广告，以及广告的具体情况：广告说了什么、演了什么、主要意思是什么等。

盖洛普和罗宾逊公司有类似的电视广告测验方法，但他们的方法是提示回忆。该方法在使用时被调查者可以从研究者提供的广告产品品牌名称、广告中有关的字眼及其他同类产品中得到暗示或提示。受调查者所要回答的问题如"广告说了些什么"等。受调查者的回答越多，说明他们从广告中获得的信息越多，广告的效果也越佳。该方法除了运用在电视广告效果的测验之外，还被运用于报纸、杂志广告效果的预测和审查。

3. 广告说服力

说服力是广告创造品牌有利印象的能力。品牌的有利印象表现在选择某个品牌意愿的增加或是喜欢某个品牌比例的提高等。

被迫观看、品牌偏好变化是20世纪50年代由霍勒斯·施维林（Horace Sehwerin）和保罗·拉扎菲尔德（Paul Lazarsfeld）首次提出的剧院测试，测量在剧院里消费者观看一个广告后对品牌偏好的变化。现在McCollum/Spielman、ASI和ARS等公司都提供这项测试业务。

ARS说服力的测试方法是由测试人员告诉受测者，他们一旦中奖后就可以免费获得一些产品，并且请他们说明每个产品类别中自己最想要获得哪个品牌的产品（广告前测试）。在这些产品和品牌里就有测试品牌，但是受测者并不知道他们即将看到的测试品牌的广告，这个广告混杂在受测者观看的节目中。在观看了节目之后，受测者要再次指出自己中奖后在每个产品类别中最想要获得的品牌（广告后测试）。ARS说服力测试的分数就是在广告后选择测试品牌的受测者的百分比减去广告前选择这个品牌的受测者的百分比。当这个分数为正，则说明测试广告成功地加强了消费者对该品牌的喜爱。

根据对比利时、加拿大、德国、墨西哥、英国和美国6个国家155则广告的测试结果，RSC公司得出了ARS说服力得分能够有效地预测市场表现（表7-1）。总的来说，得分越高（或者说得分的弹性越大），测试广告越有可能在真实市场条件下导致广告品牌的销量增长。

表7-1 1998年RSC公司全球确认研究的ARS说服力得分及实际市场表现

ARS说服力	市场份额正增长百分点/%			
	0～0.5分	0.5～1.0分	1.0～2.0分	＞2.0分
＜2.0（无弹性）	18	9	0	0
2.0～3.9（低弹性）	60	26	11	0
4.0～6.9（中等弹性）	80	55	43	20
7.0～11.9（弹性）	100	97	69	43
＞12.0（高弹性）	100	100	92	80

品牌偏好变化。在Mapes&Ross的空中测试中，一些商业广告通过UHF电视台在黄金时间段播出。Mapes&Ross的研究包括55个产品类型的142个广告。在测试开始前，200位被调查者通过电话被召集参加评估活动，观看完测试电视节目的人可以收到现金奖励。在电话访谈中，被调查者要在没有辅助的情况下说出品牌名称，并且回答他们在某些产品类别中的品牌偏好。看完节目的第二天，被调查者要再次回答品牌偏好和DAR的问题。通过这一方法，Mapes&Ross测量的关键指标就是观看广告前后偏好的变化。

4. 广告文案

广告文案测试是指对已经设计出来但尚未发布的广告进行测试评估。测试通常会对多个文案进行评估。进行广告文案测试的目的是让消费者比较多个广告文案，从而尽可能挑选出广告效果最好的一个文案进行投放。下面列举几项常用的测试方法。

(1) 焦点话题讨论小组法。这是广告开发广泛使用的方法。在这类讨论小组里，消费者在训练有素的引导者引导下自由讨论他们对于产品和品牌的观点看法、他们使用产品的感受和他们对不同广告的反应等，以此获得消费者对广告主旨、广告表现主题等的印象。目的是找出广告中的明显失误和发现无意间建立的广告联想。

(2) 检查表测定法。又称要点采分法，向受测者展示不同方案的广告，让他们给每份广告文案打分，从而测试哪份广告引起的反应最好，如表 7-2 所示。

表 7-2　广告效果等于各项评价分数之和

评价项目	评价依据				权重	广告效果积分
吸引力	吸引注意力的能力				20	
认知性	对广告销售重点的认知				20	
易读性	是否容易了解广告内容				10	
说服力	由广告引起的对商品的好感				20	
行动率	由广告引起的购买行为及潜在购买				20 10	
优劣标准	最佳 80～100	优 60～80	中等 40～60	较差 20～40	差 0～20	

(3) 视向测试。使用眼睛活动瞬间摄影机，拍摄受测者的目光在一个广告文案上来回运动的轨迹，显示运动的路径和广告的篇幅中最能吸引注意力的区域。通过对这一数据的分析，可以获得受测者究竟在看什么、“转回来”重新看的是什么、最吸引他的是什么等。

7.2.2　广告投放后的效果测评

广告投放前的测试有助于调整广告的制作和策略，使其可能获得最佳的广告效果；而广告投放后的测试则可以帮助判断广告是否成功，并为决定目前的广告是否继续传播、如何改进提供依据。

在广告投放后阶段，可以使用大致与投放前相同的一些方法进行调查，比较广告传播前后消费者对产品和品牌的记忆、理解、态度、购买欲望和实际购买的变化情况，从而获得广告活动的效果。

另外，为了测试广告播放对消费者的实际效果，通常会使用追踪性调查来监视广告的效果。追踪性调查即定期对目标消费者进行调查，从而获得各类指标随时间呈现出来的变化趋势。在调查的测量指标中，主要包括广告知晓度、对品牌的看法、品牌形象和品牌偏好等。特别重要的是要去获得广告对品牌产生的影响，而不仅仅是广告如何传达了广告内容。

追踪性调查最显著的好处是可以检测广告与品牌间的沟通效果。在播放了太多以后，即使是最好的广告，效果也会开始打折。因此，有效地追踪性调查可以帮助广告主节省一大笔广告费用。比如，某食品电视广告的认知在三轮投放之后达到了顶峰（图7-2）。认知度曲线从第三轮投放时开始趋于平缓，此时应该停止电视广告投放，而将这笔费用分散到其他类型的媒体上。如果厂家及时转向其他类型的媒体广告，那么由于其他媒体上的广告能接触到那些很少看电视的人，因而在广告的认知度上会出现一个新的上升。

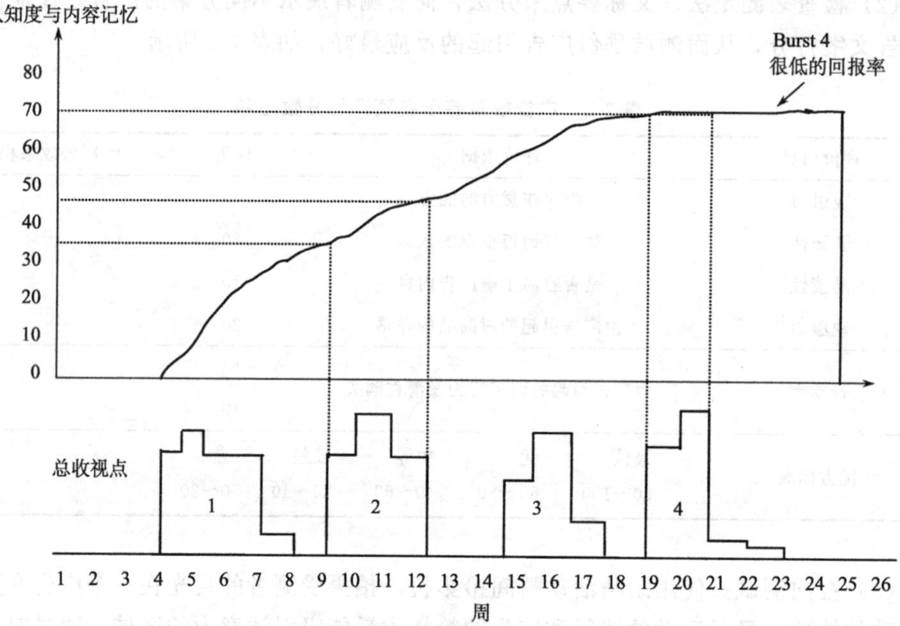

图 7-2 媒介投入回报率的递减规律

因此，当持续进行广告跟踪性调查时，广告跟踪研究的价值会一年年逐渐增大，广告主可以更加了解广告的长期效应，从而完全实现对品牌、市场和广告的最大战略洞察力。

广告效果测评指标：广告的效果也可以使用一些指标来进行定量分析，这种方法更为科学和准确，也较为普遍实行。

1. 广告效果指数（adverting effectiveness index，AEI）

这个方法是在抽样调查中，将有没有看过广告和有没有购买广告商品的人数，按2×2分割成四个矩阵（表 7-3），将矩阵中的变量代入以下公式，得出广告效果指数。

$$\text{AEI}=\frac{A-(A+C)\times\dfrac{B}{(B+D)}}{N}$$

表 7-3　唤起购买效果的四分割表

购买情况	广告认知		
	有	无	总计
有	A	B	$A+B$
无	C	D	$C+D$
总计	$A+C$	$B+D$	N

A. 看过广告而购买的人数；B. 未看过广告而购买的人数；C. 看过广告而未购买的人数；D. 未看过广告而未购买的人数；N. 抽样总人数

2. 比率算法

(1) 广告增销率可反映出广告费增长给销售带来的影响。

$$广告增销率=\frac{销售增长率}{广告费增长率}\times 100\%$$

(2) 广告占销率反映出一定时间内企业广告费支出占同期销售额的比例。广告费占销率越小，广告效果越大。

$$广告占销率=\frac{广告费用支出}{同期销售额}\times 100\%$$

7.3　定价调研

价格（price）是营销组合 4P 决策中最重要的变量，因为它直接决定着企业的盈利率。事实上，准确的定价是提高企业利润率最为重要的途径。根据麦肯锡公司的一个研究成果①：如果企业定价提升 1%，可以带来企业利润率 10%的提升。企业在新产品定价时常犯的 80%～90%的错误是价格定低了。由于迫切地希望提高销售量和扩大占有率，企业在推出新产品时常常倾向于采取过分谨慎的定价方法。新产品一旦以低价示人，再想提价将变得非常困难，相对而言，定高价的产品更容易通过将定价恢复到市场可以接受的水平来纠正。

营销调研可以在新产品全面上市之前对各种定价方法进行评估，从而帮助企业认清新产品在消费者心目中的地位，正确定价，开发潜在的定价范围。最重要的就是对其价格敏感性进行测试，考察单位价格变化引起市场需求量的变化幅度，一般一种产品的需求价格弹性被定义为价格变动 1%所引起的需求量变动的百分比②。例如，猪肉的价格降低 2%，需求会上升 6%。单价是绝对敏感因素，单价的变化还会引起利润以几倍于单价变化的速度发生变化。在产品的单位变动成本、固定成本相对稳定的情况下，单价上涨极有可能就是利润之源。

定价调研的基本方法有两种。

---

① 迈克尔·V. 马恩，埃里克·V. 罗格纳，克雷格·C. 扎瓦达. 2007. 卓越定价. 北京：高等教育出版社.

② Robert H. Frank，Ben S. Bernanke. 2003. 微观经济学原理. 北京：清华大学出版社.

(1) G&G 法[①]。G&G 法是指告知被调查者某一产品的不同价格，询问他们是否愿意购买。最后的结果是将得到一条不同价格水平与其相对应的肯定购买数量连成的购买响应曲线，其可能是一条古典的需求曲线，比如，一瓶可乐的购买响应曲线，如图 7-3 所示。

这种方法已经非常成熟，但有可能脱离实际。实际的测试曲线[②]如图 7-4 所示，需求量在越过某些价格点后会急剧下降。这里 25 便士[③]是许多顾客决定是否购买新产品的转折点。

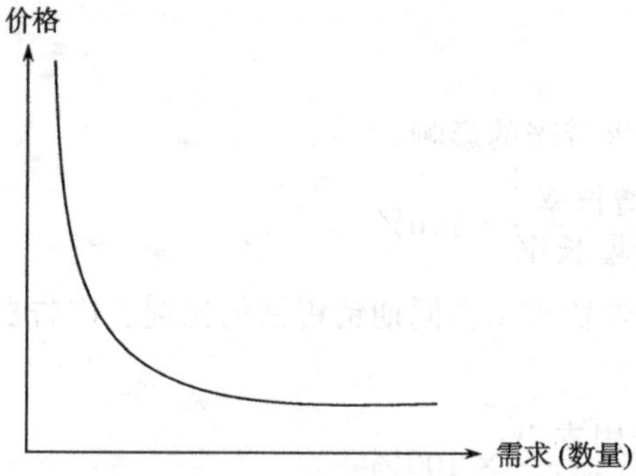

图 7-3　可乐的购买响应曲线

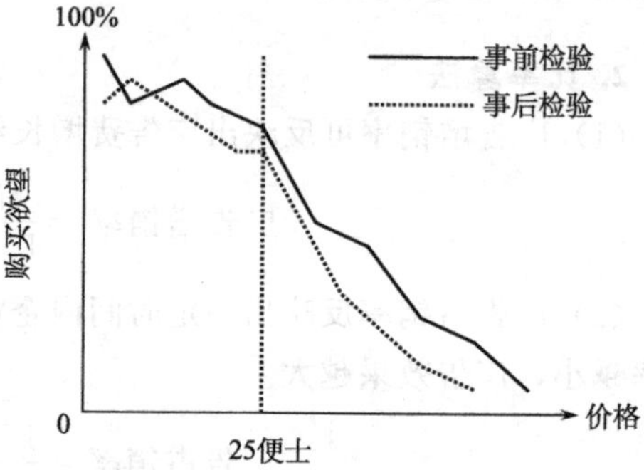

图 7-4　实际测试的曲线

(2) 第二种方法更像是对销售现场的模拟，告知被调查者同一类产品不同品牌的价格，然后询问他们是否愿意购买。例如，将海飞丝、潘婷、欧莱雅等不同品牌洗发水的价格展示给被调查者，询问他们愿意购买哪一种。这种方法在调研价格对消费者影响的同时，考虑了竞争者因素，与实际情况更加接近。

灵活运用这两种方法还可以发展出许多其他可行的方法。比如，当企业为新产品定价时，可以向消费者描述新产品的利益，并问他们愿意支付高于旧产品多少的价钱购买；或者直接让消费者描述新产品将给他们带来哪些利益，不通过新旧产品的比较，而是试图估计新产品可以节约的成本。

不管管理者用什么方法来估计价格的敏感性，都不能仅以数值的估计来代替管理的推断。如果数值估计的结果和原先的预测有冲突，那么就要检查整个过程，找出问题出在哪里。

7.4　促销调研

促销目标是提高短期销量，但这不应该是促销的唯一目标。许多促销活动（如降价）在带来短期销量增长的同时却没有帮助品牌销量稳定长期增长。例如，某品牌的洗

① 戴维·阿克，库马，乔治·戴. 2004. 营销调研. 魏立原译. 北京：中国财政经济出版社.

② 保罗·海格，彼得·杰克逊. 2000. 市场调研. 魏立原译. 北京：中国标准出版社.

③ 便士系英国的货币辅币单位，1 便士约等于 0.1035 元人民币.

衣粉采用了“买一送一”变相降价促销来增加短期销量，在促销当月销量显著上升，但随着促销结束，销量开始下降，直到几个月后才恢复到促销前的水平。这样的促销表面上对短期销售有利，但实际上伤害了品牌的长期增长能力。

现代营销理念下的促销方案应在满足提高当期销量的同时，增加长期的品牌资产，而不是损失品牌资产，这对前期促销方案的设计提出了新的挑战，要求对促销方案的调研做得更加科学和全面。在选择使用某些具体促销方式的时候，应当以促销商品、促销对象、促销时机为前提进行一定的促销方式调研，从而保证促销活动对短期销量和长期品牌资产都有正面的影响。但在具体实施层面，由于促销活动本身具有短期性，因此企业营销者往往很难花很多时间、资源对促销方案进行调研。总体来讲，促销调研可以分为促销活动前和促销活动后两个阶段进行。

1. 促销前评估

在促销活动开展前，可对促销方案进行审查评估，结合营销战略、促销目的、活动方案等进行判断，从中发现问题和不足，有针对性地进行改善，提高成功率。可以选择一部分目标消费者进行调查，征求他们对各种促销方案的意见，从而选择有吸引力的促销方案，或者是对某方案进行修改。

(1) 小规模对比试验。选择两个相似地区，在其中一个地区开展促销活动，如邮寄折价券、逐户派送样品等，另外一个地区不开展，通过对比观察来检验促销方案是否有效。也可以在同一个地区进行测试，比如说测试不同面值的代金券对消费者的影响，在选定的地区分发不同面值的代金券，然后根据其回收率作出判断。宝洁就常用对比法作为促销活动测试方法，如“激爽一超爽沐 SIIOW”、“碧浪除渍奖上奖”等人型促销活动都采用了这种方法来测试促销活动的效果。

(2) 家庭对促销方案的反应。选择两组相似的目标家庭，向其中一组开展促销活动，而另一组不开展，利用电子扫描技术来监测对比两组家庭的购买行为，从而判断促销方案的效果。通过这种方法，还能判断出家庭成员中谁对促销活动最敏感，哪些家庭从其他品牌转购此品牌，哪些家庭从来没买过此类品牌。这些信息对于企业如何改善促销方案、塑造品牌形象有重要意义。

2. 促销后评估

在促销活动开展后，也要对其结果进行评估，检验促销活动是否实现了预期目标。同时，事后评估也可以为促销策划提高经验教训。评估促销活动常用的方法有前后比较法和随机抽样评估法。

(1) 前后比较法。即在开展促销活动之前、之中和之后相同时间段内指标的变化比较来测评效果，常用的指标有销售量、再购率、使用率等。这是最常用的消费者促销评估方法。促销前、促销期间和促销后产品的指标变化会呈现出几种不同的情况，这说明促销产生了不同的效果，不同的指标反映了不同的促销目标实现程度。企业短期提高销量的促销目标可以用销售量来测量；企业长期品牌建设的促销目标可以用再购率、使用率等进行测量。

(2) 随机抽样评估法。随机抽样评估法是一种辅助的评估方法，主要是了解促销活动给目标消费者所产生的影响，如对促销活动的评价、对促销产品的印象、对促销所需传达目的的了解等。随机抽样评估的具体做法是，根据促销活动执行过程中收集到的目标消费者资料，然后从每个促销点中随机抽取 5 名目标消费者（必须是提供了有效联络方式的目标消费者），由专人通过电话与其联系，询问其在促销活动中的感受、是否知晓该次促销活动的目的、是否了解该次促销活动的产品、是否在近期购买了该次促销的产品等问题，最后汇总所有的目标消费者答卷进行判断。一般情况下，如果有 85%以上的目标消费者肯定了 90%的问题则视为该次促销活动非常有效。

7.5 品牌形象调研

广告大师奥格威在 20 世纪 50 年代提出品牌形象论，迄今为止，品牌形象被认为是影响品牌资产、消费者购买行为的重要因素之一，其测量有助于企业正确评价营销效果，而对其测量的前提是准确的定义，可惜学术界对品牌形象的概念认知并非完全一致，如菲利普·科特勒认为，品牌形象即消费者对某一品牌的信念。此时品牌形象不仅是用以区别商品，也是一种象征，远远超出了文字本身的意义。而在国际公认的品牌管理领域领导者凯文·莱恩·凯勒（Kevin Lane Keller）经典著作《战略品牌管理》中，品牌形象则被定义为“消费者对品牌的感知，它反应为顾客记忆中关于该品牌的联想”①。换言之，品牌形象就是顾客记忆中与品牌节点相关联的其他信息节点，包含了顾客心目中的品牌含义。因此，对于企业品牌形象的测量需要测出消费者对品牌形象的各个方面的认知，甚至是情感意义。

7.5.1 品牌形象的定义

根据凯勒的定义，企业具体的品牌形象可以归纳为以下三个方面。

1. 品牌形象的强度

品牌形象的强度是指消费者将与品牌相关的信息联系到现有产品上的能力。增强强度最有效的方法是提高品牌信息宣传的密度和接受度，比如，脑白金无论是在央视还是在地方报纸上铺天盖地的广告宣传，使得消费者在想到过节送礼时，第一反应就是脑白金。当然这种强度的强化有些被动的倾向，可能对品牌美誉度等方面产生不太积极的因素。

2. 品牌形象的偏好

品牌形象的偏好是指消费者在面对竞争品牌时对某一品牌的倾向性选择。为了实现品牌的偏好，企业往往需要让消费者相信品牌具有的属性和利益能满足他的需求，从而使消费者形成正面的整体品牌评价。正如在瓶装饮用水行业，农夫山泉凭借人们惯性思维中天然山泉偏甜的特点，以“农夫山泉有点甜”的形象成功地赢得了消费者的青睐，从而得以以后来者的身份成为行业领跑者。

---

① 凯文·莱恩·凯勒. 2003. 战略品牌管理. 李乃和等译. 北京：中国人民大学出版社.

3. 品牌形象的独特性

品牌形象的独特性依赖于精准的品牌定位，因为品牌所具有的持续竞争优势或“独特的销售点”（unique sale point）是消费者购买该品牌产品的主要原因。通过与竞争对手差异化的品牌形象塑造，企业往往能在消费者心目中建立根深蒂固的品牌形象。比如，雕牌通过“记住这只鹰”的宣传，让鹰的标志成为雕牌独特的形象符号，从而在消费者心目中树立了生动直观的品牌形象。

7.5.2　调研的方法

在对品牌形象进行调研和诊断时，定性和定量研究方法的共同使用，有助于我们更加全面地了解和认知事物。

1. 定性方法

定性的方法是基于感性的认识对品牌形象进行一种衡量，特别是对品牌独特性和个性的测试，简洁而有效。

1）自由联想

自由联想指的是在给定某品牌的情况下让被调查者自由联想，从而能得到消费者对该品牌直观、真实的印象。比如，给出“娃哈哈”这一品牌，得到的结果可能包括“小时候爱喝的”、“营养快线”、“宗庆后”、“娃哈哈歌曲”、“军队式管理”等一系列较为散乱的内容，但通过适当的归类分析，我们可以得出该品牌在“健康、快乐、儿童”等方面的品牌形象特征。

这种方法有助于企业了解在消费者心目中该品牌各方面特点受到的重视程度，以及对品牌的偏好程度。

2）品牌拟人

品牌拟人就是将某品牌视作一个人，通过被调查者对该品牌的描述来了解消费者对这一品牌的认知。比如，将汽车品牌“劳斯莱斯”拟人后，一位英国皇室出身的高尚的贵族形象往往就会浮现在消费者的脑中。

通过生动有趣的调查方式，企业了解到了品牌在消费者心目中的形象，从而为之后的努力指明了方向。

3）拼图技术

拼图技术是请被调查者从一定数量的图片中选择出契合该品牌形象的，图片的形式可以多种多样，如人物、动物、自然风光、体育活动、电影海报等。

拼图技术有助于在消费者较难用语言来表达的情况下，得到较为准确的反馈。比如，在对 QQ 这一品牌进行测试时，人们一般都倾向于选择学生、年轻活力等场景，相比之下 MSN 给人们的印象则是办公室、职业白领等场景。

4）使用者形象描述

使用者形象描述与品牌拟人的方法有些区别，它更着重于被调查者通过自身的生活经验去描述某一品牌的购买者或使用者的具体形象，而不是自身对它的认知。比如，向被调查者了解关于“凡客诚品”品牌的购买者形象时，中年人可能会认为这是一群叛逆的、沉迷于网络的年轻人，而年轻人则可能认为这是一个追求自由、没有约束却努力奋斗的群体。

虽然通过这种方式得到的反馈可能自相矛盾，但通过综合分析，企业还是能反向推出品牌的确切受众和主力购买或使用群体的。

5）其他方法

定性的调研还有其他一些比较实用的方法，比如，华南国际市场研究公司所特有的专利技术“品牌视觉廊”（Branding Sight Gallery^{SM}）。这种方法包括20张在全球经反复测试挑选出来的图片，这些图片的内容基本来源于自然界的景物，因而摒弃了不同文化、地域因素对图片解释的影响，每一张图片都有一种标准化的解释。例如，热带雨林的图片象征着生机与成长性，但很可能由于发展过快，容易失控。通过这一组图片的选择了解消费者对某品牌形象的认知。

2. 定量方法

定量方法往往是在前期品牌的定性调研之后，为了获得更加精确的数据结果，通过问卷和大样本的调查收集数据后，通过多种统计方法来获得品牌形象各个方面的准确认知，主要有以下一些方法。

1）交叉表分析法

使用交叉表分析法研究品牌形象，是向被调查者了解在与品牌形象相关联的一系列属性中，哪些品牌具备了这种属性，之后利用图表等形象化工具加以分析。下面以某汽车品牌形象为例来说明。

首先纵向列举出与汽车品牌形象相关的10个属性，其次横向列出所要研究的A、B品牌，如表7-4所示。

表7-4　品牌A与品牌B品牌形象属性调查表

品牌形象属性	品牌A	品牌B
安全	（　）	（　）
省油	（　）	（　）
高档	（　）	（　）
活力	（　）	（　）
稳重	（　）	（　）
驾驶性强	（　）	（　）
乘坐舒适	（　）	（　）
外形好看	（　）	（　）
售后有保障	（　）	（　）
口碑不错	（　）	（　）

之后让被调查者在各品牌下符合产品形象的相应位置打“√”，可以在某一属性后两个品牌都打“√”，也可以在两个品牌都不具备某一属性的情况下不做任何标记。然后将每一品牌在每一属性上的列百分比描图，圈出每一品牌百分比最高的几个属性，这些属性就是该品牌的形象，图7-5就是A和B两个品牌的列百分比，属性的顺序按品

牌 A 的列百分比由高到低排列。从中我们可以看出，在消费者心目中，品牌 A 以省油、活力为主要特点，整体处于较低端、较弱势的位置，而品牌 B 则以高档的形象（超过 95%）深入人心，同时在安全、售后、乘坐等各方面都有不错的品牌形象，唯一的缺陷在于“省油”这一项上。因此对于品牌 B 而言，品牌 A 尚不足以构成直接的威胁，它所要做的就是努力提升自身技术，在消费者心目中建立起低碳省油的形象。

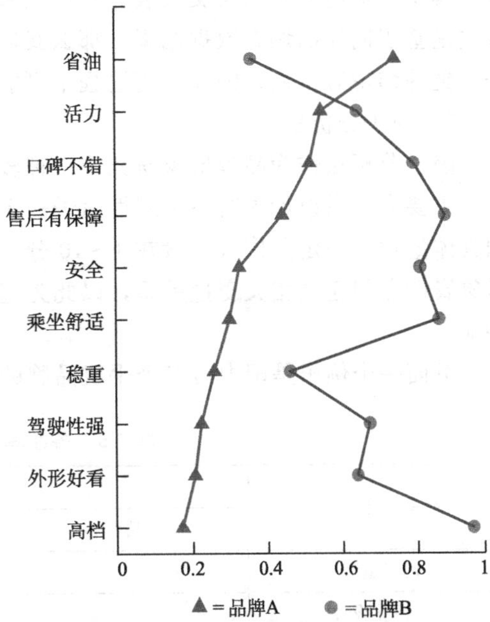

图 7-5　品牌 A 与品牌 B 品牌交叉表分析形象图

2）对应分析法

对应分析法是在“交叉表分析法”的基础上利用特定的统计学方法对调查结果进行图形化直观反映的方法。由对应分析所得到的分析结果，可以从交叉表中得到验证。由于涉及具体数据分析与工具使用（如 SPSS 软件）在下一章会详细介绍，因而在此不着重阐述数据处理方法，不过我们可以从图 7-6 中简要了解一下对应分析法的应用。

由图 7-6 可见，通过对数据的处理得出一系列品牌属性的位置后，我们不难看出各个品牌在消费者心目中所处的位置。品牌 A 建立起的形象是有营养、口感好的儿童食品，相比之下品牌 B 的形象则有些差强人意，消费者倾向于认为它仅仅是包装可爱但质量有待提升；反之，品牌 C 在消费者心目中则是高档专业的，同时是历史悠久的品牌形象。

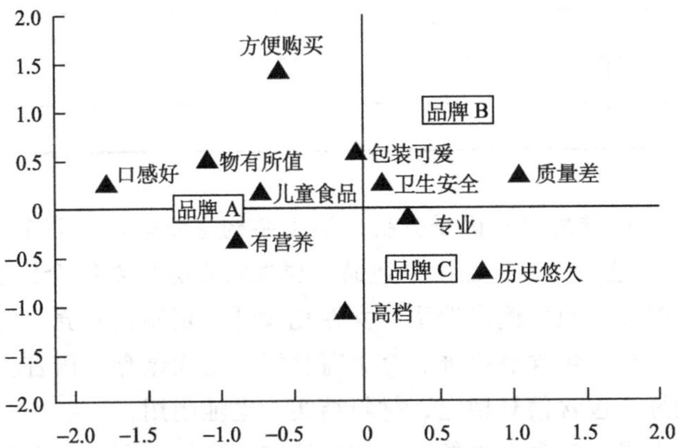

图 7-6　对应分析法中各品牌形象图

其实，对应分析法与交叉表分析法在基本原理上存在着内在的一些联系，如果两种方法是基于同样的调查数据结果，那么我们应该能得到较为类似的结果，而如果两种方法得到的结论有出入，则在应用过程中可能出现了一些疏漏，需要重新仔细检查。

3）因子分析法

因子分析法作为品牌形象研究中一种较为普遍、被广泛采用的方法，其原理比较简单，主要在问卷设计中给各项属性赋予一定的分值，让被调查者将其对某品牌形象的感知具体量化到一定分值（一般在 1～10 分），之后再通过因子分析的统计学方法在品牌形象属性之间建立相关变量关系，以此为基础，企业可以得出企业品牌形象的个性维度特征。

下面一个例子是国内对三个手机品牌的调查分析，如表 7-5 所示。

表 7-5　各品牌形象属性调查表

品牌形象属性	评分平均值		
	品牌 A	品牌 B	品牌 C
侧滑造型			
女性化设计			
定制化外壳			
钢琴烤漆			
触摸屏			
有手写功能			
超大键盘			
语音拨号			
信号稳定			
材料结实			
电池耐用			
有摄像头			
重力感应			
支持电子书			
有收音机			

在完成手机调查问卷后进行因子分析，数据结构主要呈现出四个因子。然后，我们可以根据各个因子所包含的内容，由上述品牌属性特点分别对四个因子命名：

因子 1，造型时尚。包含侧滑造型、女性化设计、定制化外壳、钢琴烤漆。

因子 2，操作便捷。包含触摸屏、有手写功能、超大键盘、语音拨号。

因子 3，质量好。包含信号稳定、材料结实、电池耐用。

因子 4，娱乐性强。包含有摄像头、重力感应、支持电子书、有收音机。

之后可以通过各个品牌在因子上的分值加权统计，得出每个品牌在四个因子上的得分，得到结果如图 7-7 所示。

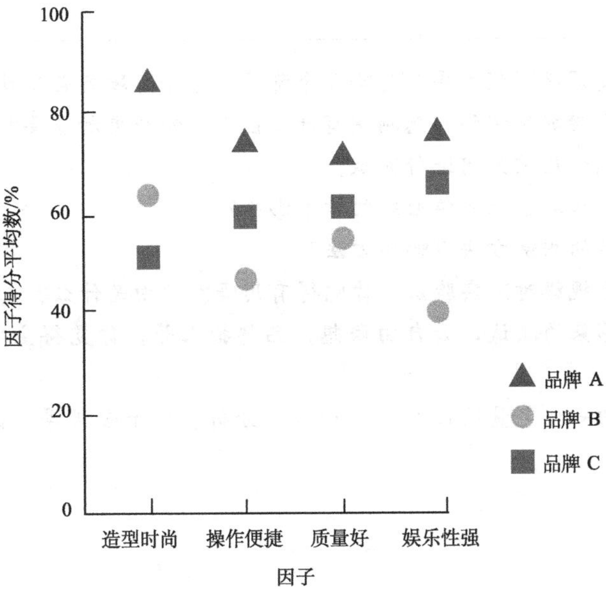

图 7-7　三个品牌在各因子得分图

从图 7-7 中我们可以发现品牌 A 在各因子上的表现均比其他品牌好，说明在消费者心目中品牌 A 的形象在三者中是最高的。而在对品牌 B 与品牌 C 的比较中可以发现，品牌 C 除了“造型时尚”这一因子弱于品牌 B 外，其他各项都比 B 高，同时相比品牌 A，品牌整体差距也不是很大，因此，品牌 C 需要在今后的企业发展中充分利用消费者对其他方面的较高评价，有针对性地凸显相对优势，在造型上可以适当地创造出自己的风格来。对于品牌 B 而言，应抓住“造型时尚”因子这一相对优势，通过不断推陈出新，来弥补其他方面的绝对劣势。

本章小结

本章以营销实践中碰到的主要营销问题，也是市场调研公司提供的最主要服务项目为例，列举了在新产品开发测试、广告测试、价格测试、促销测试和品牌形象诊断五个方面可能应用到的具体研究方法。具体而言，新产品开发测试的内容侧重于开发阶段各个环节的测试需要；广告测试提出了广告辨别、广告回想、说服力、文案等四个方面的测试指标及广告播放后的购买跟踪测试；价格测试主要阐述的是价格敏感性的两种测试方法；促销测试阐述了针对促销前后促销效果的实验测试方法；品牌形象测试主要从定性和定量两个方面列举了常用来测试品牌形象各个维度和指标的方法。

事实上，这些调研项目在一些跨国市场研究公司如 AC 尼尔森和跨国公司内部如宝洁公司等，已经形成自己独立的知识体系和操作方法。这些调研技能对于欲接触市场前线的现代营销者来说是非常必要的。

思考练习题

1. 新产品开发调研测试主要分为哪几个阶段？每个阶段各自用什么方法来测试？

2. 广告测试中辨别测试和回想测试有什么区别？哪个更加重要？

3. 广告文案测试应该如何进行测试？

4. 如何测试广告对企业销售业绩的效果影响？

5. 价格敏感性的测试方法有哪些方法？

6. 促销前的小规模对比实验法，你觉得有用吗？理由是什么？

7. 针对品牌形象的测试，如自由联想、品牌拟人等，你觉得主要用来测试品牌形象的什么方面？

8. 品牌形象的一些定量统计方法，如对应分析、因子分析等，你知道在统计软件上如何实现吗？

第8章

数据分析与SPSS的初步应用

本章导读

当我们通过前面的章节学习了市场调研中收集数据的各种方法后，接下来摆在市场研究者面前的一个重要问题就是如何对市场调研中获得的数据根据研究目的很好地进行分析。哈佛商学院MBA专业的学生第一年必须学习的就是“怎样避免不懂数据”，数据的意义不在于数据本身，而在于掌握数据的意义，明白隐藏在曲线后面的人类行为。[①] SPSS是专为社会科学而设计的统计软件包（the statistical package for the social sciences)，它为我们信息时代的数据分析统计提供了强大而快速的工具：①总结资料；②制作表格和图片；③检验变量间的关系；④根据假设检验统计显著水平；⑤发展出成熟的模式[②]。本章对于SPSS技巧的应用只是作为数据高级统计的初步应用，在具体讲述操作步骤时通过一个案例来具体贯穿，所示范的软件版本为SPSS17.0版。

【本章主要内容】

- 利用SPSS输入和整理数据
- 利用SPSS作描述性统计和图表
- 数据分析：差异分析
- 数据分析：关联分析

8.1 利用SPSS输入和整理数据

运行SPSS统计分析程序并非始自数据收集之后，而是在具体开展某项研究之前，就应该明确要研究的具体问题和假设，知道所需要的数据结构以及统计程序，想要获得何种统计结果和图形，随后才是SPSS的具体应用。主要步骤如下：

---

① 琼·玛格丽塔，南·斯通．2003. 什么是管理．李钊平译．北京：电子工业出版社：135-141.

② 艾尔·巴比．2000. 社会研究方法（下）．邱泽奇译．北京：华夏出版社：194.

（1）输入问卷资料，产生一份 SPSS 文件。

（2）检查资料，并清检错误。

（3）改善 SPSS 文件，做好数据准备。

（4）实用的 SPSS 描述性统计程序。

（5）执行 SPSS 双变量的分析程序。

（6）执行 SPSS 多变量的分析程序[①]。

8.1.1 生成 SPSS 文件

在第 6 章我们已经学习了对问卷资料和数据的分析和清理，并进行编码为列表和统计分析做好了准备，接下来就是把数据输入到 SPSS 软件中，以便对资料进行进一步的整理和统计分析。所要运用的案例如表 8-1 所示。

表 8-1 用户网络购物行为调查

调查对象编号	性别	熟悉程度	因特网使用时间	对因特网态度	使用因特网购物
1	1	7	14	7	1
2	2	2	2	3	2
3	2	3	3	4	1
4	2	3	3	7	1
5	1	7	13	7	1
6	2	4	6	5	1
7	2	2	2	4	2
8	2	3	6	5	2
9	2	3	6	6	1
10	1	9	15	7	1
11	2	4	3	4	2
12	2	5	4	6	2
13	1	6	9	6	2
14	1	6	8	3	2
15	1	6	5	5	1
16	2	4	3	4	2
17	1	6	9	5	1
18	1	4	4	5	1
19	1	7	14	6	1
20	2	6	6	6	2
21	1	6	9	4	2

① 注：如欲了解有关多变量统计知识，请另寻相关参考书。

续表

调查对象编号	性别	熟悉程度	因特网使用时间	对因特网态度	使用因特网购物
22	1	5	5	5	2
23	2	3	2	4	2
24	1	7	15	6	1
25	2	6	6	5	1
26	1	6	13	6	1
27	2	5	4	5	1
28	2	4	2	3	2
29	1	4	4	5	1
30	1	3	3	7	1

➢案例 8-1

一个调查公司对消费者进行了有关因特网使用的调查，表 8-1 中包含了 30 个调查对象的数据，包括性别（1＝男性，2＝女性），对因特网的熟悉程度（1＝很不喜欢，7＝很喜欢），调查对象是否曾利用因特网进行购物（1＝是，2＝否）。

（1）进入 SPSS 软件，系统将自动打开数据编辑器，如图 8-1 所示，数据编辑器包括“数据视图”和“变量视图”两个视区，分别定义变量的值（即数据）和变量（名称、类型等）。一般首先在“变量视图”视区中定义变量信息，在此需要定义变量的“名称”、“类型”和“宽度”等信息。

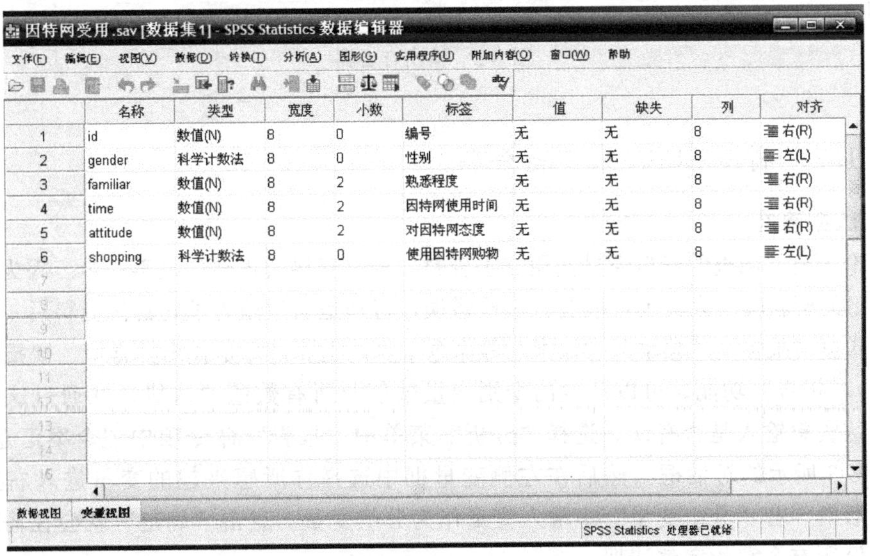

图 8-1　SPSS 的数据编辑器

（2）在定义好变量后，就可进入“数据视图”输入每个案例数据，可以看到，变量名会自动显示在电子表格首行表头中，而案例编号会显示在表格左面第一列中。

（3）输入数据后进行保存就可输出一个 SPSS 文件。单击主菜单中的“文件”菜单打开，如果是新文件，选择“保存”选项，打开“保存”对话框；如果是旧文件，选择“另存为”选项，打开“另存为”对话框，根据需要选择数据文件格式，并输入文件名就可保存。

（4）数据与统计结果的输出。输出查看器用于显示和编辑对数据进行分析以后得到的图表。如图 8-2 所示，输出查看器分为左右两栏，类似于资源管理器，左边显示输出内容的树状结构，右边则显示输出的具体内容。

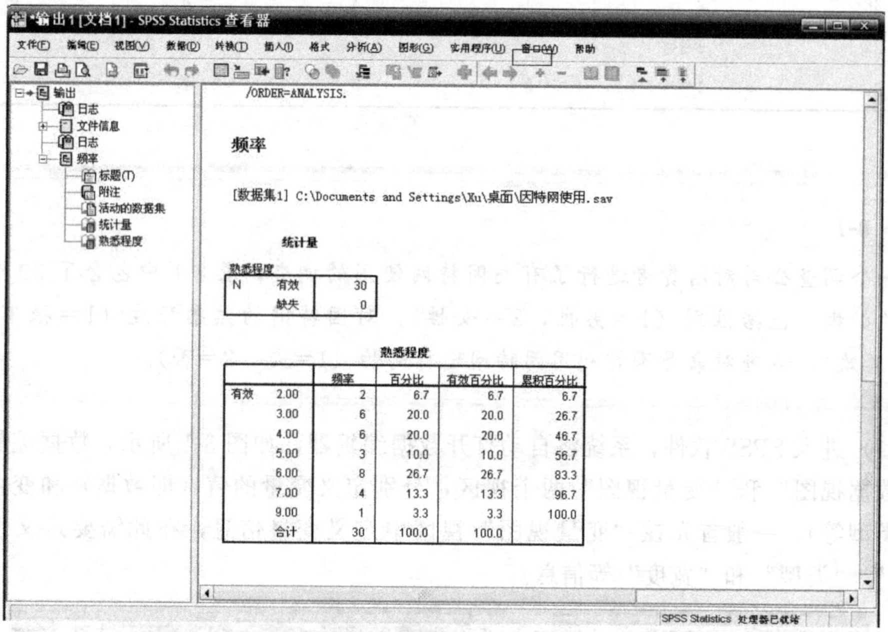

图 8-2 输出查看器

8.1.2 利用 SPSS 来清检资料

1. 数据清检

不论是自己调查的资料还是使用二手资料，查看资料的正确性是第一步。因为即使是最为谨慎的资料输入人员也可能会犯一些错误，特别是当他输入了几百份资料后。具体检验的方式有“报告”、“频率”、“探索”等命令工具。主要目标是找出异常值、缺损值等。

（1）“报告”功能。可以产生出个别变量数值及所有数值的清册，并通过这两份清册，确认资料输入是否有误。选择“分析”菜单中“报告”命令项中“个案汇总”，打开如图 8-3 所示的对话框。然后在左侧变量框中选择你所感兴趣的变量进入右边“变量”矩形框，在“分组变量”中输入变量作为分组变量。点击“确定”就会在输出窗口列出一份所有个案的完整清册。

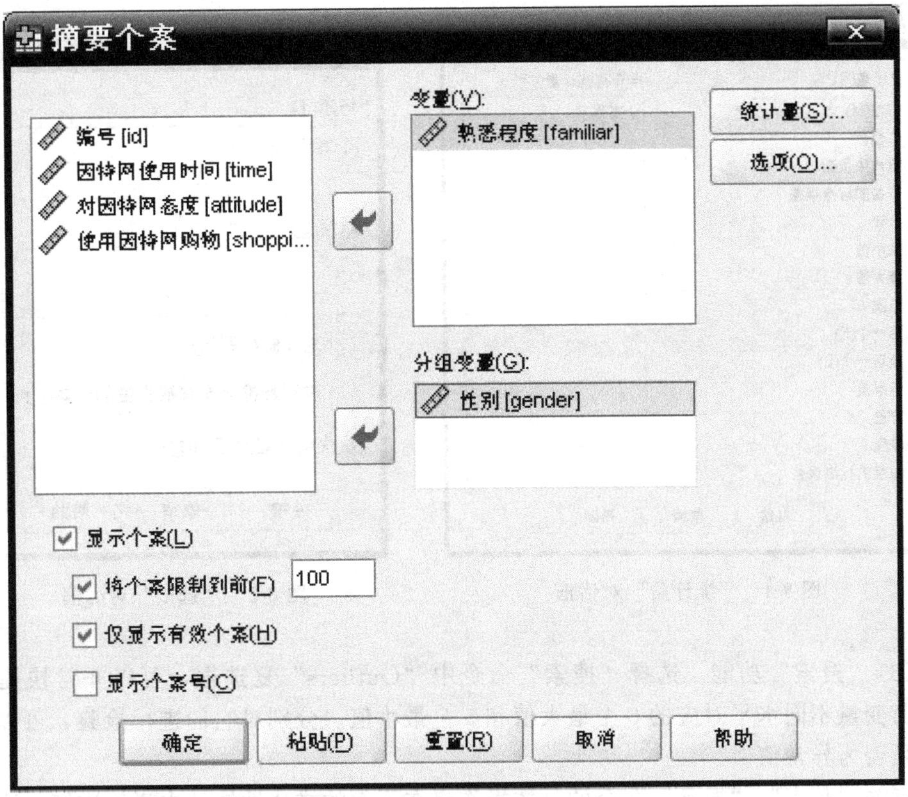

图 8-3　摘要个案对话框

- “显示个案”复选框，选择此项将在列表中显示全部的单个个案对应的统计量，否则只显示各分组对应的统计量。
- “将个案限制到前”复选框，确定最多在列表中显示多少个案，默认为 100。
- “仅显示有效个案”复选框，选择此项表示只显示有效数据对应的个案。
- “显示个案号”复选框，选择此项显示个案号。
- “统计量”点击框，单击打开如图 8-4 显示对话框，可以在左边框中选择所需要的一些描述统计量，用箭头转移到右边“单元格统计量”列表框中。各统计量选项的意义可参见本章附录资料。
- “选项”按钮，单击打开如图 8-5 所示的对话框。“标题”输入框，可输入列表的标题；“题注”输入框，可输入列表的注释信息；“总计副标题”复选框，选择此项，将在表中显示分组变量不同水平对应数据的综合；“按列表排除含有缺失值的个案”复选框，选择此项，剔除含有缺失值的个案；“缺失统计量显示为”输入框，可输入字符、字母或短语，用于标注缺失的统计（当有效个案太少时，有的统计过程将不执行）。

(2)“频率”功能。“频率”也是检查资料输入是否有误的好途径，它将产生每一个变量值的摘要报表，如果某一个变量值超出预先设定的该变量最大和最小的有效值的范围，那么该数值就是输入错误的资料。

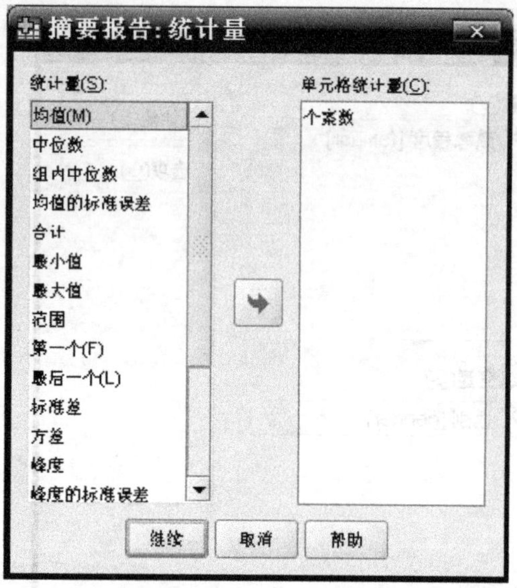

图 8-4 “统计量”对话框

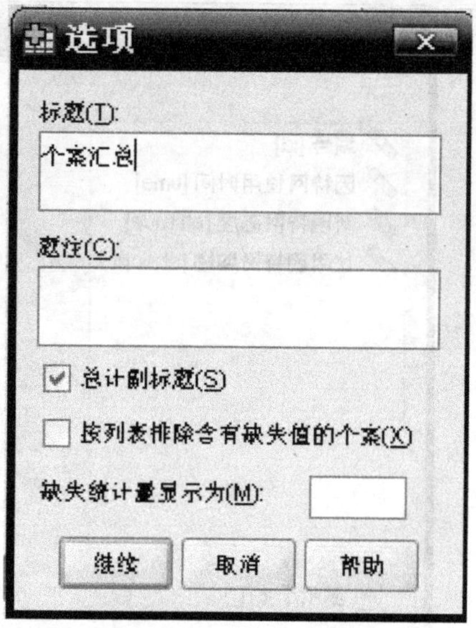

图 8-5 “选项”对话框

（3）“搜索”功能。选择“搜索”命令中“Outliers”复选框，可以非常快捷地显示当前变量不同水平对应的 5 个最大值和 5 个最小值。分别对它们进行检验，可以确定它们是否为异常值。

有关“频率”、“搜索”命令的具体操作将在下面的描述性统计中详细讲解，这里不再赘述。

2. 数据增删

如果在数据的检查过程中，发现遗漏输入某个变量或者某个案例要增补，或者要删除某个不符合要求的变量或案例，可以使用以下功能来完成。

（1）增加/删除一个新的变量。可先激活新变量要占据的那一列的任意行上，然后选“编辑”菜单的“添加变量”命令项，系统自动插入一个新的变量列。删除操作则要把鼠标直接点击选定变量名，然后选“编辑”菜单中的“剪切”命令项，选中的变量暂时消失（可用“粘贴”恢复），如用“清除”命令项，则删除是不可恢复的。

（2）增加/删除一个新的案例（即增加一个新的行）。在先选定要插入案例的一行的任意单元格后，单击“编辑”菜单的“插入个案”命令项，系统自动为用户插入一个新的行。删除操作则把鼠标直接点击选定案例序号，然后选“编辑”菜单中的“剪切”命令项，选中的案例暂时消失（可用“粘贴”恢复），如用“清除”命令项，则删除是不可恢复的。

（3）修改一个新的观察值（剪贴功能）。如果由于输入错误，比如，造成第 7 个案例中的第 4 个变量值漏输，结果第 8 个案例中的第 4 个变量值误为第 7 个案例的第 4 个变量值，这样的情形使得数据管理器中的第 4 个变量值从第 7 行起全部上移，而合计案例数少一个。于是希望在第 7 行的第 4 列处插入 1 个单元格，原有数据依次下移恢复正常。可先将鼠标指向在第 7 行第 4 列交叉处的单元格，然后按住鼠标左键向下拖动鼠标直至第 4 列，从第 7 行起的所有数据被选中（黑底白字），选“编辑”菜单的“剪切”命令项，选中的数据被剪切入剪贴板，再激活第 8 行第 4 列交叉处的单元格，选“编辑”菜单的“粘贴”命令项，可将剪贴板中的原第 7 行起的所有数据下移自第 8 行开始，并空出第 7 行第 4 列的单元格以便补入漏输的数值。

（4）缺失值的替换。对于缺失值，可采取多种手段进行科学替换。选“转换”菜单的“替换缺失值”命令项，在弹出“替换缺失值”对话框中（图 8-6），先在变量名列中选 1 个或多个存在缺失值的变量点击箭头使之进入“新变量”框，这时系统自动产生用于替换缺失值的新变量，用户也可在“名称”框处自己定义替换缺失值的新变量名。然后点击“方法”的下箭头选择缺失值的替换方式，“数据均值”为默认选项，表示所选变量用所有值的均值来替换缺失值。

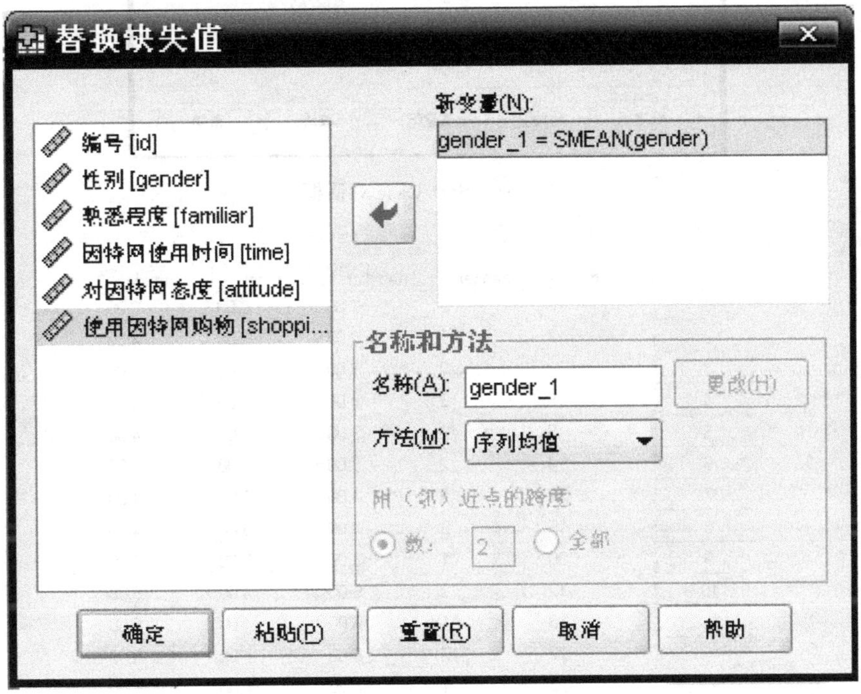

图 8-6　替换缺失值对话框

8.1.3　改善 SPSS 文件

当我们在数据窗中建立好数据文件后，在许多情况下，还需要对某些数据进行转换才能调用某些分析过程。所以，我们在清理好资料的常规错误以后还要对数据进行进一步的编辑和整理，为统计分析做好准备。

1. 数据的排序

在进行数据的处理时，有时需要按某个变量值重新排列各个案例在数据文件中出现的先后顺序。当建立或读入一个 SPSS 数据文件到数据窗口后，执行“数据—排序个案”命令项，弹出如图 8-7 所示的对话框。在变量名列框中选 1 个需要按其数值大小排序的变量（用户也可选多个变量，系统将按变量选择的先后逐级依次排序），点击箭头使之进入“排序依据”矩形框，然后在“排列顺序”框中确定是按“升序”或“降序”，点击“确定”按钮即可。本例中所有个案按照“因特网使用时间”来重新排列，结果如图 8-8 所示。

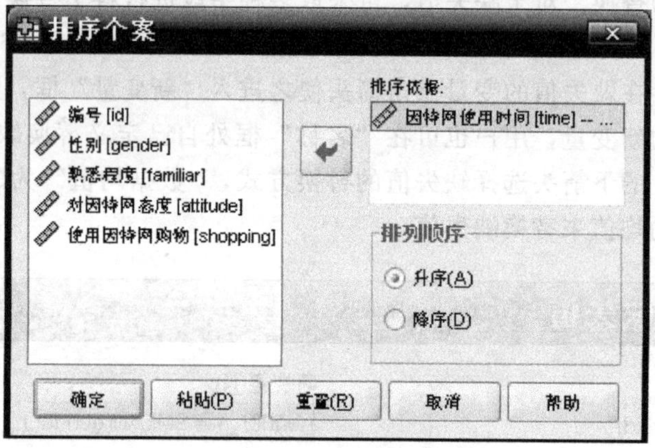

图 8-7　Sort Case 对话框

	id	gender	familiar	time	attitude
1	2	2	2.00	2.00	3.00
2	7	2	2.00	2.00	4.00
3	23	2	3.00	2.00	4.00
4	28	2	4.00	2.00	3.00
5	3	2	3.00	3.00	4.00
6	4	2	3.00	3.00	7.00
7	11	2	4.00	3.00	4.00
8	16	2	4.00	3.00	4.00
9	30	1	3.00	3.00	7.00
10	12	2	5.00	4.00	6.00
11	18	1	4.00	4.00	5.00
12	27	2	5.00	4.00	5.00
13	29	1	4.00	4.00	5.00
14	15	1	6.00	5.00	5.00
15	22	1	5.00	5.00	5.00
16	6	2	4.00	6.00	5.00
17	8	2	3.00	6.00	5.00
18	9	2	3.00	6.00	6.00
19	20	2	6.00	6.00	6.00
20	25	2	6.00	6.00	5.00

图 8-8　案例数据排序后结果

2. 数据的转置

有时用户需要将数据管理器中原先按行（列）方向排列的数据转换成按列（行）方向排列的数据，这时可选“数据”菜单的“转置”命令项，弹出如图 8-9 对话框。在变量名列框中选 1 个或多个需要转换的变量，点击箭头使之进入“变量”框，再点击“确定”按钮即可。产生的新数据会在第 1 列出现一个 CASE _ LBL 的新变量，用于放置原来数值的变量名。案例中将“熟悉程度”、“因特网使用时间”、“对因特网态度”三个变量输入进行了转置，结果如图 8-10 所示。然后，可以单击“文件”菜单中的“保存”或“另存为”选项，打开“另存为”对话框，输入文件名，保存新数据文件。

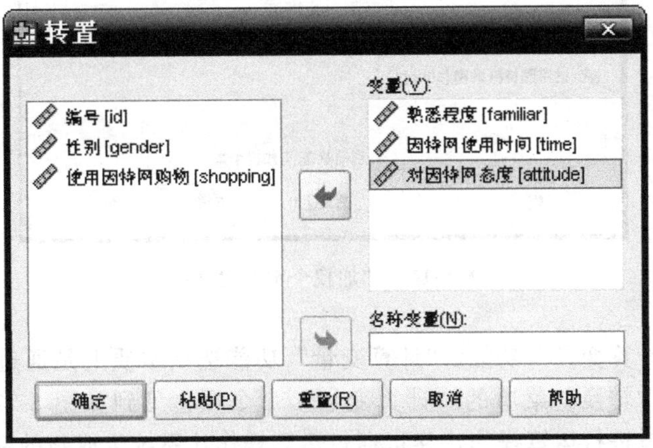

图 8-9　“转置”对话框

	CASE_LBL	var001	var002	var003	var004	var005	var006
1	familiar	7.00	2.00	3.00	3.00	7.00	4.00
2	time	14.00	2.00	3.00	3.00	13.00	6.00
3	attitude	7.00	3.00	4.00	7.00	7.00	5.00
4							
5							

图 8-10　案例数据转置后结果

转置后的数据发生了如下改变：

（1）原文件中的行变成了新文件中的列，原文件中的列变成了新文件中的行。原文件中的变量成为新文件中的个案，原文件中的个案变成新文件中的变量。

（2）原数据文件中未被选定的变量在新文件中丢失。

（3）原数据文件中各列顶部的变量名被转到新文件中的第一列，并成为 CASE _ LBL 变量中的数据。CASE _ LBL 变量名由 SPSS 自动创建。

（4）原文件中的个案变为变量后，SPSS 自动为各新变量命名。变量名格式为“var???”，其中，一个“?”表示一个数字。

3. 数据的转换

（1）变量的加权。打开“数据”菜单的“加权个案”命令项，可对指定的数值变量进行加权。在弹出的“加权个案”对话框中（图 8-11），“请勿对个案加权”表示不做加权，这可用于对做过加权的变量取消加权；“加权个案”表示选择 1 个变量做加权。在加权操作中，系统只对数值变量进行有效加权，即大于 0 的数按变量的实际值加权，

0、负数和缺失值加权为 0。

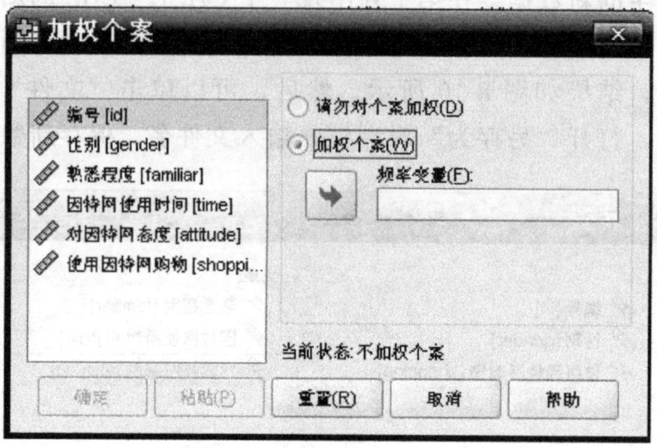

图 8-11 “加权个案”对话框

(2) 利用“计算变量”功能。“计算变量”功能选项本质上是通过变量间的计算来转换数据的。选“转换”菜单的“计算变量”命令项，见到如图 8-12 所示的对话框，既可对选定的变量进行运算操作，又可通过运算操作让系统生成新的变量。用户首先在“目标变量”指定一个变量（可以是数据管理器中已有的变量，也可以是用户欲生成的新变量），然后点击“类型与标签”按钮确定是数值型变量，还是字符型变量，或加上

图 8-12 变量计算对话框

变量标签。在“数字表达式”框中键入运算公式，系统提供计算器和 82 种函数（在“函数组”框内）供用户选择。如本例是生成新的变量 Newtime，Newtime 为 time 乘以 60 后取对数的值，最后单击“确定”按钮。

若点击“如果”按钮会弹出“计算变量：If 个案”对话框，如图 8-13 所示，用户可指定符合条件的变量参与运算，如本例中单击“如果个案满足条件则包括”按钮，在左边列表框中单击 gender 变量名使之进入右边框中，然后输入“=2”，表示只有女性的上网时间进行转换。

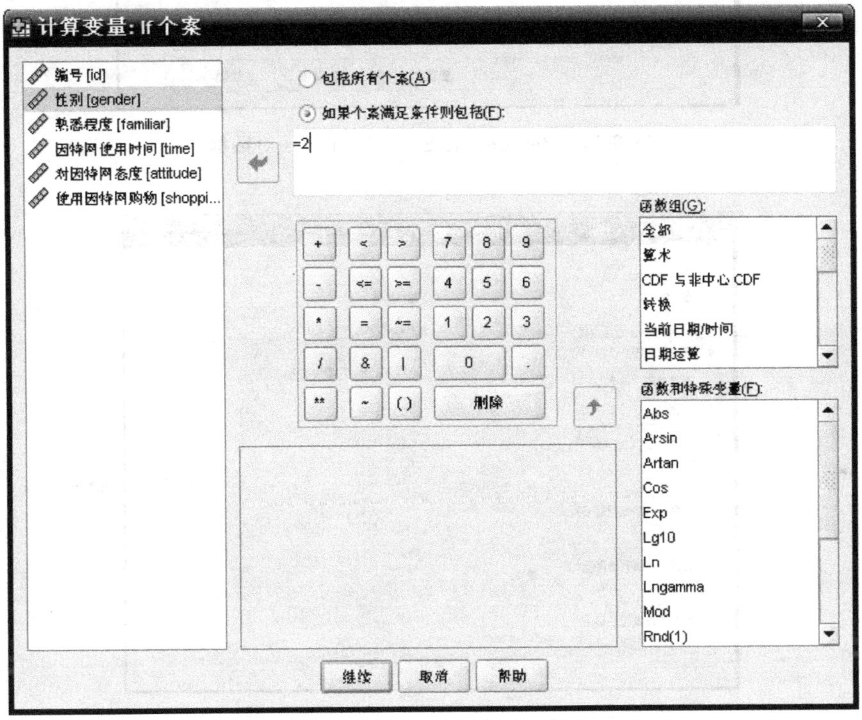

图 8-13 If 按钮条件对话框

(3) 利用“编码”功能。利用“编码”功能选项可以直接更改变量的值。根据赋予变量新值以后的保存方式可分为存入相同变量和存入不同变量两种。打开“转换”菜单，此时有两个次级选项：一是对变量自身重新赋值“重新编码为相同变量”；二是对其他变量或新生成的变量进行赋值“重新编码为不同变量”。

若选择第一种赋值方法，在弹出的“重新编码为相同变量”对话框中（图 8-14）：

Step 1：先在左边选定要准备修改的变量名，单击箭头使之进入“变量”框。

Step 2：然后点击“旧值和新值”按钮弹出“重新编码成相同变量：旧值和新值”对话框，如图 8-15 所示，其中“值”方框中各选项的意义如下：

- “值”为默认项，在后面输入框中输入当前变量中需要重新赋值的指定值。
- “系统缺失”单击此项，选择系统缺失值。

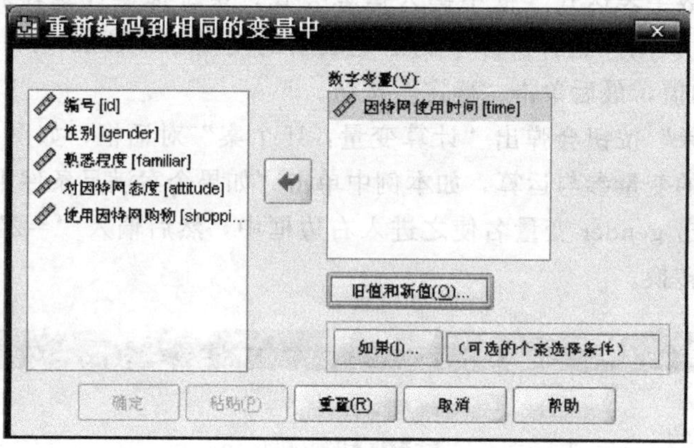

图 8-14　Recode into Same Variables 对话框

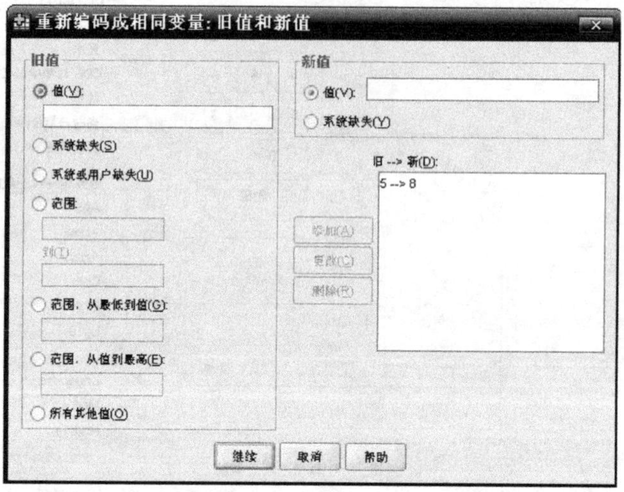

图 8-15　Old and New Value 对话框

• “系统或用户缺失”选择此项，表示选择所有缺失值包括系统缺失值和用户制定缺失值。

• 上面的“范围”选项，单击变为可用后，可在前后两个输入框中分别输入一个下界值和上界值，表示当前变量的取值范围。

• 中间的“范围”选项，单击变为可用后，在输入框中输入某个数字，表示当前变量在最小值与所输入数字之间的区间内取值。

• 下面的“范围”选项，单击变为可用后，在输入框中输入某个数字，表示当前变量在最大值与所输入数字之间的区间内取值。

Step 3：“新值”方框中输入新值，或单击“系统缺失”选项，表示用系统缺失值来代替指定值。

Step 4：单击“添加”按钮，在“旧值和新值”输入框中显示当前变量的旧值和新值。用户根据实际情况确定旧值和新值。

Step 5：点击“继续”按钮返回，再点击“确定”按钮即可。

若选择第二种赋值方法，选择“重新编码为不同变量”，在如图 8-16 所示的对话框中，先在左侧变量名列中选择要转换的变量进入“输入变量→输出变量”矩形框，同时在“输出变量”框确定一赋值变量（既可以是数据管理器中已有的变量，也可以是用户要求生成的新变量），然后点击“旧值和新值”按钮弹出与图 8-15 类似的对话框，用户根据实际情况确定旧值和新值，点击“继续”按钮返回，再点击“确定”按钮即可。

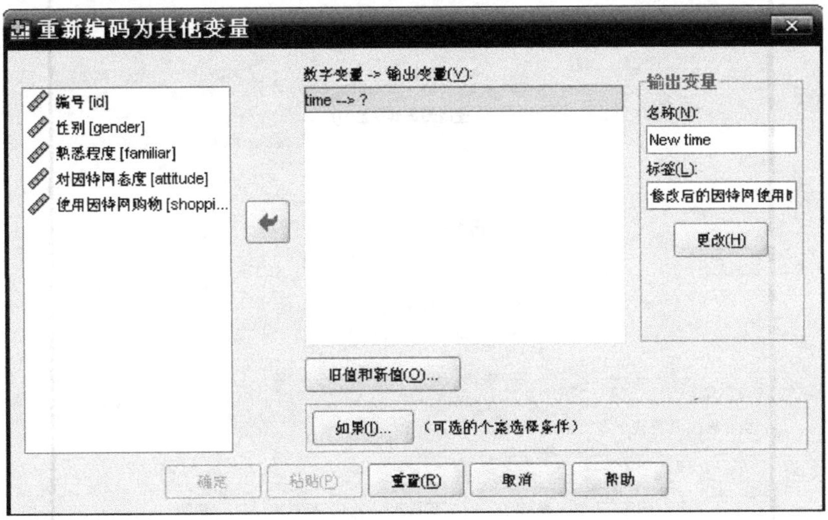

图 8-16　“重新编码为其他变量”对话框

在两种赋值情况下，用户均可点击“如果”按钮指定条件来确定参与清点的个案。

与“计算变量”方法不同的是，“编码”方法不能进行运算，只能根据指定变量值作数值转换，且这种转换是单一数值的转换。

4. 数据的选择

有时只要从收集到的原始数据中选择一些数据进行统计分析。选“数据”菜单的“选择个案”命令项，得到如图 8-17 所示的对话框，系统提供如下几种选择方法：

- “全部个案”：表示所有的个案数都被选择，该选项可用于解除先前的选择。
- “如果条件满足”：点击“如果”按钮，表示按指定条件选择。
- “随机个案样本”：表示对个案进行随机抽样，点击“样本”按钮，弹出“选择个案：随机样本”对话框中有两种选择方式，一种是“大约”抽样，即键入抽样比例后由系统随机抽取，另一种是“精确”抽样，即要求从第几个观察值起抽取多少个。
- “基于时间或个案全距”：表示顺序抽样，点击“范围”按钮，弹出“选择个案：范围”对话框，用户定义从第几个案例抽到第几个案例。
- “使用筛选器变量”：表示用指定的变量作过滤，用户先选择 1 个变量，系统自动在数据管理器中将该变量值为 0 的个案标上删除标记，系统对有删除标记的个案不作分析。若用户在“选择个案”对话框的“输出”框中选“删除未选定个案”项，则系统将删除所有被标上删除标记的个案。

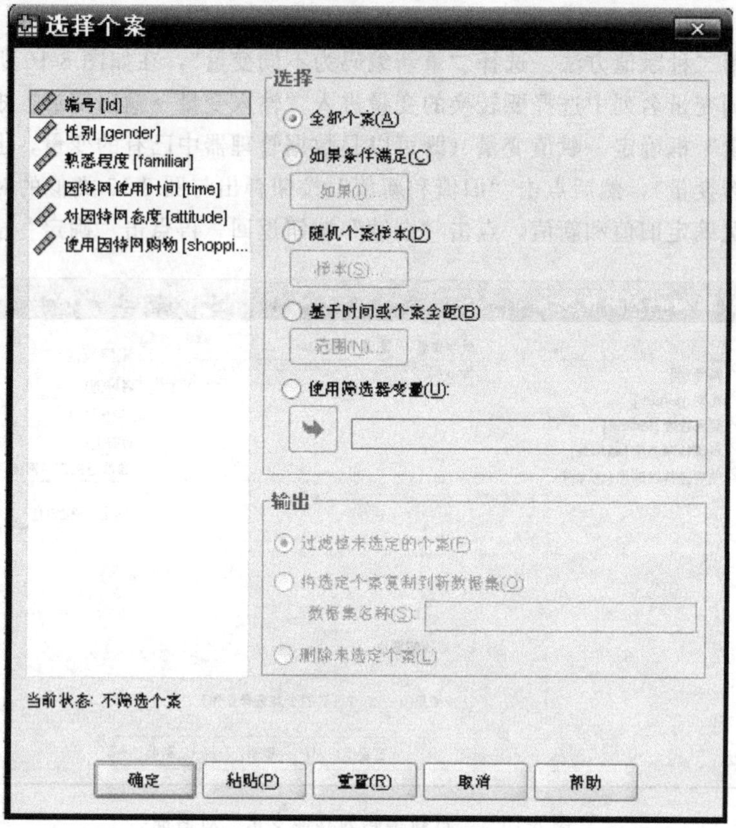

图 8-17 “选择个案”对话框

8.2 利用 SPSS 作描述性统计和图表

实用的描述性统计是我们在对资料进行分析时经常用到的，可以用来勾勒出受访者的清晰图像，或者列出每一个变量的基本统计特征。除此之外，SPSS 还提供了强大的作图功能，能够帮助我们更加生动直观地表达出统计结果。

当我们采用 SPSS 计算每个数字变量的描述性统计或后面的高级统计时，我们必须再次确认以下每一种变量的测度水平（measurement level），这直接关系到统计方法的选择，如表 8-2 所示。

表 8-2 变量的测度水平

变量的测量水平	测量集中趋势的方法	适用的统计方法举例
定类测度	众数和百分比	频数分析，列联表
定序测度	＋中位数	K-S 检验，定序相关
定距和定比测度	＋平均值，标准差	方差分析，相关和回归

8.2.1　实用的描述性统计

打开“分析”菜单条中的“描述统计”选项，该命令提供了多个基本的统计过程来实现样本数据的描述。具体的 SPSS 操作步骤仍以所附因特网调查案例为例来进行讲解。

1. 频数分布分析

利用变量的频数分布分析可以方便地对数据按组进行归类整理，形成观测量在数值中的分布情况表，以便对数值的数量特征和内部结构状况有一个概括的认识。

执行“分析—描述统计—频率”，得到如图 8-18 所示的对话框，操作步骤如下。

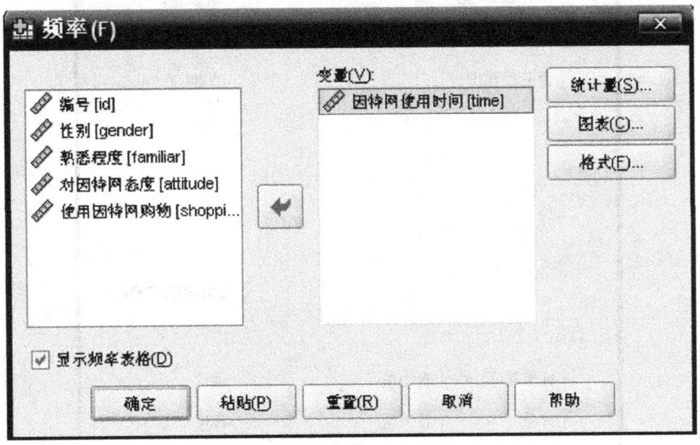

图 8-18　“频率”对话框

Step 1：在左侧的变量名列表框中选择变量“因特网使用时间（time）”（也可选择多个变量），单击向右箭头，使其进入“变量”框中。

Step 2：根据需要选择相应的选择项。

(1)“显示频率表格”复选框，选择此项将在查看器中显示频数分析表；否则只显示直方图。

(2)“统计量”按钮，打开“频率：统计量”对话框，如图 8-19 所示，可以任意选择所要输出的统计量；

- “百分位值”方框：“四分位数”复选框，选择此项显示四分位数；“割点”复选框，选择此项，在后面框中输入数值，假设为 P（P 为 2～100 的整数），则计算并显示 P 分位数；“百分位数”复选框，选择此项，在后面输入框中输入数值，可以有选择地显示百分位数。
- “集中趋势方框”：“均值”复选框，选择此项表示显示样本数据的均值；选择“中位数”计算并显示数据的中值；选择“众数”显示众数；选择“合计”显示数据的累加值。
- “值为组的中点”复选框，假设数据已经分组，而且数据取值为初始分组的中点，选择此项，计算百分位数统计和数据的中位数。
- “离散”方框：选择“标准差”表示计算并显示数据的标准差；选择“方差”计

算并显示数据的方差；选择“范围”计算并显示样本数据的最小值；选择“最大值/最小值”则显示样本数据的最大值和最小值；选择“均值的标准误差”计算并显示均值的标准误差。

• “分布”方框：选择“偏度”显示样本数据的偏度和偏度的标准误差，选择“峰度”显示样本数据的峰度和峰度的标准误差。

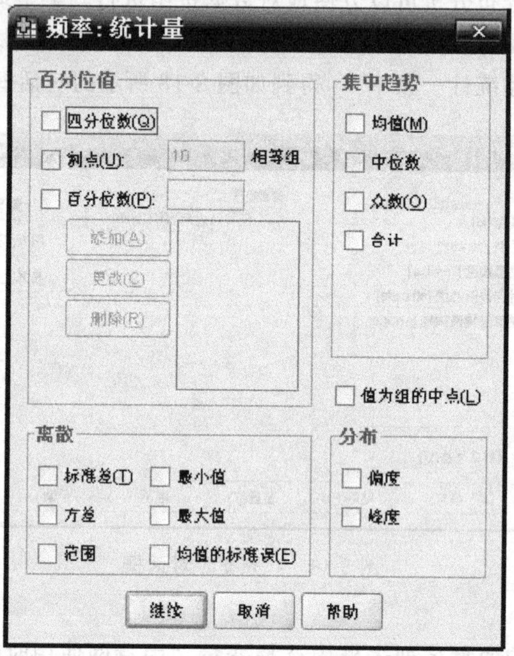

图 8-19 “频率：统计量”对话框

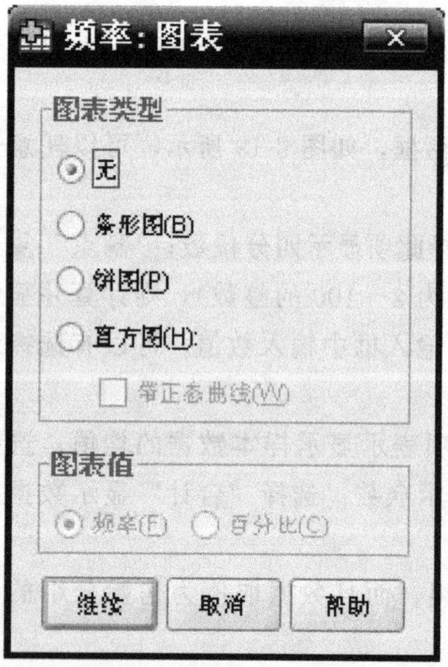

图 8-20 “图表”对话框

（3）“图表”统计图形，单击打开统计图形对话框，如图 8-20 所示，可以确定输出图形类型，具体作图设置参见后文作图技巧。

（4）单击“格式”按钮打开对话框，如图8-21所示，可设置频数分析表的输出格式。

Step 3：提交运行。当所有选择完成后，单击“确定”按钮提交运行，进行频数分布分析。“重置”键重新设置选择项，“取消”键取消选择设置并关闭对话框，“帮助”键可获得即时帮助信息，“粘贴”键可以把所设定的统计过程以及选择项的语句粘贴到“语法窗口”中。以下对话框中与此相同的按钮功能不再赘述。

Step 4：案例频数运行结果的解释。

在对案例中“因特网使用时间”变量进行频数运行计算后，可得到如图 8-22 的结果。

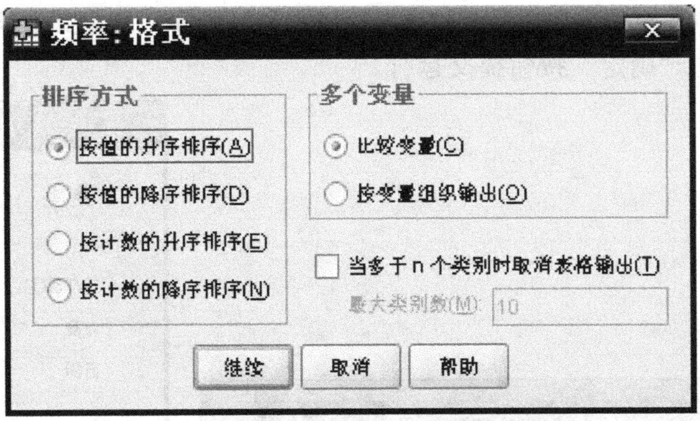

图 8-21　“格式”对话框

因特网使用时间

		频率	百分比	有效百分比	累积百分比
有效	2.00	4	13.3	13.3	13.3
	3.00	5	16.7	16.7	30.0
	4.00	4	13.3	13.3	43.3
	5.00	2	6.7	6.7	50.0
	6.00	5	16.7	16.7	66.7
	8.00	1	3.3	3.3	70.0
	9.00	3	10.0	10.0	80.0
	13.00	2	6.7	6.7	86.7
	14.00	2	6.7	6.7	93.3
	15.00	2	6.7	6.7	100.0
	合计	30	100.0	100.0	

图 8-22　“因特网使用时间”频数分析

(1) 第一列为“因特网使用时间”变量的各不同取值。

(2)“频率”表示变量不同取值的频数。

(3)“百分比”变量各不同取值的频数占样本个案数的百分比。

(4)“有效百分比”变量不同取值中有效数据（非缺失值）对应的个案数占总个案数的百分数。

(5)“累积百分比”变量不同取值的频数占总个案数的百分数的累加值。

2. 数据描述分析

执行“分析—描述统计—描述”，得到如图 8-23 的对话框，操作步骤如下：

Step 1：在左侧的变量名列表框中选择相应变量，本例中选择“因特网使用时间”、“熟悉程度”两个变量，用箭头转移到右方的“变量”框中。对“变量”框中所有变量的数据分布特征进行描述。

Step 2：“将标准化得分另存为变量”复选框，选择该项将对“变量”框中的变量的数据进行标准化，并且将标准化后的数据存到一个新的变量中，变量名为原来变量的变量名加前缀“Z”。新生成的变量和数据保存到当前数据文件中，并显示在数据编辑器的最后一列。

Step 3："选项"按钮，单击打开对话框，如图 8-24 所示，指定其他描述统计量输出项。

Step 4：单击"确定"按钮提交运行。

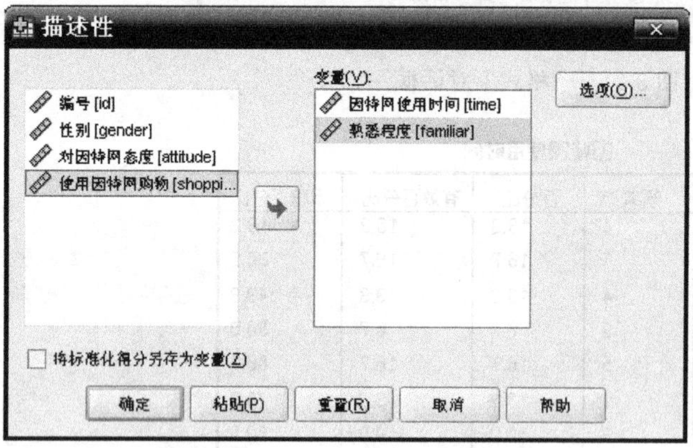

图 8-23 "描述性"对话框

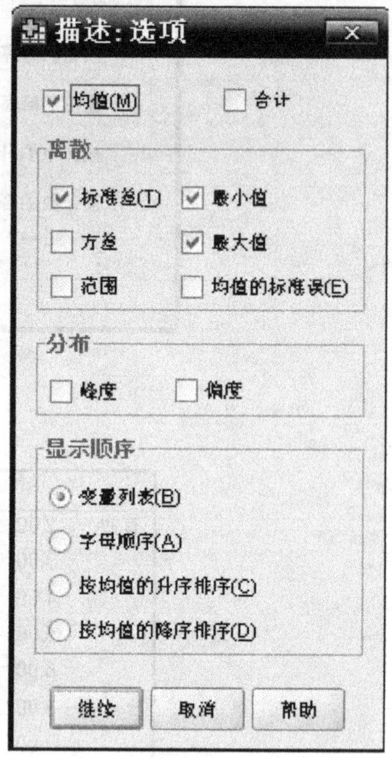

图 8-24 "描述：选项"选择框

Step 5：案例描述性统计结果及解释。

上述两个变量描述性统计结果，如图 8-25 所示，分别列出了每个变量的个数（N）、范围（range）、最小值（minimum）、最大值（maximum）、累积总和（sum）、均值（mean）、标准差（std.）、方差（variance）、偏度（skewness）、峰度（kurtosis）。

描述统计量

	N	全距	极小值	极大值	和	均值	标准差	方差	偏度		峰度	
	统计量	统计量	统计量	统计量	统计量	统计量	统计量	统计量	统计量	标准误	统计量	标准误
因特网使用时间	30	13.00	2.00	15.00	198.00	6.6000	4.29595	18.455	.868	.427	-.567	.833
熟悉程度	30	7.00	2.00	9.00	146.00	4.8667	1.73669	3.016	.219	.427	-.543	.833
有效的 N（列表状态）	30											

图 8-25 案例描述性统计结果

由此可见，就产生相同的统计结果而言，"描述"比"频率"更有效率。

3. 数据探察分析

在对数据进行分析前，重要的是对数据进行初步的考察。可以分为以下几个方面：第一，检查数据是否有错误，过大或过小的数据均有可能是奇异数据或错误数据。首先要找出这样的数据，其次要分析原因，最后决定是否从分析中剔除。因为奇异值往往对分析结果影响较大，不能真实反应总体特征。第二，数值的分布特征，许多分析方法均对数据的分布有一定要求，例如，进行参数检验要求样本来自正态分布总体，从试验或实际测量得来的数据是否符合正态分布，要检验后再决定是否可以选用对正态分布数据的分析方法。另外，对两组数据之间差异性的分析需要根据其方差是否相等，选择进行检验的计算公式。第三，对数据的规律的初步观察，通过初步观察尽可能地发现内在的一些规律。

调用此过程可对变量进行更为深入详尽的描述性统计分析，故称之为探索性统计。它在一般描述性统计指标的基础上，增加有关数据和其他特征的文字与图形描述，显得更加细致与全面，有助于用户思考对数据进行进一步分析的方案。

执行“分析—描述统计—搜索”，得到如图 8-26 所示的对话框，操作步骤如下。

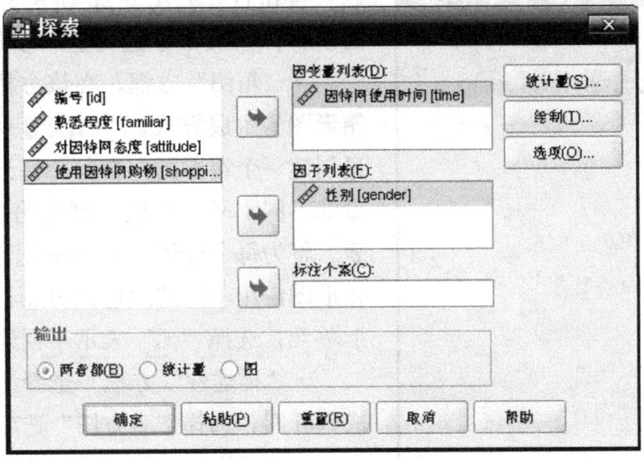

图 8-26　“搜索”对话框

Step 1：选择分析变量。在左侧的变量列表中选择一个或多个数值型变量作为因变量进入“因变量列表”列表框，本例中将“因特网使用时间”作为因变量，然后单击“确定”就可进行默认的统计分析。

Step 2：指定分组变量。在“因子列表”列表框中输入的变量作为分组变量，分组变量可以是字符变量。本例中选择“性别”为分组变量。分组变量的选择可以将数据按该变量中的观测值进行分组分析。

Step 3：选择标识变量。在源变量表中指定一个观测量作为标识变量，并将其移到“标注个案”矩形框中。当输出涉及各个观测量时（如奇异值的输出），数据的输出顺序是按照它们在数据文件中的顺序，为方便查找特定观测量指定此标识变量的。

Step 4：选择输出选择项。“两者都”为默认选项，表示既输出图形又输出统计量；单击“统计量”按钮，表示只输出统计表格；单击“图”按钮，表示只输出图形。

Step 5：选择具体的描述统计量。单击“统计量”按钮打开如图 8-27 所示的对话框来确定具体要输出的统计量。

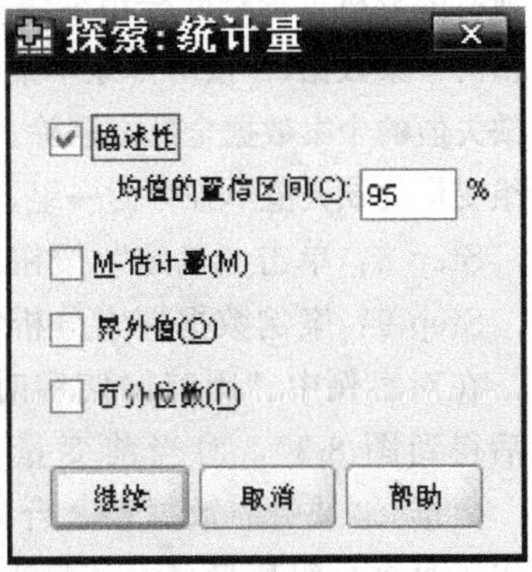

图 8-27　“搜索：统计量”对话框

• “描述性”复选框，选择此项将生成样本数据的基本描述统计表。在后面的“均值的置信区间”输入框中输入数值，确定平均值的置信区间，默认值为95%。

• “M-估计量”复选框，选择此项将计算并生成稳健估计量。

• “界外值”复选框，选择此项将输出5个最大值和最小值，作为异常嫌疑值。从而执行上述提到的“数据清检”的功能。

• “百分位数”复选框，选择此项计算并显示指定的百分位数。

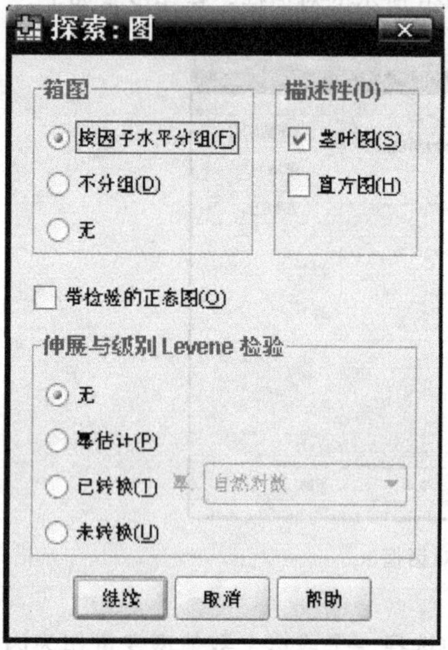

图 8-28 “探索：图”对话框

Step 6：设定输出图形及其参数。单击“绘制”按钮打开如图8-28所示的对话框，对输出的统计图及其参数进行进一步的设定。

• “箱图”方框，在该方框中选择选项确定箱形图的生成方式。“因变量列表”为每个因变量创建一个箱形图，在每个箱形图内根据分组变量的不同水平（取值）创建箱形单元；“因子列表”将为每个分组变量水平创建箱形图，在每个箱形图内用不同的颜色区分不同因变量对应的箱形单元；选择“无”表示不创建箱形图。

• “描述性”方框，选择“茎叶图”选项生成茎叶图，选择“直方图”选项生成直方图。

• “带检验的正态图”复选框，选择此项生成正态Q-Q概率图和无趋势正态Q-Q概率图。需要指出的是对数据进行正态性检验是数据进行方差分析、回归分析等高级统计所必须满足的前提条件，因此此功能为常用。

• “伸展与级别 Levene 检验”方框，选择方框内选项将决定是否创建幅度-水平图，并进行方差齐次检验和数据转换。方差齐次检验也是数据在进行方差分析、回归分析等高级统计所必须满足的前提条件。

Step 7：“选项”按钮。单击打开如图8-29所示的对话框，设置缺失值的处理方法。“按列表排除个案”表示对所有的分析过程剔除分组变量和因变量中所有带有缺失值的个案数据；“按对排除个案”表示在分析过程中含有缺失值的个案数据全部被剔除；“报告值”选择此项将分组变量的缺失值单独分为一组，并用频数表输出。

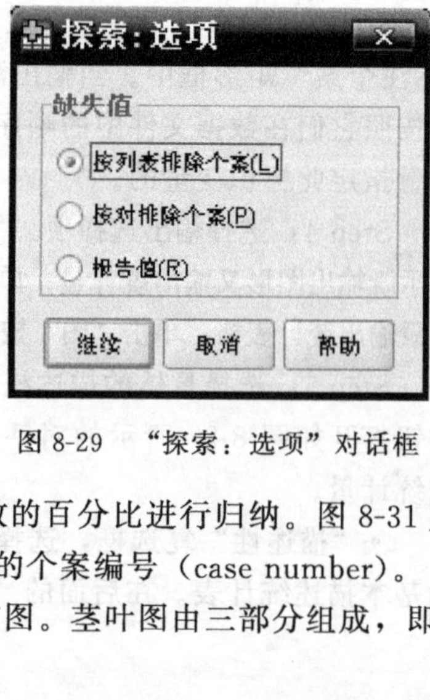

图 8-29 “探索：选项”对话框

Step 8：单击“确定”按钮提交运行。

Step 9：案例数据探索分析结果及解释。

在对案例中“因特网使用时间”进行“探索”分析后得到图8-30，对当前变量不同取值对应的“有效”数据、“缺失”数据和“合计”数据的个数和占总数的百分比进行归纳。图8-31则列出了每个分组变量最大和最小的5个值，以及相对应的个案编号（case number）。

图8-32列出了茎叶图，实际是一个直观的频数分布图。茎叶图由三部分组成，即

案例处理摘要

	性别	案例					
		有效		缺失		合计	
		N	百分比	N	百分比	N	百分比
因特网使用时间	1	15	100.0%	0	.0%	15	100.0%
	2	15	100.0%	0	.0%	15	100.0%

图 8-30　案例“搜索”运行的个案综述

极值

	性别			案例号	值
因特网使用时间	1	最高	1	10	15.00
			2	24	15.00
			3	1	14.00
			4	19	14.00
			5	5	13.00[a]
		最低	1	30	3.00
			2	29	4.00
			3	18	4.00
			4	22	5.00
			5	15	5.00
	2	最高	1	6	6.00
			2	8	6.00
			3	9	6.00
			4	20	6.00
			5	25	6.00
		最低	1	28	2.00
			2	23	2.00
			3	7	2.00
			4	2	2.00
			5	16	3.00[b]

a. 上限值表中仅显示一部分具有值 13.00 的案例。

b. 下限值表中仅显示一部分具有值 3.00 的案例。

图 8-31　案例“探索：界外值”运行后结果

频数（frequencies）、茎（Stem）和叶（Leaf），在图中从左到右依次排列。在图的底端，注明了茎的宽度（stem width）和每一叶所代表的个案数（each leaf）。图中倒数第一行给出的信息表明，每个叶表示一个个案。在茎叶图中，茎表示数据的整数部分，叶表示数据的小数部分（频数的数值有多大，则对应的就有多少个小数）。每行的茎和每个叶组成的数字再乘以茎宽即得到茎叶所表示的实际数据的近似值。本茎叶图的茎宽为 1.00，例如，倒数第五行频数为 2，茎为 4，这行叶的组成为 00，这些元素告诉我们在这一行上表示了变量“因特网使用时间”的值为 4、4。

```
因特网使用时间 Stem-and-Leaf Plot for
gender= 2

 Frequency    Stem &  Leaf

     4.00       2 .  0000
     4.00       3 .  0000
     2.00       4 .  00
      .00       5 .
     5.00       6 .  00000

 Stem width:      1.00
 Each leaf:       1 case(s)
```

图 8-32　案例的茎叶图

8.2.2 利用 SPSS 作图技巧

以图解方式来展现资料规律更形象，能给读者深刻的印象。SPSS 除了能够提供强有力的统计报表外，还具有多种图形输出功能，包括条形图、直线图、面积图、饼图、高低图、散点图、箱形图、直方图等。主要通过“图形”菜单中的选项来创建图形（有的过程也可生成图形，如上文讲到的“频率”中的“图表”功能）。本节围绕作图的步骤和技巧，以常用的条形图为例来进行阐述。

执行“图形—旧对话框—条形图”命令后，打开如图 8-33 所示的对话框，仍然选择因特网调查案例来讲解，具体步骤如下。

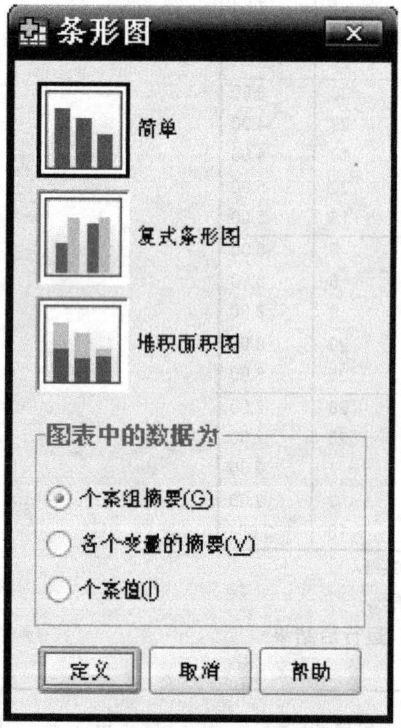

图 8-33 “条形图”对话框

Step 1：类型选择：“简单”为简单条形图，“复式条形图”为复合条形图，“堆积面积图”为堆积条形图。“图表中的数据为”为统计量综述方式的选择：“个案组摘要”为默认选项，表示将分组变量对所有个案进行分组，然后根据分组后的个案数据创建条形图；“各个变量的摘要”表示为每个变量创建条形图；“个案值”表示为分组变量中的每一个个案生成一个条形图。本例我们选择“简单”类型，然后按“定义”键。

Step 2：打开“定义简单条形图：个案组摘要”对话框，如图 8-34 所示。

Step 3：“类别轴”输入框，在左边变量列表框中选择某个变量作为分类变量移到该输入框。

Step 4：“条的表征”方框，该方框中选项用来定义确定条形图中条带的长度的统计量。

• “个案书”选项，表示用分类变量的不同值的个案数确定条形图中条带的长度。

• “个案书的%”选项，表示用分类变量的不同值对应的个案数所占的百分比来确定条带的长度。

• “累积个数”选项，表示用分类变量的当前值对应的个案数与当前取值以前各值对应的个案数的累加值确定条形图中条带的长度。

• “累积%”选项，表示将用上面所述的当前值对应的个案数的累加值占分类变量对应的所有个案数之间的百分比确定条形图中条带的长度。

• “其他统计量”（如均值）选项，单击按钮后“变量”输入框变为可用，可从左边列表框中选择变量移入，系统按照默认甚至对该变量的数据取均值，或者可以单击“更改统计量”按钮，如图 8-35 所示，用其他函数值的大小来确定条形图中条带的长度。

Step 5：“模板”选项，即将新图形按照图形模板进行定义，新图形的大小、标题、文字大小、字型等都按照图形模板的相关格式进行设置。这样可以提高工作效率，减少

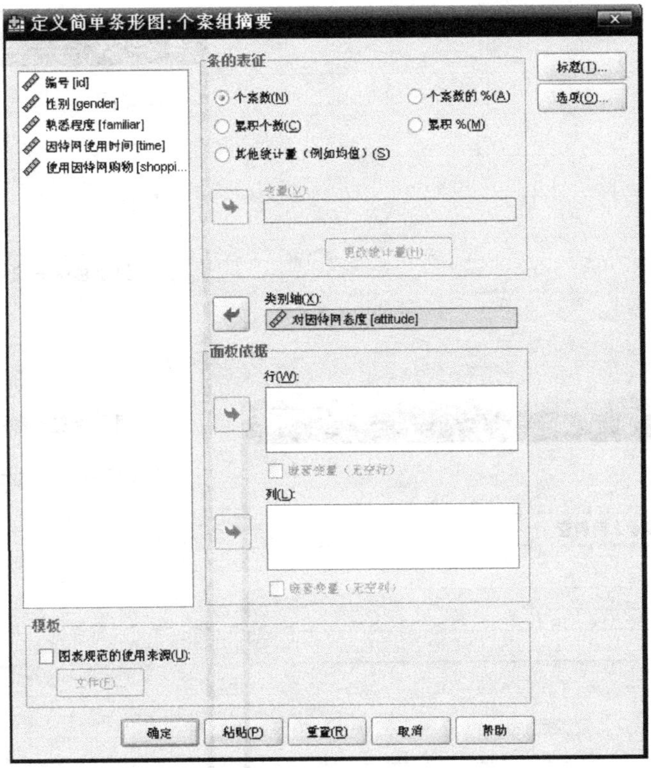

图 8-34　“定义简单条形图：个案组摘要”对话框

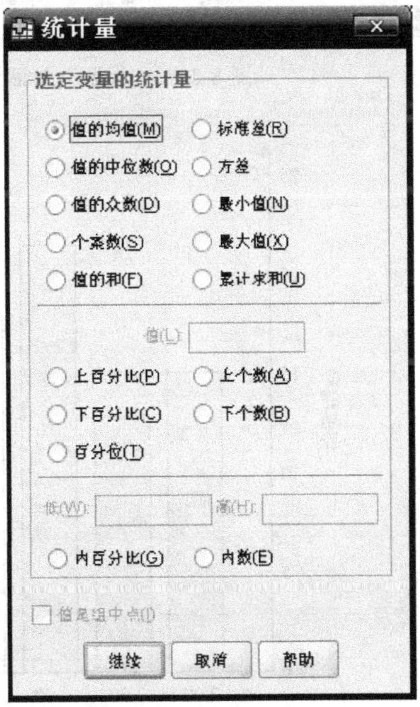

图 8-35　“统计量”对话框

出错概率。在选择“图表规范的使用来源”复选框后，单击“文件”按钮，打开“从文件使用模板”对话框，在该对话框中选择扩展名为“. sgt”的文件，然后单击“打开”按钮，即可启用图形模板。

Step 6：给图形加标题。在图 8-36 单击“标题”按钮，打开“标题”对话框，我们在“第一行:”中输入“消费者上网调查”。在该对话框中，可以输入图形的“标题”、“子标题”和“脚注”。其中标题和注脚可以一行，也可以两行。

Step 7：“选项”按钮。单击“选项”按钮，打开如图 8-37 所示的对话框，选择以何种方式处理缺失值。

Step 8：案例运行结果及解释。

案例“因特网使用时间”的频数分析的条形图结果如图 8-38 所示。

面对 SPSS 提供的如此多的图形选择，我们应该首先判断资料适合哪种形式的图解方式。一

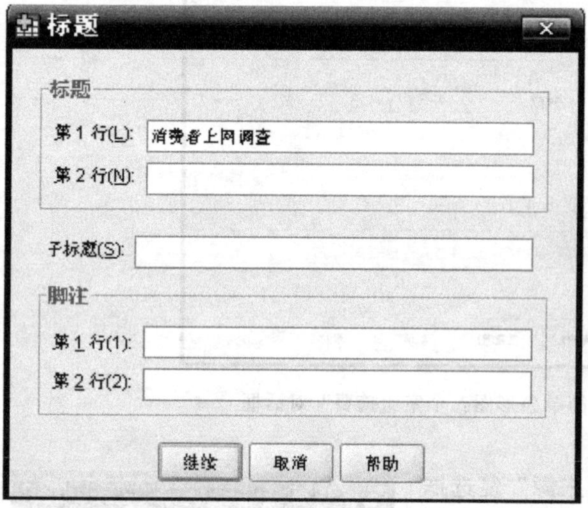

图 8-36 “标题”对话框

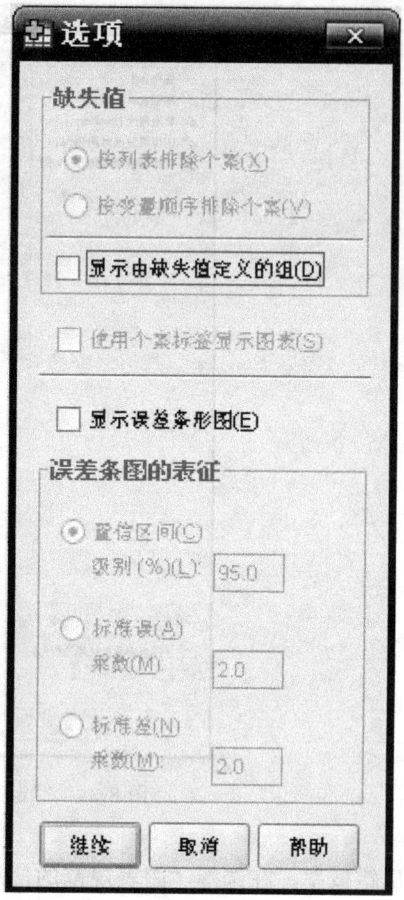

图 8-37 “选项”对话框

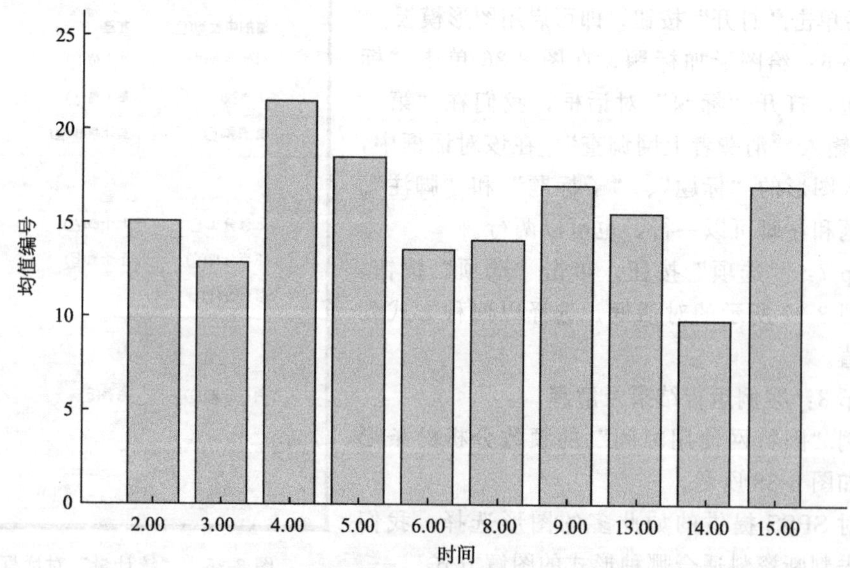

图 8-38 “因特网使用时间”的条形图分析

般条形图较适合于分类资料如性别等，柱形图适合连续性的资料如年龄等，散点图则适合于两个连续变量如收入和教育程度等。当然，在完成某个图形后，还可以非常方便地进行修改，加上标题，使用格线的线条，加上注脚，甚至重新更换一种图形。

8.3 数据分析：差异分析

数据分析的一个重要问题就是对样本中单变量和多变量的解释能否当作推论的基础，也就是说，这些研究的结果是否具有统计显著性，为了回答这些问题，我们必须选择使用统计显著性检验（test of statistical significance）的方法。假设检验的过程根据变量采用的测量指标分为参数检验和非参数检验。参数检验（parametric test）假设变量至少是定距尺度测量的，如 t 检验，需要提醒的是参数检验必须满足样本数据的独立性、正态性（可参见上文“探索”中“带检验的正态图”功能）和方差齐性（可参见方差分析中“homogeneity-of-variance”选项）三个基本假定。

非参数检验（nonparametric test）假设变量是以定类或定序尺度测量的，如 χ^2、K-S 检验，它是指在总体不服从正态分布且分布情况不明时，用来检验数据资料是否来自同一个总体假设的一类检验方法。这类方法的假定前提比参数假设检验方法少得多，也容易满足，适用于计量信息较弱的资料且计算方法也简便易行，所以在实际中有广泛的应用。当然，不管是参数检验还是非参数检验，还可以根据是一个、两个或两个以上样本进一步进行分类，而且所使用的检验方法也不一样。

对于样本结果与期望总体值之间的差异，或两个或多个样本结果之间的差异，不同问题要用不同类型的检验。首先，χ^2 的拟合度检验适合定类数据（nominal），其次，K-S 检验适合定序数据（ordinal），最后是均值与比例之间的差异[①]。

8.3.1 列联表分析与 χ^2 检验

在前一章中已经介绍列联表（又称交叉表 crosstabs），相比于频数分布表只描述一个变量的情况，列联表可同时描述两个或以上变量的情况。列联表是用来分析定类变量之间的关系的，可以看作是将几个频数分布表合并到一张表中，从而帮助我们了解一个变量与另一个变量之间的关系，比如，性别不同在品牌忠诚上是否存在差异等。由于它简单易用，在调查统计中被广泛应用。

对于列联表中变量关系是否具有统计显著性，一般用卡方（χ^2）统计量来测量，一般来说，只有具有统计上的显著性时，我们才能判断两个变量之间确实存在系统的联系。χ^2 检验适用于具有明显分类特征的某种数据。零假设 H_0 为总体中两个变量之间没有联系，通过计算在给定列和行总数的条件下，变量之间没有联系时预期的单元频数来进行检验。将预期单元频数 f_e 与列联表中实际观察到的频数 f_o 相比较计算出卡方统计量。频数的预期值和观察值差异越大，χ^2 值越大。当计算出的检验统计量值大于

① Gilbert A，Churchill J. 2004. Basic Marketing Research（4th edition）（英文版）. 北京：机械工业出版社：578-640.

相应自由度（df）下的卡方分布临界值，拒绝两个变量之间没有联系的零假设。卡方统计量的一个重要特征是与自由度相关，自由度（degrees of freedom）是指在某统计模型中所有变异的可能性，在列联表中，卡方统计量的自由度等于行数减 1 与列数减 1 的乘积。

假设列联表有 r 行 c 列，观察 n 个随机样本，则每个单元预期频数计算如下：

$$f_e = \frac{n_r n_c}{n}$$

式中，n_r 为行总数；n_c 为列总数；n 为总样本规模；χ^2 值计算如下：

$$\chi^2 = \sum_{\text{所有单元}} \frac{(f_o - f_e)^2}{f_e}$$

SPSS 中列联表的实例分析与操作步骤如下。

根据因特网调查案例，我们想要了解不同性别在网上购物行为上是否存在差异。执行“分析—描述统计—交叉表”，打开交叉表对话框，如图 8-39 所示，操作步骤如下：

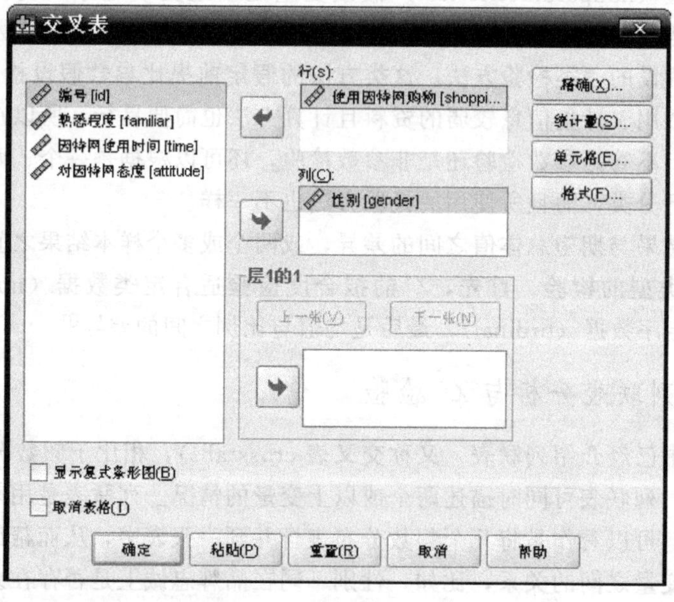

图 8-39 “交叉表”对话框

Step 1：首先在左侧列表框中选择相应的变量进入右侧的“行”和“列”，分别作为列联表的行变量和列变量。

Step 2：此时即可按“确定”按钮进行列联表分析。还可以选择一个控制变量进入“层 1 的 1”框中。该变量决定频数分布表的层。如果你要增加另外一个控制变量首先单击“下一张”按钮，再选入一个变量即可。单击“上一张”按钮可以选择以前确定的变量。

Step 3：选择其他统计选择项。

- “显示复式条形图”复选框，用来指定是否显示各个变量不同交叉取值下的关于频数的直方图。

- “取消表格”，选择此项表示不输出列联表。

Step 4：单击“统计量”按钮，打开如图 8-40 所示的对话框。

- “卡方”选择此项将进行行、列变量是否独立的卡方检验。
- “相关性”选择此项将计算两个变量的线性相关度，但只适用于数值型数据。
- “名义”方框中各选项针对定类数据设置。
- “有序”方框中各选项针对定序数据设置。
- “按区间标定”复选框，在一个变量为名义变量另一个变量为定距变量时测 Eta。

Step 5：单击“单元格”按钮，打开如图 8-41 所示的对话框，默认的列联表仅仅在某个单元格中显示相应的数量。还可以通过选择图中选择项来显示行、列以及全部百分比、预测值、残差。

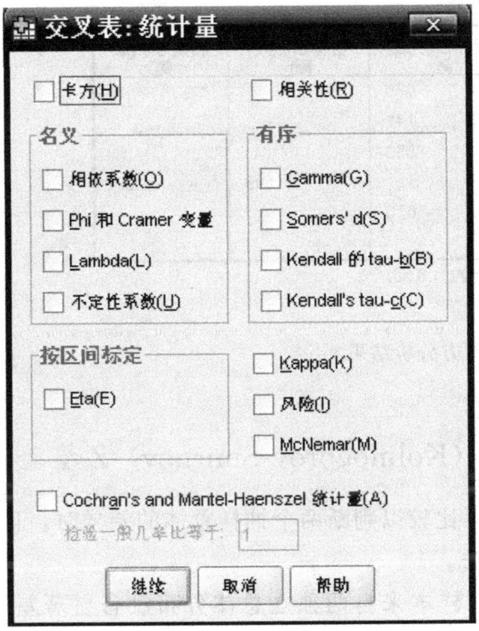

图 8-40　“交叉表：统计量”对话框

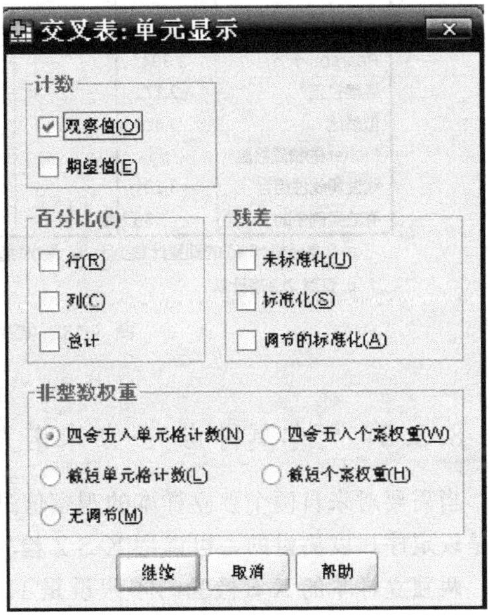

图 8-41　“交叉表：单元显示”对话框

Step 6：单击“格式”按钮，打开对话框可以设置报告格式的选择项。

Step 7：单击“确定”按钮运行。

Step 8：案例结果及解释。

如图 8-42 所示，在解读列联表时，我们使用的是纵向的百分比，即顺着每一列将各百分比累加，其总和是 100%。读表时按行横向进行，从表中可见，男性（用 1 表示）上网购物的比例（73.3%）比女性购物比例（40.0%）高。那么，这两个变量是否确实存在相关联系呢？我们用图 8-43 来说明，本案例中计算出的卡方值为 3.394，显著性概率为 0.065，大于显著性水平 0.05，因此不能拒绝零假设，说明“性别”与“因特网”两个变量的联系在 0.05 的水平下没有表现出统计上的显著性。

使用因特网购物* 性别 交叉制表

			性别		合计
			1	2	
使用因特网购物	1	计数	11	6	17
		性别 中的 %	73.3%	40.0%	56.7%
		标准残差	.9	-.9	
	2	计数	4	9	13
		性别 中的 %	26.7%	60.0%	43.3%
		标准残差	-1.0	1.0	
合计		计数	15	15	30
		性别 中的 %	100.0%	100.0%	100.0%

图 8-42　案例列联表分析结果

卡方检验

	值	df	渐进 Sig.(双侧)	精确 Sig.(双侧)	精确 Sig.(单侧)
Pearson 卡方	3.394[a]	1	.065		
连续校正[b]	2.172	1	.141		
似然比	3.466	1	.063		
Fisher的精确检验				.139	.070
线性和线性组合	3.281	1	.070		
有效案例中的 N	30				

a. 0 单元格(.0%)的期望计数少于 5。最小期望计数为 6.50。

b. 仅对 2x2 表计算

图 8-43　案例卡方分析结果

8.3.2　柯尔莫哥诺夫-斯米诺夫（Kolmogorov-Smirnov）Z 检验

当需要对来自两个独立样本的观察值进行比较以判断两个抽样总体的差异时，且变量是以定序尺度测量的，可以用 K-S Z 检验法。

两独立样本的 K-S 检验的零假设是 H_0，样本来自两独立总体分布没有显著差异。两独立样本的 K-S 检验方法是：首先将两组样本数据（X_1，X_2，…，X_m）和（Y_1，Y_2，…，Y_n）混合并按升序排列（m 和 n 为两组样本的样本容量），分别计算两组样本秩的累计频率和每个点上的累计频率，最后将两个累计频率相减，得到差值序列数据。两独立样本的 K-S 检验将关注差值序列。SPSS 将自动计算 K-S Z 统计量，并依据正态分布表给出对应的显著性概率值。如果显著性概率小于或等于用户给定的显著性水平 α，则应拒绝原假设 H_0，认为两个样本来自总体分布有显著差异。

SPSS 中 K-S Z 检验的实例分析与操作步骤如下。

在对因特网使用的案例中，我们比较男性和女性在因特网使用率的差异，执行“分析—非参数检验—两个独立样本”，打开“两个独立样本检验”对话框，如图 8-44 所示，操作步骤如下。

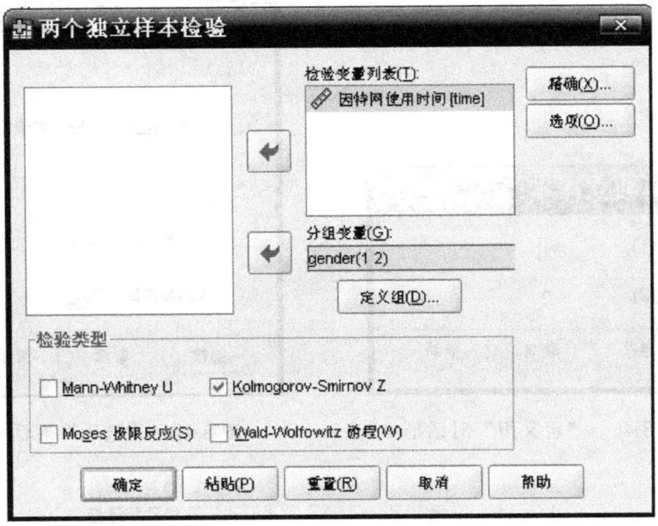

图 8-44　K-S 检验对话框

Step 1：首先对文件数据重新进行排列，如图 8-45 所示，一列用来存放变量值，相对应的另一列用来存放分组号。

Step 2：指定检验变量。在左侧列表框中将“因特网使用时间”作为检验变量移入右侧的“检验变量列表”矩形框中。

Step 3：选择分组变量。将“gender”作为分组变量，单击下面一个箭头按钮，将其送入“分组变量”矩形框中。单击“定义组”按钮，展开确定分组的对话框，如图 8-46 所示，在“组”中输入欲进行检验的数据对应的分类变量取值。

Step 4：确定检验方法。我们选择 K-S Z 检验法。“选项”按钮，如图 8-47 所示，设置输出统计量和缺失值处理方式。

Step 5：单击“确定”提交运行。

Step 6：案例结果及解释。

	time	gender	var
1	14.00	1.00	
2	13.00	1.00	
3	15.00	1.00	
4	9.00	1.00	
5	8.00	1.00	
6	5.00	1.00	
7	9.00	1.00	
8	4.00	1.00	
9	14.00	1.00	
10	9.00	1.00	
11	5.00	1.00	
12	15.00	1.00	
13	13.00	1.00	
14	4.00	1.00	
15	3.00	1.00	
16	2.00	2.00	
17	3.00	2.00	
18	3.00	2.00	
19	6.00	2.00	
20	2.00	2.00	
21	6.00	2.00	
22	6.00	2.00	
23	3.00	2.00	

图 8-45　进行 K-S 检验的数据格式

结果由图 8-48 给出频数。从图 8-49 中可以看出，计算得到的最大绝对值差为 0.667，最大正差为 0，最大负差为 -0.667，得到的 K-S Z 值为 1.826，显著性概率为 0.003，小于显著性水平 0.05，因此拒绝零假设，认为两个独立样本的总体分布存在显著差异。值得注意的是，两独立样本 K-S 检验适合于大样本容量的情况。因此这里所得到结果是否合适，需要通过其他检验方法来参考。

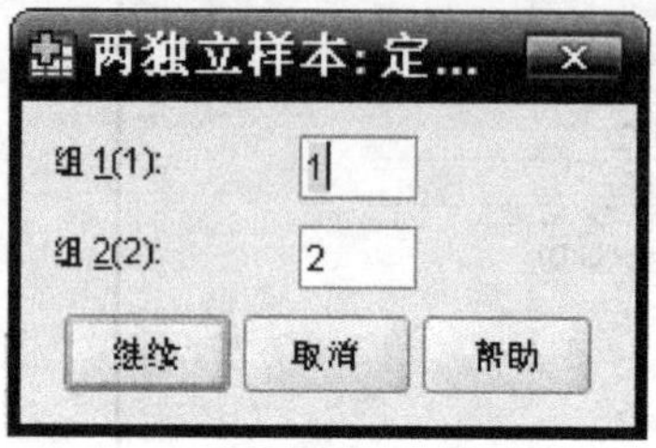

图 8-46 “定义组”对话框

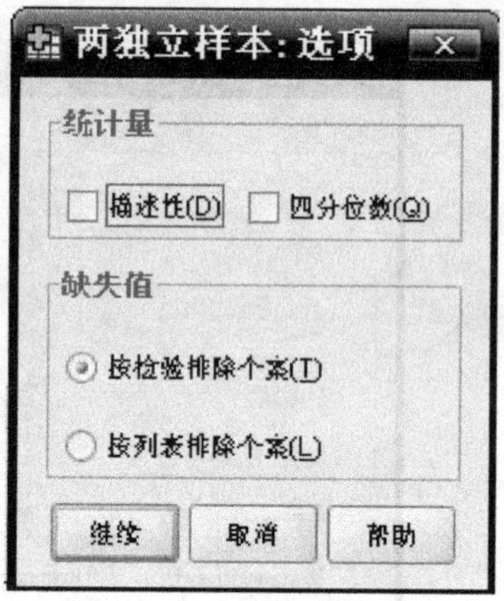

图 8-47 “选项”对话框

频率

	性别	N
因特网使用时间	1	15
	2	15
	总数	30

图 8-48 因特网使用时间的频数

检验统计量

		因特网使用时间
最极端差别	绝对值	.667
	正	.000
	负	-.667
Kolmogorov-Smirnov Z		1.826
渐近显著性(双侧)		.003

a. 分组变量: 性别

图 8-49 双样本 K-S Z 检验结果

8.3.3 均值比较与检验

上面讲了非参数的检验，接下来我们关注参数检验的差异分析。最常用的参数检验是用于考察均值假设的 T 检验，T 检验可以用于一个观测样本或两个观测样本的均值，而对于 3 个及以上的更多样本之间的差异则要用单因子方差分析（one-way）。T 检验以 T 统计量为基础，并假设变量呈正态分布，均值已知（或可以估计），同时抽样总体方差可以从样本中估计。

T 检验分别可以对单个样本、两个独立样本和配对样本进行检验。

（1）单个样本。在市场研究中，研究者经常需要根据已有的知识或给定的标准对单个变量做出结论。比如，至少 30％的潜在顾客愿意购买新产品，70％的顾客知道这个品牌。类似的结论都可以转化为单样本检验，如 T 检验和 Z 检验。

（2）两个独立样本。在市场研究中还遇到与两个不同抽样总体参数有关的假设，如高收入的消费者比低收入者是否更偏好使用国外品牌，两个细分市场中品牌忠诚使用者的比例存在差异。从两个不同抽样总体中随机选取的样本被称为独立样本（independent sample）。与一个样本的情况一样，假设可能与均值或比例有关。

（3）配对样本。当在市场研究中两组样本的观察值可能并非来自完全独立的样本，而是与共同的观察对象有关，称为配对样本（paired sample）。如让同一个受访对象评价两个竞争品牌，说明同一产品两个属性的相对重要性。这时“组”的差别要用配对样本 T 检验来考察。

SPSS 中 T 检验的实例分析与操作步骤：

在因特网使用案例中，我们对男性和女性在因特网使用率上是否存在差异进行 T 检验，考虑到样本的独立性，使用两个独立样本的 T 检验，其零假设 Ho 是男性和女性在因特网使用率上相等。在应用 T 检验前，因为是参数检验，我们必须对样本数据的独立性、正态性和方差齐性进行检验，在这里我们假设已得到验证。

执行“分析—比较均值—独立样本 T 检验”，出现如图 8-50 的对话框，具体操作步骤如下。

Step 1：首先对文件数据重新进行排列，如图 8-43 所示，一列用来存放变量值，相对应的另一列用来存放分组号。

Step 2：选择检验变量。单击左边列表框中“Time”作为检验变量，单击上面一个箭头按钮，将其送入“检验变量”矩形框中。

Step 3：选择分组变量。将“gender”作为分组变量，单击下面一个箭头按钮，将其送入“分组变量”矩形框中。

图 8-50　T 检验对话框

Step 4：单击“定义组”按钮，展开确定分组的对话框如图 8-51 所示，在“Group”中输入欲进行检验的数据对应的分类变量取值。“割点”输入框，对应于当分组变量为连续变量时，在该输入框中输入某个数值，则分组变量数据中大于或等于该值的数据作为一组，小丁该值的数据作为一组，然后对这两组数据进行 T 检验。

Step 5：“选项”按钮，设置采用的置信度和缺失值选项。

Step 6：单击“确定”提交运行。

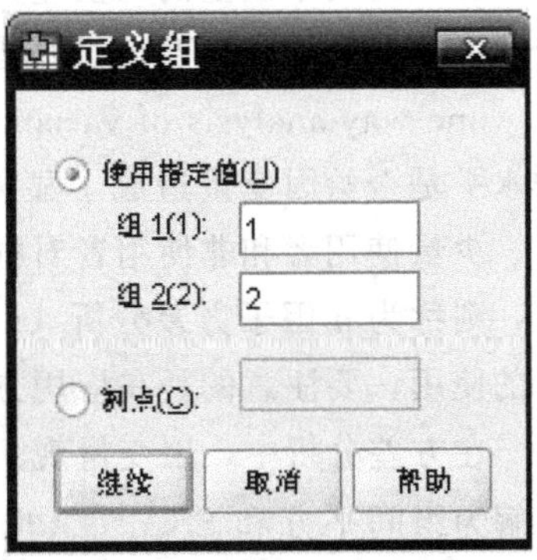

图 8-51　Define groups 对话框

Step 7：案例结果及解释。

图 8-52 是一些基本描述性统计结果，包括数据个数（N）、均值（mean）、标准离差（std. deviation）和均值的标准误差（std. error mean）。

组统计量

	性别	N	均值	标准差	均值的标准误差
因特网使用时间	1	15	9.3333	4.40238	1.13669
	2	15	3.8667	1.68466	0.43498

图 8-52 案例中分组变量的基本描述统计结果

图 8-53 列出了本案例中方差齐性检验（levene's test for equality of variance）结果 F 值为 15.507，显著性概率为 0.000，小于显著性水平 0.05，所以要拒绝方差齐性的假设，也就是说，不满足 T 检验的方差齐性的前提条件。本案例因此不能用 T 检验来检测男女两组之间因特网上网时间是否存在差异，但可以对数据进行转换，如对数处理等，再进行方差齐性检验，看是否满足 T 检验的条件，如果仍不满足则改用非参数检验。

独立样本检验

		方差方程的 Levene 检验		均值方程的 t 检验						
									差分的 95% 置信区间	
		F	Sig.	t	df	Sig.(双侧)	均值差值	标准误差值	下限	上限
因特网使用时间	假设方差相等	15.507	.000	4.492	28	.000	5.46667	1.21707	2.97360	7.95973
	假设方差不相等			4.492	18.014	.000	5.46667	1.21707	2.90983	8.02350

图 8-53 案例两组变量的 t 检验结果

至于单样本 T 检验和配对样本 T 检验在此也不再细述，需要提醒的是它们在 SPSS 中数据存放的格式和采用的命令都不相同。

8.3.4 单因子方差分析

方差分析（analysis of variance，ANOVA）是作为两组或两组以上均值差异的检验来实用的。其零假设为各组均值相等，相比于 T 检验的两个均值之间的比较，方差分析可以对两个以上的均值差异进行检验。方差分析必须有一个定量的因变量，以及一个或多个自变量，自变量必须是定类的。定类自变量称为因子（factor），单因子方差分析（one-way analysis of variance）只涉及一个定类变量或单一因子，测试此因子的不同水平是否给因变量造成了显著差异和变动。比如，信用卡的频繁使用者、普通使用者、少量使用者和非使用者对刷卡消费的偏好是否有差异。如果有两个或两个以上的因子，则称为 n 因子方差分析（n-way analysis of variance）。本节主要阐述单因子方差分析的使用，要注意的是在应用方差分析前，数据同样必须满足参数检验的三个条件。

在方差分析中，因变量观察值与总平均值之差的平方和称为总变差记为 SS_Y，它被分解为组间平方和 $SS_{between}$（也表示为 SS_x）和组内平方和 SS_{within} 两部分（也表示为 SS_{error}），前者表示为与 X 组均值变差有关的 Y 变差，代表 X 组间的变差；后者表示为

Y 变差中归因于 X 每组内的部分，是 X 无法解释的部分。

$$SS_Y = SS_x + SS_{error}$$

单因子方差分析的零假设 H_0 为各组均值相等，其零假设可以用 F 统计量来检验：

$$F = \frac{SS_x/(c-1)}{SS_{error}/(N-c)} = \frac{MS_X}{MS_{ERROR}}$$

这个统计量服从 F 分布，自由度 df 分别为（$c-1$）和（$N-c$），其中，c 为组数，N 为总个案数，MS_X 为组间均方，MS_{ERROR} 为组内均方。

SPSS 中单因子方差的实例分析与操作步骤如下。

➤例 8-2

在一项研究消费者对三种新产品开发概念（A、B、C）的偏好测试研究中，安排了 10 个消费者观看每个新产品模型，并在 9 点的 Likert 量表上进行排序，数据如表8-3所示。我们要比较的是这三种新产品开发的概念对于消费者来说是否具有同等的偏好？

表 8-3　新产品开发概念测试

A	B	C	A	B	C
4	7	8	4	6	7
5	4	7	4	5	8
3	6	7	3	5	8
4	5	6	5	4	5
3	4	8	5	4	6

执行“分析—比较均值—单因素 ANOVA”，出现如图 8-54 所示的对话框，具体操作步骤如下：

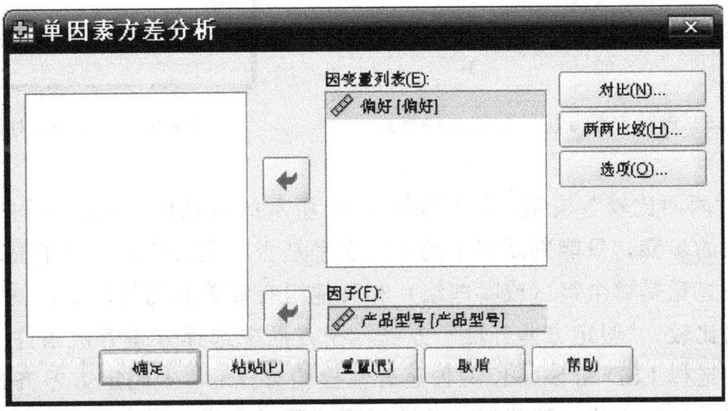

图 8-54　one-way ANOVA 对话框

Step 1：首先对文件数据重新进行排列，如图 8-55 所示，一列用来存放变量值，相对应的另一列用来存放分组号，注意组号用数字“123”来代表字母“ABC”。

Step 2：根据分析要求指定因变量和因子。本例中在左侧列表框中选择“偏好”进入“因变量列表”矩形框，选择“产品型号”进入“因子”矩形框。

Step 3：“选项”按钮，单击打开对话框如图 8-56 所示，选中“方差同质性检验”复选框，用 Levene 法进行方差齐性检验。由于方差分析的前提是不同水平下（在这里为“产品不同型号”下）的总体服从方差相等的正态分布。因此，必须进行正态性和方差齐性的检验，而且对后者的要求尤其严格。其零假设是各水平下总体方差没有显著差异，选中运行后在 SPSS 的结果中就会出现关于方差是否相等的检验结果和显著性概率值。如果显著性概率值小于或等于显著性水平，则拒绝零假设，认为各水平下总体方差不等；相反，如果相伴概率值大于显著性水平，则接受零假设，认为各水平下总体方差相等。在此对话框中还可以对输出统计量、缺失值处理进行设置。

	偏好	产品型号	var
6	4.00	1	
7	4.00	1	
8	3.00	1	
9	5.00	1	
10	5.00	1	
11	7.00	2	
12	4.00	2	
13	6.00	2	
14	5.00	2	
15	4.00	2	
16	6.00	2	
17	5.00	2	
18	5.00	2	
19	4.00	2	
20	4.00	2	
21	8.00	3	
22	7.00	3	
23	7.00	3	
24	6.00	3	
25	8.00	3	

图 8-55 进行方差分析的数据文件格式

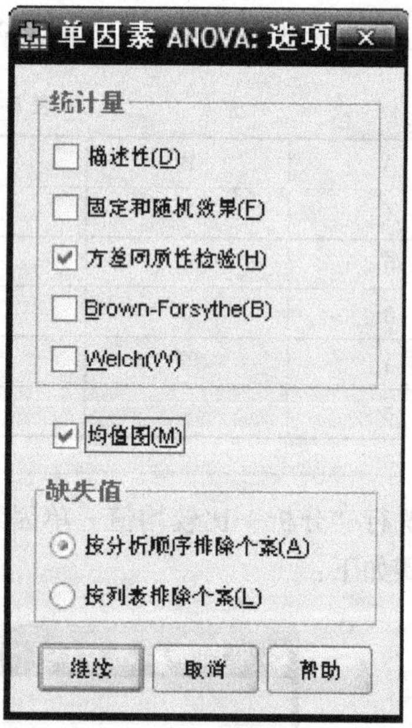

图 8-56 Options 对话框

Step 4：“两两比较”按钮，打开如图 8-57 所示的对话框，可以对均值进行多重比较。通过上面的步骤，只能判断因子的不同水平是否对观察变量产生了显著影响。如果想进一步了解究竟是哪个组（或哪些组）和其他组有显著的均值差别，就需要在多个样本均数间两两比较。“假定方差齐性”方框，在方框中选择方差齐次条件下的多重比较方法，本例中选择 LSD 和 S-N-K 两种显著性检验方法；“未假定方差齐性”方框为方差不齐时的多重比较方法。建议对这些选择项可同时选择若干个，以便比较各种均值比较方法的结果。

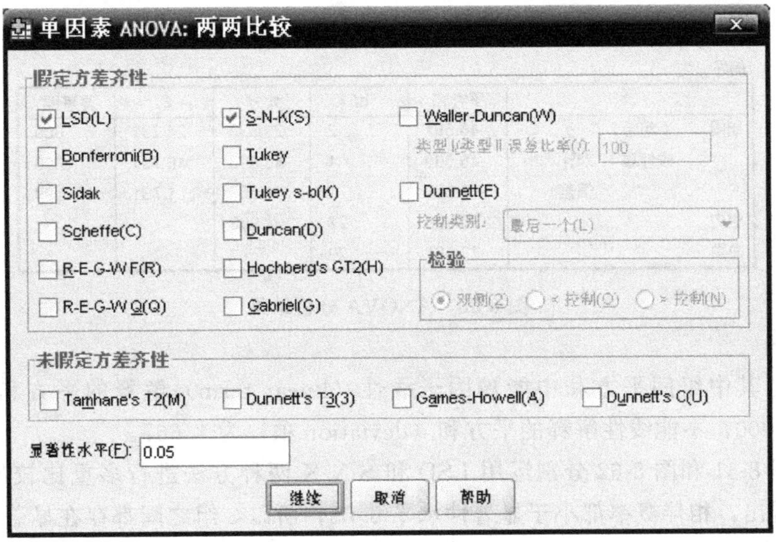

图 8-57　Post Hoc 对话框

Step 5：“对比”按钮。将组间平方和分解为线性、二次、三次或更高次的多项式。这样在方差分析结果中，就不仅可以输出组间平方和，还可以显示组间平方和的各个分解结果以及 F 统计量和显著性概率。这就是单因素方差分析的多项式检验。单击打开如图 8-58 所示的对话框，选中“多项式”选项，在“度”下拉框中指定“线性”，作线性分解。

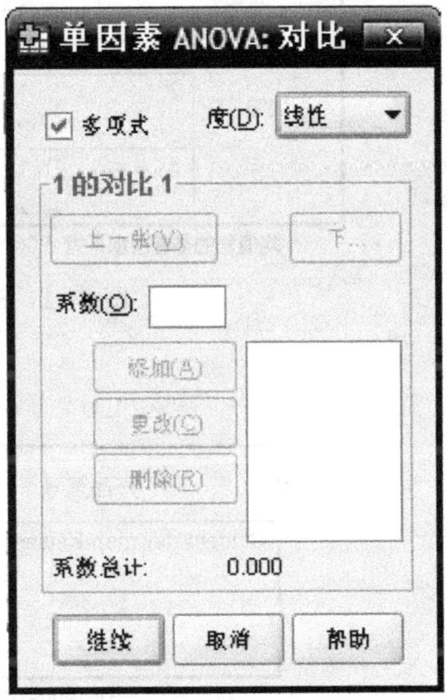

图 8-58　Contrast 对话框

Step 6：所有设置好后单击“OK”按钮运行。

Step 7：案例结果及解释。

本例结果我们按照出现结果的表顺序来逐个解释：

（1）方差分析的前提，“方差齐性检验”对方差齐性的检验结果，图 8-59 显著性概率为 0.375，大于显著性水平 0.05，所以认为总体各组的方差为相等，满足方差检验的前提条件。

（2）方差分析的结果如图 8-59 所示。从 ANOVA 检验的结果看，F 检验值为 24.321，显著性概率为 0.000，小于显著性水平 0.05，所以拒绝原假设，表示 3 个组中至少有一个组与其他两组有显著差别，当然也可能 3 个组之间都存在显著差别，这就要看多重比较的结果（图 8-60）。

方差齐性检验

偏好

Levene统计量	df1	df2	显著性
0.375	2	27	0.691

图 8-59　方差齐性检验

另外，可以看出 3 个组的总离差平方和为 72.667，其中因子不同水平造成的组间平方和为 46.667，随机变量造成的组内平方和

ANOVA

偏好

			平方和	df	均方	F	显著性
组间	（组合）		46.667	2	23.333	24.231	.000
	线性项	对比	45.000	1	45.000	46.731	.000
		偏差	1.667	1	1.667	1.731	.199
组内			26.000	27	.963		
总数			72.667	29			

图 8-60 ANOVA 分析结果

为 26.000，其中组间平方和中能被因子线性（linear term）解释的平方和（contrast 项）为 45.000，不能线性解释的平方和（deviation 项）为 1.667。

（3）图 8-61 和图 8-62 分别运用 LSD 和 S-N-K 两种方法进行多重比较的结果，从图中可以看出，相伴概率都小于显著性水平 0.05，所以 3 组之间都存在显著差别。

因变量：偏好

	(I) 产品型号	(J) 产品型号	均值差 (I-J)	标准误差	显著性	95% 置信区间	
						下限	上限
LSD	1	2	−1.00000*	.43885	.031	−1.9005	−.0995
		3	−3.00000*	.43885	.000	−3.9005	−2.0995
	2	1	1.00000*	.43885	.031	.0995	1.9005
		3	−2.00000*	.43885	.000	−2.9005	−1.0995
	3	1	3.00000*	.43885	.000	2.0995	3.9005
		2	2.00000*	.43885	.000	1.0995	2.9005

*. 均值差的显著性水平为 0.05。

图 8-61 SLD 方法对各组均值多重比较的结果

偏好

产品型号		N	alpha = 0.05 的子集		
			1	2	3
Student-Newman-Keuls[a]	1	10	4.0000		
	2	10		5.0000	
	3	10			7.0000
	显著性		1.000	1.000	1.000

将显示同类子集中的组均值。

a. 将使用调和均值样本大小 = 10.000。

图 8-62 用 S-N-K 方法对各组均值进行多重比较的结果

（4）各组均值的折线图如图 8-63 所示。

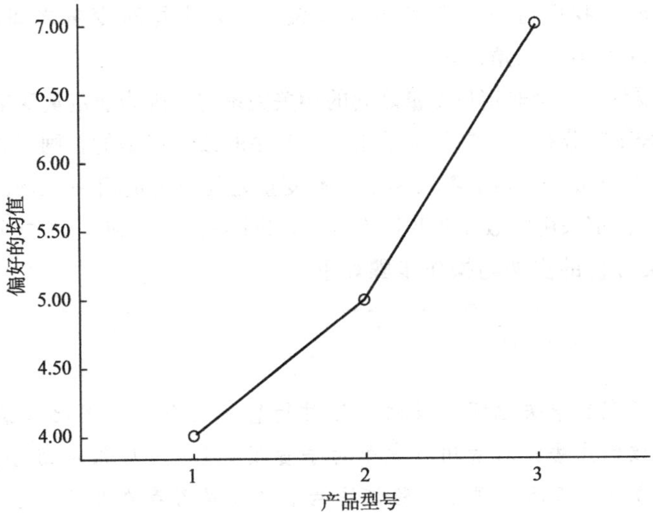

图 8-63　各组均值折线图

8.4　数据分析：关联分析

上面我们考察了两个或两个以上均值（或中位数）差异的检验，这些统计技术都只涉及一个定量的因变量，T 检验只设计一个二分的自变量，如中国和美国消费者对快餐食品偏好的差异就可以用 T 检验法来检验。而单因子方差分析的自变量也是定类的，但可以有两个以上的类别。回归分析可以设计一个以上的自变量，但所有的自变量必须都是用定距尺度衡量的，尽管二分变量和定类变量可以作为虚拟变量来使用。

回归分析在市场研究中被广泛地应用于解释市场份额、销售额、品牌偏好的差异，以及广告、促销活动、价格等营销变量与营销绩效之间的关系。在本节我们主要讨论双变量之间的情况。在讨论回归之前，我们必须明白相关的概念，很多事物或变量之间有着强烈的相关关系，但并非因果关系，如果是因果关系，两者必然相关。

8.4.1　相关分析

在市场研究中，我们经常需要表示两个定量变量之间联系的强度，如销售额与广告支出的关系，我们常用积矩相关（product moment correlation）系数 r 来概括两个定量变量 X 和 Y 之间关系的统计量，它能够表明 X 变量变差与 Y 变量变差的相关程度。因为这个指标最早由 Karl Pearson 提出，所以又称为 Pearson 相关系数，或者相关系数。对于 n 个观察样本，变量为 X 和 Y，积矩相关系统 r 的计算公式为

$$r_{xy}=\frac{\sum(x_i-x)(y_i-y)}{\left[\sum(x_i-x)^2\times\sum(y_i-y)^2\right]^{\frac{1}{2}}}$$

r 取值在－1.0 和＋1.0 之间，是个绝对数，不论两个变量各自的测量单位是什么，相关系数都不变。但积矩相关系数测量的是线形关系的强度，不能测量非线性关系。在

进行多变量分析时，我们可以用关系矩阵来表示，列出每对变量之间的相关关系，通常，只考虑矩阵的下半个三角即可。

当研究者需要计算两个非定量变量之间的相关关系时，因为非定量变量不具有定距或定比特征，也不符合正态分布。如果非定量变量是定序的或字符型的，则可以使用 Spearman's rho(ρs) 和 Kendall's tau(τ)，两者都可用于考察变量之间非定量相关（nonmetric correlation）的指标。这两个指标都采用序数而非变量绝对值，也都在－1.0 和＋1.0 之间。

SPSS 中相关分析的实例与操作步骤如下。

➢例 8-3

一家企业要研究在中央电视台投放广告对销售额的影响，因此收集了连续 15 个月与主要竞争对手相比广告投入费用（竞争对手费用＝100）与相对销售额的数据（竞争对手＝100），如表 8-4 所示，现在要验证这两者之间是否存在相关关系。

表 8-4 企业对相对广告和相对销售额的调查统计

月份编号	相对广告投入	相对销售额	月份编号	相对广告投入	相对销售额
1	95	98	9	85	93
2	92	94	10	101	107
3	103	110	11	106	114
4	115	125	12	120	132
5	77	82	13	118	129
6	79	84	14	75	79
7	105	112	15	99	105
8	94	99			

执行"分析—相关—双变量"，得到如图 8-64 所示的对话框，具体操作如下：

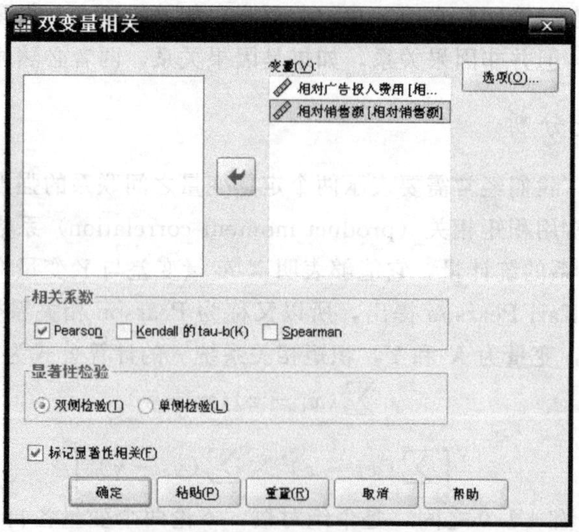

图 8-64 "双变量相关"对话框

Step 1：选择分析变量。如图 8-64 所示，在主对话框左面的变量表中选择要求相关系数的两个变量，本例中选择“相对广告投入费用”和“相对销售额”，然后点击右箭头移入右边“变量”矩形框中。

Step 2：“相关系数”选项，选择所要计算的相关系数类型。系统默认相关系数为 Pearson（只有定距变量才使用这种相关分析），与我们要分析的变量类型一致。对“显著性检验”系统默认“双侧检验”，即双尾 T 检验。本例中选择了“标记显著性相关”，表示相关分析结果中将不显示统计检验的显著性概率，而以星号“*”表示。一个星号表示统计检验的显著概率小于显著性水平 0.05，两个星号表示小于显著性水平 0.01。

Step 3：有关二元变量相关分析的选择项。点击“选项”按钮弹出如图 8-65 所示的对话框，本例要求输出 X、Y 的均数与标准差，故单击“均值和标准差”选项，缺失值处理方式为“按对排除个案”。

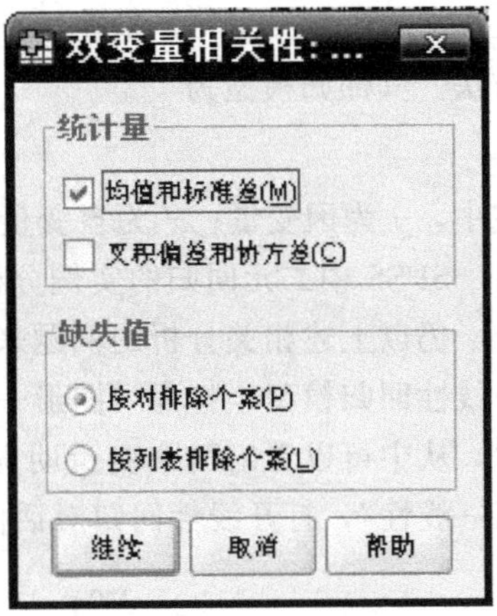

图 8-65　“选项”对话框

Step 4：确认“确定”运行。

Step 5：案例结果及解释。

结果中第一个表格（图 8-66），列出了两个变量的均值、标准差和个案数。图 8-67列出了所求的相关系数，它以矩阵形式列出，我们只要看下半部分，就可以看出“相对广告投入费用”和“相对销售额”的皮尔逊相关系数为 0.994，数据旁边两颗星表示小于显著性水平 0.01，即两者显著相关，且为正相关。

描述性统计量

	均值	标准差	N
相对广告投入费用	97.6000	14.34175	15
相对销售额	104.20	16.584	15

图 8-66　“相对广告投入费用”和“相对销售额”的描述统计

相关性

		相对广告投入费用	相对销售额
相对广告投入费用	Pearson 相关性	1	.994**
	显著性（双侧）		.000
	N	15	15
相对销售额	Pearson 相关性	.994**	1
	显著性（双侧）	.000	
	N	15	15

**. 在 .01 水平（双侧）上显著相关。

图 8-67　“相对广告投入费用”和“相对销售额”的相关分析结果

8.4.2　二元回归

虽然检验变量之间的相关关系很重要，但这只是研究工作的一部分。科学研究常常要求探究变量之间是否具有可解释的因果关系。回归分析（regression analysis）是分析定量因变量与一个或多个自变量之间相关关系的有效且易用的方法，可以确定自变量到底能够多大程度解释因变量的变化，也即二者之间的关系强度到底有多大。二元回归（bivariate regression）是在一个定量因变量和一个定量自变量之间建立数学关系等式的方法。其回归模型为

$$y=b_0+b_1x$$

式中，y 为因变量；x 为自变量；b_0 和 b_1 为特定参数（其中 b_1 为回归系数）。

SPSS 中二元回归的实例分析与操作步骤如下。

仍以上述相关分析的例题来进行二元回归分析。在这之前先画散点图，确定是否适合线性回归模型，打开“图形—旧对话框—散点图/点图”命令，作图结果如图 8-68 所示，从中可以看出两个变量明显呈正相关关系，适合线性回归分析。执行“分析—回归—线性”，打开线性回归对话框，如图 8-69 所示，具体操作步骤如下：

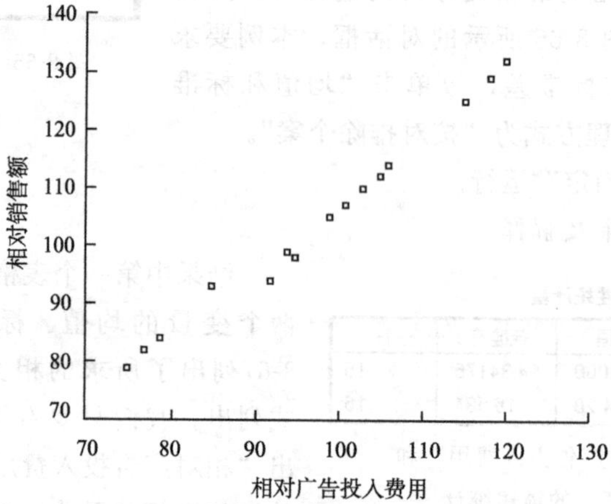

图 8-68　两变量之间的散点图

Step 1：在左侧的源变量框中选择一个变量作为因变量移入右侧“因变量”框中，选择一个变量作为自变量进入“自变量”框中。本例中分别把“相对广告投入费用”作为自变量，“相对销售额”作为因变量。

Step 2：在“方法”选择框中确定一种回归分析方法，这些选项在进行多元回归时可以进行选择。本例中只有一个自变量，选择“进入”默认方式。

（1）“进入”选项，为默认方式，表示所选自变量全部进入回归模型。

（2）“逐步”选项，即逐步进入法，它是向前选择变量法和向后剔除变量法的结合。根据在“选项”对话框中所设定的判据，首先根据方差分析结果选择符合判据的自变量，且与因变量相关程度最高的进入回归方程。根据向前选择变量法选入自变量，然后根据向后剔除法，将模型中 F 值最小的且符合剔除判据的变量剔除出模型，重复进行直到回归方程中的自变量均符合进入模型的判据，模型外的自变量都不符合进入模型的判据为止。

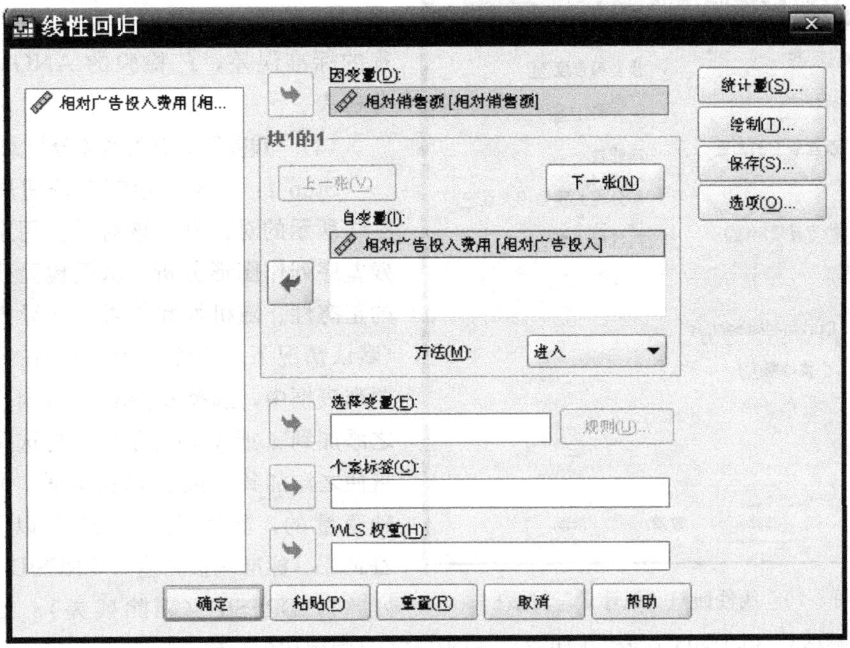

图 8-69　线性回归对话框

(3)“删除”选项，表示在建立回归方程时，根据设定的条件从回归方程中剔除部分自变量。

(4)“向后”选项，即向后剔除法，根据在“选项”对话框中所设定的判据，先建立全模型，然后根据设置的判据，每次剔除一个使方差分析中的 F 值最小的自变量，直到回归方程中不再含有不符合判据的自变量为止。

(5)“向前”选项，即向前选择法，根据在“选项”对话框中所设定的判据，从无自变量开始，在拟合过程中，对被选择的自变量进行方差分析，每次加入一个 F 值最大的变量，直至所有符合判据的变量都进入模型为止（第一个引入模型的自变量应该与因变量间相关系数的绝对值最大）。

(6)“选择变量”框用来对样本数据进行筛选，挑选满足一定条件的样本数据进行线性回归分析。

(7)“个案标签”框用来表示作图时，以哪个变量作各样本数据点的标志变量。

(8)“WSL 权重”框用来输入变量名，对应变量的值将作加权处理。

Step 3：“统计量”按钮。单击打开对话框如图 8-70 所示，选择是否作变量的描述性统计、回归方程因变量的可信区间估计等。

(1)“估计”为默认选项，将输出与回归系数相关的统计量，如回归系数、回归系数的标准误差、标准回归系数、T 统计量和相应的显著性概率值（Sig.）等。其中，标准化回归系数有助于判断多元回归方程各个自变量的单位不统一时，哪个自变量对因变量的影响较大。

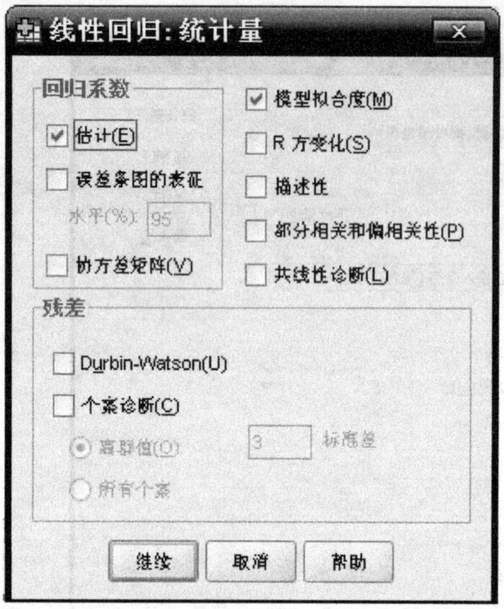

图 8-70 线性回归“统计量”对话框

（2）“模型拟合度”为默认选项，输出判定系数、调整的判定系数、回归方程的标准误差，F 检验的 ANOVA 方差分析表。

（3）“残差”为有关残差分析的选择项。

Step 4：点击“绘制”按钮展开如图 8-71 所示的对话框，该对话框用来设置对残差序列作图形分析，从而检验残差序列的正态性、随机性和是否存在异方差现象（默认情况下，不输出图形）。在左上角的源列表框中，选择 dependent（因变量）使之添加到 x 或 y 轴变量框，再选择其他变量使之添加到 y 或 x 轴变量框。可以作为轴变量的，除因变量外还有以下参数：ZPRED（标准化预测值），ZRESID（标准化残差），DRESID（剔除残差），ADJPRED（调节预测值）、SRESID（学生化残差）、SDRESID（学生化剔除残差）。

“标准化残差图”方框，选择“直方图”，表示输出带有正态曲线的标准化残差的直方图；选择“正态概率图”，表示输出残差的正态 P-P 概率图。

“产生所有部分图”选项，表示输出所有的自变量残差相对于因变量残差的散布图。

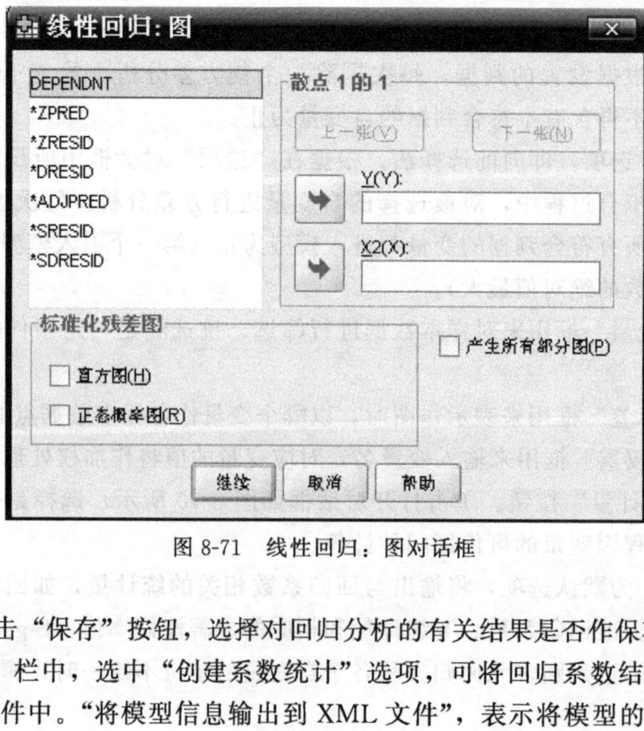

图 8-71 线性回归：图对话框

Step 5：点击“保存”按钮，选择对回归分析的有关结果是否作保存，如图 8-72 所示。“系数统计”栏中，选中“创建系数统计”选项，可将回归系数结果保存到一个指定的数据集或文件中。“将模型信息输出到 XML 文件”，表示将模型的有关信息输出到一个 XML 型文件中。

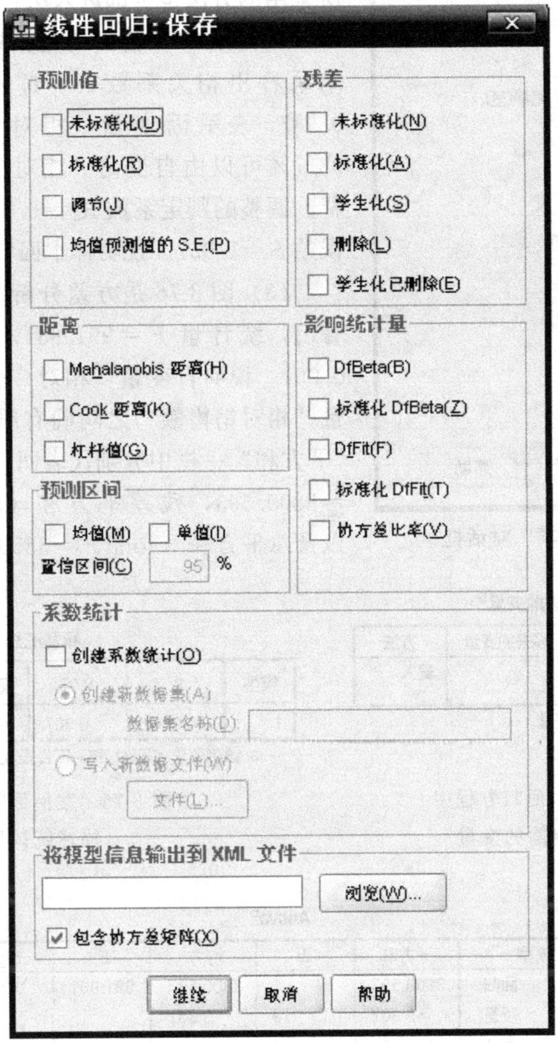

图 8-72　“保存”对话框

Step 6：点击“选项”按钮，打开如图 8-73 所示的对话框，“步进方法标准”用于设定与多元线性回归分析中自变量的筛选有关的参数，其中“使用 F 的概率”选项为默认，表示以回归系数显著性检验中各自变量的 F 统计量的显著概率作为自变量是否引入模型或者从模型剔除的标准。“在等式中包含常量”复选框为默认选项，表示在回归方程中将包含常数项。另外，还可以在“缺失值”框中设置缺失值处理方式。

Step 7：单击“确定”进行回归分析。由于本研究问题是简单二元回归，因此在以上诸多选项中只选择默认选项和各选项的默认值即可。

Step 8：案例及输出结果解释。

(1) 图 8-74 首先显示的是回归方程中被引入和剔除的各变量，这部分结果说明在

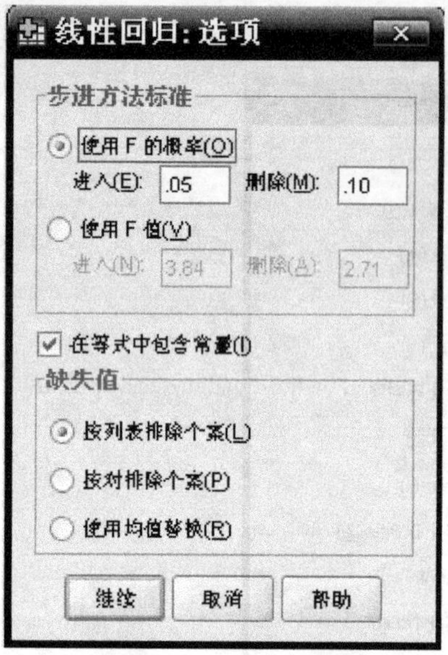

图 8-73　“选项”对话框

对编号为 1 的模型（Model）进行线性回归分析时所采用的方法是全部进入法：输入。

（2）图 8-75 输出的是描述统计量。从这部分结果看出相关系数 $R=0.994$，判定系数 $R^2=0.987$，表示因变量“相对销售额的变动”有 98.7%可以由自变量“相对广告额的变化”来解释。调整的判定系数 $R^2=0.986$，回归估计的标准误差 $S=1.957$。说明样本回归方程的代表性强。

（3）图 8-76 是方差分析。从这部分结果可以看出，统计量 $F=991.981$，显著性概率值 $p<0.001$。说明自变量“相对广告投入费用”与因变量“相对销售额”之间确有线性回归关系。另外，“平方和”一栏中分别代表回归平方和（regression）$=3800.593$，残差平方和（Residual）$=49.807$，以及总平方和（Total）$=3850.400$，df 为自由度。

输入/移去的变量[b]

模型	输入的变量	移去的变量	方法
1	相对广告投入费用[a]	.	输入

a. 已输入所有请求的变量。

b. 因变量: 相对销售额。

图 8-74　案例回归方程中被引入和剔除的变量

模型汇总

模型	R	R 方	调整 R 方	标准估计的误差
1	0.994[a]	0.987	0.986	1.957

a. 预测变量: (常量), 相对广告投入费用。

图 8-75　案例回归方程的描述统计量

Anova[b]

模型		平方和	df	均方	F	Sig.
1	回归	3800.593	1	3800.593	991.981	0.000[a]
	残差	49.807	13	3.831		
	总计	3850.400	14			

a. 预测变量: (常量), 相对广告投入费用。

b. 因变量: 相对销售额。

图 8-76　回归方程的方差分析

（4）图 8-77 是回归系数分析。其中，T 为回归系数检验统计量，Sig. 为显著概率值。从图 8-77 中可以看出估计值及其检验结果．常数项 $b_0=1.149$，回归系数 $b_1=0.994$，回归系数检验统计量 $T=31.496$，显著概率值 $p<0.001$，说明回归系数与 0 有显著差别，该回归方程有意义：$y=1.149+0.994x$。

系数[a]

模型		非标准化系数		标准系数	T	Sig.
		B	标准 误差	试用版		
1	(常量)	-7.927	3.596		-2.204	0.046
	相对广告投入费用	1.149	0.036	0.994	31.496	0.000

a. 因变量: 相对销售额。

图 8-77　回归方程的系数分析

本章小结

本章主要阐述在了解市场调查基本原理和步骤后，如何应用 SPSS 统计软件来为每一步的数据分析提供技术支持。从最基本的基础数据分析，发现特殊值、缺失值和极端值，改善样本数据，到各变量数据的描述性统计，发现数据基本结构，再到后来的方差、相关和回归等高级统计，提供解释性关系，SPSS 都提供了强大的工具。

在对任何一份数据分析前，研究者首先要明确变量的测量层次，使用参数统计还是非参数统计，具体又应该应用什么统计方法。列联表是反映两个或多个变量联合分布的表格，卡方统计量表示的是对列联表中观察到的联系的统计显著性检验。T 检验和方差分析可用于考察均值差异的假设，相关和回归则考察两个连续性变量之间到底存在怎样的相互联系。在应用 T 检验、方差分析和回归分析时，首先要对该检验的相关前提进行检验，只有满足要求后才能进行相关的分析。

思考练习题

1. 在对原始数据进行清检时需要关注哪些问题？通过运用 SPSS 中的何种命令可以解决？

2. 参数检验和非参数检验有什么区别，各自适用的范围是什么？

3. 讨论列联表所解释的变量之间的关系。如何去发现这种关系，为什么在现实调查中被广泛使用？

4. 描述在 SPSS 软件中进行一般 T 检验、K-S Z 检验的步骤？

5. 进行方差分析前需要通过哪些检验？方差分析和 T 检验各自的适用范围是什么？

6. 相关和回归之间是什么关系，回归分析的主要用途是什么？在 SPSS 软件中如何操作？

7. 请你在现实生活中找出一个存在回归关系的实例，然后收集数据进行证明是否确实存在这种关系？统计显著性又如何？

附录：本章中基本统计量的意义

Harmonic Mean　调和平均值
Kurtosis　峰度
Maximum　最大值
Mean　算术平均值

Median　中值

Minimum　最小值

Number of Cases　个案数

Percent of N in　各综述变量对应的某分类变量的数据对应的个案数占总个案数的百分数

Percent of Sum in　各综述变量对应的某分类变量的数据之和占数据综合的百分数

Percent of Total N　某类数据对应的个案数占总个案数的百分数

Percent of Total Sum　某类数据的总和占全部数据总和的百分数

Range　极差

Skewness　偏度

Standard Deviation　标准离差

Error of Kurtosis　峰度的标准误差

Error of Mean　均值的标准误差

Error of Skewness　偏度的标准误差

Sum　数据累加值

Variance　方差

第9章

市场预测概述

本章导读

市场预测是指对未知的市场和市场未来的变化进行预先的估计和推测。市场预测包括两个方面的含义：一是对现有的、未知的潜在市场进行预测，目的在于了解现有市场的潜力，更好地进行经营决策；二是对未来市场的发展变化进行预测，目的在于把握市场发展变化的趋势，以便更好地决定今后应采取的行动。本书介绍的市场预测方法更多的是对未来的市场进行预测。

【本章主要内容】

- 市场预测的特点和类型
- 市场预测的原理
- 市场预测的步骤

9.1 市场预测的特点和类型

9.1.1 市场预测的特点

市场预测中，未知市场的估计和市场未来变化的推测，是在一定理论指导下，以市场发展的历史和现状为基础，以市场调研资料和统计数据为依据，运用定性分析和定量分析方法，在分析和把握市场运行趋势和规律的前提下，对未知的市场或市场未来的发展变化进行科学的估计和推测。市场预测具有如下特点。

1. 预测对象具有不确定性

市场预测是研究市场不确定事件的，如果未知的未来的市场具有确定性，那就用不着预测了。由于市场存在着不确定性，为了趋利避害，决定行动的取舍，增强生产经营的预见性和主动性，企业有必要开展市场预测。

2. 市场预测具有目的性

市场预测是为生产经营决策或市场营销决策服务的，决策以科学的预测结果为基础，并通过分析比较，选取最优方案。因此，预测是决策的先导，是决策科学化的前提，没有准确、科学的预测要取得决策的成功是不可能的。

3. 市场预测具有科学性

市场预测不是随心所欲的主观臆测，它依据收集的大量历史资料和现实资料，运用科学的预测方法，通过分析研究，在探究事物演变的过程、特点、趋势和规律的基础上有效的预测市场未来的发展变化。

4. 市场预测具有综合性

市场预测不是简单的估计和推测，它要求运用多种定性分析和定量分析的方法，对大量的预测资料进行综合分析，在把握市场运行趋势和规律的基础上，只有对市场未来的变化做出综合性的推断，并对预测结果进行多方面的评价和论证，才能够确保预测结果的准确性和科学性。

5. 预测误差具有不可避免性

市场未来的发展变化总是具有某种程度的不确定性，未来的发展趋势怎么样，规模、水平、结构、速度会发生什么样的变化，往往是不确定的，预先难以完全肯定，更难十分精确地给出定量描述。因此，市场预测的结果与未来的实际很难完全吻合，总是存在一定的误差。预测误差有两种情形：一是量的误差，预测结果与实际结果只是数量上有一定的偏差；二是质的误差，预测结果与实现结果完全背离。尽管预测误差是客观存在的，但预测者应防止质的误差，并尽可能把量的误差降到最低。

9.1.2 市场预测的类型

市场预测根据研究的任务不同，按照不同的标准可以有不同的分类。

1. 按预测的时间跨度分类

市场预测按预测的时间跨度划分，可分为短期预测、中期预测和长期预测。短期预测一般是指 2 年内的预测，中期预测一般是指 2～5 年的预测，长期预测一般是指 5 年以上的预测。

2. 按预测的空间范围分类

这里的“空间”范围，可以有两种理解：一是地理的空间范围；二是经济活动的空间范围。

按地理空间范围分，市场预测可以分为国内市场预测和国际市场预测。这种预测分类比较简单，预测对象除地理位置不同外，无任何其他互相区别的特征。

按经济活动的空间范围分，市场预测可分为宏观的市场预测和微观的市场预测。前者是指对市场发展的总趋势进行的综合性预测，如社会商品零售总额预测、社会商品购买力预测等。后者是指单个企业的产品销售量预测或单个商品的社会总需求预测等方面的预测。

3. 按预测的性质分类

按预测的性质划分，市场预测可以分为定量预测和定性预测。对于定量预测和定性预测的含义，现在有两种不同的观点。一种观点认为定性预测的特点是对预测对象做出变动方向和性质上的推断，而定量预测则要求对预测对象的变化做出数量上的推断。例如，据预测，20 世纪内小轿车不可能进入以公务员（机关干部）、教师、工人、营业员等为代表的普通工薪阶层家庭，这是一种定性预测。又如，据预测，2000 年我国的社会消费品零售总额将突破 40 000 亿元（1996 年为 24 614 亿元），这是一种定量预测。

另一种观点认为，定性预测并不是指预测的结果是定性的，而是指定性预测中使用的方法是定性的（以逻辑判断为主的）。例如，据邓小平同志预测，20 世纪末我国人均国民收入将达到 1000 美元，这是一种定性预测。只有当使用定量方法进行预测时，预测才可称为定量预测。当然，这里牵涉到对“定量方法”的理解问题。一般认为，简单的加加减减还不能算是“定量方法”，定量方法是指使用比较复杂的数学模型进行预测。但这又牵涉到对“比较复杂”和“数学模型”的理解……总而言之，定性预测与定量预测只能有一个大致的划分，两者中间有一片“模糊区域”。

对上述两种观点，我们认为，从严格意义上说，第一种定义更能做到名实相符。但从实用的角度看，后一种方法更有意义。因为按第一种定义，定性预测这一概念几乎没有存在的必要，它适用的范围太狭窄了。因此，本书按第二种定义来区别定性预测与定量预测。

4. 按预测的对象是否可控分类

按预测的对象是否可控，市场预测可以分为主观计划预测与客观发展预测。

主观计划预测是指预测者在做出预测的同时，把预测目标的实现列入了工作计划，并辅之以主观努力，以力争预测目标实现的一种预测。例如，毛泽东同志在 1956 年预测：“搞一点原子弹、氢弹，我看有 10 年工夫完全可能。”此语一出，一支攻关大军迅速组建起来，并受到毛泽东、周恩来等领导人的大力支持。8 年后，蘑菇状烟云从新疆罗布泊升起，标志着中国从此加入了世界核子俱乐部。3 年后，中国又成功地爆炸了第一颗氢弹。毛泽东同志的预测实现了。因此，主观计划预测的特点是预测与主观努力相结合。在做预测时，已经估计到通过努力可以达到预测目标；而主观努力的发挥程度，又可以加速或延缓预测目标的实现。一般来说，主观计划预测的结果比较准确，而且，越是中长期预测，准确度越高（相对于客观发展预测而言），因为通过主观努力的发挥程度以控制预测目标实现进程的余地较大。

客观发展预测是指预测者对预测目标的发展过程无能为力，只能预测其发展过程，适应其客观变化的一种预测。例如，据预测，我国彩色电视机的社会拥有量逐年增加，到 2000 年将达到 2.4 亿台（1996 年为 1.5 亿台）。这对电影业将造成越来越大的冲击。对此电视机逐年增加的趋势，电影业无能为力。但它可以根据这一客观发展的趋势制定对策，努力提高电影制片质量，以迎接电视对电影的挑战。

9.2 市场预测的原理

市场预测的原理，就是关于人们为什么能够运用各种方法来进行市场预测的道理。它是市场预测方法的基础。市场预测的原理如下。

9.2.1 可测性原理

从理论上说，世界上一切事物的运动、变化都是有规律的，因而是可以预测的。即使是像扔硬币那样的通常人们认为是不可测的事件也不例外。扔硬币的结果是正面朝上还是反面朝上，受到多种因素的影响。例如，硬币出手时的位置、初速度、空气流速等。如果我们能精确地测定这些变量，那么，扔硬币的结果就是可以预测的。当然，实际上，这样做非常困难，也无必要。因此，人们一般认为一次性扔硬币的结果是不可测的。但是，如果扔硬币进行多次，则我们就能找出正面向上的次数的统计规律，进而预测正面向上的次数。

就市场预测而言，情况也有类似之处。例如，若我们想预测某个消费者的购买行为，那是相当困难的，也无此必要。因为消费者的购买行为受到各种经济的、社会的、心理的因素影响，而且这些因素难以正确地测定。但是，大量消费者所表现出来的加总购买力，却呈现出一种有规律的现象，因而是可以预测的。这就是市场预测的可测性原理。它是一条最根本的原理。

9.2.2 连续性原理

单个消费者的需求可能因某些特殊因素的影响（正影响或负影响）而发生剧烈的变化。但是，由于消费者的数量众多，每个消费者需求的变化并不可能对整个总需求产生明显的影响。同时，一部分消费者的正影响与另一部分消费者的负影响相抵消，从而使总需求量呈现出随时间的推移而连续变化的趋势。这就是市场预测的连续性原理。连续性原理是我们用时间序列方法进行预测的理论基础。连续性原理不适合于个人因素起很大作用的场合。例如，某种商品的价格，可能因决策者的主观意志而大幅度地增加或减少，这时，若用基于连续性原理的时间序列方法来进行预测，就会失败。

9.2.3 因果性原理

市场需求虽然受到多种因素的影响，但是，这些影响不外乎是正影响（使需求增加）或负影响（使需求减少）两种。在大多数情况下，大部分因素的正影响与负影响互相抵消，从而使市场需求明显地呈现出因一个或少数几个因素的变化而变化的规律。这就是市场预测的因果性原理。必须指出，这里所讲的正负影响与前面连续性原理中所讲的正负影响是不同的。这里的正负影响，是指不同因素的变化对消费者群体总需求的影响；而前面所讲的正负影响，是指不同消费者的需求变化对消费者群体总需求的影响。在某些情况下，用因果性原理来指导预测要比连续性原理更有效。例如，对婴儿食品的需求与婴儿的人数之间有很强的因果关系，而每年的婴儿出生人数由于受各种因素的影响（例如，不少人不愿在羊年生孩子），连续性并不太强，从而导致历年的婴儿食品销售量出现较大波动。这时，设法通过抽样调查从医院获得孕妇人数的数据，并据此来预测对婴儿食品的需求，结果可能更为准确。

9.2.4　类推性原理

类推性原理是说，世界上的事物有类似之处。我们可以根据已出现的某一事件的变化规律来预测即将出现的类似事件的变化规律。

类推性原理在缺乏历史数据时使用得较多。例如，私人轿车的需求，目前在中国只是初露端倪，购买者多为影星、歌星、舞星、体育明星、个体大亨等，他们在中国消费者阶层中没有代表性，故难以根据私人轿车目前的销售量来预测未来。这时，可以根据国外与中国情况相近，但经济较为发达的国家或地区的轿车销售状况类推预测中国未来私人轿车的普及情况。

在类推预测中，要注意一叶障目不见其他的错误倾向。例如，在根据国外轿车普及情况来类推预测我国未来的小轿车需求量时，若只根据人均收入水平一个因素进行预测，必定会得出错误的结论。事实情况是，中国人口众多，解决居民住房问题的任务尚很艰巨，根本无土地来建小轿车停车场。而且，现有公寓式的住房建筑使居住者难以拥有停放自己轿车的车库。另外，我国人均石油占有量排在世界第 130 位之后。因此，仅从停车场和汽油两个因素来看，我国小轿车的市场需求量也绝不是很大的。即使人均收入达到了发达国家的水平，人均轿车的拥有量也必然与发达国家的水平有较大差距。

9.2.5　系统性原理

任何一个企业的经营活动都是在社会的大系统中进行的。这个社会大系统又可分为政治、经济、技术、文化等子系统。对产品的需求影响最大的是经济子系统。因此，预测的着眼点往往是经济子系统。但是，由于各子系统是互相联系、互相影响的，因此，不但要注意经济子系统内各变量对商品的市场需求的影响，还要经常注意其他系统中变量的变化对商品的市场需求的影响，并据此对预测结果进行调整。这就是预测的系统性原理。

预测的系统性原理是定性预测方法的理论基础，因为社会大系统中各子系统对预测目标的影响很难用数学模型来描述，只能根据经验做出逻辑判断。例如，某市一位大型商场的经理，屡见报载关于摩托车驾驶员发生交通事故受伤的消息，就决定购进摩托车驾驶员头盔 1000 顶。没过一个月，当地交通部门宣布今后无头盔不准驾驶摩托车。于是这批头盔顷刻间一销而空，商店做了一笔好生意。在这个例子中，商场经理关于摩托车驾驶员头盔销售将会走俏的预测显然是根据经验的逻辑判断做出的。

上面我们讨论了市场预测的原理。其中，可测性原理是统领性的，而连续性原理、因果性原理、类推性原理和系统性原理则隶属于可测性原理。

与这些原理相对应，有如图 9-1 所示的市场预测的方法。

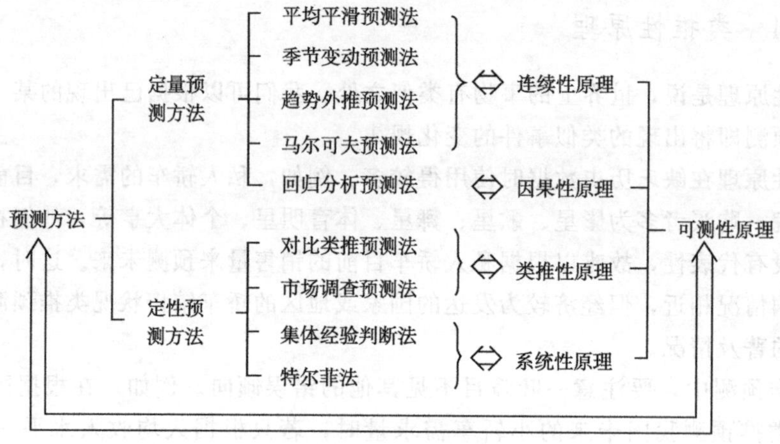

图 9-1 市场预测的原理与方法的对应

9.3 市场预测的步骤

人们心目中的市场预测，往往是由一组已知的数据，拟合一个预测的数学模型并进行预测。这种预测是比较简单的。但实际上，企业的厂长、经理心目中的预测要比这复杂得多。预测是用来为决策服务的。

下面我们结合服装市场预测的基本程序来介绍市场预测的一般步骤。服装市场预测的基本程序，就是开展服装市场预测工作的步骤，它有利于提高预测工作的效率，保障预测的精度与质量，以便更有效地为服装企业经营决策工作服务。具体步骤可以分为以下几步。

9.3.1 确定预测目标，分析总体形势

在进行服装市场预测之前，首先要确定预测目标。因为服装市场预测的其他步骤，都是由预测目标决定的。有了明确的预测目标才能有的放矢地决定需要收集和整理哪些信息资料。例如，要预测消费者对服装商品的需求情况，就要通过抽样调查了解消费者需要哪些服装商品，数量多少，什么时候需要等。有了明确的预测目标，不仅可以决定需要收集和整理哪些信息资料，而且可以确定需要采取什么预测方法，应取得何种预测结果，预测的重点放在哪里等。因此，目标明确、要求具体，是有效进行服装市场预测的前提和决定性步骤。

9.3.2 明确预测内容，拟订预测计划

为了保证服装市场预测目标的顺利实现，要拟订具体周详、切实可行的预测计划。例如，一家服装店对市场的预测计划应包括的主要内容为：由哪个单位负责服装市场预测工作，预测前应做哪些准备工作，收集和整理信息资料的步骤和方法，预测方法的选择，对预测准确度的要求，预测工作的期限，预测费用等。当然，预测计划拟订后不是

一成不变的，通过预测的实践，出现了新问题，就必须对原计划做必要的修正。可以说，预测计划是确保预测工作按时按质完成的重要依据。

9.3.3　整理信息资料，找出相关因素

预测目标的建立，不能凭主观臆断，而应该以有关的信息资料为依据。为此，要有的放矢地收集预测目标未来发展的有关信息资料。内部资料，主要包括企业内部的统计资料、市场调查报告、市场动态分析等。外部资料，主要包括政府部门公布的统计资料、高等院校和科研单位的研究报告、电子网络和报刊发表的服装市场资料等。对已有的原始资料要进行整理，凡是统计指标的口径、统计核算的方法、统计的时间等前后不一致的，都要进行调整。凡是受某些非常因素影响的数据，要加以剔除。凡是通过整理发现原始资料需要补缺的，要尽量收集补齐。信息资料整理的步骤包括分类、编校、编号、列表百分比计算等，具体内容与我们前面学过的市场调查信息资料整理相类似，这里不再赘述。

9.3.4　选择预测方法，建立预测模型

预测方法的选择要服从预测目的，其核心是建立预测模型。在服装市场预测时，应根据预测目标和占有的信息资料，选择适当的预测方法和模型进行预测。预测方法不同，预测结果也会不一样。预测方法和预测模型的选择，还要考虑预测费用的多少和对预测精度的要求。按照选定的预测方法所得出的预测结果，一定要尽量接近客观事物的实际情况。例如，雅名服装厂 1～3 月的服装销售额分别为 150 万元、200 万元、250 万元，若采用简单平均来估计 4 月的销售额，则 4 月的销售额为 200 万元。这个预测结果显然与销售额的发展趋势不同。为此，必须了解所采用的预测方法的基本特性，认识其优缺点，以便在实践中正确使用，提高预测的准确度。有时还可以把几种预测方法结合起来使用，互相验证和综合分析预测结果。

一般来说，服装品牌企业对定量预测，可以建立数学模型；对定性预测，可以建立逻辑思维模型。然后，选择适当的预测方法进行预测模型计算和估计。关于预测的方法和模型将在本书第 5 章中详细论述。

9.3.5　选择预测方法，做出预测推断

实际进行预测，就是根据预测模型，输入有关的资料，经过运算，从而获得预测结果的预测。在运算中，涉及数理统计学、计量经济学、高等数学等相关知识。随着计算机技术的发展和普及，往往借助于计算机进行运算，这样大大缩短了运算时间，减少了运算工作量。

9.3.6　分析预测误差，评价预测结果

由于预测要依据历史资料，同时预测模型又是简化了的模型，不可能包罗影响预测对象的所有因素，因此，误差是不可避免的。这时，我们应对初步的预测结果进行验证，分析是否已达到预测目标的要求，估计预测误差的大小是否在允许的范围之内，估

计预测结果的合理程度如何等。在分析评价的基础上，若不合理，则重新确定预测目标或改进预测数学模型，再一步步进行预测，直至误差偏小；若合理，则提出预测报告，供决策者参考。

9.3.7 提出预测报告，总结经验教训

预测报告是对整个预测工作的概括和总结。具体地说，各服装品牌企业应对预测活动的全过程及取得的预测结果进行概括说明，指出预测的精度、预测目标实现的前提条件和可能性、实现预测结果应采取的措施和计划。同时，认真总结预测的经验和教训，进一步改进预测工作。

本章小结

市场预测按预测的时间跨度分，可分为短期预测、中期预测、长期预测；按地理空间范围分，可分为国内市场预测和国际市场预测；按经济活动的空间范围分，可分为宏观市场预测和微观市场预测；按预测的性质分，可分为定量预测和定性预测；按预测的对象是否可控，可分为主观计划预测与客观发展预测。

可测性原理，是指世界上一切事物的运动、变化都是有规律的，因而是可以预测的。

连续性原理，是指一部分消费者的正影响与一部分消费者的负影响相抵消，从而使总需求量呈现出随时间的推移而连续变化的趋势。

因果性原理，是指市场需求虽然受到多种因素的影响，但大部分因素的正影响与负影响互相抵消，从而使市场需求明显地呈现出因一个或少数几个因素的变化而变化的规律。

类推性原理，是指世界上的事物有类似之处，我们可以根据已出现的某一事件的变化规律来预测即将出现的类似事件的变化规律。

系统性原理，是指预测的着眼点不但要注意经济子系统内各变量对商品的市场需求的影响，还要经常注意其他系统中变量的变化对商品的市场需求的影响，并据此对预测结果进行调整。

市场预测的步骤为：明确预测目标，分析总体形势；找出相关因素，进行因素分析；进行调查研究，收集有关资料；使用预测方法，做出预测推断；分析预测误差，评价预测结果。

思考练习题

1. 市场预测具有什么特点？
2. 市场预测可按哪几种标准进行分类？具体分为哪几类？
3. 市场预测的原理有哪几条？
4. 举一个利用因果性原理通过简单比例推算进行预测的例子。
5. 市场预测的步骤分为哪几步？试联系具体品牌企业做出预测步骤分析。

第10章

定性预测方法

本章导读

定性预测方法，是依赖于预测人员丰富的经验和知识以及综合分析能力，对预测对象的未来发展前景做出性质和程度上的估计及推测的一种预测方法。它是市场预测方法中很重要的一类方法。定性预测方法的具体形式较多，下面分别介绍几种常用的方法。

【本章主要内容】

- 对比类推法
- 集体经验判断法
- 德尔菲法
- 市场调查预测法
- 消费水平预测法

10.1 对比类推法

世界上有许多事物的变化发展规律带有某种相似性，尤其是同类事物之间。所谓对比类推法，是指利用事物之间的这种相似特点，把先行事物的表现过程类推到后继事物上去，从而对后继事物的前景做出预测的一种方法。对比类推法依据类比目标的不同可以分为产品类推法、地区类推法、行业类推法和局部总体类推法。

10.1.1 产品类推法

有许多产品在功能、构造技术等方面具有相似性，因而这些产品的市场发展规律往往会呈现某种相似性，人们可以利用产品之间的这种相似性进行类推。例如，彩色电视机与黑白电视机的功能是相似的，因此，可以根据黑白电视机市场的发展过程类推彩电的市场需求变化趋势。电视机与家电产品的发展过程遵循一条“萌芽→成长→成熟→衰退”的生命周期演变过程，不同阶段的市场需求特征是不同的。通过对黑白电视机的发展过程进行系统的分析，掌握电视机各个阶段的市场需求特征及发生转折的时机，就可以对彩电市场需求进行估计。

10.1.2 地区类推法

地区类推法是依据其他地区（或国家）曾经发生过的事件进行类推。同一产品在不同地区（或国家）有领先或滞后的时差，可以根据领先地区的市场情况类推滞后的市场。地区类推法有两类：一类是国内不同地区间的类推，另一类是不同国家之间的类推。例如，就许多高档家电产品，总是先开始进入城市家庭，而后再进入农村家庭，可以利用家电产品在城市市场的发展规律类推家电产品在农村的发展规律。又如，有关专家对我国小轿车需求前景进行预测时，曾根据日本、印度、巴西等国家的情况，对小轿车的价格与人均国民收入之比和轿车消费特征的关系进行分析。研究表明，轿车价格与人均国民收入之比达到 2～3 时，小轿车开始进入私人家庭消费，当达到 1.4 左右时，轿车需求进入迅速发展阶段，开始出现普及性消费。根据上述特征参数的比较，同时结合我国具体情况加以修正，可以对我国小轿车何时进入家庭消费进行预测和估计。

10.1.3 行业类推法

有许多产品的发展是从某一个行业市场开始，逐步向其他行业推广的。如铝合金材料最初是用于航天工业的，现已广泛应用于其他各行各业，甚至家庭装潢。根据这一特点，可以运用行业类推法对产品的行业市场加以预测。例如，预测者可以根据军工产品市场的发展，预测民用产品的市场。因为军工产品一般都是些技术上领先的产品，军工行业市场的现在就是民用市场的未来，预测者应密切注视军工产品的发展动向，推测军工产品或技术在民用市场发展的可能性。如有些今天用于军工的新材料和计算机控制技术，可能在未来的民用市场上普及。人们可以利用领先行业市场类推滞后的行业市场，这就是行业类推法。

10.1.4 局部总体类推法

局部总体类推法是通过典型调查或其他方式进行一些具有代表性的调查，分析市场变化动态及发展规律，预测和类推全局或大范围的市场变化。这是一种应用范围较广的类推方法。例如，需要预测今后一段时间全国照相机市场需求状况，只需选取若干大、中、小城市及一些有代表性的农村地区进行调查分析，以此类推全国的总需求状况。这种类推法在我国市场预测中经常使用，预测效果较好。

在应用类推法进行预测时，应注意一点：对比类推法是建立在事物发展变化的相似性基础上。相似性并不等于相同，再加之事物发生的时间、地点、范围等许多条件的不同，常会使两个对比事物的发展变化有一定差异。例如，上述我国小轿车需求前景预测，应考虑我国在社会、经济、消费习惯等方面与其他国家的差异，进行一定的修正，以提高类推预测法的精度。同时，在选择类比目标时，预先从各方面充分考虑可比性，这对对比类推法的有效应用有重要意义。

10.2 集体经验判断法

集体经验判断法，国外又称专家小组意见法。它是利用集体的经验、智慧，通过思考分析、判断综合，对事物未来的发展变化趋势做出估计。这种预测方法的做法是：首先，由若干个熟悉预测对象的人员组成一个预测小组。其次，要求每个预测者在做出预测结果的同时，说明其分析的理由，并允许小组成员在会上充分争论。再次，在分析讨论基础上，预测者可以重新调整其预测结果。最后，把若干名预测者的预测结果运用主观概率统计法进行综合处理后，得出最终的预测结果。在某些情况下，也有把各位预测者的预测结果直接进行统计处理，得出最终预测结果，而不经过集体讨论这一程序。无论何种方式，相对个人独立预测而言，集体经验判断法具有十分明显的优点，它可以避免个人掌握信息量有限、看问题片面等不可避免的弱点所引起的预测误差，从而使得预测结果更接近实际。

集体经验判断法，最后需要将每个预测者的预测结果进行综合处理才能得到最终预测结果。预测结果的综合处理一般分两步进行：第一步采用主观概率统计法计算出每个预测者的预测期望值，第二步运用加权平均法或算术平均法计算出预测最终结果。下面通过举例说明处理过程。

➢例 10-1

某企业为使下一年度的销售计划制订得更为科学，组织了一次销售预测，由经理主持，参与预测的有营销部、财务部、研发部、市场信息部四位部长，他们的预测估计如表 10-1 所示。

表 10-1 某企业年度销售额预测值估计表 单位：万元

预测人员	销售额估计值						预测期望值
	最高销售额	概率	最可能销售额	概率	最低销售额	概率	
营销部长	4000	0.3	3600	0.6	3200	0.1	3680
财务部长	4200	0.2	3700	0.7	3200	0.1	3750
研发部长	3900	0.1	3500	0.7	3000	0.2	3440
市场信息部长	4100	0.2	3600	0.6	3100	0.2	3600

表内预测期望值栏的数据是由各种情形下的销售额估计值与概率乘积之和。例如，对营销部长而言，其预测期望值为

$$4000 \times 0.3 + 3600 \times 0.6 + 3200 \times 0.1 = 3680(\text{万元})$$

其他各位预测者的预测期望值计算方法同上，其结果列于表 10-1 中。

由于预测参加者对市场了解的程度以及经验等因素不同，因而他们每个人的预测结果对最终预测结果的影响力、作用有可能不同，可分别给予不同的权数表示这种差异，最后采用加权平均法获得最终预测结果。若给每个预测者以相同的权数，则表示各位预

测者的预测结果的重要性相同，则最后结果可直接采用算术平均法获得。在此例中，经理从各方面因素考虑，给各人的权数分别为：营销部长6，财务部长5，研发部长5，市场信息部长7，则该企业下一年度销售额的最终预测值为

$$\frac{3680\times 6+3750\times 5+3440\times 5+3600\times 7}{6+5+5+7}=3618.7(\text{万元})$$

应用集体经验判断法，最明显的优点是可以集思广益，避免个人独立分析判断的片面性，但它同样也存在着不足之处。例如，有许多企业都把完成销售计划的情况作为考核销售人员业绩的主要依据，故销售人员一般都希望尽量把计划压低，从而超计划部分可获得更多的奖励。这样，在预测时销售人员就不愿把那些有可能争取到的销售数字估计进去。这一切的最终结果是降低销售预测的准确性。因此，在使用销售人员预测时可采取一定的措施加以限制。如把预测结果同评定销售业绩分开。国外用得比较多的办法是用一个经验系数去修正每个销售人员的原预测结果，具体做法是统计每个销售人员历年的预测值与实际销售额的差距，并计算出这一差距的百分比（与实际销售额比）作为调整系数，用调整系数来修订预测值。如某销售人员预测下一年度企业的销售额为2200万元，依据以往资料分析，实际值总是比该销售员的预测值高10%，因此，预测的修正值为2200（1+10%）=2420万元，最后由每个销售人员的预测修正值得到最终销售预测值。

10.3 德尔菲法

德尔菲法（Delphi Method），也称专家调查法或专家意见法，是以匿名方式，轮番征询专家意见，最终得出预测结果的一种集体经验判断法。由于这种方法与本章10.2节的集体经验判断法相比较为特殊，故专辟一节进行介绍。

德尔菲法是美国兰德公司（Rand Corporation）于20世纪40年代末首创的。德尔菲是古希腊的一座城市，相传为预言之神阿波罗的神殿所在地，有很多预言家到此发布预言演说，故以此地名作为这种专家预测法名称。这种方法是市场预测定性方法中最重要、最有效的一种方法，应用十分广泛，可用于预测商品供求变化、市场需求、产品的成本价格、商品销售、市场占有率、商品生命周期等方面。这种方法不但在企业预测中发挥作用，还在行业预测、宏观市场预测中采用。其不仅用来进行短期预测，还可用来进行中长期预测，效果比较好，尤其是当预测中缺乏必要历史数据，应用其他方法有困难时，采用德尔菲法预测能得到较好的效果。

德尔菲法是借用社会各方面专家的头脑，综合他们的预测经验进行判断预测，因此，其预测的准确性要比其他经验判断法高。同时，德尔菲法采用匿名反馈的形式，大大减少和避免了面对面预测可能带来的诸如附和权威意见，或主观意气用事等倾向，使专家充分发表个人预测意见，减少预测误差。

10.3.1　德尔菲法的预测程序

德尔菲法预测有一套独特的预测程序，它主要包括三个阶段：准备阶段、轮番征询阶段和结果处理阶段。

1. 准备阶段

准备阶段主要完成四个方面的工作：明确预测目的和预测主题、准备背景资料、选择专家、设计调查咨询表。

1）明确预测目的和主题

在预测正式开始之前，预测组织者应首先统一明确预测所要达到的目的，据此确定预测的主题，这是预测最基础的一步。同时应把预测的目的和主题在寄给专家的调查咨询表中简单明了地加以说明。

2）准备背景资料

背景资料是指有关预测主题的各种资料。这些背景资料通过整理、加工后，与调查咨询表一同寄给专家们，以便专家们能更全面、系统地考虑问题。向专家们提供背景资料出于两个方面的考虑：一是每个专家虽然都是某一预测主题方面的行家，但由于工作重点或看问题的角度不同等原因，掌握资料总有一定的局限性，这样做，可以使专家获得的信息更系统化，预测更准确。二是可以为专家们节省时间和精力，专家们在百忙中参加预测工作已是很不容易，一般不太可能有时间再去为预测主题专门寻找各种背景资料。若不能提供较为完备的背景资料，可能会产生较大的误差。

3）选择专家

选好专家是运用德尔菲法预测的关键，这是因为预测的准确性在很大程度上取决于参加预测的专家水平。德尔菲法所要求的专家，应当是对预测主题和预测问题有比较深入的研究，知识渊博、经验丰富、思路开阔、富于创造性和判断力的人。同时在选择专家时应注意以下问题：

(1) 广泛性。德尔菲法要求专家有广泛的来源，这也是定性预测本身需要多样化的知识面的要求。一般应实行“三三制”。首先是选择本企业、本部门对预测问题有研究并了解市场的专家，人数占预测专家的 1/3 左右；其次是选择对本企业、本部门有业务联系，关系密切的行业专家，约占 1/3；最后是从社会上有影响的知名人士中选择对市场和行业有研究的专家，人数也占 1/3。

(2) 自愿性。选择专家时还应考虑专家是否有时间、有精力，是否愿意参加此项预测活动。只有充分考虑专家的自愿性，才能避免专家意见回收率低的问题，保证专家们充分发挥积极性、创造性和聪明才智。

(3) 人数适度。选择专家的人数要适度。人数过少，缺乏代表性，信息量不足；人数过多，组织工作困难，成本增加。一般以 20～50 人为宜，在某些特殊情况下也可以超过 100 人。

4）设计调查咨询表

向专家调查咨询最好使用表格形式。调查咨询表的设计主要是调查内容本身，同时也需在调查咨询表中说明预测的目的和对象。在设计中应注意：主题明确、中心突出、语言准确，避免产生误解；提问时，应采用启发式的过渡问句，触发专家的创造性思维；问题的内容应紧扣预测主题；问题答案的设计应便于统计处理；所提问题不宜过长，以 20 个以内为宜。同时，要明确提出表格寄回的时间。

2. 轮番征询阶段

准备阶段的各项工作完成后，就要进入向专家们进行正式调查阶段。这一阶段主要是通过反复地轮番征询专家的预测意见来实现的。第一轮，先向专家们寄发调查咨询表和背景材料，请专家独立填写，在规定的时间内请专家寄回调查表。预测组织者在收到专家寄回的调查意见后，做出定性的综合分析和定量的统计归纳，并提出下一轮的预测要求。第二轮，将经过统计处理汇总的专家意见以及预测要求，再寄给专家们，专家接到汇总意见和有关资料以后，再提出自己的意见寄还预测组织者，然后由预测者汇总整理做出统一归纳，并提出下一轮预测要求。以后就参照第二轮的做法，进行第三轮、第四轮……多次轮番征询专家意见，直至预测主持者认为预测结果基本趋于一致为止。一般情况下，专家意见经过三四轮征询，会基本趋于一致。在有些情况下，通过二轮征询意见就会趋于一致。有关每一轮的专家意见汇总的统计处理与预测结果最终处理原理相同，将放在后面一同阐述。

3. 结果最终处理阶段

预测结果最终处理阶段，是要把最后一轮的专家意见加以统计归纳处理，得出代表专家意见的预测值和离散程度，然后，预测组织者对专家意见做出分析评价，确定预测方案。

在最终处理阶段（包括轮番征询阶段），最主要的工作是用一定的统计方法对专家意见做出统计归纳处理。下面分别介绍几种统计处理方法。这些方法同样适用于轮番征询阶段中每一轮的专家意见处理。

（1）中位数法和上、下四分位数法。这一方法主要用于预测结果为时间或数量时的统计处理，用中位数代表专家预测意见的协调结果，用上、下四分位数反映专家意见的离散程度。

先将若干位专家所预测的结果（包括重复的）从小到大（或从先至后）顺序排列起来，处于中间的那个数即为专家预测结果的中位数。当有奇数个专家预测结果时，则从小到大有序排列正中位置的预测意见即为中位数，如此作为预测的最终结果；当有偶数个专家预测结果时，则以处于最中间的两个预测结果的算术平均值为中位数，作为最终的预测结果。

类似地，上、下四分位数分别表示处于专家预测结果排序数列中 3/4 处与 1/4 处的两个数。

用中位数和上、下四分位数描述预测的结果，则中位数表示预测结果的期望值，下四分位数表示预测期望值区间的下限，上四分位数表示其上限。

➢例 10-2

某企业聘请 16 位专家对某种高档家电产品达到饱和的时间进行预测，最后一轮结果为：

2014年 2014年 2014年 2015年 2015年

下四分位数

2015年 2015年 2016年 2016年

中位数

2016年 2016年 2017年 2017年 2017年

上四分位数

2018年 2018年

(2) 算术平均统计处理法。算术平均法即对所有的预测结果进行算术平均，其值作为专家预测的最终结果，主要用于对预测结果为数量的统计处理。

(3) 主观概率统计处理法。所谓主观概率是指专家对某一未来事件发生的可能性大小做出的主观判断值。对主观概率的处理，往往以加权平均值作为专家集体预测的协调结果，其权数是相应的专家人数。

➢例 10-3

某公司采用德尔菲法，请 15 位专家对一项新产品投放市场成功的可能性的主观概率估计如下：7 人认为成功的可能性主观概率为 0.6，3 人认为成功的可能性主观概率为 0.5，3 人认为成功的可能性主观概率为 0.7，2 人认为成功的可能性主观概率为 0.8，则该项新产品投放市场成功的主观概率加权平均值为

$$\frac{7\times0.6+3\times0.5+3\times0.7+2\times0.8}{7+3+3+2}=0.627$$

该项新产品投放市场成功的可能性为 62.7%。这就是向 15 位专家咨询的预测结果。

4. 对非量化预测结果的统计处理法

对于预测产品的品种、花色、规格、质量、包装以及新产品开发等非量化的预测意见，可采用比重法或采用评分法进行归纳统计。

(1) 比重法。比重法是指计算出专家对某个意见回答所占的人数比例，然后以比例最高者作为预测的结果。例如，某企业研制一种新产品，请 12 位专家对其成功与否进行预测，其中 7 人认为成功的可能性高，而另 5 人则持否定态度，则采用比重法，成功比重为 7/12=0.583，失败的比重为 5/12=0.417，专家预测的协调性结果是成功的可能性大。

（2）评分法。评分法常用于产品各特征的重要性比较或不同牌号的同类产品的质量评比等。下面举一例说明。

➢例 10-4

某汽车制造商请专家对2014～2015年消费者对汽车的购买意向进行预测。在下列项目品牌、价格、性能、款式、节能性中，选择影响购买的3个最主要项目，并按重要性排序。评分标准规定为第一位3分，第二位2分，第三位1分。第三轮专家征询意见为赞成“品牌”排第一位的专家有15人（专家总数为38人），赞成“品牌”排第二位的有11人，赞成“品牌”排第三位的有3人。则项目“品牌”得分为

$$15\times3+11\times2+3\times1=70(分)$$

全部总分为

$$38\times(1+2+3)=228\ (分)$$

故“品牌”占比重为

$$70/225=0.31$$

由专家对其余4项的评分结果计算得出各项目总分比重分别为：价格0.25，性能为0.16，款式为0.13，节能性为0.15。据此得出按重要性排在前三位的项目依次为品牌、式样、价格。

10.3.2 德尔菲法的特点

这种特殊的集体经验判断法较之一般的经验判断法有三个显著的特点。

1. 匿名性

德尔菲法采取背靠背的办法向专家征询意见，专家之间彼此不通气，被调查的专家只同预测主持者保持联系，只是在已取得预测结果的情况下，必要时才有可能组织专家们进行面对面的讨论，而在绝大多数情况下，专家自始至终都不会相遇，从而可以避免面对面集体讨论中权威意见影响他人预测的倾向。

2. 反馈性

德尔菲法向专家多次轮番征询意见，每次征询都必须把预测主持者的要求和专家预测的意见的统计资料反馈给他们，具有信息反馈沟通特点。这样可以使专家们在背靠背的情况下，了解到全体专家意见的倾向，有助于他们开拓思路，独立思考，避免因独立判断而不能集思广益的缺陷。

3. 趋同性

德尔菲法注重对每一轮专家意见做出定量的统计归纳，使专家能借助反馈意见不断修正自己的意见，最后使预测意见趋于一致。因此，无论是从理论上看还是从实践情况来看，德尔菲法常常能使专家的预测结果“趋同”，而且这种“趋同”不带有集体讨论预测法中盲从权威的色彩。

总之，德尔菲法既能发挥每个专家的经验和判断力，又能将个人的意见有效地综合为集体意见。它是一种科学性较强、适用范围广、可操作性强、较为实用的定性方法。

然而，德尔菲法也有一定的局限性。例如，由于预测专家之间是背靠背的，缺乏直接交流，有的专家在获得上一轮的反馈资料后，不了解别的专家所做出的预测的依据，有可能在下一轮的反馈资料后，由于不了解别的专家所做出的预测的依据，有可能在下一轮的征询意见中出现简单地向中位数靠拢的趋势，而不是进一步深入探讨问题。为了克服上述局限性，人们对德尔菲法加以某些改进。例如，只向专家反馈预测值的离差范围，而不反馈预测的中位数值；或者先匿名询问，公布汇总结果后，进行面对面的讨论，再匿名做出新预测，从而防止简单地向中位数靠拢的倾向。因此，应用德尔菲法还需要在遵循基本原则、特点前提下灵活应用。

10.3.3 德尔菲法预测实例

为了更直观地说明如何应用德尔菲法进行预测，在此介绍一预测实例。20 世纪末全国农机需求变化较大，为了更好地满足市场需求，浙江省农机公司在杭州某高校的协助下，采用德尔菲法对该省下一年度手扶拖拉机市场需求变化趋势进行预测，下面将他们的做法及过程介绍如下。

1. 预测主题确定

根据历年农机产品的销售实绩，手扶拖拉机是该公司的拳头产品，因此，按照“ABC 分析法”的原理，把手扶拖拉机作为主要预测对象。

2. 专家选择

对预测年度手扶拖拉机需求趋势做出预测，一方面，这要求预测参与者必须有丰富的业务经验，掌握大量的市场信息，同时要求有一定的表达能力。另一方面，为了取得比较全面的信息，确定由全省 87 个地区、县农机公司的业务经理组成预测专家小组。

3. 背景资料的准备

为了使专家在预测过程中能全面了解有关手扶拖拉机的历史和现状，使预测更加准确，预测主持者准备了有关的背景资料，主要有：

(1) 近 10 年的全省手扶拖拉机历年销量和逐年的增长率，并把各年的销量用表格和曲线图两种形式直观表达出来，使预测者一目了然。

(2) 根据主持者掌握的信息，列出了预测年度对手扶拖拉机销售有利的影响因素（四个方面）和不利的影响因素（五个方面）。

4. 调查咨询表的设计

根据预测对象的要求进行了设计，因预测主题较为单一，咨询表较简单，如表10-2所示。

表 10-2 全省手扶拖拉机需求量调查表

<table>
<tr><td colspan="4">根据全省的资料，请在下面栏目中填写全省所有手扶拖拉机需求量估计 1990 年比 1989 年上升或下降的百分比</td></tr>
<tr><td>上升</td><td>%</td><td>下降</td><td>%</td></tr>
<tr><td colspan="4">请简要分析手扶拖拉机需求量 1990 年同 1989 年相比可能上升或下降的原因（可以从有利因素和不利因素两个方面分析）。</td></tr>
</table>

5. 第一轮征询

在预测年年初，预测主持者把背景资料和调查表寄给了87位预测专家，在规定的时间内有59位专家寄回了调查表，回收率为68%。预测主持者将调查表汇总统计分析（表10-3），又将影响因素进行了分析综合（有利因素七个方面，不利因素九个方面）。

表10-3　预测年度全省手扶拖拉机需求量升降幅度专家预测统计表（第一轮）

需求变化情况	下降幅度					
	50%以上	41%～50%	31%～40%	21%～30%	11%～20%	1%～10%
专家人数/人	5	2	2	9	8	7
所占比例/%	8.43	3.39	3.39	15.25	13.56	11.86

需求变化情况	不变	上升幅度				不能确定	合计
		1%～10%	11%～20%	21%～30%	50%以上		
专家人数/人	2	11	1	1	0	11	59
所占比例/%	3.39	18.64	1.69	1.69	0	18.64	99.93

6. 第二轮征询

预测主持者把上一轮的预测结果的综合资料以及第二轮的调查咨询表寄给了专家（第一轮回答的59位）。第二轮的调查咨询表内容和形式与第一轮的完全相同。在规定的时间内有44位专家寄回了第二轮调查表，回收率为75%。预测主持者将第二轮的调查表汇总统计（表10-4）。考虑到专家的意见已基本趋于一致，结果比较明朗，就不再进行第三轮征询，就此结束这次预测工作。同时预测主持者又将专家提出的有关影响手扶拖拉机需求的影响因素进行了综合概括，由于篇幅关系，这里简略。

表10-4　预测年度全省手扶拖拉机需求量升降幅度专家预测统计表（第二轮）

需求变化情况	下降幅度					
	50%以上	41%～50%	31%～40%	21%～30%	11%～20%	1%～10%
专家人数/人	2	3	5	11	8	5
所占比例/%	4.5	6.2	11.4	25	18.1	11.4

需求变化情况	不变	上升		不能确定	合计
		1%～10%	10%～20%		
专家人数/人	0	4	1	5	44
所占比例/%	0	9.1	2.3	11.4	99.4

7. 预测结果最终处理

因轮番征询仅进行两轮，故第二轮的专家意见即作为预测的最终结果。该预测对象属数量预测，在此采用算术平均法进行处理。取各组距的中值为各组的代表值（即31%～40%，取35%），则

$$\text{平均升降幅度}=\frac{\sum \text{升降幅度中值}\times\text{专家人数}}{\text{总人数(不包括不能确定值)}}$$

$$=[5\%\times 4+15\%\times 1-(55\%\times 2+45\%\times 3+35\%\times 5 +25\%\times 11+15\%\times 8+5\%\times 5)]\div 39 =-20.64\%$$

上述结果表明：预测年度全省手扶拖拉机需求量可能比 1989 年下降 20.64%。

10.4　市场调查预测法

市场调查预测法是企业市场营销人员组织或亲自参与、或委托有关机构对市场进行直接调查，在掌握大量第一手市场信息资料的基础上，经过分析和推算，对未来市场发展趋势做出预测的一类方法。

市场调查预测法较之其他定性预测法（如各类经验判断分析法）而言，具有预测结果较为客观的特点。市场调查预测法根据直接调查获得的客观实际资料，进行分析推断，较少的人为主观判断，可以在一定程度上减少主观性和片面性，故也有人称其为客观性市场预测方法。市场调查预测法的另一个特点是适用性较强，尤其是在缺乏历史资料的情况下，通过直接调查，也能获得较为可靠的预测结果，如对新产品的需求预测等。市场调查预测法主要有购买意向调查法、展销调查法、预购测算法等。

10.4.1　购买意向调查法

购买意向调查法，国外也称买主意向调查法，这种调查法是指通过一定的调查方式（如抽样调查、典型调查等）选择一部分或全部（主要是生产资料购买者）的潜在购买者，直接向他们了解未来某一时期（即预测期）购买商品的意向，并在此基础上对商品需求或销售做出估计的方法。在缺乏历史统计数据的情况下，运用这种方法，可以取得数据，做出推断。因此，这种方法在市场调查预测中得到广泛的应用。

购买意向调查可采用各种询问调查法，如面谈调查、邮寄调查、电话调查、留置问卷调查、网上问卷调查等形式进行。

在实际调查时，首先，应向被调查者说明所要调查的商品的性能、特点、价格，市场上同类商品的性能、价格等情况，以便使购买者能准确地做出选择判断。其次，请被调查者填写购买意向调查表（表 10-5）。在设计该表时，可根据实际情况，把购买意向分得更细些（即概率描述层次更多些）。再次，把所有调查表的结果汇总，结果汇总表格模式如表 10-6 所示。

表 10-5　购买意向调查表

购买意向	肯定购买	可能购买	未定	可能不买	肯定不买
概率描述（P_i）	100%	80%	50%	20%	0

表 10-6 购买意向调查汇总表

购买意向	肯定购买	可能购买	很难说	可能不买	不买
概率描述 P_i	100%	80%	50%	20%	0
人数（户数）x_i	x_1	x_2	x_3	x_4	x_5

最后，按上式计算至购买者所占比例的期望值：

$$购买比例的期望值\ E=\frac{\sum P_i x_i}{\sum x_i}\times 100\% \tag{10-1}$$

若预测范围内的总人数为 X，则总购买量预测值为

$$总购买量=E\times X \tag{10-2}$$

➢例 10-5

某五交化公司对该公司经营地区进行下一年度各类热水器购买意向进行调查，挑选了 200 户被调查者，最后的调查结果汇总情况是：肯定购买者有 3 户，有 80%购买可能性的有 8 户，还未定的有 30 户，可能不买的有 95 户，肯定不买的有 64 户。则在 200 户调查中，购买比例的期望值为

$$\begin{aligned}E&=\frac{\sum P_i x_i}{\sum x_i}\times 100\%\\&=\frac{3\times 100\%+8\times 80\%+30\times 50\%+95\times 20\%}{1200}\times 100\%\\&=21.7\%\end{aligned}$$

若该地区有 20 万户，则总需求量约为

$$20(万户)\times 21.7\%=4.34(万台)$$

应用购买意向调查法进行预测时应注意其适用范围。这种方法对高档耐用消费品或生产资料等商品的销售来说，是一种有效的预测方法。因为这些商品的购买都需要事先计划，而一般消费品购买不必经过事先计划，故很难了解购买意愿，使用购买意向调查法效果不好。值得指出的是，当市场上有多种性能、价格都类似的产品存在时，企业很难就某种特定的产品进行购买意向的调查。因为不少消费者往往要到商店现场购买时，才能决定买何种牌号的产品。

此外，购买意向调查法也用来预测对商品花色、品种、款式、规格、价格等方面的需求，以便生产经营企业能向市场提供适销对路的产品。

10.4.2 展销调查法

展销调查法（包括新产品试销法），是通过商品展销这一手段，直接调查消费者的各种需求，调查购买能力，同时还调查消费者对商品质量、花色、规格等方面的需求。

尤其是对新产品的销售前景预测，展销调查法是十分有效的方法，也是目前新产品销售预测中采用的主要方法。这主要是出于两个方面的原因：一是新产品开始投入市场时，生产经营企业没有历史资料和经验可资借鉴，对市场规模和反应无法估计；二是消费者对新产品没有使用的经历和感性认识，不可能有明确的购买意向。采用这种销售与调查预测相结合的展销调查法，便于生产经营者对消费需求、购买能力及购买意向做出分析研究。

➢例 10-6

2012 年某企业研制了一种新型的人工智能小家电产品——微型吸尘器，只有手掌大，它具有携带方便、价格低廉等优点，每台售价 138 元左右。为了解市场对这种新产品的潜在需求，该企业与某商场联合举办该产品专柜展销。商场地处该城市居民购买力中等水平地带。为配合展销，该企业事先在报上做了相应的广告，展销期间价格优惠并进行现场操作表演。据统计，在展销 3 天中，共有 185 人问津新产品，共售出 63 台，则购买率为 68/185＝34.05％，按该市 20 万户计算，预计该城市市场潜在购买力约为 20×34.05％＝6.81（万台）。

在使用展销调查法预测时必须注意两个问题：一是要选择购买力能控制在一定范围的购买对象；二是展销的商品货源要充足。这两点在很大程度上决定了展销调查法的预测结果的可靠性。

10.4.3　预购测算法

预购测算法是根据顾客的预购订单和预购合同来推测估计产品的需求量。这种方法主要适用于一些专用设备制造企业和批发企业的微观预测。对生产企业来说，宜用这种方法测算新产品、特需商品以及价格高的产品需求量。例如，杭州机床集团是一家专门生产用于工业的机床及数字线切割机的厂家，因该产品价格高、专业性强，故该企业每年都依据国际和国内的订货合同或订单来制订企业的生产计划和销售计划，这样可避免由于产品、资金的积压而给企业带来的损失。对商业企业而言，此法于经营商品品种繁多的企业用得较多，这些企业主要通过对零售企业或其他小经销商的订货合同来估计销售额。应用这种方法主要是出于以下几个方面考虑：一是经营企业业务量大，若是产品积压造成较大浪费；二是企业经营的商品品种多，无法逐项进行准确的预测。采用这种方法使企业的经营能与需求比较接近。例如，原杭州日用小百货批发公司是一家专门经营各种小百货商品的专业批发公司，它每年在 4～5 月和 10～11 月举办两次大型订货会，根据各地经销商与该公司的订货合同，制订供需计划。据此计划，公司直接与生产厂家订货，然后组织货源提供给需求方。又如，众多的国内服装制造商均采用此方法，每年进行春夏秋冬四季的看样订货会，订货合同作为需求预测数据，并以此作为生产加工依据。

预购测算法是一种比较简单有效的方法，在使用过程中应该注意两点：一是要考虑订货单和购货合同的履约率。因为订货单和购货合同并不等于商品已售出。由于市场的宏观和微观环境无时不在变化，变更订单和合同的情况是客观存在的，预测人员可根据多年的合同执行情况，估计一个履约率。二是要考虑订单和合同的追加率。出于对合同履约率产生原因的考虑，常会发生签约后临时追加订货的情况。因此，预测人员在采用预购测算法预测需求时，应根据合同、订单的履约率和追加率对合同订货数进行修正调整。

10.5 消费水平预测法

消费水平预测法是一种专门用于各类消费品预测的方法，在我国应用较为广泛。从方法论角度看，消费水平预测法并不是一种独立的预测方法，它不过是把预测对象分解为几个因素，分别加以预测，然后再组合而已。然而，这样做确实提高了预测的准确性。因此，本章专辟一节进行介绍。这种方法主要是利用对消费水平和消费人数或户数这两个基本量的直观分析判断，并辅以简单推算来预测消费品需求量。根据消费品的消费特点不同，一般可分为非耐用消费品、一般耐用消费品和高档耐用消费品消费水平预测法，相对地，消费水平预测法也有三种不同的形式，下面分别阐述。

10.5.1 非耐用消费品的消费水平预测法

非耐用消费品主要是指那些被消费使用后，商品实体随之消失，或虽然实体尚在，但其价值较低、使用期较短的商品，如一些日用品、食品、燃料等易耗品均属于非耐用消费品。消费水平预测法预测非耐用消费品，主要是利用一定时期内某种消费品需求量等于人口数（或户数）乘以消费水平这个关系式来预测需求量。估计公式为

$$S = j \times g \tag{10-3}$$

式中，S 为预测期非耐用消费品的需求量；j 为预测期某个市场范围的平均人数（或户数）；g 为消费水平，也即一定时期内每人（每户）平均需求量或消费量，也称人均(户均) 需求量。

上述估计式预测需求量的关键是估算出人数（户数）消费水平。人数（户数）的测算一般可直接从统计资料上得到。需要注意的是人口数（户数）的范围应与预测地区一致。若是预测某些特定消费对象需用的消费品，如儿童用品、妇女用品等，则可以按该类特定消费者人数核算。

采用消费水平预测法进行预测的关键在于能正确估算预测期的消费水平。消费水平的估算主要有以下几种途径：

(1) 在分析历年的消费水平基础上估计预测期的消费水平。如历年消费水平变化平缓，可取历年消费水平的平均值作为预测期的消费水平；若历年消费水平呈上升（或下降）趋势，可在预测前期的消费水平上增加一个历年消费水平的平均增长率（或递减率）作为预测期的消费水平。

(2) 利用相关因素分析法估计预测期的消费水平，即在预测前期的消费水平基础上，分析各种影响消费水平变化的因素，并进一步分析哪些因素促使消费水平提高、哪些因素促使预测期消费水平下降，最后对消费水平发展变化趋势做出推断。

(3) 利用调查资料得到，如可直接利用某些消费者购买调查估算平均消费水平，也可利用我国各级城乡经济调查队的有关调查资料，掌握不同收入水平的家庭对某种消费品的人均（户均）需求量数据，从而推算出预测期的消费水平。上述各种方法可同时使用，相互校验，下面举例说明。

➤例 10-7

某市本年度糖果社会零售量为 164.22 万公斤，全市年初人口数为 116 万人，年末达 118.6 万人。据有关部门预测下一年度末人口比年初将增加 2.1%。据糖业烟酒公司的行家估计，下一年度消费水平可比上年度增加 6%左右。另据统计调查资料，下一年度人均月消费量为 0.125 公斤，由此推算年消费水平预测值为 1.5 公斤，根据上述资料预测下一年度该市糖果需求量。

(1) 估算消费水平预测值 g

方法一：

$$g = 164.22 \div \frac{116 + 118.6}{2} \times (1 + 6\%)$$
$$= 1.48(\text{公斤} / \text{人})$$

方法二：

直接从调查资料得到：

$$g = 1.5(\text{公斤} / \text{人})$$

两种途径得到的消费水平预测值较为接近，这里取两者的平均值作为最终的消费水平预测值，即

$$g = \frac{1.48 + 1.5}{2} = 1.49(\text{分斤} / \text{人})$$

(2) 估算预测期人数 j

$$j = \frac{118.6 + 118.6 \times 1.021}{2} = 119.8453(\text{万人})$$

(3) 估计糖果消费量 S

$$S = j \times g = 119.8453 \times 1.49 = 178.57(\text{万公斤})$$

10.5.2 一般耐用消费品的消费水平预测法

一般耐用消费品主要是指那些价格较低，但使用期限较长的一类商品，如锅、盆、热水瓶、席子等。这类消费品需求的特点是：由于价格较低，一般家庭或个人都已拥有，因此，对这类商品的需求主要是来源于对原有消费品的更新，即更新量。故这类消

费品的需求不仅与原拥有量有关，还与商品的年更新率，即年更新系数有关，年更新系数大，相对需求大；反之，相对需求量就小。故此类消费品的需求量可用下式表示：

$$S=j\times g\times i \tag{10-4}$$

式中，S 为预测期的需求量；j 为人数（户数）；g 为消费水平，指每人（每户）的拥有量；i 为年更新系数。

式（10-4）中，j，g 的估算前面已介绍，与非耐用消费品类似，这里主要介绍年更新系数的估算。

年更新系数是指现有保有量中每年废弃部分需要更新补充的比例系数，通常以百分率表示。耐用消费品被废弃有两种情况：一是完全失去使用价值，不能修理使用，只能废弃；二是商品本身虽然有一定使用价值，但因花色、款式等陈旧而废弃不再使用。前者的年更新系数，可根据耐用消费品的平均使用年限估计。例如，某家电产品的平均使用年限为 8 年，则它的年更新系数为 1/8（0.125、12.5%），即表示现有拥有量中每年有 12.5%需要更新重购。平均使用年限，也可以通过典型调查获得，或由行家估计。后者的年更新系数，可以通过抽样调查法获得。若两种情况同时存在，可以一并通过抽样调查法获得总的年更新系数，若两者的年更新系数都已分别得到，则总的更新系数可直接把两者相加得到。

➢例 10-8

某市预测期的期初期末居民家庭户数平均值为 25.8 万户，电热水壶平均拥有量为每户 2 只（即消费水平），电热水壶平均使用寿命为 4 年，因款式更新每年约淘汰 8%，试估算预测期热水瓶总需求量。

此时更新系数分两部分：一是失效更新；二是款式淘汰更新。

故

$$i=\frac{1}{4}+8\%=0.25+8\%=33\%$$

$$S=j\times g\times i=25.8\times 4\times 33\%=34.056(\text{万只})$$

10.5.3 高档耐用消费品的消费水平预测法

高档耐用消费品是指一些能经久耐用，价格较为昂贵的消费品。如彩电、高级组合音响、空调器等均属于高档耐用消费品。高档消费品的特点是，由于这类商品价格高，因而一般情况下未达到饱和状态，故这类商品的需求量中包含两部分：一部分是更新量，这与一般耐用消费品是相类似的；另一部分是新增量，即某些家庭原来没有的，后需要新购部分，这部分与预测期耐用消费品的新增普及速度有关。高档耐用消费品的消费水平预测法估算公式可用下式表示：

$$S=j(a_2-a_1)+j\times a_1\times i \tag{10-5}$$

或

$$S=j(a_n-a_1)i_n+j\times a_1\times i \quad (10\text{-}6)$$

式中，j，i 的意义同前；a_1 为预测期期初高档耐用消费品的普及率，即每百户中的拥有量，它表示高档耐用品的消费水平；a_2 为预测期期末的普及率；a_n 为达到饱和程度时的普及率；i_n 为年购买系数。

式（10-5）中，j，a_1，i 是高档耐用消费品的更新需求部分，含义与计算均与一般耐用消费品类似，式中的 j（a_2-a_1）是高档耐用消费品的新增需求部分。(a_2-a_1) 是预测期的新增普及率，它表示在预测期间，每百户家庭中需新购消费品的数量，新增普及率与总户数的乘积，即是预测期的总的新增需求量。式（10-5）计算的关键是估算新增普及率（a_2-a_1），它的估算方法有以下两种：

(1) 在预测期初已达到的家庭普及率的基数上，分析影响耐用消费品需求诸因素的变动情况，通过行家的经验判断和预期购买调查，做出估计。此时，消费品的需求预测值可按式（10-5）估算。

(2) 用式（10-6）中的（a_n-a_1）i_n 来估算新增普及率。先采用德尔菲法（或其他经验判断法），预测出饱和普及率 a_n 和达到饱和普及率的时间，再以饱和普及率与现有普及率之差（a_n-a_1）乘以预测期的年购买系数 i_n，得到预测期新增普及率。例如，某种家电产品某年初普及率达到 25%，据专家预测，需 5 年后达到饱和普及率 85%，则平均每年购买系数 i_n 为 1/5，则该年度（预测期）新增普及率为 $(85\%-25\%)\times\frac{1}{5}=60\%\times\frac{1}{5}=12\%$，预测期末可达到的普及率为 25%＋12%＝37%。若未来不同年份的普及速度不同，则意味着各年的购买系数不同，可做相应的调整。

➢例 10-9

某市有 124 万户家庭，现有家庭影院系统的普及率为 8%，有关专家预测 5 年可达到饱和状态，饱和普及率为 70%，若家庭影院系统的使用寿命为 8 年，预测下一年度该市家庭影院系统的需求量。

由式（10-6）得

$$\begin{aligned}S&=j(a_n-a)i_n+ja_1i\\&=124(70\%-8\%)\frac{1}{5}+124\times 8\%\times\frac{1}{8}\\&=16.62(\text{万台})\end{aligned}$$

若某种高档消费品已处于饱和状态，则该种消费品的需求主要是更新量，故此时需求量的预测方法与一般耐用消费品完全相同，这里不再赘述。

本章小结

对比类推法，是指利用事物之间的相似特点，把先行事物的表现过程类推到后继事物上去，从而对后继事物的前景做出预测的一种方法。对比类推法依据类比目标的不同可以分为产品类推法、地区类推法、行业类推法和局部总体类推法。

集体经验判断法，它是利用集体的经验、智慧，通过思考分析、判断综合、对事物未来的发展变化趋势做出估计。

德尔菲法是以匿名的方式，轮番征询专家意见，最终得出预测结果的一种集体经验判断法。德尔菲法预测有一套独特的预测程序，它主要包括三个阶段：准备阶段、轮番征询阶段和结果处理阶段。选好专家是运用德尔菲法预测的关键。德尔菲法有三个显著的特点：匿名性、反馈性、趋同性。

市场调查预测法是在掌握大量第一手市场信息资料的基础上，经过分析和推算，对未来市场发展趋势做出预测的一类方法。市场调查预测法较之其他定性预测法具有预测结果较为客观、适用性较强的特点，市场调查预测法主要有购买意向调查法、展销调查法、预购测算法等。

消费水平预测法是一种专门用于各类消费品预测的方法，这种方法主要是利用对消费水平和消费人数或户数这两个基本量的直观分析判断，并辅以简单推算来预测消费品需求量。根据消费品的消费特点不同，有三种不同的形式：非耐用消费品的消费水平预测法、一般耐用消费品的消费水平预测法和高档耐用消费品的消费水平预测法。

思考练习题

1. 对比类推法有哪几种应用形式？它们的类比依据是什么？
2. 集体经验判断法有何特点？其结果如何处理？
3. 何谓德尔菲法？它的预测程序、预测特点是什么？
4. 市场调查预测法有哪些具体形式？它们各自的适用范围如何？
5. 消费水平预测法的基础是什么？它有哪几种应用形式？
6. 某地区有56万户家庭，现有数码摄像机的普及率为40%，有关专家预测5年可达到饱和状态饱和普及率为80%，若数码摄像机的使用寿命为5年，每年因款式、功能等原因更新为5%，请预测下一年度该地区数码摄像机的需求量。

第11章

时序预测分析法

本章导读

所有的预测方法，都无法预测突变事件，例如，欧佩克的出现导致中东石油价格飙涨。但是历史经验告诉我们的确有一些现象会反复的出现。通过对经验事实的总结，人们发现了一些可以用来指导未来的规律。本章我们将学习从数据中提取预测规律的方法。

【本章主要内容】

- 平均预测法
- 趋势预测法
- 季节变动预测法
- 马尔可夫预测法

11.1 平均预测法

当面对未来世界的时候，我们总希望寻找一个可以支撑的“点”，以此去勾勒和想象未来。最简单的支点无疑是假设未来是对过去的重复。那么对未来的预测就可以沿用过去的模式。一个合乎逻辑的推理是用平均数来表示过去的。

最简单的平均数就是把所有的观测值按照时间先后排列，并计算算术平均值。这种简易平均预测的方法计算简单，容易理解。缺点是数据以原始面目进入预测，如果存在个别“奇异点”，就会对整个预测结果产生很大的影响。对算术平均法进行改进的思路有两种，一种是对原始数据进行适当的修正，使得修工后的数据既能保证跟原有数据呈现相同的变化趋势，又可以消除奇异点的影响。但难度在于选择合适的“修匀”方法，以保证既能满足预测需要，又不至于简缩掉原始数据中的重要信息。移动平均预测法（method of moving average）是实践中最常用的修正方法。另一种改进的思路是“加权”。加权也就是根据权重选择的不同，可以加重或减轻某期数据的影响。但缺点是由于权重选择的困难和无法标准化，无形中增加了预测的主观性。在移动平均法的基础上，指数平滑方法（method of exponential smoothing）加入了加权修正，是一种特殊的加权移动平均方法。

11.1.1 一次移动平均预测法

1. 一次移动平均预测法模型

一次移动平均预测法（method of single moving average）的预测模型是：

$$M_{t+1}^{(1)}=\frac{x_t+x_{t-1}+\cdots+x_{t-n+1}}{n}=\frac{1}{n}\sum_{i=t-n+1}^{t}x_i \tag{11-1}$$

式中，$M_{t+1}^{(1)}$为第 t 期的一次移动平均数，该数值作为 $t+1$ 期的预测值；n 为移动的平均长度，即期数；x_i 是各期观测值。

当移动的长度较大，即跨越的期数较多时，为了简便起见，我们也可以用递推的方式来计算。

1）中间结果

根据式（11-1），很容易写出第 t 期的预测值（即 $t-1$ 期的一次移动平均数）：

$$M_t^{(1)}=\frac{x_{t-1}+x_{t-2}+\cdots+x_{t-n}}{n} \tag{11-2}$$

2）递推公式

根据式（11-1）和式（11-2），我们可以方便地将 $M_{t+1}^{(1)}$表达为下列形式：

$$M_{t+1}^{(1)}=M_t^{(1)}+\frac{x_t-x_{t-n}}{n}$$

通过递推公式，我们可以对移动平均法的“移动”二字有个直观的解释。每次“移动”都是去掉离预测期时间最远的一个观测值，而加入紧挨预测期的一个观测值，移动的长度保持不变，不断循环向前。

2. 一次移动平均预测法的应用

➤案例 11-1

货物运输量的预测

2012 年 2～11 月，我国全国货物运输量如表 11-1 所示，请用一次移动平均法计算 5～11 月的理论预测值，并预测我国 12 月的全国货物运输量（n 取 3）。

解：根据式（11-1）或式（11-2），可以得出 5～11 月的理论预测值，并填入表 11-1 栏（3）中。如 11 月的理论预测值为

$$\hat{y}_{11}=\frac{x_{10}+x_9+x_8}{3}=\frac{36.4+35.83+34.81}{3}=35.68(\text{亿吨})$$

或 $\hat{y}_{11}=\hat{y}_{10}+\frac{x_{10}-x_7}{3}=34.97+\frac{36.40-34.27}{3}=35.68$（亿吨）

同样的方法可以求得 12 月的我国全国货物运输量。

表 11-1 一次移动平均法计算表（2012 年） 单位：亿吨

月份 (1)	我国全国货物运输量 (2)	理论预测值（$n=3$） (3)
2	28.67	
3	32.37	
4	33.03	
5	34.01	31.36
6	34.14	33.14
7	34.27	33.73
8	34.81	34.14
9	35.83	34.41
10	36.40	34.97
11	36.34	35.68
12		36.19

资料来源：国家统计局数据库 http：//www.stats.gov.cn/index.htm。具体数据四舍五入保留小数点后 2 位
http：//www.stats.gov.cn/viewchart/index? m=hgnd.2012-12.

3. 跨越期数 n 的确定

对于表 11-1 中的历史数据，我们若取 $n=5$ 采取一次移动平均法进行预测，则 11 月的理论预测值为

$$\begin{aligned}\hat{y}_{11} &= \frac{x_{10}+x_9+x_8+x_7+x_6}{3} \\ &= \frac{36.40+35.83+34.81+34.27+34.14}{5} \\ &= 35.09(\text{亿吨})\end{aligned}$$

12 月的预测值为

$$\hat{y}_{12} = \frac{36.34+36.40+35.83+34.81+34.27}{5} = 35.53(\text{亿吨})$$

或

$$\hat{y}_{12} = \hat{y}_{11} + \frac{x_{11}-x_5}{5} = 35.53(\text{亿吨})$$

与表 11-1 中的 11 月和 12 月的预测值相比，我们不难发现，由于跨越期数 n 的取值不同，同样的历史数据会有不同的预测结果，这说明 n 在移动平均法模型中具有十分重要的作用，它直接影响预测效果。因此，我们有必要对如何确定跨越期数 n 进行讨论。

我们以表 11-2 中第（2）栏我国全国货物运输量数据为例，n 分别取 3 和 5，用均方误差指标对预测效果进行比较（表 11-2）。

在本案例中，我国全国货物运输量是一组近似水平的历史数据，它们围绕着总体平

均数（33.99亿吨）上下波动，当取 $n=3$ 时，理论预测值的均方误差为6.65；当取 $n=5$ 时，理论预测值的均方误差就降为6.4，减少0.25。可见，对于水平型历史数据，跨越期数 n 取得较大可能，预测效果较好。

表 11-2 一次移动平均预测效果比较 单位：亿吨

月份	全国货物运输量	$n=3$		$n=5$	
		理论预测值	误差平方	理论预测值	误差平方
(1)	(2)	(3)	(4)	(5)	(6)
2	28.67				
3	32.37				
4	33.03				
5	34.01	31.36	7.04		
6	34.14	33.14	1.01		
7	34.27	33.73	0.30	32.44	3.33
8	34.81	34.14	0.45	33.56	1.55
9	35.83	34.41	2.03	34.05	3.16
10	36.40	34.97	2.04	34.61	3.20
11	36.34	35.68	0.44	35.09	1.56
合计			13.30		12.81
均方误差			6.65		6.40

11.1.2 二次移动平均预测法

1. 二次移动平均预测法原理

如果历史数据大致呈现水平的状态，那么，一次移动平均预测法的预测精度是可以满足要求的。如果历史数据呈现直线上升的趋势，即所谓的斜坡型数据，那么，一次移动平均预测法会存在滞后①，所以需要在一次预测值的基础上加上一个趋势调整值。

二次移动平均预测法（method of double moving average），就是在一次移动平均值的基础上，再进行第二次移动平均，并根据两次平均的关系，建立预测模型。

1）二次移动平均值的计算

与一次移动平均值的计算方法完全相同，二次移动平均值的计算公式如下：

$$M_t^{(2)}=\frac{M_t^{(1)}+M_{t-1}^{(1)}+M_{t-n+1}^{(1)}}{n}=\frac{1}{n}\sum_{i=t-n+1}^{t}M_t^{(1)} \tag{11-3}$$

① 一次移动平均值存在滞后的解释：根据式（11-1）计算的一次移动平均值，实际上是跨越期内各观测值的中值（算术平均数），从时间上来说应该处于跨越期的中间点，但一次移动平均预测法是将该数值作为跨越期末的数值（t 期的移动平均值），因此从时间上来说滞后于原始数据半个跨越期 $\left(\frac{n-1}{2}\right)$。而二次平均是在一次平均的基础上的再次滞后。

式中，$M_t^{(2)}$ 为第 t 期的二次移动平均数；n 为期数，与一次移动平均相同；$M_t^{(1)}$ 为各期一次移动平均数。

2）二次移动平均预测法的模型

该方法的预测模型是：

$$\hat{Y}_{t+T} = a_t + b_t T$$

两个待定参数的计算式为

$$a_t = 2M_t^{(1)} - M_t^{(2)}, \quad b_t = \frac{2}{n-1}(M_t^{(1)} - M_t^{(2)})$$

式中，$\hat{Y}_{t+T}$ 为第 $t+T$ 期的预测值；T 为预测期与当期的间隔期数。

2. 二次移动平均预测法的应用

➢案例 11-2

2001～2011 年，我国国内生产总值如表 11-3 栏（2）所示，请用二次移动平均法计算 2006～2011 年我国国内生产总值的理论预测值，并预测 2012 年的全国国内生产总值（n 取 3）。

表 11-3 二次移动平均法计算表 单位：亿元

年份	全国国内生产总值	一次移动平均数 $M_t^{(1)}$	二次移动平均数 $M_t^{(2)}$	$M_t^{(1)}-M_t^{(2)}$	a_t	b_t	预测值 $\hat{Y}_{t+T}$，$T=1$
(1)	(2)	(3)	(4)	(5)=(3)−(4)	(6)=(3)+(5)	(7)=$\frac{2}{3-1}\times$(5)	(8)=(6)+(7)
2001	109 655						
2002	120 333						
2003	135 823						
2004	159 878	121 937					
2005	182 321	138 678					
2006	216 314	159 341					
2007	265 810	186 171	139 985	46 186	232 357	46 186	
2008	314 045	221 482	161 397	60 085	281 567	60 085	278 543
2009	340 903	265 390	188 998	76 392	341 782	76 392	341 652
2010	401 513	306 919	224 347	82 572	389 491	82 572	418 173
2011	471 564	352 154	264 597	87 557	439 710	87 557	472 063
2012			308 154				527 267

资料来源：国家统计局数据库 http：//www. stats. gov. cn/index. htm。具体数据四舍五入保留到个位
http：//dauta. stats. gov. cn/workspale/index? m=hgnd. 2012-12

解：列二次移动平均法计算表（表 11-3）。

计算步骤如下：

（1）计算一次移动平均值。根据式 11-1 计算一次移动平均值，并列入表 11-3 栏（3）。与案例 11-1 不同的是，此处一次移动平均值仅作为中间计算结果，因此，本例中

将计算结果放在当期。

(2) 计算二次移动平均值。根据式 (11-3) 计算二次移动平均值，并列入表 11-3 栏 (4)。

(3) 为了计算简便，考虑到两个参数 a_t 和 b_t 都需要中间结果 $M_t^{(1)}-M_t^{(2)}$，因此特设栏 (5)，记录中间结果。

(4) 计算 a_t，并列入表 11-3 栏 (6)。

(5) 计算 b_t，并列入表 11-3 栏 (7)。本例中 n 取 3，因此有 $\frac{2}{n-1}=\frac{2}{3-1}=1$。

(6) 计算预测值 $\hat{Y}_{t+T}$，此处 $T=1$，计算结果列入表 11-3 栏 (8)。

如果要预测 2013 年的全国国内生产总值那么 $T=2$，计算结果如下：

$$\hat{Y}_{2013}=439710+87556\times 2=614824(\text{亿元})$$

最后，我们可以比较一次和二次移动平均预测法的精度。本例中可以很明显地看出二次移动平均预测法比一次移动平均预测法的精度高很多。这再次说明对于斜坡形数据，二次移动平均预测法占优。

11.1.3 一次指数平滑预测法

1. 一次指数平滑预测法模型

一次指数平滑预测法（method of single exponential smoothing）的预测模型是：

$$S_t=\alpha x_t+(1-\alpha)S_{t-1} \tag{11-4}$$

式中，x_t 为当期实际观测值；S_t 为当期指数平滑值，该数值作为下期的预测值（即 $S_{t+1}=S_t$）；S_{t-1} 为上期的指数平滑值；α 为平滑系数（$0\leqslant\alpha\leqslant 1$）。

式 (11-4) 也是计算指数平滑值的递推公式，据此可以计算出当期之前逐期的一次指数平滑值：

$$S_{t-1}=\alpha x_{t-1}+(1-\alpha)S_{t-2}$$

$$\vdots$$

$$S_2=\alpha x_2+(1-\alpha)S_1$$

$$S_1=\alpha x_1+(1-\alpha)S_0$$

将 S_1、S_2 直到 S_{t-1} 逐式反向代入，即可以得到全部由各期观测值计算的当期指数平滑值表达式：

$$S_t=\alpha x_t+\alpha(1-\alpha)x_{t-1}+\alpha(1-\alpha)^2x_{t-2}+\cdots+\alpha(1-\alpha)^{t-1}x_1+(1-\alpha)^tS_0 \tag{11-5}$$

2. 一次指数平滑预测法的特点

我们将以一次指数平滑预测法和一次移动平均预测法以下三个方面之间的相互对比来说明一次指数平滑预测法的三个特点。

(1) 调整预测值的能力。在一次指数平滑预测法的模型 $S_{t+1}=S_t+\alpha\ (x_t-S_t)$ 中，调整项是 $\alpha\ (x_t-S_t)$，其中 (x_t-S_t) 是 t 期的预测误差，当 $x_t<S_t$ 时，x_t-

$S_t<0$，说明 t 期的预测值太大，因为 α（x_t-S_t）<0，把它同 t 期的预测值 S_t 相加作为 $t+1$ 期的预测值 S_{t+1}，则 $S_{t+1}<S_t$，从而减少 $t+1$ 期的误差；反之，当 $x_t>S_t$ 时，$x_t-S_t>0$，也就是说，t 期的预测值太小，因此，在预测 $t+1$ 期时应对 S_t 做一定的调整，把大于零的 α（x_t-S_t）加到 S_t 上去，作为 $t+1$ 期的预测值 S_{t+1}。由此可见，一次指数平滑预测法具有以 t 期的误差为基础，调整 $t+1$ 期预测值的能力，并且，在已定的 α 条件下，预测误差越大，它对预测值调整的幅度也越大，反之，则越小，从而使预测误差控制在一定的范围内。

而在一次移动平均法模型 $M_{t+1}=M_t+\frac{x_t-x_{t-n}}{n}$ 中，调整项是 $\frac{1}{n}$（x_t-x_{t-n}），（x_t-x_{t-n}）只是相隔 n 期的两个实际值之差，不反映预测误差。可见，一次移动平均法不具有根据预测误差对预测值进行调整的能力。

（2）预测值中包含的信息量。由一次指数平滑预测法模型 $S_{t+1}=S_t+\alpha$（x_t-S_t）可得

$$S_t=\alpha x_{t-1}+(1-\alpha)S_{t-1}$$
$$S_{t-1}=\alpha x_{t-2}+(1-\alpha)S_{t-2}$$
$$\vdots$$

所以，
$$\begin{aligned} S_{t+1}&=\alpha x_t+(1-\alpha)S_t\\ &=\alpha x_t+(1-\alpha)[\alpha x_{t-1}+(1-\alpha)S_{t-1}]\\ &=\alpha x_t+\alpha(1-\alpha)x_{t-1}+(1-\alpha)^2S_{t-1}\\ &=\alpha x_t+\alpha(1-\alpha)x_{t-1}+(1-\alpha)^2[\alpha x_{t-2}+(1-\alpha)S_{t-2}]\\ &=\cdots\\ &=\alpha x_t+\alpha(1-\alpha)x_{t-1}+\alpha(1-\alpha)^2x_{t-2}+\cdots+\alpha(1-\alpha)^{t-1}x_1+(1-\alpha)^tS_1 \end{aligned}$$

由于当 t 很大时，$(1-\alpha)^t$ 是一个很小的值，而且 S_1 不能从公式中求得，上式中 $(1-\alpha)^tS_1$ 可略而不计，则有

$$\begin{aligned} S_{t+1}=&\alpha x_t+\alpha(1-\alpha)x_{t-1}+\alpha(1-\alpha)^2x_{t-2}+\cdots\\ &+\alpha(1-\alpha)^{k-1}x_{t-k+1}+\cdots+\alpha(1-\alpha)^{t-1}x_1 \end{aligned} \tag{11-6}$$

从上式可见，一次指数平滑法的预测值是全部历史数据参加平均的结果。而从一次移动平均法的模型 $M_{t+1}=\frac{x_t-x_{t-1}+\cdots+x_{t-n+1}}{n}$ 可知，M_{t+1} 是离预测期最近的 n 个历史数据参加平均的结果，它仅仅是一种局部的平均，可能因为一小部分的特殊值导致预测值偏差太大。

由于一次指数平滑法参与平均的历史数据比一次移动平均法参与平均的历史数据多得多，所以，一次指数平滑法预测值中所包含的信息量比一次移动平均法预测值中所包含的信息量要丰富得多，因此，一次指数平滑法比一次移动平均法的准确性和科学性要高得多。

（3）加权特点。从一次指数平滑法模型式（11-6）可知，权数 α，α（$1-\alpha$），…，α（$1-\alpha$）$^{k-1}$，…，α（$1-\alpha$）$^{t-1}$…呈等比级数，公式为

$$\frac{\alpha(1-\alpha)^k}{\alpha(1-\alpha)^{k-1}}=1-\alpha$$

因为在实际预测中，$0<1-\alpha<1$，所以 $\alpha>\alpha(1-\alpha)>\alpha(1-\alpha)^2>\cdots>\alpha(1-\alpha)^{k-1}>\cdots>\alpha(1-\alpha)^{t-1}\cdots$

设权数之和为 S，则

$$S=\frac{\alpha}{1-(1-\alpha)}=\frac{\alpha}{\alpha}=1$$

可见，一次指数平滑法的权数之和为 1，加权特点是：离预测值越近的历史数据具有的权数越大，而离预测期越远的历史数据其权数就越小。这种加权特点是符合预测信息在历史数据中的分布规律的，因为在任何一组历史数据中，每个历史数据虽然都可能包含有关预测信息，但不同数据所包含的预测信息量是不同的，随着历史数据离预测期由近到远，历史数据中所包含的预测信息量也由高到低。

而从一次移动平均法模型：

$$M_{t+1}=\frac{x_t-x_{t-1}+\cdots+x_{t-n+1}}{n}=\frac{1}{n}x_t+\frac{1}{n}x_{t-1}+\cdots+\frac{1}{n}x_{t-n+1}$$

移动平均法对每个历史数据都给予相等的权数$\left(\frac{1}{n}\right)$，它让离预测期较近的历史数据和离预测期较远的历史数据处于同等重要的地位。显然，一次指数平滑法的权数分配比一次移动平均法的权数分配要合理得多，更加符合预测信息在历史数据中的分布规律。

通过以上三个方面的比较，我们总结出了一次指数平滑法的三个特点：可调整预测值、预测值中包含的信息量大、加权更加合理，并且从理论上论证了指数平滑法比移动平均法更为科学。

3. 一次指数平滑预测法的应用

➤案例 11-3

2012 年我国人口数预测

2002～2011 年我国人口数如表 11-4 栏（2）所示，请用一次指数平滑法计算 2002～2011 年的理论预测值，并预测 2012 年我国人口数量（α 取 0.3 和 0.5）。

表 11-4　一次指数平滑法计算表　　　　单位：亿人

年份	人口	预测值（α=0.3）	预测值（α=0.5）
(1)	(2)	(3)	(4)
2002	12.845	12.845*	12.850*
2003	12.922	12.845	12.848
2004	12.999	12.868	12.885
2005	13.075	12.907	12.942
2006	13.145	12.958	13.008
2007	13.179	13.014	13.077

续表

年份	人口	预测值（$\alpha=0.3$）	预测值（$\alpha=0.5$）
(1)	(2)	(3)	(4)
2008	13.247	13.063	13.128
2009	13.313	13.118	13.187
2010	13.377	13.177	13.250
2011	13.441	13.237	13.314
2012		13.298	13.377
均方误差		0.027	0.01

资料来源：联合国统计局数据库 http：//unstats.un.org/unsd/default.htm.2012-12。具体数据四舍五人保留小数点后 3 位数。* 表示初始平滑值

解：本题取初始平滑值为 2002 年我国人口数量，即

$$s_{02}=x_{02}=12.845^{*}$$

根据式（11-4）或式（11-5）可以得到表 11-4 栏（3）和（4）的预测值。如当 $\alpha=0.3$ 时，2004 年的一次指数平滑值为

$$s_{04}=\alpha x_{03}+(1-\alpha)s_{03}=0.3\times12.922+0.7\times12.845=12.868(\text{亿人})$$

2012 年的预测值为

$$s_{12}=\alpha x_{11}+(1-\alpha)s_{11}=0.3\times13.441+0.7\times13.237=13.298(\text{亿人})$$

其余类推。

表 11-4 第（3）栏和第（4）栏的最后一格是实际值和预测值之差的平方。当 $\alpha=0.3$ 时，均方误差为 0.027，当 $\alpha=0.5$ 时，均方误差为 0.01，可见，α 取 0.5 时预测结果较好。在实际预测中，为提高预测的精确度，我们可通过比较 α 不同取值下的预测效果（可用均方误差等指标衡量），最后确定较合适的 α 值。

11.1.4　二次指数平滑预测法

1. 二次指数平滑预测法模型

与移动平均预测法一样，一次指数平滑法也比较适合水平型的数据，而对于斜坡形数据，为了减轻滞后的影响，我们需要调整趋势值。该预测法的模型原理与二次移动平均法完全相同，区别只是进入模型的数值是指数平滑值。

二次指数平滑法的预测模型为

$$\hat{Y}_{t+T}=a_t+b_tT \tag{11-7}$$

式中，$\hat{Y}_{t+T}$ 为第 $t+T$ 期的预测值；T 为预测期与当期的间隔期数。

两个待定参数的计算式为

$$a_t=2S_t^{(1)}-S_t^{(2)},\quad b_t=\frac{\alpha}{1-\alpha}(S_t^{(1)}-S_t^{(2)})$$

式中，$S_t^{(1)}$ 和 $S_t^{(2)}$ 分别是一次和二次的指数平滑值：

$$S_t^{(1)}=\alpha x_t+(1-\alpha)S_{t-1}^{(1)},\qquad S_t^{(2)}=\alpha S_t^{(1)}+(1-\alpha)S_{t-1}^{(2)}$$

2. 二次指数平滑预测法的应用

➢案例 11-4

预测 2012 年 12 月我国居民消费价格指数

表 11-5 是我国 2012 年 1～11 月的居民消费价格指数，用二次指数平滑法计算 2012 年 1～11 月我国居民消费价格指数的理论预测值，以及 12 月的居民消费价格指数（α 取 0.5）。

表 11-5 二次移动平均法计算表

月份 (1)	居民消费价格指数 (2)	一次指数平滑数 $S_t^{(1)}$ (3)	二次指数平滑数 $S_t^{(2)}$ (4)	$S_t^{(1)}-S_t^{(2)}$ (5)=(3)−(4)	a_t (6)=(3)+(5)	b_t (7)=1×(5)	预测值 $\hat{Y}_{t+T}$，$T=1$ (8)=(6)+(7)
1	132.1	132.1*	132.1*	0.0	132.1	0.0	132.1
2	130.6	132.1	132.1	0.0	132.1	0.0	132.1
3	132.8	131.4	132.1	−0.8	130.6	−0.8	129.9
4	133.5	132.1	131.7	0.3	132.4	0.3	132.8
5	134.3	132.8	131.9	0.9	133.7	0.9	134.6
6	134.4	133.5	132.3	1.2	134.7	1.2	135.9
7	135.1	134.0	132.9	1.0	135.0	1.0	136.0
8	135.3	134.5	133.5	1.1	135.6	1.1	136.7
9	133.4	134.9	134.0	0.9	135.8	0.9	136.8
10	133.7	134.2	134.5	−0.3	133.9	−0.3	133.6
11	133.4	133.9	134.3	−0.4	133.6	−0.4	133.2
12		133.7	134.1	−0.5	133.2	−0.5	132.8

资料来源：同表 11-4。具体数据四舍五入保留小数点后 1 位数

解：取初始平滑值为 2012 年 1 月的居民消费价格指数，即 $s_1^{(1)}=s_1^{(2)}=132.1^*$，其他计算步骤参见二次移动平均法的计算步骤。* 表示初始平滑值。

11.2 趋势预测法

市场中很多待预测的变量从时间维度来看都呈现出一定的规律性。我们希望能够根据历史数据将这种规律数学化，从而可以用来预测变量未来的变化。基于变量与时间关系的预测方法，就是趋势预测法，也称为趋势外推法。趋势预测法有许多种类型，模型

之间最本质的区别是变量随时间变化的变化率不同。因此，变量对时间的导数是研究趋势预测法模型的关键工具。

11.2.1 直线模型预测法（method of Linear model forecasting）

1. 直线模型

直线模型（图 11-1）的估计式为

$$\hat{y} = a + bt \tag{11-8}$$

式中，$\hat{y}$ 为变量的预测值；t 为时间变量；a 和 b 为待估计参数。

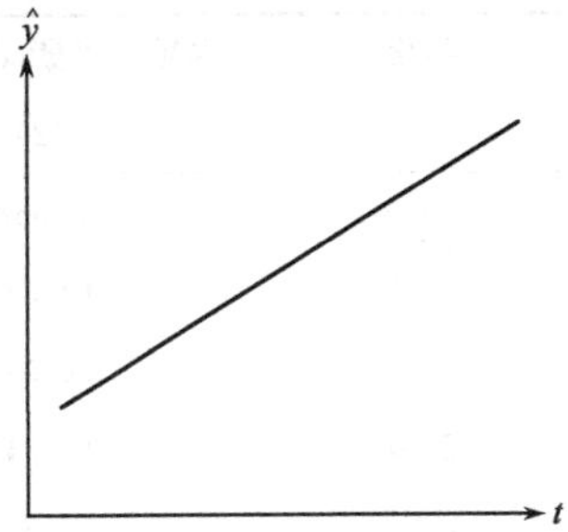

图 11-1 直线模型图

2. 模型估计

估计直线模型参数的方法有很多种，其中最简单的方法是目测手画法，而最常用的是最小平方法（method of least squares）。最小平方法（最小二乘法）的思路是拟合一条直线型的趋势线，使线上的预测值与实际观察值之间离差平方和最小。

假设 y_i 是各期的实际观测值，那么离差平方和为

$$Q = \sum (y_i - \hat{y}_i)^2 = \sum (y_i - a - bt)^2 \tag{11-9}$$

为了使离差平方和最小，需要求使偏导数为 0 的参数 a 和 b 的取值，即

$$\frac{\partial Q}{\partial a} = -2\sum (y_i - a - bt) = 0 \tag{11-10}$$

$$\frac{\partial Q}{\partial b} = -2t\sum (y_i - a - bt) = 0 \tag{11-11}$$

式（11-10）和式（11-11）联立求解，可得

$$\begin{aligned} a &= \frac{1}{n}(\sum y_i - b\sum t) \\ b &= \frac{n\sum ty_i - (\sum t)(\sum y_i)}{n\sum t^2 - (\sum t)^2} \end{aligned} \tag{11-12}$$

为了简化公式，可以在选择时间编号时，使得 $\sum t = 0$。若总数据是奇数个（如 5 个）时，取中间数的编号为零（−2，−1，0，1，2）；若总数据是偶数个（如 4）时，以 0 为原点对称展开不包括 0（−2，−1，1，2）。简化后的参数值表达式为

$$a = \bar{y}, \quad b = \frac{\sum ty_i}{\sum t^2}$$

式中，$\bar{y}$ 为变量均值。

➤**案例 11-5**

2012 年我国水泥生产量预测

表 11-6 是我国 2004～2011 年全国水泥生产量，试用最小平方法求参数并预测 2012 年和 2013 年我国水泥生产量。

解：根据求参数需要，列最小平方法求参数计算表（表 11-6）。

表 11-6　2004～2011 年我国水泥生产量

年份	水泥生产量（亿吨）y	年序数 t	t^2	ty
(1)	(2)	(3)	(4)	(5)
2004	9.668	−7	49	−67.677
2005	10.383	−5	25	−51.915
2006	12.041	−3	9	−36.123
2007	13.541	−1	1	−13.541
2008	13.884	1	1	13.884
2009	16.290	3	9	48.869
2010	18.676	5	25	93.380
2011	20.632	7	49	144.422
2012				
求和	115.115	0	168	131.298

资料来源：同表 11-4。具体数据四舍五入保留小数点后 3 位数

$$\because \sum t = 0,\ \therefore a = \bar{y} = \frac{115.115}{8} \approx 14.389$$

$$b = \frac{\sum ty}{\sum t^2} = \frac{131.298}{168} \approx 0.782$$

∴预测模型为 $\hat{y} = a + bt = 14.389 + 0.782t$

令 $t=9$，则 2012 年预测值为

$$\hat{y}_{12} = 14.389 + 0.782 \times 9 = 21.427(亿吨)$$

令 $t=11$，则 2013 年预测值为

$$\hat{y}_{13} = 14.389 + 0.782 \times 11 = 22.991(亿吨)$$

11.2.2　指数曲线预测法（method of exponential curve model forecasting）

1. 预测模型

$$\hat{y} = ab^t \tag{11-13}$$

变量含义同直线模型（图 11-2）。

2. 模型估计

对指数曲线模型式（11-13），两边取对数，可得

$$\ln\hat{y}=\ln a+t\ln b \tag{11-14}$$

进行变量替代，令 $y'=\ln\hat{y}$，$a'=\ln a$，$b'=\ln b$，则式（11-14）可表示为

$$y'=a'+b't$$

这样，经过简单的数学变换，我们就把指数曲线模型转换为以对数表示的直线模型。估计模型参数时，只需要按照直线模型的估计方法，先估计出 a' 和 b'，然后再求反对数即可。

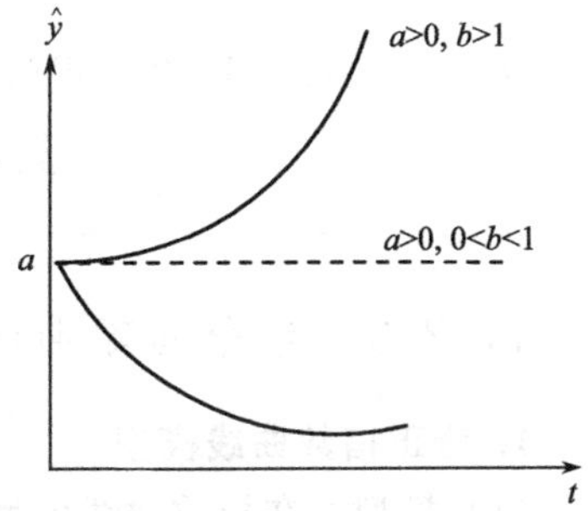

图 11-2　指数曲线图

➢案例 11-6

2013 年法国政府债券利率预测

2007～2012 年，法国政府债券利率如表 11-7 所示，试用最小平方法求参数，预测法国 2013 年政府债券利率。

表 11-7　法国 2007～2012 年政府债券利率

年份	实际值 y/%	$y'=\lg y$	年序数 t	t^2	ty'
(1)	(2)	(3)	(4)	(5)	(6)
2007	4.30	0.63	−5	25	−3.167
2008	4.23	0.63	−3	9	−1.879
2009	3.65	0.56	−1	1	−0.562
2010	3.12	0.49	1	1	0.494
2011	3.32	0.52	3	9	1.563
2012	2.14	0.33	5	25	1.652
2013					
求和		3.17	0	70	−2.216

资料来源：同表 11-4。具体数据四舍五入保留小数点后 2 位数

解：$\because \sum t=0$　　$\therefore a'=\bar{y}'=\dfrac{3.17}{6}\approx 0.53$

$$b'=\frac{\sum ty'}{\sum t^2}=\frac{-2.216}{70}\approx -0.032$$

即

$$\lg a=0.53$$

$$\lg b=-0.032$$

$\therefore$

$$a=3.388$$

$$b=0.929$$

∴指数曲线预测模型为

$$\hat{y}=ab^{t}=3.388\times0.929^{t}$$

令 $t=7$，则 2013 年法国的政府利率的预测值为

$$\hat{y}_{13}=3.388\times0.929^{7}\approx2.023$$

11.2.3 生命周期曲线

1. 修正指数曲线模型

（1）模型。在指数曲线模型的基础上，加上一个常数项 k（k）0)，对曲线进行一定程度上的“修正”，我们就得到了修正指数曲线模型（method of modified exponential curve model forecasting)，如图 11-3 所示。

$$\hat{y}=k+ab' \tag{11-15}$$

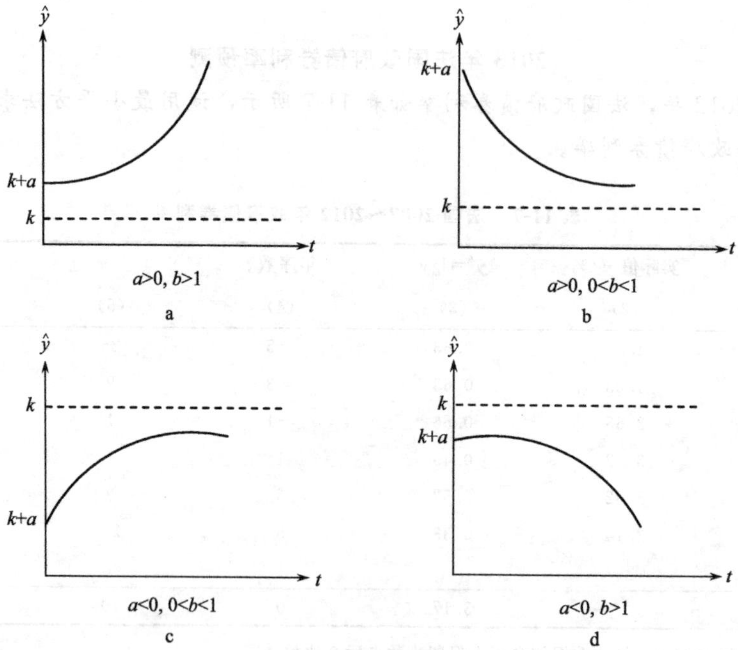

图 11-3 修正指数曲线图

（2）模型估计。修正指数曲线也可以经过简单的数学变换，用最小二乘法来估计参数[①]。但是，由于增加了常数项，对数据变换的要求提高了，我们也可以用“三和法”来求解。

具体计算方法如下：

假设共有数据 N（$N=3n$，$n\geqslant2$）组，序号从 0 开始，将三组数据代入模型，可

---

① 修正指数曲线的数学变换为 $\ln(\hat{y}-k)=\ln a+t\ln b$。然后令 $y'=\ln(\hat{y}-k)$，$a'=\ln a$，$b'=\ln b$，就可以用最小二乘法来估计未知参数。

得一系列方程，以第一组为例（0，…，$n-1$）：

$$y_0 = k + a$$
$$y_1 = k + ab$$
$$\vdots$$
$$y_{n-1} = k + ab^{n-1}$$

等式两边分别相加，可以得到

$$\sum_1 y_i = nk + a\frac{b^n - 1}{b - 1} \tag{11-16}$$

同理可得

$$\sum_2 y_i = nk + ab^n \frac{b^n - 1}{b - 1} \tag{11-17}$$

$$\sum_3 y_i = nk + ab^{2n} \frac{b^n - 1}{b - 1} \tag{11-18}$$

将式（11-17）、式（11-18）、式（11-19）联立求解，可得

$$a = (\sum_2 y_i - \sum_1 y_i)\frac{b-1}{(b^n-1)^2}$$

$$b = \left[\frac{(\sum_3 y_i - \sum_2 y_i)}{(\sum_2 y_i - \sum_1 y_i)}\right]^{\frac{1}{n}}$$

$$k = \frac{1}{n}\left[\frac{(\sum_1 y_i \sum_3 y_i - (\sum_2 y_i)^2)}{(\sum_1 y_i + \sum_3 y_i - 2\sum_2 y_i)}\right]$$

由于修正指数曲线模型未知参数有 3 个，所以我们只要知道曲线上的 3 个点，就可以由方程求出未知参数。为了不损失信息，我们将全部历史数据分成三组，用平均值来代替特定的点。这种方法具有普遍性，也可以用来计算直线模型。

➢案例 11-7

2012 年和 2013 年中国生铁产量预测

2006～2011 年，我国生铁产量如表 11-8 所示，试用修正指数曲线模型预测法预测 2012 年和 2013 年的生产量。

解：列计算表 11-8。

表 11-8　2006～2011 年我国生铁产量　　单位：千吨

年份 (1)	年生铁产量 y (2)	年序数 t (3)
2006	404 172	0
2007	469 452	1
2008	470 676	2

续表

年份	年生铁产量 y	年序数 t
(1)	(2)	(3)
2009	543 744	3
2010	590 220	4
2011	699 688	5

资料来源：同表 11-4。具体数据四舍五入保留小数点后 0 位（为了拟合模型，2011 年数据略有修改）

$$\sum_1 y_i = 404172 + 469452 = 873624$$

$$\sum_2 y_i = 470676 + 543744 = 1014420$$

$$\sum_3 y_i = 590220 + 629688 = 1219908$$

$$n = \frac{N}{3} = \frac{6}{3} = 2$$

由式（11-16）、式（11-17）、式（11-18）得

$$b = \left[\frac{(\sum_3 y_i - \sum_2 y_i)}{(\sum_2 y_i - \sum_1 y_i)}\right]^{\frac{1}{n}}$$

$$= \left[\frac{(1219908 - 1014420)}{(1014420 - 873624)}\right]^{\frac{1}{2}}$$

$$\approx 1.208$$

$$a = (\sum_2 y_i - \sum_1 y_i)\frac{b-1}{b^n-1}^2$$

$$= (1014420 - 873624)\frac{1.399-1}{(1.399^2-1)^2}$$

$$\approx 61314$$

$$k = \frac{1}{n}\left[\frac{(\sum_1 y_i \sum_3 y_i - (\sum_2 y_i)^2)}{(\sum_1 y_i + \sum_3 y_i - 2\sum_2 y_i)}\right]$$

$$= \frac{1}{2}\left[\frac{(873624 \times 1219908 - 1014420^2)}{(873624 + 1219908 - 2 \times 1014420)}\right]$$

$$\approx 283597$$

修正指数曲线模型为

$$\hat{y} = k + ab^t = 283597 + 61314 \times 1.399^t$$

令 $t=6$，$t=7$，分别得到 2012 年和 2013 年的预测值

$$\hat{y}_{12}=283597+61314\times1.399^{6}=743288(\text{千吨})$$

$$\hat{y}_{13}=283597+61314\times1.399^{7}=926705(\text{千吨})$$

2. 戈珀资曲线模型（method of Gompertz curve model forecasting）

（1）模型。戈珀资曲线最初是为了预测人口增长而提出的曲线，自 1922 年以来在市场预测领域（尤其是耐用消费品的生命周期）得到广泛应用。该模型的表达式为

$$\hat{y}=ka^{b^t} \tag{11-19}$$

其中参数含义同直线模型（图 11-4）。

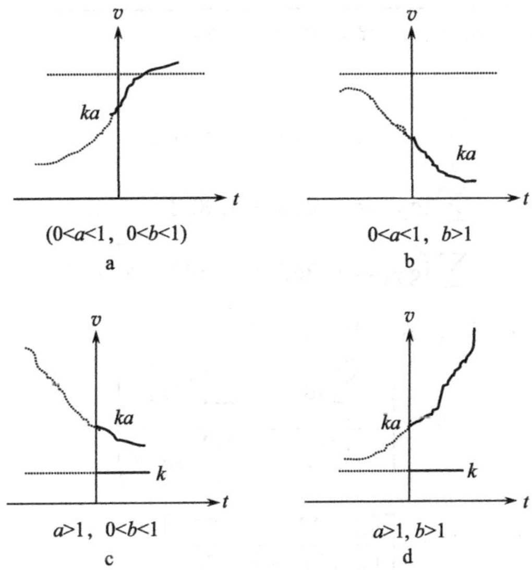

图 11-4　戈珀资曲线图

（2）模型估计。对戈珀资曲线模型式（11-19），两边取对数，可得

$$\ln\hat{y}=\ln k+b^t\ln a \tag{11-20}$$

进行变量替代，令 $y'=\ln\hat{y}$，$a'=\ln a$，$k'=\ln k$

则式（11-20）可表示为

$$y'=k'+a'b^t$$

这样，经过简单的数学变换，我们就把戈珀资曲线模型转换为以对数表示的修正指数模型。估计模型参数时，只需要按照修正指数模型的估计方法，然后再求反对数即可。

➢案例 11-8

2012 年我国棉纱产量预测

2006～2011 年我国棉纱产量如表 11-9 所示，试用戈珀资曲线模型预测法预测 2012 年我国棉纱产量。

表 11-9 2006～2011 年我国棉纱产量 单位：亿吨

年份 (1)	年序数 t (2)	实际值 y (3)	$\lg y$ (4)
2006	0	14.352	1.157
2007	1	16.630	1.221
2008	2	17.908	1.253
2009	3	20.047	1.302
2010	4	22.642	1.355
2011	5	24.122	1.382

资料来源：同表 11-4。具体数据四舍五入保留小数点后 3 位数

$$\sum_1 \lg y_i = 1.157 + 1.221 = 2.378$$

$$\sum_2 \lg y_i = 1.253 + 1.302 = 2.555$$

$$\sum_3 \lg y_i = 1.355 + 1.382 = 2.737$$

参照式（10-16)、式（10-17)、式（10-18）得

$$b = \left[\frac{(\sum_3 \lg y_i - \sum_2 \lg y_i)}{(\sum_2 \lg y_i - \sum_1 \lg y_i)}\right]^{\frac{1}{n}} = \left[\frac{(2.737 - 2.555)}{(2.555 - 2.378)}\right]^{\frac{1}{2}} \approx 1.014$$

$$\lg a = (\sum_2 \lg y_i - \sum_1 \lg y_i)\frac{b-1}{(b^n-1)^2} = (2.555 - 2.378)\frac{1.014-1}{(1.014^2-1)^2} \approx 3.122$$

$$a \approx 1324$$

$$\lg k = \frac{1}{n}\left[\frac{(\sum_1 \lg y_i \sum_3 \lg y_i - (\sum_2 \lg y_i)^2)}{(\sum_1 \lg y_i + \sum_3 \lg y_i - 2\sum_2 \lg y_i)}\right] = \frac{1}{2}\left[\frac{(2.378 \times 2.37 - 2.555^2)}{(2.378 + 2.737 - 2 \times 2.555)}\right] \approx -1.993$$

$$k \approx 0.010$$

戈珀资曲线模型为

$$\hat{y} = ka^{b^t} = 0.01 \times 1324^{1.014^t}$$

由于用此模型进行预测计算太烦琐，我们也可用取对数后的模型：

$$\lg\hat{y}_i = \lg k + b^t \lg a = -1.993 + 1.014^t \times 3.122$$

取 $t=6$ 代入上式，求反对数后得到 2012 年的预测值

$$\lg\hat{y}_{12} = -1.993 + 1.014^6 \times 3.122 \approx 1.401$$

$$\hat{y}_{12} \approx 25.154$$

11.2.4 趋势曲线模型的选择

1. 直观辨认法

这种方法是将有关预测对象的历史数据逐一描在坐标纸（普通坐标纸或对数坐标纸）上，形成历史数据分布图，并用平滑的线条连接各历史数据点，以显示历史数据的变化趋势。如果历史数据的分布呈直线型，就可用直线模型进行预测；如果历史数据的分布不属直线型，则应仔细观察历史数据的分布是否接近于某一曲线（如抛物线、指数曲线等）的形状，也可以把历史数据的分布图和各种曲线图相比较，直观地确定历史数据的分布同哪种曲线的形状最接近，然后建立相应的模型进行预测。

➢案例 11-9

2006～2011 年我国电力总生产量如表 11-10 所示，试用直观辨认法选择预测模型。

表 11-10 2006～2011 年我国电力总生产量 单位：亿千瓦

年份	2006	2007	2008	2009	2010	2011
电量	274.94	308.06	339.23	370.13	412.73	457.74

资料来源：同表 11-4。具体数据四舍五入保留小数点后 2 位数（为了拟合模型，2007 年的数据略有修改）

解：将 2006～2011 年我国电力总生产量数据描在直角坐标系上，并用实线连接各点，如图 11-5 所示。

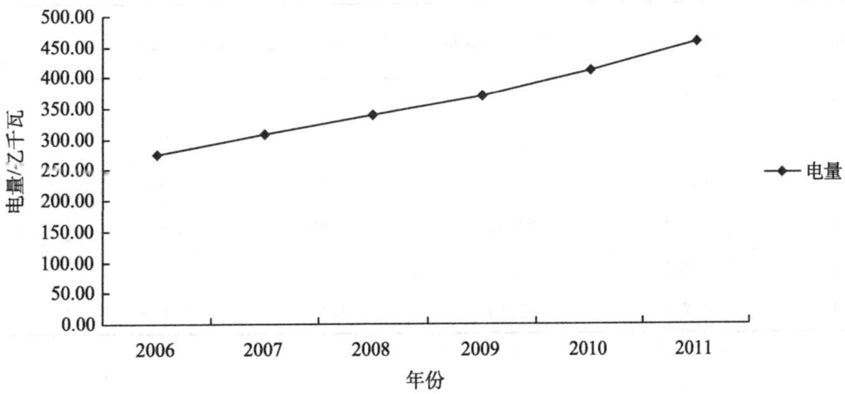

图 11-5 2006～2011 年我国电力总生产量

由图 11-5 可直线辨认，这一组历史数据属典型的直线趋势型发展，因此，可用直线模型对 2012 年及以后年份的数值进行预测。

但在实际运用这种方法时，根据同一组历史数据可以画出尺寸大小比例不同的图形。不同的预测人员对某种图形也可能有不同看法，有时某种图形似乎同几种曲线形状相像，但又无法判断同哪种曲线图形最为接近。因此，这是一种比较粗略的方法。

2. 历史数据特征分析法

这是一种在分析历史数据特征的基础上，选择与该特征相适应的预测模型的方法。如果难以用直观辨认法判定历史数据的趋势，可用列表的方法分析历史数据最明显的数字特征，然后选择具有相同模型特征的预测方法。

预测人员运用这种方法选择模型，首先要十分熟悉各种长期趋势预测模型的特征，现将前面介绍的主要长期趋势预测模型的特征归纳总结，如表 11-11 所示。

表 11-11 趋势曲线模型特征

模型	特征
直线模型 $\hat{y}=a+bt$	历史数据一级增长率相等，均为 b
指数曲线模型 $\hat{y}=ab^t$	历史数据环比系数相等，均为 b
修正指数曲线模型 $\hat{y}=k+ab^t$	历史数据一级增长率的环比系数相等，均为 b
戈珀资曲线模型 $\hat{y}=ka^{b^t}$	历史数据对数值的一级增长率环比系数相等，均为 b

预测人员分析有关预测对象的历史数据特征后，判定较为显著的特征，然后同表 11-11 所列的各种模型特征相对照，就能初步确定相应的预测模型。

➢案例 11-10

用历史数据特征分析法为表 11-12 中的数据选择预测模型。

解：列表 11-12 分析其数据特征。

表 11-12 历史数据特征分析表

年份	实际值 y	y 的一级增长量	y 的二级增长量	y 的环比系数	y 的一级增长量的环比系数
2006	274.94				
2007	308.06	33.11		1.120	
2008	339.23	31.17	−1.94	1.101	0.941
2009	370.13	30.90	−0.28	1.091	0.991
2010	412.73	42.60	11.70	1.115	1.379
2011	457.74	45.01	2.41	1.109	1.057

由表 11-12 可见，y 的一级增长量和 y 的环比系数这两个特征的相同性较明显，因此，对照表 11-11，可初步考虑选择直线模型和指数曲线模型。y 的一级增长量是绝对数，最大值（45.01）和最小值（30.90）的差值为 14.11；y 的环比系数为相对数，最大值（1.120）和最小值（1.091）的差值为 0.029，即 2.9%，即使以 y 的最大值（457.74）为基数，其绝对差值也为 457.74×2.9%=13.27，小于 y 的一级增长量的最大值和最小值之间的差额 14.11。所以，最后应选择指数曲线模型。这与用直观辨认法选择预测模型的结果有差异。因为直观辨认法的正确与否与预测人员的经验、数据量的多少以及画图的准确性有关，由于准确性较差，因此，这是一种比较粗略的预测方法。

3. 多种模型预测效果比较法

这是一种对一组历史数据同时运用两种或两种以上的预测模型，通过比较预测效果衡量指标（如平均绝对误差、均方误差等），以选择最佳预测模型的方法。由于预测对象往往受多种因素影响，历史数据经常表现为不规则分布的状况，历史数据的特征并不明显。在这种情况下，我们可用多种模型预测效果比较法选择合适的预测模型。

➤案例 11-11

在案例 11-10 中，由于 y 的一级增长量和 y 的环比系数的差别不大，预测者难以根据历史数据分析法确定用直线模型还是用指数曲线模型，可试用多种模型预测效果比较法选择预测模型。

解：分别列表 11-13 和表 11-14，计算直线模型预测法的均方误差和指数曲线模型预测法的均方误差。

表 11-13　直线模型均方误差计算表

年份 (1)	y (2)	t (3)	t^2 (4)	ty (5)	$\hat{y}$ (6)	$(y-\hat{y})^2$ (7)
2006	274.94	−5	25	−1374.71	270.62	18.69
2007	308.06	−3	9	−924.17	306.56	2.24
2008	339.23	−1	1	−339.23	342.50	10.69
2009	370.13	1	1	370.13	378.44	69.08
2010	412.73	3	9	1238.19	414.38	2.72
2011	457.74	5	25	2288.72	450.32	55.11
求和	2162.83	0	70	1258.93	2162.82	158.52

$$\because \sum t = 0 \qquad \therefore a = \bar{y} = \frac{2162.83}{6} \approx 360.47$$

$$b = \frac{\sum ty}{\sum t^2} = \frac{1258.93}{70} \approx 17.98$$

∴ 预测模型为 $\hat{y}=a+bt=360.47+17.98t$

将历年年序数 t 代入预测模型，并计算表 11-13 第 (7) 栏误差平方：

$$均方误差=\frac{\sum(y-\hat{y})^2}{n}=\frac{158.52}{6}\approx 26.42$$

这里，读者必须注意均方误差与方差的差别：

$$方差=\frac{\sum(y-\bar{y})^2}{n}$$

后者与平均值 $\bar{y}$ 有关，而前者与拟合值 $\hat{y}$ 有关。

表 11-14　指数曲线模型均方误差计算表

年份	y	$\lg y$	t	t^2	$t\lg y$	$\hat{y}$	$(y-\hat{y})^2$
2006	274.94	2.439	−5	25	−12.196	277.01	4.256
2007	308.06	2.489	−3	9	−7.466	305.98	4.308
2008	339.23	2.530	−1	1	−2.530	337.99	1.547
2009	370.13	2.568	1	1	2.568	373.34	10.315
2010	412.73	2.616	3	9	7.847	412.39	0.115
2011	457.74	2.661	5	25	13.303	455.53	4.905
求和	2162.83	15.303	0	70	1.526	2162.23	25.445

$$\because \sum t=0 \qquad \therefore a'=\bar{y}'=\frac{15.303}{6}\approx 2.551$$

$$b'=\frac{\sum t\lg y}{\sum t^2}=\frac{1.526}{70}\approx 0.022$$

即

$$\lg a=2.551$$
$$\lg b=0.022$$

∴

$$a=355.224$$
$$b=1.051$$

∴指数曲线预测模型为

$$\hat{y}=ab^t=355.224\times 1.051^t$$

将历年年序数 t 代入预测模型得到表 11-14 栏 (7)，并计算栏 (8) 的误差平方：

$$均方误差=\frac{\sum(y-\hat{y})^2}{n}=\frac{25.445}{6}\approx 4.241$$

通过以上计算可知，用直线模型进行预测的均方误差 (26.42) 是指数曲线模型进行预测的均方误差 (4.241) 的 6.23 倍，可见，预测人员应选择指数曲线模型进行预测。

11.3 季节变动预测法

季节变动预测法，是针对呈现季节性波动的数据进行的预测方法，时序单位是月或者季。本书的介绍针对水平型数据，不考虑存在长期趋势的季节变动数据。常用的预测方法包括两种：季节指数法和季节变差法。

11.3.1 季节指数法

1. 预测模型

季节指数法，是一种用相对数来衡量季节波动的预测方法。计算季节指数的方法有两种，按季平均法和全年比率法。其中全年比率法运用较少。

按季平均的季节指数：

季节指数（%）＝历年同季平均数/全时期总平均数×100%

全年比率的季节指数：

季节指数（%）＝历年同季季节比率之和/年份数×100%

预测应用：

(1) 已知预测目标全年预测值，利用季节指数测算每季度的预测值：

某季预测值＝该季季节指数×年预测值/4

(2) 已知某季实际值，利用季节指数预测未来各季和全年预测值：

未来某季预测值＝未来某季季节指数×已知季实际值/该季季节指数

全年预测值＝全年季节指数之和×已知季实际值/该季季节指数

2. 应用举例

➢案例 11-12

中国汇率季节指数

2008～2012 年，我国人民币汇率季度数据如表 11-15 所示（与美元兑换牌价）。请用按季平均的方式计算季节指数，并根据假设计算相应的预测值。

表 11-15　按季平均法计算季节指数

年份 (1)	一季度 (2)	二季度 (3)	三季度 (4)	四季度 (5)	合计 (6)	全年平均 (7)
2008	7.020	6.937	6.830	6.830	27.617	6.904
2009	6.840	6.830	6.830	6.830	27.330	6.833
2010	6.830	6.817	6.763	6.663	27.073	6.768
2011	6.577	6.483	6.393	6.323	25.777	6.444
2012	6.297	6.313	6.337	6.295	25.242	6.310
合计	33.563	33.380	33.153	32.942	133.038	33.260
季平均数	6.713	6.676	6.631	6.588	26.608	6.652
季节指数%	1.009	1.004	0.997	0.990	4.000	1.000

资料来源：同表 11-4。具体数据四舍五入保留小数点后 3 位数

解：根据已有历史数据可以明显看出该数据呈现季节波动。

(1) 分别计算历年同季的平均数和合计数，填入表11-15的相应行中。例如，第一季度合计数为33.563，平均数为6.713。

(2) 计算全时期（20个季）的季平均数，为6.652。

(3) 根据按季平均的季节指数公式计算每个季度的季节指数，如第一季度的季节指数为

第一季度季节指数=历年第一季度平均数/全时期总平均数×100%

=6.713/6.652×100%=100.9%

(4) 假设2013年我国四个季度汇率总值预测值为26.572，根据季节指数预测各季汇率。

2013年一季度预测值=26.572/4×100.9%=6.704

2013年二季度预测值=26.572/4×100.4%=6.667

2013年三季度预测值=26.572/4×99.7%=6.622

2013年四季度预测值=26.572/4×99.0%=6.579

(5) 假设2013年一季度我国利率预测为6.703亿元，根据季节指数预测各季汇率。

2013年二季度预测值=6.703/100.9%×100.4%=6.670

2013年三季度预测值=6.703/100.9%×99.7%=6.623

2013年四季度预测值=6.703/100.9%×99.0%=6.577

11.3.2 季节变差法

季节变差是以绝对数表示的季节波动衡量指标。其计量单位与历史数据的计量单位相同。

季节变差=历年同季平均数−全时期总平均数

预测应用：

(1) 已知全年预测值，计算各季预测值：

某季预测值=全年预测值/4+该季季节变差

(2) 已知某季实际值，计算未来各季预测值：

某季预测值=季平均值+预测季季节变差

应用举例：

仍以案例11-12为例，计算季节变差，并根据假设进行预测。

解：列出季节变差计算表，如表11-16所示。

(1) 计算历年同季的合计数，填入表11-16的相应列中。例如，第一季度合计数为33.563。

(2) 计算历年同季的平均数和全年平均数，填入相应行中。

表 11-16　按季平均法计算季节变差

年份 (1)	一季度 (2)	二季度 (3)	三季度 (4)	四季度 (5)	全年平均 (6)
2008	7.020	6.937	6.830	6.830	6.904
2009	6.840	6.830	6.830	6.830	6.833
2010	6.830	6.817	6.763	6.663	6.768
2011	6.577	6.483	6.393	6.323	6.444
2012	6.297	6.313	6.337	6.295	6.310
合计	33.563	33.380	33.153	32.942	33.260
季平均数	6.713	6.676	6.631	6.588	6.652
季节变差	0.061	0.024	−0.021	−0.064	0

(3) 根据季节变差公式计算季节变差，如第一季度季节变差为

历年第一季度平均数－全时期总平均数＝6.713－6.652＝0.061

(4) 假设 2013 年我国四个季度汇率总值预测值为 26.945，根据季节变差预测各季汇率。

2013 年一季度预测值＝26.945/4＋0.061＝6.797

2013 年二季度预测值＝26.945/4＋0.024＝6.760

2013 年三季度预测值＝26.945/4－0.021＝6.715

2013 年四季度预测值＝26.945/4－0.064＝6.673

(5) 假设 2013 年一季度我国人民币汇率预测为 6.751，根据季节变差预测各季汇率。

2013 年二季度预测值＝6.751－0.061＋0.024＝6.714

2013 年二季度预测值＝6.751－0.061－0.021＝6.669

2013 年二季度预测值＝6.751－0.061－0.064＝6.626

11.4　马尔可夫预测法

11.4.1　马尔可夫过程

马尔可夫过程（Markovian process）是一种随机过程[①]，是俄国数学家马尔可夫抽象出的一种广泛存在的过程。该种过程（或系统）符合马尔可夫性（或称为无后效性），即该过程在时刻 t_0 所处的状态为已知的情况下，其在时刻 t_1（$t_1>t_0$）的状态与在 t_{-1}（$t_{-1}<t_0$）时刻所处状态无关。

荷花池中一只青蛙的跳跃是马尔可夫过程的一个形象化的例子。青蛙依照它瞬间的

① 时间和状态都是离散的马尔可夫过程被称为"马尔可夫链"。本书只介绍状态空间离散且有限的马尔可夫过程。

念头从一片荷叶上跳到另一片荷叶上，假设青蛙是没有记忆的，当现在所处的位置已知时，它下一步跳往何处和它以往走过的路径无关。

假设该池塘只有3片荷叶，分别编号为0，1，2，那么这只青蛙可能跳往的叶子，用随机变量可以表示为$X_n=X(n)$，$n=0,1,2,\cdots$，即该青蛙的状态空间由3个点构成。而青蛙下一步跳往何处和它以往走过的路径无关，而只取决于它现在所处的位置，那么，它跳向任何一片荷叶的概率可以表示为$P_{ij}=(X_{t+1}=X(i)/X_t=X(j))$，$i,j=0,1,2$。例如，$P_{01}=(X_{t+1}=X(0)/X_t=X(1))$，表示青蛙在$t$时刻处于荷叶1上，而$t+1$时刻处于荷叶2上的概率。由于该概率是状态转换的概率，所以也被称为“转移概率”。假设这只青蛙一开始处于各荷叶上的概率是相等的（均为1/3），我们就能够计算出它每一跳后的概率。

11.4.2 市场占有率预测

➢案例 11-13　　洗衣粉的市场占有率

假设市场上有甲乙两个品牌的洗衣粉，通过随机抽样调查，发现甲品牌洗衣粉的市场占有率为30%，乙品牌洗衣粉的市场占有率为70%。调查还发现，甲品牌洗衣粉的消费者中，下个月有60%的消费者仍将继续使用该品牌，而有40%的消费者将改用乙品牌。乙品牌的消费者中改用甲品牌的比例是30%，而仍将使用乙品牌的比例是70%。请预测1个月后甲乙两个品牌的市场占有率，以及稳定状态下两个品牌的市场占有率。

马尔可夫过程在市场预测中的主要应用是预测产品或品牌的市场占有率。预测的步骤如下：

（1）调查目前市场占有率情况，得出初始分布。

首先，通过抽样调查，了解目前的市场占有率情况。通过随机抽样调查发现，其中有3000名用甲品牌洗衣粉，7000名用乙品牌洗衣粉，也即这10 000名消费者的情况代表了全部消费者的情况，则目前甲品牌洗衣粉的市场占有率为30%，乙品牌洗衣粉的市场占有率为70%，即

$$A=(0.3,\ 0.7)$$

（2）调查概率变动情况，计算转移概率矩阵。

由案例可知甲品牌洗衣粉的消费者中，下个月有60%的消费者仍将继续使用该品牌，而有40%的消费者将改用乙品牌。乙品牌的消费者中改用甲品牌的比例是30%，而仍将使用乙品牌的比例是70%，因此转移概率矩阵为

$$B=\begin{Bmatrix}0.6, & 0.4\\ 0.3, & 0.7\end{Bmatrix}$$

（3）预测特定时间之后的市场占有率。

$$AB=(0.3,\ 0.7)\begin{Bmatrix}0.6, & 0.4\\ 0.3, & 0.7\end{Bmatrix}=(0.39,\ 0.61)$$

(4) 计算稳定后的市场占有率。

稳定意味着转移矩阵不再起作用，假设 $X=(x_1, x_2)$ 是稳定后的市场占有率，则有

$$XB=X$$

也即

$$(x_1, x_2)\begin{Bmatrix}0.6, & 0.4\\0.3, & 0.7\end{Bmatrix}=(x_1, x_2)$$

根据上式及市场占有率总和为 1 的前提，我们可以得到联立方程：

$$0.4x_1=0.3x_2$$

$$x_1+x_2=1$$

求解方程，可得在上述转移概率下，甲乙两个品牌稳定后的市场占有率为（3/7，4/7）。

马尔可夫过程也可以用来计算更加复杂的市场占有率情况，只是求解矩阵的过程比较复杂，这里不再赘述。

本章小结

本章介绍了市场预测中最常用的基于时序数据的方法。最简单的时序预测法是移动平均，在算数平均数的基础上，通过选择合适的移动平均长度，最大限度地利用已有数据。根据原始数据是水平型或是斜坡型，选择一次或二次移动平均。指数平滑的方法综合了移动平均和加权的思想，增加了靠近预测期数据的权重。同样，相应于两种数据类型，也有一次指数平滑和二次指数平滑的预测方法。

趋势预测法是利用各种常见的曲线拟合历史数据进行预测的方法。本章依次介绍了直线、指数曲线，修正指数曲线和戈珀资曲线。这些曲线的最大区别在于变量的变化率不同。在实际运用中，可以根据散点图进行直观辨认或者通过计算比较何种曲线最合适。

季节预测方法是针对有季节变动的数据进行预测，通常使用的方法包括季节比率和季节变差两种。马尔可夫预测是基于随机规律的预测方法，本章对其原理进行了基本描述和应用举例。

思考练习题

1. 简述移动平均预测法和指数平滑方法的区别和联系。
2. 某企业 2007～2013 年的产品销售额如表 11-17 所示。

表 11-17　产品销售额

年份	2007	2008	2009	2010	2011	2012	2013
销售额/万元	300	324	347	372	396	420	446

根据以上资料，分别用二次移动平均法（$n=3$）和二次指数平滑法（$\alpha=0.8$）预

测该企业2014年和2015年的销售额。

3. 某乳品公司2004～2010年鲜奶销售量，如表11-18所示。

表11-18 鲜奶销售量

年份	2007	2008	2009	2010	2011	2012	2013
销售量/箱	1300	1420	1570	1730	1900	2120	2370

根据以上资料，以指数曲线模型预测法进行预测，要求：

(1) 用最小平方法求参数，建立指数曲线预测模型。

(2) 预测2014年和2015年该公司的鲜奶销售量。

4. 某企业2005～2013年销售额资料，如表11-19所示。

表11-19 某企业销售额

年份	2005	2006	2007	2008	2009	2010	2011	2012	2013
销售额/万元	4.94	6.21	7.18	7.74	8.38	8.45	8.73	9.42	10.24

根据以上资料，用戈珀资曲线模型预测该企业2014年和2015年的销售额。

5. 简述趋势预测法各模型的本质特征。

6. 某企业2010～2013年各季的销售额资料，如表11-20所示。

表11-20 某企业销售额 单位：万元

年份	一季度	二季度	三季度	四季度
2010	217	116	284	467
2011	236	125	291	483
2012	227	137	285	496
2013	230	130	297	475

根据以上资料，要求：

(1) 分别用按季平均法和全年比率平均法计算各季的季节指数。

(2) 若已经算出该企业2014年全年的预测值为1430万元，利用按季平均法求得的季节指数预测2014年各季的销售额。

(3) 若已经知道2014年第一季度的销售额为245万元，利用按季平均法求得的季节指数预测2014年第二、第三、第四季度和全年的销售额预测值。

7. 简述无后效性和马尔可夫过程。

8. 某品牌啤酒的市场份额为20%。经调查发现，每个星期该品牌流失10%的老顾客，而从其他品牌的消费者中赢得5%的新顾客。①请写出转移概率矩阵；②预测该品牌下个星期的市场占有率；③计算该品牌稳定后的市场占有率。

第12章

回归分析预测法

本章导读

回归分析是一类应用很广泛的统计分析方法，本章关注该方法在市场预测中的应用。一般来说，应用回归进行预测的主要步骤是：①根据理论确定变量之间存在相互依存的线性关系；②建立回归方程；③估计方程参数；④评价参数估计值；⑤进行预测。

【本章主要内容】

- 一元线性回归预测法
- 多元线性回归预测法
- 自回归预测法

12.1 一元线性回归预测法

12.1.1 回归分析的原理

回归分析，是应用很广泛的一类预测方法。利用回归模型进行预测，我们需要回答两个问题：第一，目标变量之间是不是存在这种相互依存关系？第二，目标变量之间的数量关系是普遍的吗？如果换一个时期的资料，我们得到的这种特定的数量关系还存在吗？

对于第一个问题，我们需要明确的是，回归方法本身并不能确认变量之间是不是存在依存关系。对这种关系的假设需要依据坚实的理论。也就是说，变量之间关系的确认是先于回归预测的。所以，如下的预测是没有意义的：

通过运算，发现某地区猫头鹰的数量和死亡人数之间存在线性相关关系，因此推论猫头鹰的确是不祥的鸟类，进而利用猫头鹰的数量来预测死亡人数。这样的预测不合理，因为并没有理论显示猫头鹰和人类的死亡之间存在关系。

但是用猫的数量来预测牛肉的产量是有价值的。因为，达尔文发现，三叶草是靠野蜂传播花粉的，但野蜂的多少，又取决于田鼠的数量，因为田鼠专门吃蜂房和幼蜂。而猫专抓田鼠。达尔文由此得出一个结论：一个地区有大量的猫镇住田鼠，野蜂就多；野蜂多了，三叶草自然茂盛；三叶草兴盛，养牛业就不愁发展不起来。于是，人们餐桌上牛肉的多少，可以由猫的数量来决定。

变量之间数量关系是不是稳定，是不是普遍，我们可以通过统计上的显著性检验来完成。

12.1.2 一元线性回归预测法模型

1. 模型及其估计

一元线性回归是最简单的一类回归模型，主要研究两个变量之间的关系。模型假设两个变量之间的关系是线性的。其表达式为

$$Y = a + bX \tag{12-1}$$

式中，X 和 Y 是我们感兴趣的两个变量。a 和 b 是决定两个变量之间线性关系的参数。

对模型的估计可以有许多种方法，我们采用“最小平方”法。该方法的原理在第 11 章中已有具体的介绍，此处不再重复。求取两个参数的表达式为

$$a = \bar{Y} - b\bar{X} \tag{12-2}$$

$$b = \frac{\sum X_i Y_i - n\bar{X}\bar{Y}}{\sum X_i^2 - n\bar{X}^2} \tag{12-3}$$

2. 参数及假设检验

1）拟合优度

当根据数据计算出模型的具体表达式之后，我们需要解决的问题是，这个模型是度量 X 和 Y 关系的最佳表达吗？变量 X 在多大程度上解释了变量 Y 的变化呢？对于这个问题的回答，需要引入一个参数，“拟合优度”，又称判定系数（coefficient of determination）。

很容易想象，通常并不是所有的观测值都能够落在回归所得的直线上，我们希望能够有一个指标从整体上解释估计值在多大程度上能够“代表”观测值。这个指标就是拟合优度，通常用 R^2 来表示。观测值 Y_i 与其均值 $\bar{Y}$ 之间的差值，可以度量观测值的离散程度，我们称之为“离差”（$Y_i - \bar{Y}$）。而离差很容易分成两部分，一部分归于回归预测值，而另一部分是预测值和观测值的差值（称为残差）。假设，我们用 TSS 来表示总的离差平方和（$\sum (Y_i - \bar{Y})^2$），ESS 表示回归平方和（$\sum (\hat{Y} - \bar{Y})^2$），RSS 表示残差平方和（$\sum (Y_i - \hat{Y})^2$）。那么拟合优度的表达式是：

$$R^2 = \frac{\text{ESS}}{\text{TSS}}$$

拟合优度的一个直观解释如图 12-1 所示。

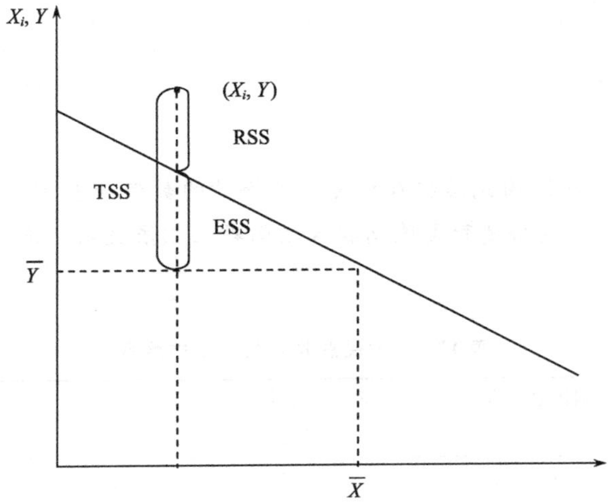

图 12-1　拟合优度示意图

2）T 检验

由于一元线性回归模型的具体参数强烈地依赖于估计所用的数据，所以很自然的疑问是，这种线性关系是真实存在的吗？对这个问题的回答，需要用到统计上“假设检验”的知识。

X 和 Y 之间的线性关系是真实存在的吗？用统计学术语表示就是参数 a 和 b 是不是“显著”异于零（对于回归分析来说，截距的影响不大，所以我们通常只检验斜率变量）。对于这个假设，我们借助 T 检验来完成。具体的步骤如下：

第一，指定显著性水平（常用 α 表示）。所谓的显著性水平，就是我们对错误的容忍度。显著性水平越高，对错误的容忍度就越小。常用的显著性水平是 0.01 和 0.05。

第二，计算 T 统计量。

$$T = \frac{b}{Se(b)}$$

式中，b 为参数估计值；Se（b）为参数估计值的标准误差。

第三，提出零假设：

$$H_0: b = 0$$

及对立假设

$$H_1: b \neq 0$$

第四，根据显著性水平，查 T 分布表，并进行显著性判断，当 $|T| < t_{\alpha/2}$ 时，接受零假设，即两个变量 X 和 Y 之间的线性关系不是真实存在的。当 $|T| > t_{\alpha/2}$ 时，则拒绝零假设，即参数 b 在指定的显著性水平下与零有差异，两个变量 X 和 Y 之间的线性关系是真实存在的。

在应用中对参数进行检验的难度在于计算 T 统计量，以及跟显著性水平的比较。但是现在可以借助应用软件，这部分的工作变得容易了。

12.1.3 一元线性回归预测法应用

➢案例 12-1

2002～2011 年，我国国民总收入和货币供给量的数值如表 12-1 所示。根据经济学理论，我们知道，货币供给量和国民总收入之间存在相依关系，请利用下列数值估计回归方程。

表 12-1 国民总收入与货币供给量

年份	国民总收入 Y_i /亿元	货币供给量 X_i /亿元	X_iY_i/百万亿元	X_i^2/百万亿元
2002	119 096.0	185 007.0	22 033.6	34 227.6
2003	135 174.0	221 222.8	29 903.6	48 939.5
2004	159 587.0	254 107.0	40 552.2	64 570.4
2005	184 089.0	298 755.7	54 997.6	89 255.0
2006	213 132.0	345 603.6	73 659.2	119 441.8
2007	267 763.7	403 442.2	108 027.2	162 765.6
2008	316 228.8	475 166.6	150 261.4	225 783.3
2009	343 464.7	606 225.0	208 216.9	367 508.8
2010	399 759.5	725 774.1	290 135.1	526 748.0
2011	472 115.0	851 591.8	402 049.3	725 208.6
合计	2 610 409.7	4 366 895.8	1 379 835.9	2 364 448.5
均值	261 041.0	436 689.6		

资料来源：国家统计局数据库 http：//219.235.129.58，2013-1. 数据略有改动，四舍五入保留小数点后 1 位数

解：根据式（12-2）和式（12-3），我们可以得出

$$b=\frac{\sum X_iY_i-n\bar{X}\bar{Y}}{\sum X_i^2-n\bar{X}^2}=\frac{1379835.9\times10^6-10\times261041.0\times436689.6}{2364448.5\times10^6-10\times436689.6^2}=0.524$$

注释：由于 X_iY_i 和 X_i^2 数值太大，为了表示方便，将单位改为百万亿，所以上述表达式中的数值需要注意。

$$a=\bar{Y}-b\bar{X}=261041.0-0.524\times436689.6=32041.3$$

那么，一元线性回归预测模型为

$$Y=a+bX=32041.3+0.524X$$

同样，根据拟合优度的表达式，我们列出表 12-2，有此可以计算出 $R^2=0.980$，所以拟合优度非常高。斜率变量在 0.01 的水平下显著（$T=18.1$），即国民收入和货币供给量之间的线性关系显著存在。

表 12-2　一元线性回归中间结果

年份	国民总收入 Y_i	预测值 $\hat{Y}$	$(Y_i-\bar{Y})^2$	$(\hat{Y}-\bar{Y})^2$
2002	119 096.0	128 985.0	20 148 383 025.0	17 438 795 587.6
2003	135 174.0	147 962.0	15 842 501 689.0	12 786 849 566.3
2004	159 587.0	165 193.4	10 292 914 116.0	9 186 768 560.0
2005	184 089.0	188 589.3	5 921 610 304.0	5 249 250 745.6
2006	213 132.0	213 137.6	2 295 272 281.0	2 294 737 034.5
2007	267 763.7	243 445.0	45 194 695.3	309 618 765.5
2008	316 228.8	281 028.6	3 045 693 268.8	399 504 089.8
2009	343 464.7	349 703.2	6 793 666 321.7	7 860 985 708.8
2010	399 759.5	412 346.9	19 242 822 242.3	22 893 476 040.6
2011	472 115.0	478 275.4	44 552 233 476.0	47 190 788 210.3
合计	2 610 409.7		128 180 291 419.1	125 610 774 309.1

那么，假设 2012 年国家采用紧缩的货币政策，货币的供给量收缩为 1 054 681.1 亿元，那么国民总收入将变为

$$\hat{Y}_{2012}=a+bX=32041.3+0.524X=32041.3+0.524\times1054681.1=584694.2(\text{亿元})$$

12.2　多元线性回归预测法

现实生活中，需要预测的变量通常受到多个因素的影响。如果多个影响因素之间的线性组合可以用来预测目标变量，那么，这种回归预测方法就是“多元线性回归”。

12.2.1　多元线性回归预测法模型

1. 模型及估计

多元线性回归的一般表达式为

$$Y=b_0+b_1X_1+b_2X_2+\cdots+b_nX_n$$

式中，参数的含义同一元线性回归。

多元线性回归模型的估计同样采用最小二乘法。用 X 和 Y 分别表示观测值矩阵，待估计参数的表达式为

$$B=(X'X)^{-1}X'Y$$

随着影响因素的增加，求解参数的工作量和难度都大大增加，所以实际的估计通常借助软件进行。

2. 参数检验

求得多元线性回归的表达式之后，我们也需要对估计值进行评价，计算影响因素

变量在多大程度上能够解释目标变量，还要回答变量之间的线性依存关系是不是真实的。与一元线性回归相同，多元线性回归也使用拟合优度指标来总体评价估计值在多大程度上能够“代表”观测值。用T检验来解释单个参数估计值是不是与零有显著差异。但是，在多元线性回归中还存在一种可能，即每个单个的影响因素与目标变量之间的依存关系都存在，但所有影响因素的组合与目标变量之间的线性依存关系不真实。为了检验估计出来的多元线性回归方程是不是存在这种问题，需要增加一个检验，即“F检验”。

F检验与T检验一样，都是借助统计分布对参数进行的假设检验，检验步骤也相同。区别在于零假设和统计量的计算公式。

(1) F 统计量的计算：

$$F=\frac{\mathrm{ESS}/\mathrm{df}_1}{\mathrm{RSS}/\mathrm{df}_2}$$

式中，ESS和RSS分别指回归平方和和残差平方和。df_1 和 df_2 分别指分子和分母的自由度，一般来说，如果待估计的参数有 k 个（包括截距变量），而观测值有 n 个，那么 $\mathrm{df}_1=k-1$，$\mathrm{df}_2=n-k$。

(2) 提出零假设：

$$H_0: b_1=b_2=\cdots=b_n=0(\text{不包括截距})$$

及对立假设，回归参数不同时为零。

(3) 检验规则。如果 $F<F_\alpha$，接受零假设，意味着多元线性回归方程在整体上不显著，影响因素与目标变量之间的依存关系不具有统计上的普遍意义。如果 $F>F_\alpha$，意味着变量之间的线性依存关系真实存在。

12.2.2 多元线性回归预测法应用

➢案例 12-2

根据经济学理论，可知国民总收入、货币供应量与能源消费总量之间存在相依关系。请利用表12-3的数据估计二元回归方程。

表 12-3 国民总收入、货币供给量与能源消费总量

年份	国民总收入 Y_i/亿元	货币供给量 X_i/亿元	能源消费总量 Z_i /万吨标准煤
2002	119 096.0	185 007.0	151 796.6
2003	135 174.0	221 222.8	174 990.0
2004	159 587.0	254 107.0	203 227.0
2005	184 089.0	298 755.7	224 682.0
2006	213 132.0	345 603.6	246 270.2

续表

年份	国民总收入 Y_i/亿元	货币供给量 X_i/亿元	能源消费总量 Z_i/万吨标准煤
2007	267 763.7	403 442.2	265 583.0
2008	316 228.8	475 166.6	285 000.0
2009	343 464.7	606 225.0	306 647.0
2010	399 759.5	725 774.1	324 939.0
2011	472 115.0	851 591.8	348 002.0

资料来源：同表 12-1，四舍五入保留小数点后 1 位数

二元线性回归预测模型的数学表达式为

$$Y = a + bX + cZ \tag{12-4}$$

把已知的 n 组数据代入式（12-4），得

$$\begin{gathered} Y_1 = a + bX_1 + cZ_1 \\ \vdots \\ Y_n = a + bX_n + cZ_n \end{gathered}$$

写成矩阵形式为

$$\begin{bmatrix} Y_1 \\ \vdots \\ Y_n \end{bmatrix} = \begin{bmatrix} 1 & Y_1 & Z_1 \\ \vdots & \vdots & \vdots \\ 1 & X_n & Z_n \end{bmatrix} \begin{bmatrix} a \\ b \\ c \end{bmatrix}$$

上式两边左乘矩阵

$$\begin{bmatrix} 1 \cdots 1 \\ X_1 \cdots X_n \\ Z_1 \cdots Z_n \end{bmatrix}$$

得

$$\begin{bmatrix} 1 \cdots 1 \\ X_1 \cdots X_n \\ Z_1 \cdots Z_n \end{bmatrix} \begin{bmatrix} Y_1 \\ \vdots \\ Y_n \end{bmatrix} = \begin{bmatrix} 1 \cdots 1 \\ X_1 \cdots X_n \\ Z_1 \cdots Z_n \end{bmatrix} \begin{bmatrix} 1 & X_1 & Z_1 \\ \vdots & \vdots & \vdots \\ 1 & X_n & Z_n \end{bmatrix} \begin{bmatrix} a \\ b \\ c \end{bmatrix}$$

即

$$\begin{bmatrix} \sum Y_i \\ \sum X_i Y_i \\ \sum Z_i Y_i \end{bmatrix} = \begin{bmatrix} n & \sum X_t & \sum Z_i \\ \sum X_i & \sum X_i^2 & \sum X_i Z_i \\ \sum Z_i & \sum X_i Z_i & \sum Z_i^2 \end{bmatrix} \begin{bmatrix} a \\ b \\ c \end{bmatrix}$$

即
$$\begin{cases} na+(\sum X_i)b+(\sum Z_i)c=\sum Y_i \\ (\sum X_i)a+(\sum X_i^2)b+(\sum X_iZ_i)c=\sum X_iY_i \\ (\sum Z_i)a+(\sum X_iZ_i)b+(\sum Z_i^2)c=\sum Z_iY_i \end{cases}$$

将表 12-3 中的数据代入公式，计算所需中间结果如表 12-4 所示，上述三个变量的多元线性回归方程可以表达为

$$\hat{Y}=-49244.2+0.356X_i+0.612Z_i$$

表 12-4　多元线性回归中间结果

Y_i	X_i	Z_i	X_iZ_i (1×10^6)	X_iY_i (1×10^6)	Y_iZ_i (1×10^6)	X_i^2 (1×10^6)	Z_i^2 (1×10^6)
119 096.0	185 007.0	151 796.6	28 083.4	22 033.6	18 078.4	34 227.6	23 042.2
135 174.0	221 222.8	174 990.0	38 711.8	29 903.6	23 654.1	48 939.5	30 621.5
159 587.0	254 107.0	203 227.0	51 641.4	40 552.2	32 432.4	64 570.4	41 301.2
184 089.0	298 755.7	224 682.0	67 125.0	54 997.6	41 361.5	89 255.0	50 482.0
213 132.0	345 603.6	246 270.2	85 111.9	73 659.2	52 488.1	119 441.8	60 649.0
267 763.7	403 442.2	265 583.0	107 147.4	108 027.2	71 113.5	162 765.6	70 534.3
316 228.8	475 166.6	285 000.0	135 422.5	150 261.4	90 125.2	225 783.3	81 225.0
343 464.7	606 225.0	306 647.0	185 897.1	208 216.9	105 322.0	367 508.8	94 032.4
399 759.5	725 774.1	324 939.0	235 832.3	290 135.1	129 897.0	526 748.0	105 585.4
472 115.0	851 591.8	348 002.0	296 355.6	402 049.3	164 297.0	725 208.6	121 105.4
2 610 409.7	4 366 895.8	2 531 136.8	1 231 328.4	1 379 835.9	728 770.0	2 364 448.6	678 578.4

该方程通过了 F 检验（F 统计量的值为 190.801），意味着从整体上能源消费总量和货币供给量与国民总收入之间的线性相关关系存在。该方程的拟合优度为 0.982，一般来说，只要在回归中增加变量，拟合优度就会增加。但能源消费总量未能通过 T 检验（T 统计量为 1.508），这可能是由于观测值过少造成的。

12.3　自回归预测法

第 11 章所介绍的平均预测法、趋势预测法、季节变动预测法等模型都是简单的外推方法，由于这些方法并不反映时间序列的随机性质，我们称之为“确定性模型”。与之相比，基于随机变量表达的自回归模型可以更加精确地预测未来。与一元和多元线性回归相比，在预测变量未来时，我们不再使用一个（或一组）与之有因果关系的其他变量，而只是用该变量的过去行为来预测未来，在操作上具有简便易行的特点。

12.3.1　自回归预测模型原理与估计

由于随机过程存在惯性，很多现象从时间维度来看有着前后依存的关系。例如，某

地区当期总人口数，与往期总人口数之间存在依存关系。住房新开工量、固定资产投资额等都是如此。自回归模型就是目标变量对自身滞后项的回归。其中最简单的就是目标变量对上一期滞后变量的依存关系，其表达式与一元线性回归类似：

$$Y = a + bY_{t-1}$$

由于与一元线性回归的表达式类似，我们可以用一元线性回归的表达式来进行模型估计[①]，即

$$a = \bar{Y} - b\bar{Y}_{t-1}$$

$$b = \frac{\sum Y_{t-1}Y - n\bar{Y}_{t-1}\bar{Y}}{\sum Y_{t-1}^2 - n\bar{Y}_{t-1}^2}$$

显然，一元线性自回归模型可以很方便地推广为多元线性回归模型：

$$Y_t = b_0 + b_1 Y_{t-1} + b_2 Y_{t-2} + \cdots + b_k Y_{t-k}$$

其参数的估计也类同于多元线性回归。

由于自回归的检验非常复杂（如平稳性检验、白噪声检验等），已超出本书研究范围，因此我们不在此做详细介绍，具体内容请参见相关著作。

12.3.2　自回归预测方法应用

➢案例 12-3

1994～2011 年上证综合指数（收盘）的数据如表 12-5 所示。请据此计算上证综合指数一元线性自回归的表达式，并预测 2012 年的上证综合指数。

表 12-5　1994～2011 年上证综合指数（收盘）数据表

年份	上证综合指数 Y_t	上年上证综合指数 Y_{t-1}	$Y_{t-1}Y_t$	Y_{t-1}^2
1994	648.0			
1995	555.0	648.0	359 640.0	419 904.0
1996	917.0	555.0	508 935.0	308 025.0
1997	1 194.0	917.0	1 094 898.0	840 889.0
1998	1 147.0	1 194.0	1 369 518.0	1 425 636.0
1999	1 367.0	1 147.0	1 567 949.0	1 315 609.0
2000	2 073.0	1 367.0	2 833 791.0	1 868 689.0

① 但是上述估计方法的成立，依赖于时间序列的“平稳”性假设。时间序列 y_t 在满足下列条件的情况下被认为是平稳的：①对于所有的时间 t，y_t 的均值是常数；②对于所有的时间 t，任意两期数据的自相关系数仅仅与其时间间隔有关，而与时间的起点无关。

续表

年份	上证综合指数 Y_t	上年上证综合指数 Y_{t-1}	$Y_{t-1}Y_t$	Y_{t-1}^2
2001	1 646.0	2 073.0	3 412 158.0	4 297 329.0
2002	1 358.0	1 646.0	2 235 268.0	2 709 316.0
2003	1 497.0	1 358.0	2 032 926.0	1 844 164.0
2004	1 267.0	1 497.0	1 896 699.0	2 241 009.0
2005	1 161.0	1 267.0	1 470 987.0	1 605 289.0
2006	2 675.0	1 161.0	3 105 675.0	1 347 921.0
2007	5 261.6	2 675.0	14 074 780.0	7 155 625.0
2008	1 820.8	5 261.6	9 580 321.3	27 684 434.6
2009	3 277.0	1 820.8	5 966 761.6	3 315 312.6
2010	2 808.0	3 277.0	9 201 816.0	10 738 729.0
2011	2 199.0	2 808.0	6 174 792.0	7 884 864.0
合计	32 223.4	30 672.4	66 886 914.9	77 002 745.2
平均	1 895.5	1 804.3		

资料来源：同表 12-1，四舍五入保留小数点后 1 位数

解：根据公式，我们可以得出

$$b=\frac{\sum YY_{t-1}-n\bar{Y}\bar{Y}_{t-1}}{\sum Y_{t-1}^2-n\bar{Y}_{t-1}^2}=\frac{66886914.9-17\times 1895.5\times 1804.3}{77002745.2-17\times 1804.3^2}=0.4038$$

$$a=\bar{Y}-b\bar{Y}_{t-1}=1895.5-0.4038\times 1804.3=1166.92$$

那么，一元线性回归预测模型为

$$Y=a+bY_{t-1}=1166.92+0.4038Y_{t-1}$$

那么，2012 年上证综合指数的预测值为

$$Y_{2012}=1166.92+0.4038\times 2199=2054.876$$

本章小结

回归分析是一类应用很广泛的统计分析方法，本章关注该方法在市场预测中的应用。一般来说，应用回归进行预测的主要步骤是：①根据理论确定变量之间存在相互依存的线性关系；②建立回归方程；③估计方程参数；④评价参数估计值；⑤进行预测。在统计软件非常发达的今天，估计参数和计算预测值变得简便易行。在本章的最后，需要强调的是，在实际预测工作中要避免掉入数字陷阱，毕竟，回归方法本身并不能确认变量之间是不是存在依存关系。对这种关系的假设需要依据坚实的理论。也就是说，对与变量之间关系的确认是先于回归预测的。

思考练习题

1. 简述回归分析的原理。
2. 请分析比较 F 检验与 T 检验的异同。
3. 请分析拟合优度指标和 F 统计量之间的关系。
4. 我国 2000～2009 年国民总收入和就业人数的数据，如表 12-6 所示。

表 12-6　国民收入与就业总人数

年份	国民总收入/亿元	就业总人数/万人
2000	98 000	72 085
2001	108 068	73 025
2002	119 096	73 740
2003	135 174	74 432
2004	159 587	75 200
2005	184 089	75 825
2006	213 132	76 400
2007	267 763.7	76 990
2008	316 228.8	77 480
2009	343 464.7	77 995

根据以上资料，要求：

(1) 用一元线性回归模型拟合上述数据，并用最小二乘法估计参数。

(2) 假设 2010 年我国就业总人数为 8000 万人，请预测国民总收入。

(3) 请对国民总收入和就业人数分别建立一元自回归模型，并预测 2010 年就业总人数和国民总收入，并与第 (2) 的预测结果进行比较。

第13章

市场预测的综合分析

本章导读

对于任何一项市场预测而言，预测人员在掌握各种预测方法和技术的同时，还会遇到诸如此类的问题：如何从众多的预测方法中选择适合预测目的的方法，如何对预测结果的可信程度做出分析评价，如何尽可能地减少预测误差等一系列具体问题。这些问题解决的合理程度会直接影响到预测的成败，它是预测的重要组成部分，贯穿于预测的全过程。对这些问题的综合分析与评价，我们称之为预测的综合分析。

【本章主要内容】

- 预测目标的分析和确定
- 预测方法的评价和选择
- 预测结果的分析和评价
- 市场预测综合案例分析

13.1 预测目标的分析和确定

预测目标的分析是指通过分析，确定预测所要达到的目的以及预测结果所要达到的决策。明确预测目标，是预测过程的起点，清楚而明确地认识预测对象和预测目的，是保证预测过程顺利进行的基础。

预测工作是为决策提供依据的，是决策的前提。因此，预测对象的选择和预测目的的分析都取决于决策要求的分析，预测人员要根据决策的需要和预测对象的性质与特征，确定预测目标。例如，某企业要制定下一年度企业的销售决策，企业决策层首先需要获得有关下一年度企业可能的销售预测资料，企业的销售预测主要取决于市场的需求量和本企业的市场占有率两方面因素。为此，预测人员针对这一决策需要，确定以企业所经营商品在本地区的需求量和市场占有率两项指标为预测对象（也称销售预测目标的子目标），根据这一决策要求和预测对象本身的特点，具体预测目标定为：在一定的可信度水平下，以定量形式给出下一年度本地区市场的需求量和企业市场占有率的预测值。

预测工作为什么要首先进行预测目标分析？这是因为许多预测工作的总目标一开始并不是十分明确的，决策者往往只能提出问题和要求，并不能加以深刻的说明，需要通过预测目标分析，使许多潜在的问题明朗化。其次，虽然有些预测对象比较明确，但有时会因问题的复杂性而不易直接进行预测，此时需要把预测主题进一步分解为若干个子目标，因为识别影响某一子目标的主要因素要比笼统地分析整个问题的影响因素容易得多。例如，在“小轿车发展前景预测”中，此项预测问题如果直接预测是有一定困难的，这时可对问题进行一定的分解，把我国小轿车市场划分为家庭私人需求和社会集团需求两大部分。若需要还可进一步分解，最后逐一进行分析预测。

预测目标的分析程序如图 13-1 所示。首先，在分析决策目标的基础上，根据决策的需要确定预测目标（包括预测对象、预测边界范围等）。若预测目标不明确，则可重新进行决策目标分析，直至预测目标明朗。其次，进入预测目标的具体分析阶段，若通过分析，预测对象较为复杂，不易直接预测，则可进入预测目标的分解。把总预测目标分解为若干个易于分析预测的子目标，从而进入整个预测综合分析的第二阶段——预测方法和模型的评价选择。若预测对象较为简单，则不必经过预测目标分解而直接进入预测分析的第二阶段。

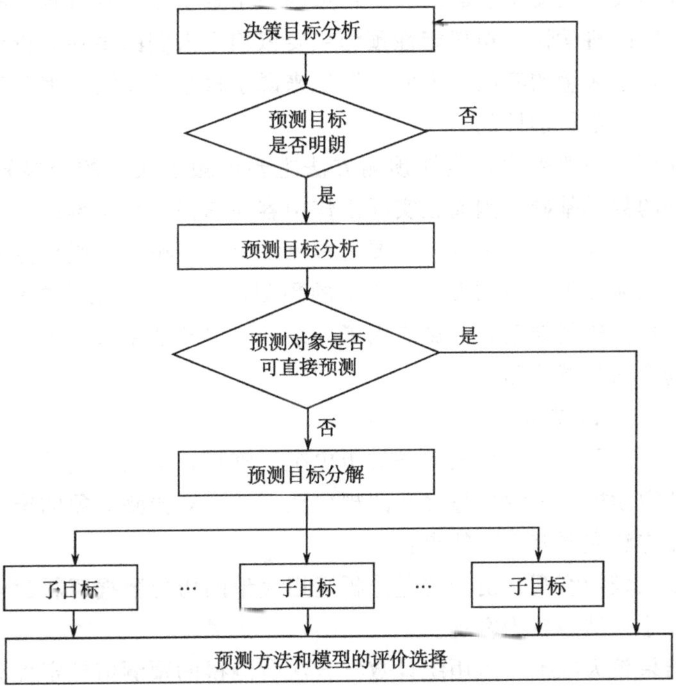

图 13-1　预测目标分析的程序框图

13.2 预测方法的评价和选择

预测人员在明确了预测目标以后，所面临的工作是预测方法的选择。预测方法的选择是整个预测过程中难度较大的一项工作，技巧性较强，而预测方法选择是否合理又是预测能否成功的关键所在。因此，预测方法的合理选择是一项很重要的工作。

合理选择预测方法的前提是对每一种预测方法的特点、适用范围等方面有一个全面的了解，为此，本节主要通过介绍预测方法的评价、预测方法和模型的选择原则与技巧等内容来阐述如何选择方法。

13.2.1 市场预测方法的评价

市场预测方法主要有定性预测方法和定量预测方法两大类。

1. 定性预测方法的特点

定性预测方法主要是依赖于预测人员丰富的经验和知识以及综合分析能力，对预测对象的未来发展前景做出性质和程度上的估计和判断。定性预测方法主要有以下特点：

（1）灵活性强。在定性预测中，人们总是能随着外界的变化而不断进行调整，并加以综合分析，推理判断。因此，定性预测不仅能反映预测对象变化的一般规律，而且能反映出客观外界因发生突变所引起的预测对象的一系列变化，具有较强的灵活性。

（2）具有一定的科学性。虽然定性预测主要依赖于人们的主观分析判断。然而，人们的经验智慧来自于大量的实践，人们的知识来源于科学的总结，因此定性预测并非主观臆想，而是具有一定科学性的。

（3）简便易行。一般来说，定性预测方法主要依赖于人们的经验知识进行分析判断，不需要很深的数学基础，因而在实际工作中容易掌握，易于推广。

定性预测方法也存在不足之处，主要是预测结果不够精确，受预测人员主观因素影响较大等。定性预测偏重于事物发展性质上的预测，有时也做出简单的定量主观估计。它通常用于历史数据资料缺乏，或影响因素复杂，难以分清主次，或对主要影响因素难以定量分析等场合的分析预测。

2. 定量预测方法的特点

定量预测方法主要是根据比较完备的历史统计资料，运用一定的数学方法进行加工处理，以一定的数学模型揭示变量之间的规律性，从而对预测对象的未来发展做出推测估计。定量预测方法主要有以下特点：

（1）预测结果较为客观。由于定量分析运用大量的历史数据资料建立预测模型，受主观因素影响较小，结果较为客观。

（2）预测结果较为准确。运用统计数学方法所测得的预测值较定性分析准确，而且可以在一定把握程度下，指明预测方法可能发生的误差。

定量预测也存在一定的不足。定量预测模型机械、不灵活，不易处理有较大变动的非规律性变化资料。因为定量预测的理论基础是假设将来与过去和现在的变化规律是一致的。预测方法主要侧重于事物发展在数量程度上的分析，如速度、幅度、影响程度等，并要求有比较完备的历史数据资料。

由上述分析可见，定性预测方法与定量预测方法各有所长，并有取长补短之势。故预测人员在实际预测中应考虑把定性和定量方法结合使用，发挥各自优势，弥补不足，从而获得较好的预测效果。

3. 各种预测方法的评价比较

在实际预测中，除了对定性、定量预测方法的选择外，预测人员还面临着从众多的预测方法中选择适合预测目标的具体预测方法的问题。为此，需要对各种常用的市场预测方法的各种特征做出分析评价。表 13-1 是各种市场预测方法评价分析对照表，从表中可以较为清楚地看到各种预测方法的特点。预测人员在选择预测方法时应全面考虑预测方法的长处和不足，综合平衡它们的优缺点，选择最合适的预测方法。

表 13-1　各种市场预测方法评价分析对照表

预测方法		典型用途	预测精确度			转折点①鉴别	所需信息	预测成本	预测所需时间
			短期	中期	长期②				
定性预测方法	德尔菲法	新产品销售预测、市场需求预测、长期预测	优～中等	优	优	优	以调查方式搜集信息	中等	较长（两个月）
	市场调查法	同上	优	良	中	优	根据调查表和调查报告搜集信息	高	同上
	对比类推法	同上	良～差	良	良	中等	类似产品若干数据及类似对象的其他有关统计数据	低	短
	集体经验判断法③	同上	中等	中等	中等	良	一组来自专家的信息	低	短
定量预测方法	趋势外推法	需求、销售预测	优	良	中等	中等	需要多年历史数据	低	很短（几天以内）
	移动平均法	需求、销售预测库管理预测	良	差	很差	差	需要两年以上历史数据（按季、月）	低	同上
	指数平滑法	同上	优	良	很差	差	同上	低	同上
	回归预测法	需求、销售预测	优	优	中等	良～中等	需要多年的历史数据	低	由模型的复杂程度决定

注：①转折点，是指事物变化的突变点，即事物变化在转折点前后的规律是不同的。②短期指 2 年之内；中期指 2～5 年；长期指 5 年以上。③集体经验判断法也称专家小组意见法

13.2.2　市场预测方法和模型的选择原则与技巧

预测方法和模型的选择是预测中的一个十分重要的问题。它往往会直接影响预测人员的预测效率和预测可靠性。预测人员应全面考虑各方面的影响因素，综合平衡，以选择合适的预测方法和模型。在选择预测方法和模型时主要考虑以下几个方面的因素。

1. 预测的目的和要求

方法的选择首先应服从预测目的，应该能向决策者提供所需要的具体信息。例如，对一个企业来说，同样的商品市场预测，短期销售计划、年度经营计划和经营发展规划所需要的预测信息是不同的，因此适用的预测方法也不同。对前两者时序模型比较适用，而后者则离不开专家预测（如德尔菲法）。同时，预测的范围、预测期限长短不同，采用的方法也不同。对市场形势的宏观预测，宜采用专家小组意见法和德尔菲法等方法；对具体商品（产品）的市场需求预测和企业销售预测，宜采用时序预测法和回归预测分析法；对事物突变分析（即转折点分析），宜采用德尔菲法、戈珀资曲线模型等。一般对预测期较短的预测，宜采用指数平滑法、趋势外推法、回归分析法等，预测期较长的预测宜采用德尔菲法等。

2. 预测目标的特点

不同的预测目标具有不同的属性，因而在产品的生命周期、产品的自然属性、消费市场的特征等方面会有不同的变化特点，相应的预测方法也不同。例如，服装、儿童玩具、电子游戏等许多日用品，它们的经济寿命往往表现为一种流行型曲线。这一类产品一旦被社会接受，其发展速度非常迅速，但更新淘汰也很快。因此，采用趋势外推法是不合适的，而采用市场调查、对比类推分析的预测效果则比较好。又如，机械工业产品，由于产品技术复杂，投资大，开发周期长，人们对它们的了解认识时间也较长，因而它们的经济寿命周期也较长。对于这一类产品，依据事物发展的惯性原理（连续性原理），采用趋势外推法进行中长期预测仍不失为一种行之有效的方法。

3. 预测目标的历史统计数据的数量、质量和模式

在预测目标的历史数据比较缺乏的情况下，宜多采用定性预测方法；在数据资料丰富、信息准确可靠的情况下，宜多采用定量预测方法。在选定定量预测方法后，具体采用何种定量预测方法和模型，主要取决于数据的模式，即数据的变动规律。常用的方法是把历史数据绘制在坐标图上进行分析。

（1）若预测目标本身的历史时间序列接近某种趋势曲线（如指数曲线、逻辑曲线等），则可采用相应的曲线建立预测模型。例如，经分析比较，数据模型呈线性变化规律，则可用直线趋势法、二次移动平均法或二次指数平滑法建立预测模型。

（2）若预测目标的数据模式不典型，此时往往选用几种比较接近的模式进行预测，分析比较它们的误差大小来选定预测模型；有时也把几种模型的结果进行综合后获得最终预测结果。

（3）若预测目标本身的数据模式出现无规则变动，则宜采用回归分析法进行预测。应对预测目标与有关经济变量进行因果分析，找出一种或多种主要影响因素作为回归模型的自变量。值得一提的是，回归分析法预测的结果一般要比时序预测法所得的结果更为准确。因此，只要有可能，应尽量采用回归分析法进行预测。

4. 预测的精度要求和费用

预测是决策的基础，预测精度要求是由决策决定的。对于预测精度要求不高的市场预测，宜采用平均发展速度法等简单方法；而对于精度要求较高的市场预测，则宜采用定量分析法，有时可能还需要几种预测方法同时使用，综合预测结果，以提高预测质量。在考虑预测精度要求时还需同时考虑预测的费用预算。一般情况下，预测精度高，预测价值高，但同时预测费用也上升。预测人员应根据决策的需要，在预测精度与预测费用、预测费用和预测结果所能带来的经济效益之间进行权衡，以便决定适当的预测方法。

5. 产品生命周期的不同阶段

在进行商品市场需求预测时，必须充分考虑商品所处的生命周期的阶段。因为数据的适用程度和各因素之间相互关系的确立，直接依赖于商品所处的生命周期阶段。一般来说，商品处于试销期，宜采用定性预测方法；商品处于成长期，宜采用各种定量分析方法；商品处于成熟期，宜采用定性分析和定量分析相结合的方法（如德尔菲法、专家小组意见法和戈珀资曲线法）；处于衰退期的商品，在开始下降阶段可采用定量分析测量衰退速率，运用专家意见法探求淘汰时机。

6. 各种预测方法的特点和适用范围

选择预测方法和模型在考虑上述因素以外，还必须充分考虑各种预测方法本身的特点和适用范围（表 13-1），这是至关重要的。

7. 现有条件和基础

预测方法的选取必须建立在可以实现的基础上。尽管有的方法预测效果很好，但在实际预测中，往往由于数据、经费、人力、设备等方面的制约，许多预测模型实施起来十分困难。一个最好的办法就是面对现实，建立一个可以实施的模型。在达到预测要求的情况下，预测模型越简单越好。大量预测实践表明，预测精度并不与预测模型的复杂性成正比。选用简单模型的另一个好处是易被决策者所接受。因为对决策者来说，只有理解的东西，才会放心地使用它，才能真正地发挥预测效益。

13.2.3　组合预测方法

从前面的各种预测方法的评价中可以看到，各种预测方法和模型都各有其特点，也各有其局限性。如何利用它们各自的优势，提高预测精确度，已成为预测界研究的热点。与此同时，预测人员在选择预测方法时常常会遇到这样的问题：当考虑某些因素时，会认为选择预测方法甲较好，而考虑另一些因素时，又会觉得选用预测方法乙更合适，因此，产生了组合预测方法（method of combinatorial forecasting）。组合预测是一种新的预测思想，而并非新的预测方法。它是指同时应用多种预测方法或预测模型对同一预测目标进行预测，通过一定的方法将多种预测结果进行组合，以获得一个最终的预测结果。由于组合预测结果比一般预测结果包含更丰富、更全面的信息，因此它的预测结果更为准确。应用组合预测方法的关键是掌握多种预测结果的综合处理方法。预测结果综合处理的常用方法是加权组合法。根据权重系数 W_i 的取法不同，可有以下几种形式。

1. 平均值法

$$W_i=\frac{1}{r}\ (i=1,\ 2,\ \cdots,\ r) \tag{13-1}$$

式中，r 为使用不同方法得到的预测结果个数。此法是最简单的方法，即对所有的预测方法采用平等的态度，特别适用对预测模型的取舍没有把握的情况。

2. 二项式系数法

$$W_i=\frac{C_{r-1}^{i-1}}{2^{r-1}}\ (i=1,\ 2,\ \cdots,\ r) \tag{13-2}$$

二项式系数法要求先将预测值从小到大排列，然后取二项式展开的系数 C_{r-1}^{i-1} 为权重系数的分子。由于各预测值按增序排列，故其中位数将取得最大的权重系数，这便突出了中位数的重要地位，综合结果将向中位数靠近。组合预测的具体应用详见例 13-1。

➢例 13-1

某预测项目共采用了 6 种模型进行预测，其结果如表 13-2 所示。

表 13-2 各种模型预测值

预测模型	模型 1	模型 2	模型 3	模型 4	模型 5	模型 6
2014 年预测值 y_i	98.22	88.29	113.16	105.16	100.13	99.23

采用组合预测得到综合结果：

(1) 平均值法

$$W_i=\frac{1}{6}(i=1,\ 2,\ \cdots,\ 6)$$

$$y_{2014}=\sum y_i\times W_i$$

$$=98.22\times\frac{1}{6}+88.29\times\frac{1}{6}+113.16\times\frac{1}{6}$$

$$+105.16\times\frac{1}{6}+100.13\times\frac{1}{6}+99.23\times\frac{1}{6}$$

$$=100.70$$

(2) 二项式系数法

按增序排列 y_i，2014 年预测值可排列如下：

{88.29，98.22，99.23，100.13，105.16，113.16}

二项式权重系数：

$$W_i=\frac{C_{r-1}^{i-1}}{2^{r-1}}=\frac{C_{6-1}^{i-1}}{2^{6-1}}=\frac{C_5^{i-1}}{2^5}(i=1,\ 2,\ \cdots,\ 6)$$

将数据代入上式得

$$W=\{0.031\ 25,\ 0.156\ 25,\ 0.312\ 5,\ 0.312\ 5,\ 0.156\ 25,\ 0.031\ 25\}$$

则综合预测结果为

$$y_{2014}=\sum y_i\times W_i=100.38$$

除上述两种确定权重系数方法以外，还常用经验判断法确定权重系数，即根据预测人员的主观经验判断模型结果可信度，给以不同的权重系数。

13.3　预测结果的分析和评价

预测结果的分析和评价在整个预测过程中是很重要的一环，对预测结果的误差分析最终会影响其对决策的支持作用，预测人员分析预测误差的作用不在于消除误差（这是不可能的），而在于通过对误差产生原因的分析，尽量减少未来预测的误差，提高预测精度。

13.3.1　预测误差的概念和测量指标

1. 预测误差的概念

分析预测结果一般是通过分析误差来实现的。所谓误差是指模型计算值与实际之间的离差。误差可分为拟合误差和预测误差。在图 13-2 中，$t_0 \sim t_1$ 为历史时期，t_1 为当前时刻，$t_1 \sim t_2$ 为未来时期，t_2 为某一预测时点。在历史时期测得的实际值（即历史观察值）与模型计算值的离差称为拟合误差；在未来某一时刻（如 t_2）所测得的事先预测值与未来的实际发生值的离差称为预测误差。这两种误差在实际预测过程中的作用是不同的，拟合误差可为选择合理的预测模型或者调整预测值提供依据；预测误差主要用于分析误差产生的原因，作为今后改进预测工作的依据。

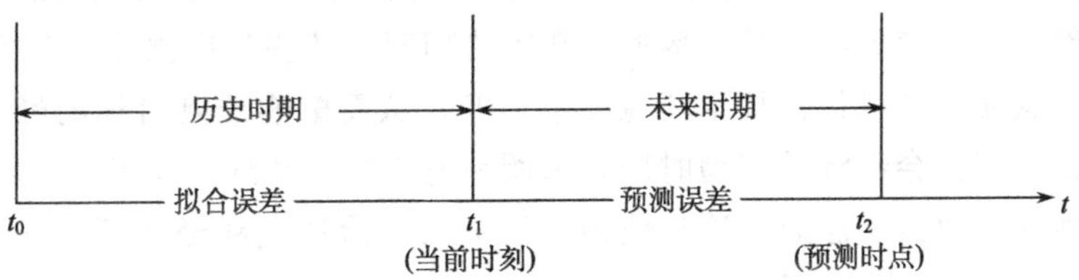

图 13-2　拟合误差与预测误差的比较图

2. 误差的测量指标

为了比较几种预测方法或模型的精确度，通常用具有代表性的综合指标来测定误差。常用的误差综合指标有平均绝对误差、均方误差、均方根误差等。它们的设计方法分别说明如下。

（1）平均绝对误差（mean absolute error，MAE）。

$$\mathrm{MAE} = \frac{1}{n}\sum_{i=1}^{n} | e_i | = \frac{\sum_{i=1}^{n} | (y_i - \hat{y}_i) |}{n} \quad (i = 1, 2, \cdots, n) \tag{13-3}$$

式中，e_i 为不同时期的拟合误差；n 为历史时期数；y_i 为历史观察值；$\hat{y}_i$ 为预测模型计算值。

(2) 均方误差（mean square error，MSE）。

$$\mathrm{MSE}=\frac{1}{n}\sum_{i=1}^{n}e_i^2=\frac{\sum_{i=1}^{n}(y_i-\hat{y}_i)^2}{n}(i=1,2,\cdots,n) \tag{13-4}$$

(3) 均方根误差（mean square root error，MSRE）。

$$\mathrm{MSRE}=\sqrt{\frac{1}{n}\sum_{i=1}^{n}e_i^2}=\sqrt{\frac{\sum_{i=1}^{n}(y_i-\hat{y}_i)^2}{n}}(i=1,2,\cdots,n) \tag{13-5}$$

在实际应用时，只需计算各种模型的上述任何一种误差，进行比较，选择误差最小的模型方案。一般情况下，用得较多的是均方根误差。

13.3.2 预测误差产生的原因分析

预测误差产生的原因是多方面的，既有主观方面的原因，也有客观方面的原因，归纳起来主要有以下几个方面的原因。

1. 环境因素的影响

环境因素对预测误差的影响主要表现为两个方面。

(1) 某些环境因素发生突变所带来的影响。在预测期间，若预测对象赖以存在的外部环境中的某些因素发生了根本性的变化或出现了某些意想不到的偶然因素，导致预测目标发生转折性变化。这些变化在建立预测模型期间并未估计到，这样用原有的模型和方法预测必然会产生较大的误差。例如，在预测期间，某些与预测目标有关的新技术或新产品问世，这使得预测目标技术环境发生突变，从而影响预测目标的经济生命周期。又如，我国正处于社会经济的转型时期，为调整整个国民经济的发展，国家会不断地颁布和实行一些新的政策、法规，这将使预测目标的政治环境和经济环境发生较大变化，从而影响预测目标的预测效果。

(2) 预测人员对环境变化估计不足而导致预测误差的产生。例如，在技术环境方面，预测人员常常容易忽视对技术进步的重大突破以及对预测目标相关领域的技术发展的研究，结果由于技术进步的突飞猛进和替代技术的产生，使预测结果大失水准。对预测环境的其他方面，如政治、经济、社会文化、法律、生态等，也会出现类似的问题。

2. 预测方法和模型本身的局限性

预测方法和预测模型本身不够完善，具有一定的局限性，这也会使预测结果产生一定的误差，预测方法和模型的局限性主要表现在以下几个方面：

(1) 任何一种预测方法和模型都有各自的特点，各有侧重，其所包含的信息量和信息价值也是不同的。

(2) 预测方法和模型不可能把影响市场的所有因素都考虑在内，总是取主要的影响因素，因此，预测模型本身包含了一个理论上允许的误差项，即拟合误差。

(3) 预测模型的参数是根据历史数据来估计的，这些参数与预测期间的实际参数也会有差别，这必然也会给预测带来误差。

3. 预测信息本身的质量与相关因素误差所致

预测工作需要大量的信息，若信息的质量（包括准确度、完整程度）不高，则会直接影响预测模型的质量，从而造成预测误差。例如，我们现在常会遇到这样的问题，不是统计数据不全，就是有重复计算成分，或是有异常数据。如果不加以分析和处理直接利用这些数据进行预测，必然会产生较大的误差。在许多场合，需要对预测目标的相关因素进行先期预测，这种先期预测的误差必然会影响到后期的主要预测工作，有时先期很小的误差会造成后期很大的误差。例如，在一元线性回归模型 $y_m=a+bx_m$ 中，若参数 b 的数值较大，则自变量 x_0 的先期预测误差会经过 b 倍放大后，直接对最终预测目标 y_0 产生很大影响。

4. 人们认识能力和经验水平的限制

一方面，人们认识市场商品供求规律需要有一定的过程，当未来事物的规律性尚未充分显示时，就更难以预测准。因此，认识与实际的完全统一是很难达到的，人们的认识总免不了带有一定的偏差。另一方面，无论是预测目标的确定，信息资料的收集、评价、判断、加工整理，还是预测方法的选择、模型参数的估算、模型的建立以及最终对预测结果的综合，都离不开人的主观努力。因此，预测人员的知识、经验、观察思考和判断能力，对预测结果的准确性都会有重大影响。由于这方面的原因所造成的预测误差是常见的。

5. 预测者心理因素的影响

预测过程中不仅受到预测人员的认识能力和经验水平的影响，同时还受到预测人员心理因素的影响。通常造成预测误差的心理因素有以下几种情况：

(1) 不科学的从众心理。在一些模糊性较大的预测中，有的人往往不加深入分析就接受“大家的看法”，这可能将预测引入歧途。

(2) 对领导与权威的迷信。人们往往会因为领导或权威掌握信息多，知识渊博，经验丰富，而盲目崇拜和迷信他们，有时甚至会放弃自己的正确意见，这也是很危险的。

(3) 对个人专长或所熟悉工作的偏爱。例如，预测者易重视自己熟悉或专长的信息，而忽视其他信息，或自觉或不自觉地片面强调对自己观点有利的一面等，这必然会影响预测的客观性。

13.3.3 提高预测精度的途径

上面分析了产生预测误差的各种原因，在这些原因中，既有主观的，也有客观的，因此，在预测过程中完全消除误差是不可能的，关键的问题是如何通过一定的努力使预测误差降到最低，这也是提高预测工作质量很重要的一环。提高预测精度主要通过以下途径实现。

1. 重视对预测目标的转折点分析

外界环境因素突变对预测目标的影响往往表现为预测目标的变化出现转折点，即转折点前后的变化趋势截然不同，从而使预测产生较大的误差。对转折点分析的目的在于能够及时发现可能导致转折点产生的原因。

对技术环境的突变，需着重进行替代研究。一种全新产品可能完全替代某种旧产品，从而使该旧产品的市场销售趋势发生突然的逆转，产生转折点。部分替代同样会导致旧产品销售趋势产生转折点，而替代的幅度则取决于新、旧产品在价格、利益等方面的比较。例如，办公自动化设备取代手工处理设备的可能性及替代的数量，取决于计算机的处理功能、计算机等设备的价格、材料和人工成本及公司对办公效率的要求等方面的比较。此外，要注意一种间接替代关系，它也会引起转折点的出现，如石油价格的变化会引起塑料价格的变化，从而间接地影响塑料产品替代金属品或纸品的能力。

对政治法律环境而言，引起转折点主要是政策因素的影响。预测人员应重视对政策的研究。也许，政策风云瞬间变化会给预测者一种捉摸不定的表象，然而，若能抓住政策变化的特点就可以大大地保证预测的精度。进一步的分析可以发现，经济发展中存在的问题往往是新政策制定的诱因。因此，明察现行经济运行中的弊端是预测由于政策变化而引起的转折点出现的关键。

此外，预测人员也要重视其他环境因素变化可能引起预测目标发生转折变化的影响。

2. 注重数据资料的分析处理

对于数据必须经过“去粗取精，去伪存真，由此及彼，由表及里”的分析处理才能应用，切忌不加识别和处理就让其直接进入数学模型。例如，对于历史上的数据，有的年份波动过大，其原因不是源于自身发展规律，而是外界干扰（如自然灾害），这就需要经过判断，选用反映客观规律的数据；对受随机干扰的异常值，如“大跃进”时期某些浮夸数据，则应予以剔除；若原始数据走向具有一定规律性，但因受随机干扰，数据波动大，就应进行移动平均和指数平滑，用平滑的数字建模。

3. 重视定性、定量预测相结合和多种预测方法的组合应用

定性预测和定量预测两大类方法具有很好的互补性，在具体应用时把这两类方法结合使用，以既能在定量的基础上对事物的方向、性质做出判断，又能使定性分析更有依据，并对事物发展程度做出量的测定。同时，由于事物的复杂性以及各种具体预测方法和模型的局限性，对同一预测目标，只要有可能，应从多个不同角度（即用多种预测方法和模型）进行预测，综合各种预测方法的结果，作为预测最终结果，这是提高预测精度的重要方法。

13.3.4 预测效果的评价

预测效果是预测工作质量优劣的综合反映，评价某项预测成败得失，效果如何，应从决策角度来分析评价预测效果大小。一是根据预测结果是否符合决策的实践结果来衡量。预测结果越接近决策实践结果，表明预测精度越高，预测越成功，效果就越好。反之，预测结果离开决策实践结果越远，精度越低，效果就越差。这种评价方法，也就是用预测误差大小来衡量，一般来说，预测误差落在决策预期要求的范围之内，就可以看成是成功的预测。二是根据决策实践结果是否防止了预测结果出现来衡量。如果预测者预测某种对人们不利的事件在某时将会发生，由于在决策实践中积极采取措施，有效地防止了这种预测结果的出现；或者不利事件虽然出现，但不利程度减少，这种预测也应该说是成功的、有效的。这时，它的成功与否，效果大小，就不宜用实践结果与预测结果的误差大小来衡量。预测效果的评价对预测人员总结过去的预测经验和教训，提高以后预测水平将起到重要的作用。

13.4　市场预测综合案例分析[①]

入境旅游是旅游业的重要组成部分，对提升旅游产业素质、调整旅游产业结构、增加外汇收入、增进国际交流起着积极作用。2002 年，杭州接待海外游客突破 100 万人次；2005 年，接待境外游客突破 150 万人次；2006 年杭州接待入境游客共 182.02 万人次，同比增长 20.3%。杭州入境旅游呈快速发展态势。

但在旅游外汇收入方面，2006 年杭州市旅游外汇收入 9.09 亿美元，居全国第五位。而排在前四位的北京旅游外汇 40.3 亿美元、上海 39.04 亿美元、广州 27.97 亿美元、深圳 22.66 亿美元。可见，杭州与前四位城市的旅游外汇收入差距是很显著的。旅游外汇收入一方面和入境旅游人数有关，另一方面和入境旅游者逗留时间、平均消费有关。因此，对杭州入境客源市场的分析，以及杭州入境游客量发展态势的研究是非常必要的。这对于杭州分阶段、有步骤、分重点地开拓入境旅游市场，推进杭州旅游国际化进程都有积极意义。

13.4.1　杭州入境旅游市场基本格局

根据 1978～2006 年杭州入境旅游统计数据，对杭州的入境市场进行分析，总体来说，杭州入境旅游客源市场呈现以下几个特点。

1. 入境旅游势头强劲，但也面临压力

杭州作为历史文化名城和全国重点风景旅游城市，其入境旅游的增长速度已连续多年高于全国平均水平，呈现强劲势头。2000～2006 年，杭州接待入境旅游人次平均每年增长 18.84%。2002 年接待入境旅游者人数突破 100 万人大关，在全国的排位由 2001 年的第 7 位上升至第 6 位。2006 年接待入境旅游者达 182.02 万人次，保持了接待入境游客量全国排名第 6 位的成绩，居前五位的城市分别是深圳、广州、上海、北京、珠海。但是近几年，杭州入境旅游接待人次在全国排名中一直徘徊在第六、第七位。而且排名居杭州之后的城市，如苏州、桂林、南京、天津紧随其后。因此，在杭州入境旅游呈现势头强劲的同时，也面临压力，入境旅游市场有较大的上升空间。

2. 港澳台市场保持稳定，外国人客源市场占有率明显扩大

我国入境旅游统计把入境旅游客源分为两个部分：一是香港、澳门和台湾同胞，一是外国人。港澳台旅游市场对杭州入境旅游做出了重要贡献，始终保持稳定增长。分析 1978～2006 年杭州入境旅游接待情况可以发现，在 1989 年后，杭州入境旅游市场中的港澳台市场占到 70%左右，之后和外国人入境旅游市场呈现“平分天下”的局面。但从 2002 年开始，外国人客源市场增长速度加快（图 13-3）。到 2006 年，外国人客源市场已占杭州入境旅游市场的 67.95%。杭州定位为国际风景旅游城市，在国际客源市场中的认知度和美誉度都需要不断提高。

---

① 胡雪君，闪媛媛．2008. 杭州入境旅游客源市场分析及发展预测，桂林旅游高等专科学校学报，(6)：370-374.

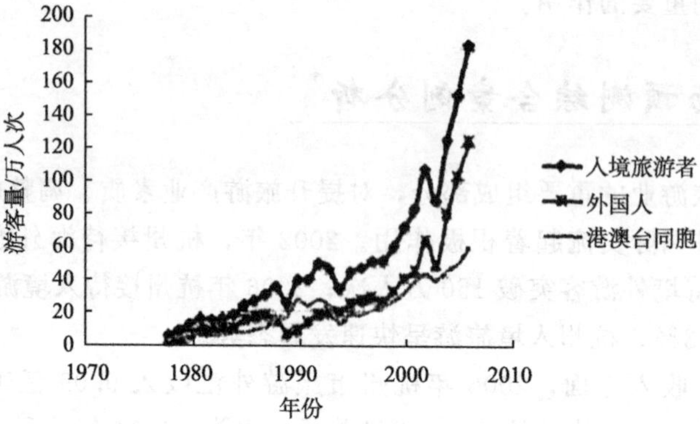

图 13-3　1978～2006 年杭州入境旅游市场图

3. 外国人入境客源市场相对集中

2000～2006 年杭州接待外国游客客源国主要为韩国、日本、美国、马来西亚、泰国、新加坡、德国、印度尼西亚、加拿大、西班牙等。这些客源国占杭州接待外国人旅游者总数的 77%以上，相对比较集中。但是从具体每个客源国市场量来看，又相对分散（表 13-3）。这对杭州的旅游推广工作提出了挑战。因此，以下对杭州的主要外国客源市场进行分层次、分重点的分析。

表 13-3　杭州主要客源国数据　　单位：万人次

国别	2000 年	2001 年	2002 年	2003 年	2004 年	2005 年	2006 年
韩国	6.81	8.26	15.85	14.24	20.12	33.54	35.34
日本	9.07	9.98	11.88	9.45	16.87	17.69	23.43
美国	4.62	4.77	5.62	3.72	6.76	8.81	10.1
马来西亚	3.49	3.66	7.29	4.76	8.23	7.22	7.49
泰国	1.38	1.78	3.14	2.09	4.24	4.64	5.36
新加坡	2.37	2.21	3.28	2.21	3.86	3.69	3.84
德国	1.65	1.71	1.69	1.24	2.15	2.43	3.55
印度尼西亚	0.99	1.18	1.49	1.53	2.17	2.31	2.49
加拿大	0.90	1.03	1.15	0.86	1.24	1.69	2.35
西班牙	0.68	0.7	0.72	0.23	0.63	1.77	2.32
10 国合计	31.96	35.28	52.11	40.33	66.27	83.79	96.27
外国人入境	40.09	44.77	63.16	48.21	79.16	102.08	123.68
10 国占总体比例/%	79.71	78.8	82.51	83.66	83.71	82.08	77.84

资料来源：据《2006 杭州旅游概览》整理

13.4.2　杭州入境旅游主要客源市场分析

1. 分析方法

在旅游统计中，往往根据到某地的旅游客源国人数与到某地的旅游外国人数的比值大小，来衡量旅游目的地某客源国的市场份额，从而分析其市场地位。本文在考虑市场份额大小的同时，采用竞争态和亲景度联合分析的方法，更全面地对杭州主要客源国市场进行分析。

亲景度（D_i）是反映旅游者对旅游目的地偏好程度的指标，其具体含义是指“某客源市场旅游目的地市场占有率与其全国市场占有率之比”。亲景度值的大小与游客数量未必正相关。根据亲景度值域不同，将市场细分为四类：强亲景市场（$2 \leqslant D_i < +\infty$）；弱亲景市场（$1 \leqslant D_i < 2$）；弱疏景市场（$0.5 \leqslant D_i < 1$）；强疏景市场（$0 \leqslant D_i < 0.5$）。

竞争态是反映市场竞争格局的指标，它比较直观地反映某市场在同类市场中的地位及其未来发展趋势。该指标计算方法为，分别计算出某市场的市场占有率（α_i）和市场增长率（β_i），然后将 α_i 和 β_i 在二维空间进行组合并引入相空间理论，采用一定的标准（m，n）把整个二维空间划分为四个象限并据此分为四个市场类型：金牛市场、明星市场、幼童市场和瘦狗市场。

根据《2006 杭州旅游概览》和中国统计信息网公布的 2000～2006 年数据，对杭州 12 个主要客源国（韩国、日本、美国、马来西亚、泰国、新加坡、德国、印度尼西亚、加拿大、法国、英国、澳大利亚）进行竞争态和亲景度分析，以每年数据的均值作为竞争态象限划分的标准。通过亲景度分析，从偏好角度来评价目标客源国的市场潜力。通过竞争态分析，可以对各目标客源国市场进行量化对比分析，确定优势市场，进行优势扶持，使有限的投入产生最大的效益。

2. 分析结果

（1）亚洲市场。亚洲市场是杭州第一大客源市场。2006 年来杭亚洲游客占入境总数的 46.5%。根据表 13-4，2000～2006 年日本市场和韩国市场处于金牛市场和明星市场的飞跃和稳定过程中。其中，日本市场是杭州入境旅游市场中相对比较成熟的市场，基本处于金牛市场。但根据亲景度图，这 7 年日本市场游离在亲杭市场和疏杭市场之间。因此，对于日本市场的成熟或者说饱和状态，杭州应努力改进产品，加大市场推广，增强日本游客对杭州的偏好，从而延长其生命周期。2004 年，杭州组织强大阵容赴日进行旅游促销，在静冈和札幌组织旅游说明会，与日本航空公司和全日空航空公司联合举办“日本人游杭州”好客节。2005 年杭州以参加日本爱知世博会为契机，深入到日本中小城市进行宣传活动；邀请有影响力的女性杂志社记者、摄影师来杭州采访；与日本国土交通省联合举办中日旅游资源交流展。通过近几年的日本旅游市场振兴计划，2004 年和 2006 年日本市场从金牛市场飞跃到明星市场，亲景度也保持在 1 以上，并有上升趋势。

2006 年杭州接待韩国游客 35.34 万人次，韩国成为杭州入境旅游客源市场的第一大客源国。根据亲景度图，韩国市场从弱亲杭市场转为强亲杭市场，同时根据表 13-4，2000～2003 年，韩国市场连续处于明星市场，之后稳定于金牛市场。可见，韩国市场处于高速增长时期，具有可观的获利和发展机会。因此，杭州在保持韩国市场份额的同时，把其作为入境旅游市场开拓的重点，采取扩张战略，保证韩国市场未来发展。

表 13-4 杭州入境旅游市场竞争态

入境旅游客源市场		2000 年	→	2001 年	→	2002 年	→	2003 年	→	2004 年	→	2005 年	→	2006 年
亚洲	日本	金牛	→	金牛	→	金牛	→	明星	→	明星	→	金牛	→	明星
	韩国	明星	→	明星	→	明星	→	明星	→	金牛	→	明星	→	金牛
	马来西亚	金牛	→	金牛	→	明星	→	金牛	→	明星	→	金牛	→	瘦狗
	印度尼西亚	幼童	→	幼童	→	瘦狗	→	幼童	→	瘦狗	→	瘦狗	→	瘦狗
	泰国	瘦狗	→	幼童	→	幼童	→	瘦狗	→	幼童	→	瘦狗	→	瘦狗
	新加坡	瘦狗	→	瘦狗	→	幼童	→	瘦狗	→	幼童	→	瘦狗	→	瘦狗
欧洲	德国	瘦狗	→	幼童	→	瘦狗	→	幼童	→	幼童	→	瘦狗	→	幼童
	法国	瘦狗	→	幼童	→	瘦狗	→	瘦狗	→	瘦狗	→	瘦狗	→	幼童
	英国	瘦狗	→	瘦狗	→	瘦狗	→	瘦狗	→	瘦狗	→	瘦狗	→	幼童
美洲	美国	金牛	→	金牛	→	金牛	→	金牛	→	明星	→	金牛	→	金牛
	加拿大	幼童	→	幼童	→	瘦狗	→	幼童	→	瘦狗	→	幼童	→	幼童
大洋洲	澳大利亚	瘦狗	→	瘦狗	→	瘦狗	→	幼童	→	瘦狗	→	幼童	→	幼童

亚洲市场中的东南亚市场有地缘优势，但整体市场发育不成熟。其中马来西亚市场波动性较大。根据图 13-4，2000～2006 年，马来西亚亲景度从强亲杭市场（2002 年的 2.619）转为弱亲杭市场（2006 年的 1.123），其竞争态 2000～2005 年处于金牛和明星市场，但 2006 年就衰退为市场占有率和增长率都低的瘦狗市场，因此，杭州需要认真分析其变化原因，引导市场走向，使其复苏，提高市场份额。泰国、新加坡、印度尼西亚作为亲杭市场，2000～2006 年一直在瘦狗市场和幼童市场之间波动，是需要继续探索和培育的市场。

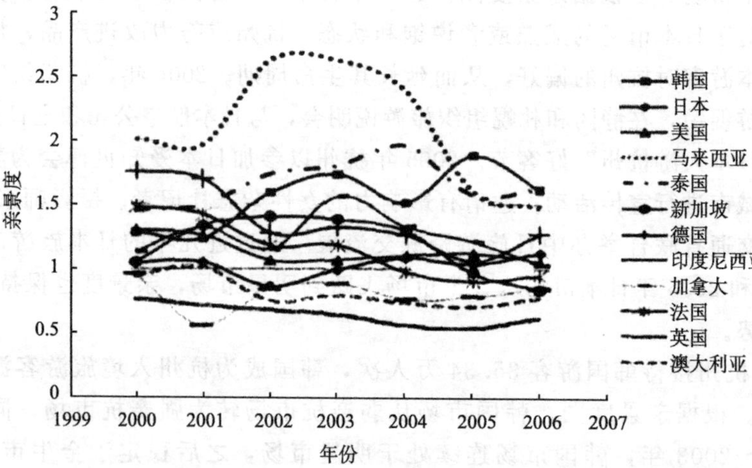

图 13-4　2000～2006 年杭州入境旅游主要客源国市场亲景度图

（2）欧洲市场。欧洲市场还不成熟，表现为法国从亲杭市场变为疏杭市场，英国一直是疏杭市场，只有德国对杭州旅游产品偏爱，其亲景度高于 1，而且，根据表 13-4，

2000～2006 年，德国一直在瘦狗和幼童市场中波动，法国和英国基本上处于瘦狗市场。但是，欧洲市场作为杭州第二大客源市场，也是重点远程市场，这一市场具有较大发展潜力。2005 年杭州采取积极拓展以欧洲为重点的新市场策略，先后组团参加德国柏林展、法国巴黎展、法兰克福会议与奖励旅游展和第二届欧中旅游合作论坛，并在法国巴黎和英国伦敦举办“东方休闲之都——印象杭州”大型图片展，吸引欧洲游客。2005 年，欧洲游客比上年增长 43.3%，2006 年增长 45.7%，来杭欧洲游客 18.16 万人次，占入境总数的 10.0%。德、法、英均由 2005 年的瘦狗市场复苏到幼童市场。这说明欧洲市场有较大的上升空间。

(3) 美洲市场。美洲市场是杭州第三大客源市场，也是杭州入境远程市场的第一大客源国市场。2006 年来杭美洲游客占入境总数的 7.8%。根据图 13-4 和表 13-4，美国市场是杭州发展比较成熟的客源国市场，2000～2006 年，一直是亲杭市场，波动较小，而且基本处于金牛市场。因此，对于美国市场，杭州应培育新兴市场，加大市场推广，提高市场增长率，使美国市场飞跃到明星市场。加拿大虽然是疏杭市场，但是更多处于幼童市场，即市场占有率虽然低，但是市场增长率高，因此处于成长阶段，但有发展前途，如果杭州集中力量，加大市场引导，培育适销对路产品，加拿大很有可能发展为明星市场，从而带来可观利益，形成优势。

(4) 大洋洲市场。2006 年，大洋洲市场来杭人数为 3.76 万人次，比上年增长了 66.0%，表现了较大的市场潜力。澳大利亚虽是疏杭市场，却由 2004 年的瘦狗市场复苏到幼童市场，并在 2006 年继续保持了较高的市场增长率态势，因此，对于这部分市场在继续维持这种态势的前提下，积极拓展，也有较大的上升空间。

杭州市提出“抓住日韩市场不放松，突出欧洲市场不动摇，提升东南亚市场不放手，瞄准北美市场不转移”的旅游市场推进思路，以上的亲景度和竞争态分析，为其提供了充分的理论依据。

13.4.3　杭州入境旅游客源市场预测分析

在进行客源市场分析时，预测工作可以帮助把握其发展总体趋势，为计划和决策提供依据。预测的定量分析方法很多，如趋势分析法、回归分析法、指数平滑法、灰色系统理论等。根据所获取数据的规律，选择不同的预测方法，其预测结果会有所差异，有时可能会很大。

1. 线性回归模型建立

总体把握 1978～2006 年杭州入境游客量数据（图 13-5），发现除了个别年份由于境内外重大事件干扰造成杭州入境游客量数据出现较大波动外，每年入境旅游人数总体上是随年份的延长而递增的，整个时期的曲线以上升为主。运用 SPSS 13.0 对年份和 1978～2006 年杭州接待入境游客量进行相关性分析，结果显示 T 统计量显著性概率 $p=0.000<0.01$，相关系数是显著异于 0 的。因此，采用一元线性回归对杭州入境游客量与年份做进一步研究，并预测 2007～2015 年杭州入境游客量的情况。线性回归预测方法是广泛应用的定量预测方法之一，其参数检验方法可以采用判定系数 R^2 来反映回归效果，回归系数 T 检验来决定是否作为解释变量进入回归方程。

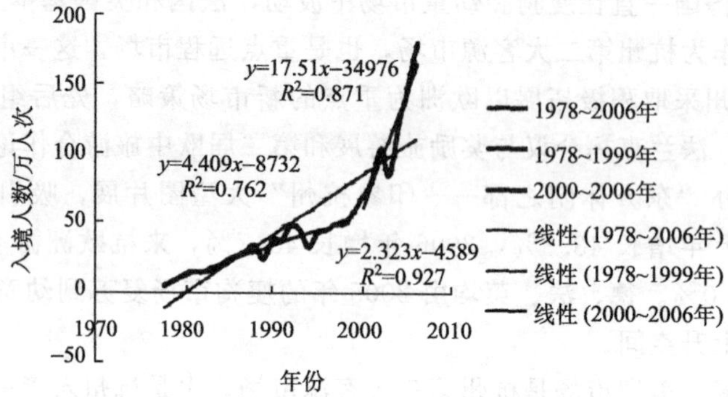

图 13-5　1978～2006 年杭州入境旅游人次

从图 13-5 可以看出，如果根据 1978～2006 年杭州入境游客量直接进行回归分析，得出的回归模型其决定系数 $R^2=0.762$，即只有 76.2%的解释力，拟合度不高。继续观察发现，1978～2006 年的杭州入境游客量曲线并不是呈一条直线上升的，其上升趋势在 1999 年前后有明显变化，表现为一缓一陡。这主要是因为经历了 1997 年东南亚金融危机后各国经济恢复加快，世界经济大比例回升，人们出游率上升，我国入境旅游总人数激增。同时，2003 年由于“非典”的影响，旅游人数大幅度下降，表现为曲线图上 2003 年这一点严重偏离了正常轨道。基于以上观察，为了更准确地预测 2006 年以后的入境旅游人数，对 2003 年的统计数据进行修正，选取 2002 年和 2004 年入境人数的平均值即 114.516 5 万人次，作为 2003 年修正数据，同时只将 2000～2006 年的数据纳入模型进行预测。我们采用 SPSS 13.0 进行一元线性回归预测分析。

根据回归结果，入境游客量回归方程常数项通过 T 检验（$p=0.001<0.05$），自变量年份序号的 T 检验通过（$p=0.000<0.05$），回归模型的判定系数 $R^2=0.961$，说明回归方程的拟合度好。杭州入境游客量回归方程为

$$\hat{y}=17.519x+48.438$$

同样方法，对外国人和港澳台市场分别进行一元线性回归，外国人回归方程常数项 T 检验通过（$p=0.014<0.05$），自变量通过 T 检验（$p=0.000<0.05$）；港澳台回归方程常数项 T 检验通过（$p=0.000<0.05$），自变量通过 T 检验（$p=0.001<0.05$）；同时，$R^2_{外}=0.961$，$R^2_{港}=0.923$，说明外国人和港澳台的回归模型拟合度好。外国人和港澳台市场的一元线性回归方程分别是 $\hat{y}_{外}=13.622x+20.386$，$\hat{y}_{港}=3.899x+28.046$。

2. 根据模型预测

运用以上预测模型对 2007～2015 年杭州入境游客数，即入境游客总数、外国游客数和港澳台同胞游客数进行预测，预测结果如表 13-5 所示。

根据表 13-5，预测值与实际值之间的对照曲线图，如图 13-6 所示。

3. 对预测结果说明

根据图 13-6，除了 2003 年“非典”对旅游造成的影响外，2000～2006 年的预测值与实际值拟合较好。同时，表 13-5 对外国人接待量和港澳台游客接待量预测后，对它们求和，其总和与入境游客量的预测值几乎相等。

表 13-6　杭州市入境旅游人数的一元线性回归预测　　单位：万人次

年份	入境游客量 $\hat{y}$	外国人 $\hat{y}_{外}$	港澳台 $\hat{y}_{港}$	$\hat{y}_{外}+\hat{y}_{港}$
2007	188.59	129.362	59.238	188.6
2008	206.109	142.984	63.137	206.121
2009	223.628	156.606	67.036	223.642
2010	241.147	170.228	70.935	241.163
2011	258.666	183.85	74.834	258.684
2012	276.185	197.472	78.733	276.205
2013	293.704	211.094	82.632	293.726
2014	311.223	224.716	86.531	311.247
2015	328.742	238.338	90.43	328.768

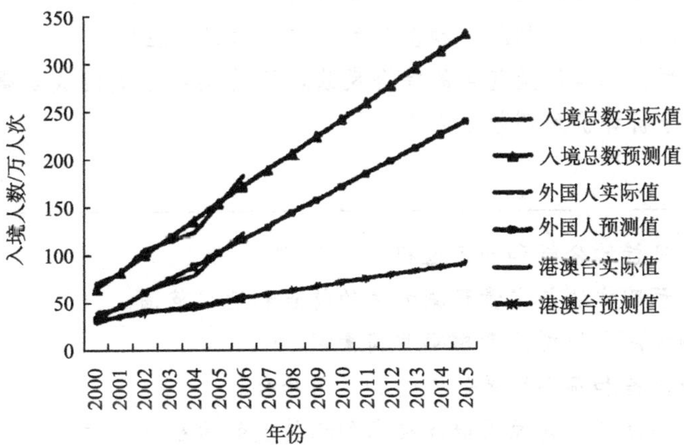

图 13-6　杭州入境旅游人次回归拟合预测图

外国游客入境旅游市场占有率继续扩大。根据外国人预测值、入境游客量预测值计算，2007～2015 年外国人市场占有率平均为 70.86%。

以上预测只是反映了入境旅游市场不受特殊因素干扰情况下的发展趋势，而且只把年份纳入回归模型，实际上旅游业的发展会受到境内外各方面干扰因素影响（如汇率变动），从而产生波动。因此实际值会与预测值产生一定的偏差。因此，对于 2008 年北京奥运会以及 2010 年上海世博会对杭州入境旅游市场的影响，回归模型的预测可能会有较大偏差。

本章小结

预测目标的分析是指通过分析，确定预测所要达到的目的以及预测结果所要达到的决策要求。预测对象的选择和预测目的的分析都取决于对决策要求的分析。

市场预测方法主要有定性预测方法和定量预测方法两大类。定性预测方法的特点是灵活性强、具有一定的科学性、简便易行；定性预测方法也存在预测结果不够精确和受预测人员主观因素影响较大等不足。定量预测方法主要有以下特点：预测结果较为客观、准确，但定量预测模型机械、不灵活，不易处理有较大变动的非规律性变化资料。

在选择预测方法和模型时应主要考虑以下几个方面的因素：预测的目的和要求；预测目标本身特点；预测目标的历史统计数据的数量、质量和模式；预测的精度要求和费用；产品生命周期的不同阶段；各种预测方法的特点和适用范围；现有条件和基础。

组合预测方法是一种新的预测思想，而并非新的预测方法。组合预测结果比一般预测结果包含更丰富、更全面的信息，因此它的预测结果更为准确。

预测中存在两类误差，拟合误差和预测误差。拟合误差为选择合适的预测模型或者调整预测值提供依据；预测误差主要用于分析误差产生的原因，为今后改进预测工作提供依据。拟合误差的测量指标有平均绝对误差、均方误差和均方根误差。

预测误差产生的原因主要有：环境因素的影响；预测方法和模型本身的局限性；预测信息本身的质量与相关因素误差所致；人们认识能力和经验水平的限制；预测者心理因素的影响。提高预测精度的途径有：重视对预测目标的转折点分析；注重数据资料的分析处理；定性与定量预测相结合和多种预测方法的组合应用。

预测效果是预测工作质量优劣的综合反映，评价某项预测的成功得失、效果如何，应从决策角度来分析评价预测效果大小。

思考练习题

1. 简述预测目标的分析和确定过程。
2. 简述定性预测方法与定量预测方法的特点和适用范围。
3. 选择预测方法和模型应考虑哪些因素？
4. 简述拟合误差和预测误差的概念和运用场合。
5. 试述预测误差产生的原因以及提高预测精度的途径。
6. 预测效果评价的标准是什么？
7. 某项中长期预测共采用了 5 种模型进行预测，其结果如表 13-7 所示。

表 13-7 某中长期预测项目的五种预测结果

预测模型	模型 1	模型 2	模型 3	模型 4	模型 5
2014 年预测值	509.3	502.4	504.5	510.2	507.4
2015 年预测值	829.4	832.7	830.5	817.3	816.2

试分别采用平均值法和二项系数法确定上述 5 种模型组合预测的最终结果（保留 2 位小数）。

第14章

市场预测的软件应用

本章导读

在信息技术日新月异的今天，大规模的数据处理早已不是难题。常见的数据处理软件包括 Amos、Gauss、STATA、SARS 和 SPSS。数据处理成本的大幅度下降，使得人们很容易走入“技术驱动”的误区，为了体现调研预测结果的前瞻性，不断地追求更加复杂及新颖的数据处理软件。但是，评价研究工作好坏的公认标准之一是“节约性”，也就是说，无论是模型还是软件，在能够解决问题的前提下，越简单越好。秉持“节约原则”，本章将介绍 Excel 在市场预测中的应用。

【本章主要内容】

- 利用 Excel 做时间序列预测
- 利用 Excel 做回归预测

14.1 利用 Excel 做时间序列预测

众所周知，Excel 是微软公司推出的办公软件系列之一，它的功能非常强大，可以快速计算和分析数据，用图表生动的呈现信息。它应用于市场预测时，使用的主要是一些高级分析功能。与一般用户默认的简洁安装不同，运行高级分析功能需要“完全安装”或“自定义安装”。或者也可以在安装成功之后，运行“加载宏”。以 Excel 2003 为例，在菜单栏“工具”选项卡中选择“加载宏”选项，然后在弹出的选项卡中选择相应的选项。就本章的应用目的而言，我们只需要选择“分析数据库”选项，然后确定，如图 14-1 所示。

在 Excel 中，提供了两种时间序列分析工具，即“移动平均法”和“指数平滑法”，前文统称为“平均预测法”。

1. 移动平均预测法

移动平均预测法，即将所分析的时间序列按照一定的时间间隔求取平均值，然后根据平均值预测长期趋势。详细原理参见第 11 章时间序列分析预测法。下面以我国棉花产量数据为例进行分析。

第一步，假设我们已经将原始数据以“棉花产量”为题录入并保存，此时打开该工作表①。如图 14-2 所示。

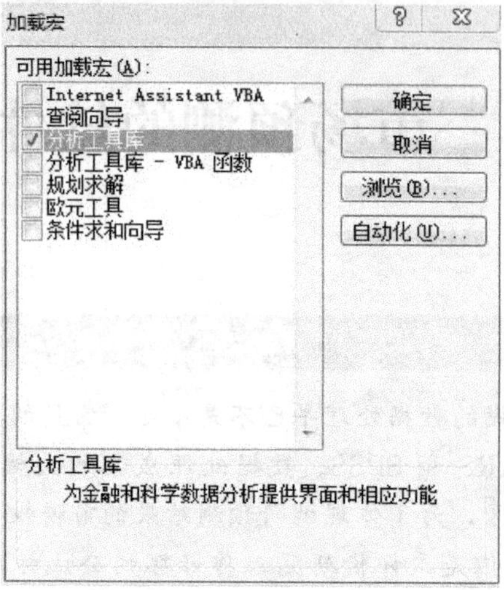

图 14-1 运行“加载宏”选项

	A	B
1	年份	棉花产量
2	2001	532.4
3	2002	491.6
4	2003	486
5	2004	632.4
6	2005	571.4
7	2006	674.6
8	2007	762.4
9	2008	749.2
10	2009	637.7
11	2010	

图 14-2 棉花产量数据

第二步，在菜单栏“工具”选项卡中，选择“数据分析”命令，在弹出的选项卡中选择“移动平均”并点击“确定”。如图 14-3 所示。

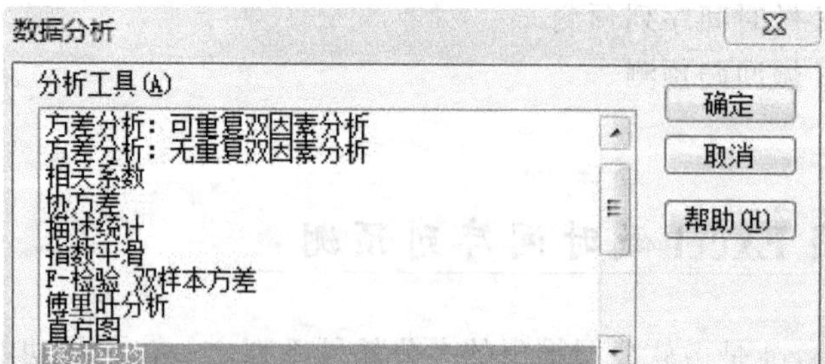

图 14-3 数据分析选项卡

第三步，在确定后弹出的对话框中，分别设置各个选项。本例中的选项设置如图 14-4 所示。对话框中各选项的含义分别如下。

输入区域：待分析数据的范围，本案例的范围为 B1：B10 单元格。

标志位于第一行：该复选框的含义是待分析数据是否包括标题。如果不包括则不选

① 需要注意的是，Excel 的数据录入有多种方式，与其他的数据处理软件之间也可以兼容，具体方法参见相关著作，如《Excel 数据分析与市场调查》(林宏谕等著，中国铁道出版社，2009 年)。

择，Excel 在输出数据时会自行命名。本案例含有标题“棉花产量”，所以选择了该复选框。

间隔：移动平均预测法的时间间隔，默认间隔为 3。本案例为 3。

输出区域：选择分析结果的呈现区域，只需要制定所选区域左上方第一个单元格。本案例选择了 C2 单元格。在移动平均预测中，结果不能输出到新工作表组或新工作簿中（图中为灰色）。

图表输出：选中该复选框会输出一个直方图。

标准误差：选中该复选框，在输出预测结果的同时输出其标准误差值。

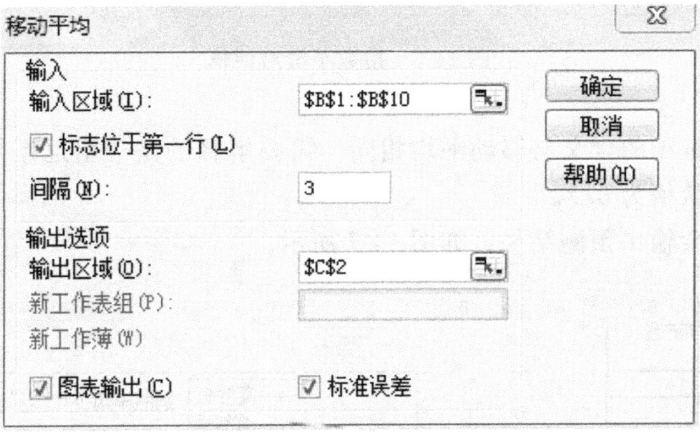

图 14-4　移动平均对话框

第四步，单击“确定”，得到预测结果，如图 14-5 所示。图中 C 列即为一次移动平均的预测值。D 列为预测值的误差。

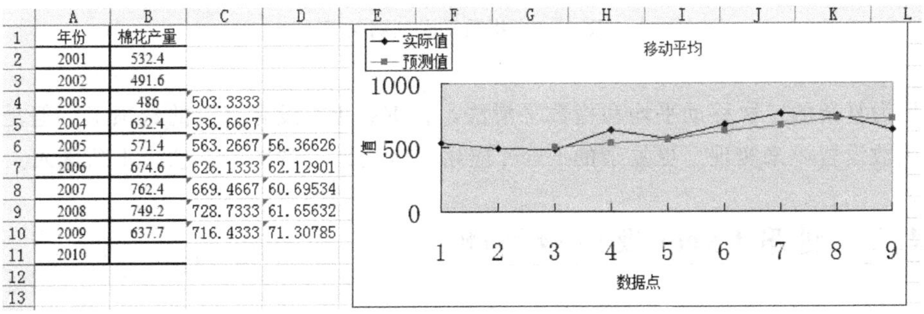

	A	B	C	D
1	年份	棉花产量		
2	2001	532.4		
3	2002	491.6		
4	2003	486	503.3333	
5	2004	632.4	536.6667	
6	2005	571.4	563.2667	56.36626
7	2006	674.6	626.1333	62.12901
8	2007	762.4	669.4667	60.69534
9	2008	749.2	728.7333	61.65632
10	2009	637.7	716.4333	71.30785
11	2010			
12				
13				

图 14-5　一次移动平均预测值

2. 指数平滑预测法

如果希望对最新的数据赋予更高的权重，那么就要采用指数平滑的方法进行预测。具体的原理请参见第 11 章。下文以我国 2010 年布产量数据为例进行分析。

指数平滑的第一步和第二步操作与移动平均法相同，区别是在“数据分析”窗口，选择“指数平滑”选项，确定之后出现如图 14-6 所示的对话框。

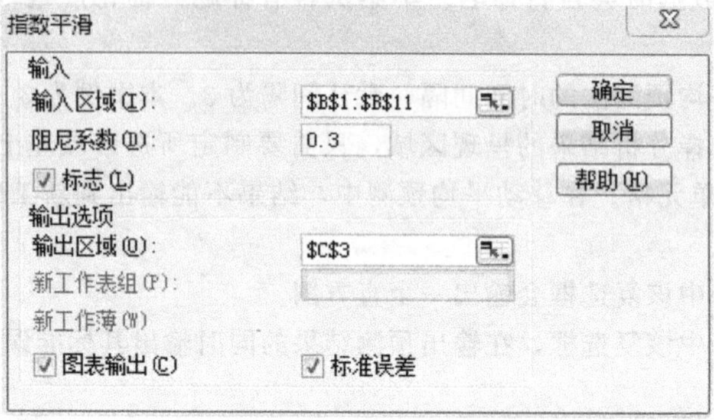

图 14-6 指数平滑对话框

对话框中各选项的含义与移动平均相同。需要解释的是“阻尼系数”，即前文的平滑系数。系统默认值为 0.3。

确定之后，会输出预测结果，如图 14-7 所示。

	A	B	C	D
1	月份	布产量		
2				
3	2010年2月	54.8		
4	2010年3月	49.7	0	
5	2010年4月	52.8	38.36	
6	2010年5月	54.1	46.298	
7	2010年6月	58	50.8494	32.52646
8	2010年7月	56.8	53.12482	7.776846
9	2010年8月	56.1	56.53745	5.053375
10	2010年9月	61.3	56.72123	3.38638
11	2010年10月	62.5	56.28637	2.841493
12	2010年11月		59.79591	2.920693

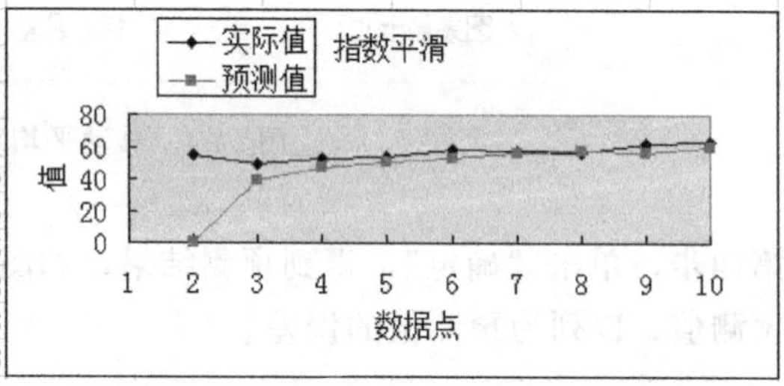

图 14-7 指数平滑预测结果

更为复杂的二次移动平均和指数平滑法，在 Excel 中没有直接的选项卡，但是可以通过函数设置等来实现。更复杂的 Excel 应用可以借助“帮助”选项，不断深入。

14.2 利用 Excel 做回归预测

利用变量之间潜在的因果关系对目标变量进行预测，就是所谓的回归预测方法。Excel 提供了单变量和多变量线性回归的模块。本节将通过案例方式介绍。由于多元线性回归只是在自变量输入时略有差异，本节将主要展示一元线性回归的操作过程。预测方法的原理请参见第 12 章。本节案例为国民总收入与货币供给量，参见案例 12-1。

第一步，假设我们已经存入了国民收入与货币供给量的数据，打开该工作表。

第二步，选择菜单栏中的“工具/数据分析”，在弹出的选项卡中选择回归选项，单击“确定”，将弹出“回归”对话框。如图 14-8 所示。

该对话框中各选项的含义分别如下。

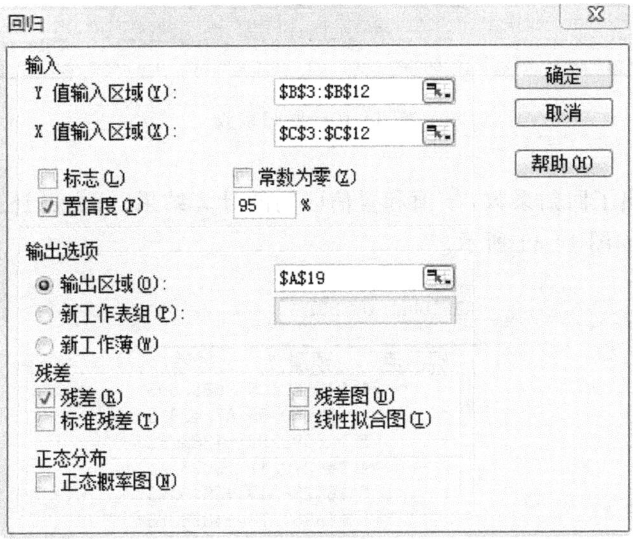

图 14-8　回归对话框

Y 值输入区域：目标变量的数据范围。框中数值为本例所选 B3∶B12。

X 值输入区域：自变量的数据范围。框中数值为本例所选 C3∶C12。

标志：数据的标志，本例中没有选择。

常数为零：若需要强制回归线经过原点，即回归方程没有截距项，则选中该复选框。

置信度：选中该复选框，Excel 会在输出结果中显示置信区间，默认值为 95%。

输出区域：选择回归结果的显示区域。需要注意的是，不同于时间序列预测，回归预测中可以选择将输出结果显示在新的工作表或新的工作簿中。

残差：选中该复选框，将在数据结果中包含估计值和实际观测值的差值。本例选择。

其他的复选框，在数据输出结果需要包含相关项时选择。

第三步，完成设置后，单击“确定”，将输出回归结果。如图 14-9、图 14-10 所示。

在图 14-9 回归统计中，给出了三种不同的判定系数，方差分析即 *F* 值检验。

SUMMARY OUTPUT

回归统计	
Multiple R	0.9879973
R Square	0.9761386
Adjusted R	0.9731559
标准误差	14453.449
观测值	10

方差分析

	df	SS	MS	*F*	Significance *F*
回归分析	1	6.84E+10	6.84E+10	327.2692	8.95017E-08
残差	8	1.67E+09	2.09E+08		
总计	9	7E+10			

图 14-9　回归结果

	Coefficient	标准误差	t Stat	P-value	Lower 95%	Upper 95%	下限 95.0%	上限 95.0%
Intercept	16679.385	10838.14	1.538952	0.162377	-8313.416179	41672.19	-8313.416	41672.18537
X Variable	0.5767535	0.031881	18.09058	8.95E-08	0.503234822	0.650272	0.5032348	0.650272196

图 14-10 回归系数

图 14-10 列出了回归系数，t 值和置信区间的计算结果。Excel 还提供了残差分析，本例的残差分析如图 14-11 所示。

RESIDUAL OUTPUT

观测值	预测 Y	残差
1	94316.405	3683.595
2	107980.56	87.43915
3	123382.82	-4286.82
4	144270.41	-9096.41
5	163236.49	-3649.49
6	188987.78	-4898.78
7	216007.47	-2875.47
8	249366.09	18397.61
9	290733.39	25495.41
10	366321.78	-22857.1

图 14-11 残差分析图

与第 12 章相比，由于后台处理方式的不同，回归结果略有差异。

思考练习题

1. 请使用案例 11-1 数据，利用 Excel 软件进行一次移动平均和指数平滑预测，并比较两种预测结果。

2. 请使用表 12-6 数据，利用 Excel 软件估计国民总收入和就业总人数的回归模型。

3. 请延伸阅读并探索如何利用 Excel 软件进行二次移动平均预测。

参 考 文 献

郭志刚. 1999. 社会统计分析方法——SPSS 软件应用. 北京：中国人民大学出版社.

洪楠. 2000. SPSS for Windows 统计分析教程. 北京：电子工业出版社.

卢纹岱. 1997. SPSS for Windows 从入门到精通. 北京：电子工业出版社.

马庆国. 2002. 管理统计. 北京：科学出版社.

纳雷系・K. 马尔霍特拉. 2002. 市场营销研究：应用导向（第 3 版）. 涂平等译. 北京：电子工业出版社.

苏金明，傅荣华. 2002. 统计软件 SPSS 系列应用实战篇. 北京：电子工业出版社.

尹海洁，刘耳. 2003. 社会统计软件 SPSS 简明教程. 北京：社会科学文献出版社.

余建英，何旭宏. 2003. 数据统计分析与 SPSS 应用. 北京：人民邮电出版社.

Iversen G R，Gergen M. 2000. 统计学：基本概念和方法. 吴喜之等译. 北京：高等教育出版社.

